“十二五”国家重点图书出版规划项目
铁路科技图书出版基金资助出版

高铁应急救援管理及预案研究

程学庆　贾华强　唐瑞雪
汪林永　李利军　闫国珍　编著

中国铁道出版社

2015·北京

内 容 简 介

本书为“十二五”国家重点图书出版规划项目，铁路科技图书出版基金资助出版图书。全书共分为8章，主要内容包括绪论、高铁运营安全风险管理理论、突发事件应急管理理论、高铁应急管理体系与运作模式、高铁突发事件应急预案管理研究、高铁突发事件应急预案、高铁突发事件应急演练、国内外重大高铁事故案例分析。

本书可供从事铁路运输安全管理工作的科研人员和工程技术人员学习使用，也可作为高等院校交通运输大类专业教材。

图书在版编目(CIP)数据

高铁应急救援管理及预案研究 / 程学庆等编著. —北京：中国铁道出版社，2015.6

ISBN 978-7-113-19776-6

Ⅰ. ①高…　Ⅱ. ①程…　Ⅲ. ①高速铁路—交通运输事故—救援　Ⅳ. ①U298.6

中国版本图书馆CIP数据核字（2015）第131905号

书　　名： 高铁应急救援管理及预案研究

作　　者： 程学庆　贾华强　唐瑞雪　汪林永　李利军　闫国珍

责任编辑： 薛丽娜　杨　哲　　**编辑部电话：**(010)51873055

封面设计： 郑春鹏

责任校对： 胡明锋

责任印制： 陆　宁

出版发行： 中国铁道出版社(100054，北京市西城区右安门西街8号)

网　　址： http://www.tdpress.com

印　　刷： 北京盛通印刷股份有限公司

版　　次： 2015年6月第1版　2015年6月第1次印刷

开　　本： 889 mm×1 194 mm　1/16　印张：23　字数：496千

书　　号： ISBN 978-7-113-19776-6

定　　价： 120.00元

序

自1964年日本东海道新干线投入运营以来，高速铁路以其技术创新、安全可靠、优质服务的特性，赢得了广大旅客青睐。相对于既有铁路，高速铁路的高速度、高密度、运量大、能耗小、污染少、准点率高、舒适性好等诸多优点，为铁路的发展带来了新的机遇。目前，已建成并投入高速铁路运营的有中国、日本、韩国、法国、德国、西班牙、英国、意大利、瑞典、丹麦、比利时、中国台湾等国家和地区。

截至2014年底，中国高铁运营里程已达1.6万km，“四纵”干线基本成型，中国高铁运营里程稳居世界首位，占世界高铁运营总里程的60%以上。同时，中国也是当前高速铁路网络运行速度最快、建设规模最大的国家，这标志着中国高速铁路技术已跨入高速铁路强国的行列。当前高速铁路作为现代化的交通运输工具，承担着愈发重要的旅客运输任务，由于人员密集，加上高速铁路建筑结构复杂、环境特殊，一旦发生事故，人员的安全及疏散是最主要的问题，若处理不当或不及时，往往会扩大事故后果，带来不利影响。因此加强高铁安全运营、风险预测、应急救援和快速修复的研究非常必要。

虽然我国高速铁路已经取得辉煌的成绩，但发展起步较晚，从发展阶段来看仍处在初期阶段，在高铁突发事件的应急救援管理方面仍然有待完善。从目前来看，我国既有铁路应急救援管理机制已经较为成熟，积累的一些经验和方法为高铁应急救援管理提供了一定参考，但是不能盲目照搬，必须针对高铁应急救援工作自身特点建立相应的应急救援管理体系。因此，在本书中，作者提出的建设科学高效的高铁应急救援管理体系，完善高铁突发事件应急预案，有效地组织突发事件预警、应急准备、应急响应和应急恢复，减少高铁事故所带来的人员伤亡和财产损失，在保证安全的前提下，尽快恢复高速铁路运输生产秩序的理念和措施，具有重要的理论意义和应用价值。

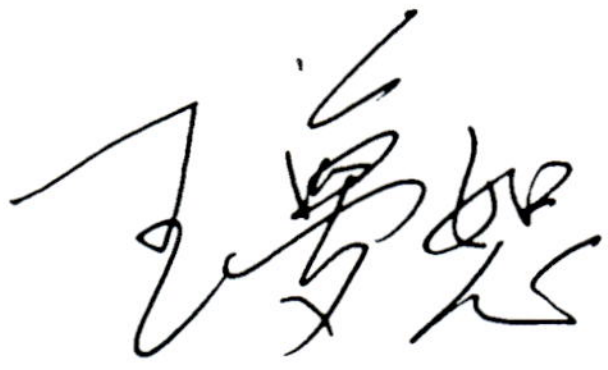

2015 年 1 月

前 言

随着经济、社会的快速发展以及人民生活水平的不断提高，对旅行的服务质量提出了更高的要求。高速铁路的产生是继高速公路和航空运输之后的又一次运输业的重大改革，它集成了计算机技术、能源技术、自动控制技术、锌合金材料等多种高新技术。我国自 20 世纪 80 年代以来，在高速铁路建设和运营管理方面做了大量的研究与实践，取得了令人瞩目的成果和经验。当前高速铁路已经走进大众的生活，推动了经济发展和社会进步，改变了人们的生活和思维方式。截止 2014 年底，我国高铁运营里程已达 1.6 万 km，在建高速铁路总里程 1 万 km，规划高速铁路总里程 1 万 km 左右，无论是运营里程还是在建规模均稳居世界首位。

纵观世界范围内高速铁路五十余年的发展历程，各国和地区的高铁运营安全均受到了一定的挑战，这警示我们必须做好高铁安全预防与救援工作。安全文化是我国铁路企业文化建设的重要组成部分，是铁路在长期安全生产实践过程中的深厚积淀。提高高铁安全管理水平、保障高铁运营安全，对于国民经济健康有序发展和人民生命财产安全具有重要意义。从目前来看，高速铁路虽然在安全管理和事故救援方面已具有较为完善的组织体系，但对于应对新形势下高铁突发事件来说还远远不够。因此，急需开展对高铁应急救援管理的深入系统研究，完善高铁突发事件应急预案以及应急管理组织体系的工作刻不容缓。

本书介绍了我国高速铁路的发展概况和世界各国的高铁安全形势。在全面梳理安全理论的相关概念和相互关系的基础上，论述了我国铁路当前推行安全风险管理的意义和要点，归纳了安全风险管理和传统安全管理以及应急管理的联系和区别，深入分析了高铁运营安全风险管理的内容和指导流程。归纳分析了各国政府和铁路部门的应急管理概况，借鉴先进经验提出国内应急管理的指导原则并建立应急能力评估的理论框架。在深入分析高铁突发事件诱因的基础上，详细介绍了高铁应急管理体系结构模型。在当前铁路政企分开改革背景下，强调应急管理在中国铁路总公司管理中的重要性，并研究我国高铁应急管理体系和阶段联合运作模式。从理论层面，研究了高铁突发事件应急预案的生命周期管理和启动模式。结合高铁突发事件综合应急预案，介绍应急预案的检查和评价方法。本文重点研究并制定了高速铁路突发事件的专项应急预案，具体包括客运突发事件应急处置预案、客服系统故障应急处置预案、突发事件旅客疏散方案、工务设备故障应急处置预案、电务系统行车设备应急抢险预案、牵引供电故障应急预案、电力故障应急处置预案、机务行车应急处置预案、动车组脱轨事故救援起复预案、CRH 型动车组运行途中车辆设备故障处置办法、突发公共卫生事件应急处置预案、火灾事故应急处置预案、房建设备突发事件应急处置预案、事故救援与抢修规则、网络与信息安全事故应急处置办法、破坏性地震应急预案、不同情景下的高铁值班员应急处置办法，同时还研究了高铁沿线地方救援能力。结合高铁长大隧道发生火灾时旅客疏散应急处置和受电弓故障无法运行的模拟演练案例，通过实际演练以验证应急预案实施效果和应急救援能力。分析了高铁运营事故的特征，通过国内外高速铁路事故的原因、救援行动进程和事故总结的对比分析，总结了高铁事故应急救援的经验。

本书是建立在危机管理以及铁路应急管理理论基础上的一次尝试，希望通过本书的出版，为高铁突发事件应急管理提供一些有意的启迪和借鉴。

谨对给予本书编写与出版帮助的单位表示感谢，对本书所有参考文献的作者也在此一并致谢。本书由程学庆、贾华强、唐瑞雪、汪林永、李利军、闫国珍编著，由王梦恕院士作序。另外值此书出版之际，作者衷心感谢郑州铁路局高铁应急救援管理课题组成员：温强伟、李志强、张桃青、高阳、沈懿、李金彪、董超、郭滨、刘晓轩、吴昌荣、王锡军、李国旭、左长进、姜建伟。同时，本书还得到了西南交通大学蒲云、张锦、牟瑞芳、马国忠、彭其渊、李宗平、帅斌等多位教授的大力帮助和指导，在此，一并表示衷心的感谢。另外还要对西南交通大学交通运输学院研究生刘恩相、文清华、陈粤飞、李盘中、张筱茜、林文芳、唐彬、唐远、朱永霞、刘星文、邓一维、宋筱茜、李建海、符倍维、李月、贾江涛、王睿、唐于、谭一帆、武中凯、姜红林、王春旭、张新亮、张辰光等人表示感谢，感谢他们在资料收集整理和书稿校对过程中所付出的辛勤工作。

限于作者的理论水平和实践经验，书中不妥和错误之处在所难免，恳请读者批评指正，不胜感激！

2015 年 1 月　于西南交通大学

目 录

第1章 绪 论

本章通过分析我国高速铁路发展概况和世界各国高铁安全形势，指出加强高铁应急管理对保障高铁安全运营的意义，提出建设科学的高铁应急管理体系，完善高铁突发事件应急预案。

1.1 高速铁路发展概况

1.1.1 世界高速铁路发展概况

19世纪初，铁路作为首个公共交通工具在英国诞生，这是人类交通史的一次重大革新，直至20世纪50年代伴随着汽车技术得到改进，高速公路大量建成，加上民航的普及，铁路运输在综合交通运输体系当中所占的份额逐步下降。进入本世纪，随着城市交通拥挤、环境保护等问题的日益严峻，在综合交通运输体系当中，从单位运量的能源消耗、对环境资源的占用、对环境质量的保护、对自然环境的适应以及运营安全性等方面综合来看，铁路的优势最为明显。

西方发达国家在经历了一段曲折的道路之后，重新审视和调整运输政策，把目光重新投向铁路，其调整策略中重要的一环就是规划和发展高速铁路。从20世纪初至20世纪中期，德国、法国、日本等国家先后开展了大量有关高速列车的理论研究和实验工作。1955年3月，法国采用两台电力机车牵引3辆客车的试验速度达到了331 km/h，创造了当时高速铁路的纪录。1964年，世界上首条投入商业运营的高速铁路在日本诞生，运营速度为210 km/h。2007年4月3日，法国TGV在巴黎—斯特拉斯堡东线铁路上创造了574.8 km/h的试验最高速度，打破了其曾在1990年5月创下并保持17年之久的515.3 km/h的世界纪录。2010年12月3日，CRH380A型动车组在京沪高铁枣庄—蚌埠间的先导段联调联试和综合实验中，达到最高运行时速486.1 km，这个速度是运营试验速度，它有别于法国TGV的纯粹试验速度，这是继2010年9月28日沪杭高铁试运行创下416.6 km/h的速度之后，中国高铁再次刷新世界铁路运营试验最高速度。2014年1月，历经两年多的实验筹备，中国南车制造的CIT500型列车的试验速度达到了605 km/h，再次刷新世界纪录并震惊全球，该列车被命名为更高速度的试验列车。

依据1970年5月日本71法令，列车在主要区间以200 km/h以上速度运行，可以被称为高速铁路。依据1985年5月联合国欧经会标准，客运专线300 km/h、客货混线

250 km/h 以上可以被称为高速铁路。国际铁路联盟（UIC）给出的标准是新线 250 km/h 以上、既有线改造为 200 km/h 以上可以被称为高速铁路。目前国际上公认列车最高运行速度达到 200 km/h 及以上的铁路称为高速铁路。

世界铁路发展历史证明，高速铁路是经济社会发展的必然趋势。当今世界上建设高速铁路有以下几种模式：

（1）日本新干线模式：全部修建新线，旅客列车专用。

（2）法国 TGV 模式：部分修建新线、部分改造旧线，旅客列车专用。

（3）德国 ICE 模式：全部修建新线，旅客列车及货物列车混用。

（4）英国 APT 模式：既不修建新线，也不对旧线进行大量改造，主要靠采用由摆式车体的车辆组成动车组，旅客列车及货物列车混用。

1.1.2 我国高速铁路的发展概况

我国的高速铁路研发及建设均起步较晚，但是我国高速铁路建设近几年的发展速度有目共睹，我国高速铁路建设一直得到国家大力的政策支持与资金投入。从 2008 年 8 月 1 日我国第一条具有完全自主知识产权的高速铁路——京津城际铁路开通运营，到 2014 年年底，随着多条新线路投入运营，我国铁路营业里程已达 11.2 万 km，其中高铁运营里程达到 1.6 万 km。“四纵”干线已基本成型。到“十二五”末，我国将基本建成以“四纵四横”高速铁路为骨架的快速铁路网，快速铁路网营业里程达 4 万 km 以上，其中高铁运营里程 1.8 万 km 左右，包括时速 200～250 km 的高速铁路 1.13 万 km，时速 300～350 km 的高速铁路 0.67 万 km，基本覆盖 50 万以上人口的城市。

我国高速铁路正迅速发展，按照国家《中长期铁路网规划（2008 年修订）》，到 2020 年全国铁路营业里程达到 12 万 km，建立省会及大中城市间的铁路快速客运通道，形成“四纵四横”铁路高速客运专线以及三个城际快速客运系统。

1.“四纵”客运专线

（1）北京—上海客运专线，包括蚌埠—合肥、南京—杭州客运专线，贯通京津至长江三角洲东部沿海经济发达地区；

（2）北京—武汉—广州—深圳客运专线，连接华北和华南地区；

（3）北京—沈阳—哈尔滨（大连）客运专线，包括锦州—营口客运专线，连接东北和关内地区；

（4）上海—杭州—宁波—福州—深圳客运专线，连接长江、珠江三角洲和东南沿海地区。

2.“四横”客运专线

（1）徐州—郑州—兰州客运专线，连接西北和华东地区；

（2）杭州—南昌—长沙—贵阳—昆明客运专线，连接西南、华中和华东地区；

（3）青岛—石家庄—太原客运专线，连接华北和华东地区；

（4）南京—武汉—重庆—成都客运专线，连接西南和华东地区。

同时，建设南昌—九江、柳州—南宁、绵阳—成都—乐山、哈尔滨—齐齐哈尔、哈尔滨—牡丹江、长春—吉林、沈阳—丹东等客运专线，扩大客运专线的覆盖面。

3. 城际客运系统

在环渤海、长江三角洲、珠江三角洲、长珠潭、成渝以及中原城市群、武汉城市圈、关中城镇群、海峡西岸城镇群等经济发达和人口稠密地区建设城际客运系统，覆盖区域内主要城镇。

在“四纵四横”客运专线基础骨架上，进一步延伸并扩大客运专线覆盖面，加强客运专线之间相互连通和衔接；同时在环渤海、长三角、珠三角城际铁路的基础上，加快经济发达和人口稠密地区的城际轨道交通建设步伐，并与既有线提速改造工程相衔接，形成连接所有省会及 50 万人口以上城市的铁路网络，将大大缩短城市间时空距离，大大方便城市间的旅客出行。

1.1.3 高速铁路的优势

目前在世界范围内，高速铁路的出行方式得到了高度认同，相较于其他交通出行方式，高速铁路的优势主要体现在以下几个方面：

1. 速度快

高速铁路的试验速度已经超过 500 km/h，最高运行时速 350 km，今后将更快。

2. 客运量大

一条高速公路一年最大客运量一般不会超过 1 000 万人次。据铁路总公司统计，2014 年，全国铁路动车组运送旅客超过 8 亿人次，而京沪高铁就占到 1 亿以上。

3. 全天候

高速铁路全部采用自动化控制，正点率高，受风雨雪雾等恶劣天气的影响较小，保障了列车按规定时刻到发与运行，这是飞机、汽车及其他交通工具所不及的。

4. 安全可靠

每 10 亿人公里死亡人数，铁路为 1.971 人，汽车 18.929 人，飞机 16.006 人。日本新干线建成运营 50 多年，每年运输 2 亿人次，法国巴黎到里昂的 1 100 多 km 高速铁路，每年运输几千万人次，至今没有发生一起人员伤害事故。

5. 能耗低

研究表明，若以普通铁路每人公里消耗能源为 1 个单位，则公共汽车为 1.5，小汽车为 8.8，飞机为 9.8，而高速铁路仅为 1.3。

6. 污染轻

高速铁路没有粉尘、煤烟和其他废气污染，噪声比公路要小 5～10 dB。

7. 占地少

与四车道的高速公路相比，高速铁路的用地只有高速公路的一半。

8. 舒适

高速铁路运行车辆空间大，旅客卧、坐、行都比其他交通方式更加舒适。

9. 效益高

日本东海道新干线总投资为3 800亿日元，投入运营后客流量迅速增长，而运输成本只有飞机的1/5，在正式投入运营的第7年便全部收回了投资。1985年以来，年创利都在2 000亿日元以上。京沪高铁开通运营3年半以后，在2014年已经实现了盈利，而且盈利了20多亿人民币。

1.2 世界各国高速铁路安全形势

自1964年日本东海道新干线投入运营以来，高速铁路以其安全可靠、技术创新和优质服务等特点为铁路的发展带来了新的机遇。与既有铁路相比，高速铁路运输具有高速度、高密度、运量大、能耗小、污染少、准点率高、舒适性好等诸多优点，因此备受旅客青睐。目前，世界上投入高铁运营的国家和地区有中国、德国、法国、西班牙、日本、韩国、英国、意大利、瑞典、丹麦、比利时和中国台湾。

由于高速铁路建筑结构复杂、环境特殊，加上人员密集，一旦发生高铁事故，人员安全及疏散问题十分严峻，往往会造成重大的人员伤亡和财产损失，其事故后果的严重性及由此引发的社会影响十分巨大。

1998年6月3日，德国在汉诺威—汉堡的爱舍德小镇附近铁路干线上，发生了高速列车ICE1出轨事故，造成100人死亡、88人重伤，这是德国1945年以来最严重的铁路交通事故。事故调查原因是由于车辆轮箍的金属疲劳，导致轮箍的突然断裂。该事故现场如图1—1所示。

图1—1　德国ICE1高铁事故现场

2000年6月5日，法国北部一列载有501名乘客从巴黎驶往伦敦的欧洲之星高速列车，有两对车轮意外出轨，造成14人受伤，当时列车时速达290 km。铁轨路基不平是导致列车脱轨的直接原因。该事故现场如图1—2所示。

2002年11月6日，法国巴黎—维也纳高速列车上电路系统短路引发了一节车厢失火，一共造成12人因吸入大量浓烟而窒息死亡。该事故现场如图1—3所示。

2003年8月8日，韩国一列客运列车在汉城以南337 km的大邱附近撞上了货运列车，事故造成2人死亡，95人受伤。该事故现场如图1—4所示。

图 1—2 法国高铁列车出轨事故现场

图 1—3 法国高铁列车火灾事故现场

图 1—4 韩国列车相撞事故现场

2005 年 4 月 25 日，日本库县尼崎市一列载有 580 名乘客的高速列车发生脱轨事故，7 节车厢中有 3 节脱轨，并在极大的惯性作用下冲进路边的公寓楼底层，直接导致第一车厢与第二车厢全毁，造成 107 人死亡和 549 人受伤，成为日本历史上最严重的列车脱轨事故。该事故现场如图 1—5 所示。

图 1—5　日本高铁脱轨事故现场

2007 年 2 月 23 日，英国维珍列车公司一辆伦敦开往苏格兰格拉斯哥市的高速列车在英格兰的西北部发生脱轨事故，造成 1 人死亡，80 多人受伤，其中 22 人伤势严重。该事故现场如图 1—6 所示。

图 1—6　英国高铁脱轨事故现场

2009 年 11 月 27 日，俄罗斯 166 次“涅瓦特快号”客运列车在特维尔州与诺夫哥罗德州交界区段因遭到恐怖爆炸，引发脱轨事故，导致至少 25 人死亡和近百人受伤。该事故现场如图 1—7 所示。

2011 年 7 月 23 日，甬温线浙江省温州市境内，由北京南站开往福州站的 D301 次列车与杭州站开往福州南站的 D3115 次列车发生动车组列车追尾事故，造成 40 人死亡、172 人受伤。该事故现场如图 1—8 所示。

图 1－7 俄罗斯铁路脱轨事故现场

图 1－8 甬温线高铁相撞事故现场

2013 年 5 月 29 日，由福建厦门开往上海虹桥方向的 D3206 次动车组列车在行经沿海铁路浙江台州—临海间 K463＋386 处突发故障无法运行，在隧道中停车 5 个多小时，造成当天晚间从厦门、福州、温州开往杭州、上海方向的列车出现大面积晚点，在社会上也造成极大的影响。部分乘客情绪激动，甚至出现使用安全锤砸车厢玻璃窗的行为。该事故现场如图1－9所示。

图 1－9 D3206 次动车组列车在隧道中停车 5 h 乘客情绪烦躁

2013 年 7 月 24 日，西班牙一列从首都马德里开出的编号为 Alvia151 的快速列车在开往北部城市费罗尔途中发生脱轨事故，造成 80 人死亡，94 人受伤，其中 35 人伤势严重。这是西班牙 40 年来伤亡最惨重的铁路事故。事故发生的原因是在一个急转弯处列车超速。该事故现场如图 1－10 所示。

图 1—10　西班牙高铁脱轨事故现场

综上所述，从已发生的国内外多起高铁事故来看，世界范围内的高铁安全均受到了挑战，高铁事故造成了严重的危害和负面影响。因此，提高高铁安全管理水平、保障高铁安全运营，对于国民经济健康有序发展和人民生命财产安全具有重要意义。在此背景下，如何借助现代科技手段，提前预防和控制可能引发突发事件的因素，提高突发事件的处置效率，减少各类突发事件的发生，控制突发事件的影响，最大限度减少突发事件带来的损失，已成为一个紧迫的课题。

我国高速铁路已经取得了辉煌的成就，但从我国高速铁路的发展历程来看时间并不长，高速铁路事故的严重后果对应急救援能力有了更高的要求，而既有铁路应急救援能力并不能满足高速铁路高安全性的要求。从已发生的几起高铁突发事件也反映出目前我国高速铁路突发事件应急管理工作还有待完善，仍需系统科学地开展对高速铁路应急救援管理及应急处置预案的深入研究。

鉴于应急管理在高铁安全运营方面起到极为重要的作用，建设科学的高铁应急管理体系，完善高速铁路突发事件应急预案，对于有效地组织现场应急处置、减少高速铁路事故所带来的人员伤亡和财产损失、尽快恢复高速铁路运输秩序，具有重大的理论意义和实际价值。

第 2 章　高铁运营安全风险管理理论

应急管理的目的之一是保证铁路安全运营，应时刻把安全工作放在重要位置，当作头等大事来做好。我国高铁安全运营方针是“安全第一、预防为主、综合治理”。近年来，铁路部门广泛深入开展安全风险管理，推动了我国铁路安全生产管理理念的提升。

现代应急管理更加突出“预防为主”的理念，由于人们的认识水平或科学技术水平有限，高速铁路运输系统中存在威胁其正常运营的多种风险因素，这些风险因素会增加发生突发事件的可能性。一旦突发事件发生，处理的再及时，也会造成一定的损失。而做好预防工作，将突发事件消灭在萌芽状态，就可以将损失和影响降至最低。因此，在高铁应急管理中，风险隐患排查监管是有效预防和妥善处置各类突发事件的一项基础性工作，必须做到常抓不懈。

本章全面梳理了安全、危险、事故、可靠性、风险因子、隐患、危险源、风险等专业术语的基本概念及相互关系，概述了系统安全工程的特点，介绍了安全风险管理的发展、分类和管理对象，论述了我国铁路当前推行安全风险管理的意义和要点，归纳了安全风险管理和传统安全管理以及应急管理的联系和区别，同时深入分析了高铁运营安全风险管理的内容，重点介绍了安全风险识别、风险可能性评估、风险后果评估、风险评价和风险控制，探讨了适应高铁运营安全风险管理特点的危险源识别、风险评价、风险控制的指导流程。

2.1　安全相关术语

2.1.1　基本概念

“安全”是铁路运输永恒的主题，确保安全是所有铁路人不懈的追求。有了安全做保障，运输生产才能有序开展，旅客、货物才能顺利到达目的地，人民的生命财产才能得以保障。

1. 安全（Safety）

在古代汉语中，并没有“安全”一词，但“安”字却在许多场合下表达着现代汉语中“安全”的意义，表达了人们通常理解的“安全”这一概念。例如，“是故君子安而不忘危，存而不忘亡，治而不忘乱，是以身安而国家，可保也。”《易·系辞下》里的“安”是与“危”相对的，并且如同“危”表达了现代汉语的“危险”一样，“安”所表达的就是“安全”的概念。“无危则安，无缺则全”。由此可见，安全意味着没有危险且尽善尽美，这是与人们传统安全观念相吻合的。

“安全”作为现代汉语的一个基本词汇，在各种现代汉语辞书有着基本相同的解释。《现代汉语词典》对“安”字的第4个释义是：“平安；安全（跟‘危险’相对)”，并举出“公安”、“治安”、“转危为安”作为例词。对“安全”的解释是：“没有危险；不受威胁；不出事故”。《辞海》对“安”字的第1个释义就是“安全”，并在与国家安全相关的含义上举了《国策·齐策六》的一句话作为例证：“今国已定，而社稷已安矣”。

当汉语的“安全”一词用来译指英文时，可以与其对应的主要有Safety和Security两个单词，虽然这两个单词的含义及用法有所不同，但都可在不同意义上与中文“安全”相对应。在这里，与国家安全联系的“安全”一词，是Security。按照英文词典解释，Security也有多种含义，其中经常被研究国家安全的专家学者提到的含义有两方面：一方面是指安全的状态，即免于危险，没有恐惧；另一方面是指对安全的维护，指安全措施和安全机构。

根据人们对安全概念认识的发展历程，可分为两个阶段，即绝对安全概念和相对安全概念。

绝对安全观认为，安全的定义，是指没有危险、不受威胁、不出事故，即消除能导致人员伤害，发生疾病、死亡或造成设备财产破坏、损失以及危害环境的条件。

相对安全观认为，安全是相对的，绝对安全是不存在的。安全就是被判断为不超过允许极限的危险性，也就是指没有受到损害的危险或损害概率低的通用术语。所谓安全是指判明的危险性不超过允许限度。安全意味着可以容许的风险程度，可视为无受损害之忧和损害概率低的通用术语。

由相对安全的定义可获得以下三个结论：

(1) 安全是在具有一定危险性条件下的状态，安全并非绝对无事故。

(2) 事故与安全是对立的，但事故并不是不安全的全部内容，而只是在安全与不安全这一对矛盾斗争过程中某些瞬间突变结果的外在表现。

(3) 安全不是瞬间的结果，而是对系统在某一时期，某一阶段过程状态的描述。

本文对安全的定义如下：指在生产活动过程中，能将人或物的损失控制在可接受水平的状态，亦即安全意味着人或物遭受损失的可能性是可以接受的，若这种可能性超过了可接受的水平，即为不安全。

针对上面的定义，为了便于理解，从以下四个方面作进一步的说明：

(1) 安全不是瞬间的结果，而是对某种过程状态的描述。

(2) 安全是相对的，绝对安全是不存在的。

(3) 构成安全问题的矛盾双方是安全与危险，而非安全与事故。因此，衡量一个生产系统是否安全，仅仅依靠事故指标是不全面的。

(4) 不同的时代及生产领域，可接受的损失水平是不同的，因而衡量系统是否安全的标准也是不同的。

当前学术界普遍认同的是相对安全观，也就是认为安全是相对的，绝对安全是不存在的，即安全是一种模糊概念。按模糊数学的说法，危险性就是对安全的隶属度，当危险性低到某种程度，人们就认为是安全的了。

2. 危险（Danger）

危险或称为不安全，是指在生产活动过程中，人或物遭受损失的可能性超出了可接受范围的一种状态。它与安全一样，是在生产过程中共存的过程，是一种连续型的过程状态。

危险包含了尚未为人所认识的，以及虽为人们所认识但尚未为人所控制的各种隐患。危险还包含了安全与不安全这一对矛盾斗争过程中，某些瞬间突变所发生的外在表现出来的事故结果，但是事故并不是危险的全部内容。

3. 事故（Accident）

事故是指在生产活动过程中，由于人们受到科学知识和技术力量的限制，或者由于认识上的局限，当前还不能防止或能防止而未有效控制所发生的违背人们意愿的事件序列。事故的发生，可能迫使系统暂时或较长期地中断运行，也可能造成人员伤亡、财产损失或者环境破坏，或者其中二者或三者同时出现。

事故≠事故后果，意味着发生事故不一定产生事故后果，根据海因里希（W. H. Heinrich）法则，事故后果的严重程度隐含一定的比例关系。海因里希统计了在发生的众多事故中，严重伤害：轻微伤害：无伤害＝1：29：300，如图2－1所示，也称为事故三角形。

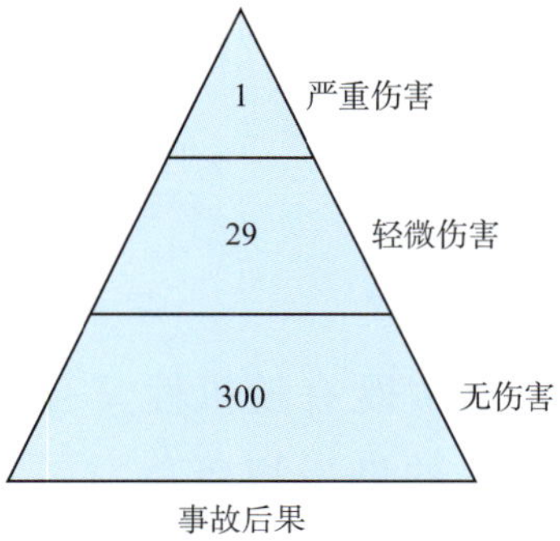

图2－1　海因里希法则

同样的，在事故后果的博德（F. E. Bird）比例中，严重伤害：轻微伤害：财产损失：无伤害财产损失＝1：10：30：600。

（1）事故分类

通常而言，在对事故进行类别划分时，根据事故发生后所造成的后果情况，可以把事故划分为以下三类：

①伤害事故或伤亡事故——造成人员伤害的事故。进一步又分为轻伤事故、重伤事故、死亡事故（1次死亡1～2人的事故）、重大伤亡事故（1次死亡3～9人的事故）、特大伤亡事故（1次死亡10人及以上事故）。

②损坏事故——造成财物破坏的事故。

③未遂事故或险肇事故——既没有造成人员伤害也没有造成财物破坏的事故。

（2）事故特点

事故有以下四个主要特点：

①事故是违背人们意愿的一种现象，稍有疏忽或懈怠就可能会发生。

②事故的随机性。从表象上看，事故的发生是不确定事件，但其发生形式受必然性的支配，也不可避免地受到偶然性的影响。

反映事故随机性特征的一幅漫画，如图2－2所示。

③事故的因果性。目前尚未认识到的原因；已经认识，但目前尚不可控制的原因；已经认识，目前可以控制而未能有效控制的原因。

图 2—2　事故发生具有随机性

事故既有随机性又有因果性，这二者之间看似矛盾，其实不然。考虑到随着科学技术水平的进步和社会发展，以往很多看似杂乱无章、毫无规则的现象，被人们逐渐发现其内在本质，从而对其有更为深入的认识。

④事故的潜伏性。危险触发→以一定的逻辑顺序出现的一系列事件→引发事故→产生不良后果。

（3）事故因果连锁过程的影响因素

海因里希将事故因果连锁过程概括为以下五个因素：

①遗传及社会环境（M）。遗传因素及社会环境是造成人的性格上缺点的原因。遗传因素可能形成鲁莽、固执等不良性格；社会环境可能妨碍教育、助长性格先天缺点的发展。

②人的缺点（P）。人的缺点是使人产生不安全行为或造成机械、物质不安全状态的原因，它包括鲁莽、固执、过激、神经质、轻率等性格上的先天缺点，以及缺乏安全生产知识和技术等后天的缺点。

③人的不安全行为或物的不安全状态（H）。所谓人的不安全行为或物的不安全状态是指那些曾经引起过事故，可能再次引起事故的人的行为或机械、物质、环境的状态，它们是造成事故的直接原因。

例如，人在起重机吊装转移范围内停留、不发信号就启动机器、不戴安全帽进入施工现场、没有防护的齿轮等行为或状态。

④事故（D）。事故是由于物体、物质、人或环境的作用或反作用，使人员受到伤害或可能受到伤害的，出乎意料之外的、失去控制的事件。

⑤伤害（A）。伤害也就是指事故后果，指直接由于事故而产生的人员伤亡和经济损失。

海因里希事故因果连锁关系的多米诺骨牌效应，如图 2—3 所示。

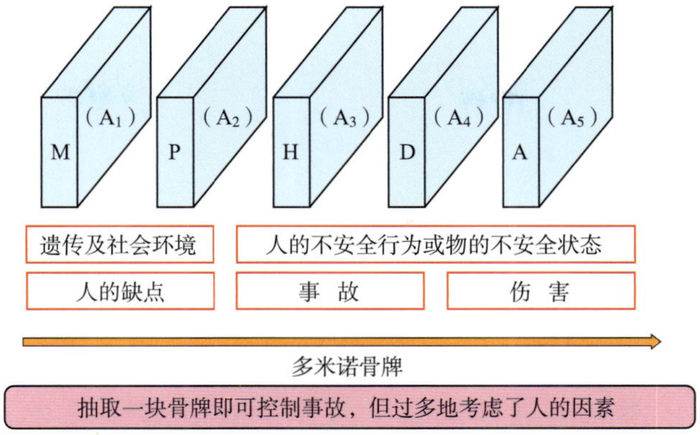

图 2—3　多米诺骨牌效应

海因里希事故因果连锁论的重要意义在于它论证了事故不可知论的错误，认为人的不安全行为是产生事故的根本原因。该理论从个别人、人的本质以及管理人员（非直接生产人员）角度逐渐深化了对人的不安全行为在事故发生和发展过程中起关键作用的认识。然而这些理论又都不同程度上忽视或轻视了劳动工具（包括生产设备）、劳动对象、工作环境所固有的危险性对事故的影响。

博德（Frank Bird）、亚当斯（Edward Adams）等人都在海因里希事故因果连锁论基础上做了进一步的修改和完善，使因果连锁的思想得以进一步发扬光大，收到了较好的效果，如图 2—4 所示。

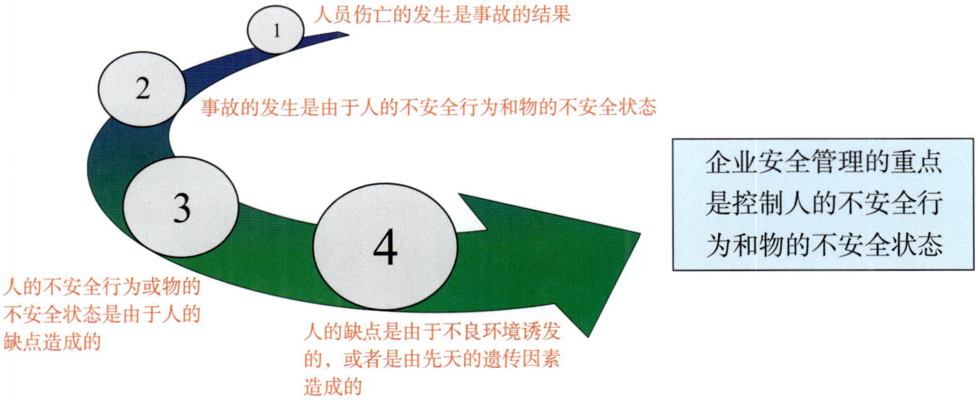

图 2—4　事故连锁理论的完善

（4）事故因果连锁理论的启示

①事故的发生是多种因素及它们之间相互联系、相互影响、互为因果，一步一步组合的结果。

②由于产生事故原因的多层次性，不能把事故发生的原因简单地归结于违章。

③事故致因的多种因素的组合，可归结为人和物两大系列的运动。发生事故是由于人、物两大系列的运动轨迹交叉，防止事故应着力于提高技术装备安全化水平，使人—物运动轨迹不产生交叉。

④研究人的不安全行为和物的不安全状态应当同对环境的分析研究结合起来，致力

于不良环境的改善。

⑤人—物—环境都受管理因素支配，管理因素是本质原因，防止发生事故归根结底应从改进管理做起。

4. 可靠性（Reliability）

概率论和数理统计是研究可靠性问题的主要工具。概率论能确定可靠性数量特性之间的相互关系。因此，可靠性理论的许多概念是与概率论中的概念密切相关的。可靠性的测定主要用的是数理统计方法。

根据国家标准规定，产品可靠性的定义是指产品在规定条件下、在规定的时间内完成规定功能的能力。这里的产品，是指作为单独研究和分别试验对象的任何元器件、设备和系统。从定义不难看出，产品可靠性的高低，必须是在规定的时间内，在规定的条件下，按完成规定功能的大小来衡量。如果离开了这三个“规定”、三大“要素”，就失去了衡量可靠性高低的前提。

规定的条件是指产品所处的使用环境与维护条件，包括机械条件、气候条件、生物条件、物理条件和使用维护条件等。这是对可靠性附加的第一种约束条件。由于这些条件对产品失效都有影响，条件变化了，产品可靠性也随着变化，因此，只能在指定的条件下谈产品可靠性。

规定的时间是指产品执行任务的时间，这是对可靠性附加的第二种约束条件，也是最重要的约束条件。由于产品交付使用后，会受到各种环境应力的影响，可靠性随着时间的延长而逐步下降。不同的时期和不同的时间，对产品失效的影响也不相同。

规定的时期是指产品储存期。产品在规定的储存期内，一般都应是可靠的，但超出储存期使用，问题就较多。因此，只能在规定的时期和规定的时间之内谈可靠性。例如，高铁车站发车作业在规定的时间内完成准备工作，并使高速列车处于良好的可发车状态，称发车作业有效。否则，在规定的时间内不能完成发车准备，称发车作业无效。

规定的功能是指产品设计文件上对产品规定的技术性能，这是对可靠性附加的第三种约束条件。各个产品在系统中承担着不同的任务，有着不同的功能。产品完成了规定的功能要求，就算是可靠的，否则，就算是不可靠的。完成功能的能力，通常表示可靠性的定性要求。完成功能的概率，通常表示可靠性的定量要求，是可靠性大小的度量。

以上对可靠性的定义只是定性的，为了使可靠性的定义有一个确定的定量量度，下面我们给出应用数理统计方法，并能广泛使用的可靠性的定量定义。可靠性就是一个系统在规定的条件及规定的时间 t 内不发生故障的概率，记为 $R(t)$。设 t 为需要确定的无故障工作概率的时间，T 为系统从开始工作到首次发生故障的时间，那么，可用下式表示：

$$R(t)=P(T>t)$$

即可靠性是指系统从开始工作到首次发生故障的时间 T 大于待确定无故障工作的时间 t 这一事件发生的概率。由可靠性的定义可知，$R(t)$ 具有以下三条性质：

（1）$R(t)$ 为时间的递减函数；

（2）$0<R(t)<1$；

（3）$R(0)=1$，$R(\infty)=0$。

可靠性函数曲线如图 2－5 所示。

定量研究可靠性，需要注意以下问题：

（1）要认识到可靠性所具有的时间特性。产品的可靠性是一个与时间有密切关系的属性，使用时间越长，就越不可靠。所以，在评价一种产品的可靠性时，必须指明是多长时间内的可靠性，离开时间谈可靠性是毫无意义的。

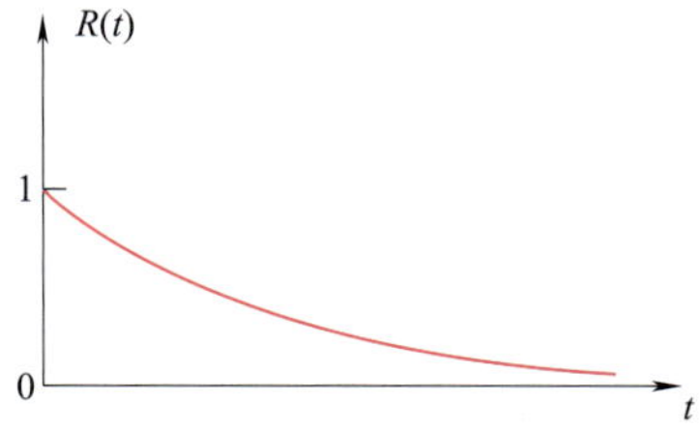

图 2－5　可靠性函数曲线图

（2）要认识到可靠性所具有的统计特性，建立概率统计研究可靠性问题的观点。

（3）要认识到可靠性具有综合性的特点。产品的可靠性不是从某一个侧面来衡量产品的优劣，而是从整体上看产品能否完成预期的功能。因此综合性表现了产品的耐久性、无故障性、维修性、可用性和经济性等。

总而言之，可靠性有其可定量的概率统计特性，在设计中可以预计，在试验中可以测定，在生产中可以保证，在使用中可以保持，在整个寿命周期内可以控制。在研究产品可靠性问题时，必须注意可靠性的三大要素，即条件、时间和功能，建立一个基本的观点，即概率统计的观点，并充分认识可靠性具有的时间性、统计性和综合性的特点。

5. 风险因子（Risk Factors）

（1）风险因子定义

关于风险因子的称呼有多种，有叫“风险因素”、“风险成因”，还有叫“风险源”的，英文也有译为“Hazard”。与之相关的概念还有危险因素、危险有害因素、有害（危害）因素等，对于它们与风险因子的区别，经查阅各种资料，未见到权威性的解释。下面我们先从定义上对这些概念上加以分析。

风险因子是风险事件发生的潜在因素，是造成损失的间接的和内在的原因。

危险因素是指能对人造成伤亡或对物造成突发性损害的因素。

有害因素是指能影响人的身体健康，导致疾病，或对物造成慢性损害的因素。

危险有害因素是指在生产、劳动过程中，存在对职工的健康和劳动能力产生有害作用，并导致疾病的因素。通常为了区别客体对人体不利作用的特点和效果，分为危险因素（强调突发性和瞬间作用）和危害因素（强调在一定时间范围内的积累作用），有时对二者不加以区分，统称危险因素。

为了更好的帮助理解上述概念，先简要介绍一下风险与危险的联系。

广义的风险是指事件发生的不确定性，这种不确定可能是损失也可能是收益。能带来收益，但收益大小不确定的风险叫做收益风险；可能受益、可能损失的风险叫做投机风险；只会带来损失的风险叫做纯粹风险。而本文所说的危险就是指纯粹风险，或者说是狭义的风险。

综合各种概念定义的本质以及从安全风险管理的角度，本文认为可以对上述概念风险因子、危险因素、有害因素、危害因素等不加以区分，因此本文统一称为“风险因子”。

风险因子是促使或引起风险事件发生的条件，即增加风险事件发生的频率；以及风险事件发生时，致使损失增加、扩大的条件。构成风险因素的条件越多，发生损失的可能性就越大，损失就会越严重。

鉴于风险因子是构成危险本质的成分和决定危险出现的原因或条件，因此针对风险因子需要预防。客观存在的危险、有害物质和能量超过临界值的设备、设施和场所，都可能成为风险因子。

（2）风险因子的分类

①按来源分类

按照风险因子的来源，可以分为以下四个方面。

a. 人的因素：在生产活动中，来自人员或人为性质的风险因素。

b. 物的因素：机械、设备、设施、材料等方面存在的风险因素。

c. 环境因素：生产作业环境中的风险因素。

d. 管理因素：管理和管理责任缺失所导致的风险因素。

②按性质分类

按照性质不同，风险因子可分为有形风险因素与无形风险因素两种类型。

a. 有形风险因素。有形风险因素也称实质风险因素，是指某一标的本身所具有的足以引起风险事故发生或增加损失机会或加重损失程度的因素。如一个人的身体状况，某一建筑物所处的地理位置、所用建筑材料的性质等，地壳的异常变化、恶劣的气候、疾病传染等都属于实质风险因素。人类对于这类风险因素，有些可以在一定程度上加以控制，有些则在一定时期内还是无能为力。在保险业务中，由实质风险因素引起的损失风险，大都属于保险责任范围。

b. 无形风险因素。无形风险因素是与人的心理或行为有关的风险因素，通常包括道德风险因素和心理风险因素。

道德风险因素是指与人的品德修养有关的无形因素，即由于人们不诚实、不正直或有不轨企图，故意促使风险事故发生，以致引起财产损失和人身伤亡因素。如投保人或被保险人的欺诈、纵火行为等都属于道德风险因素。在保险业务中，保险人对因投保人或被保险人的道德风险因素所引起的经济损失，不承担赔偿或给付责任。

心理风险因素是指与人的心理状态有关的无形因素，即由于人们疏忽或过失以及主观上不注意、不关心、心存侥幸，以致增加风险事故发生的机会和加大损失的严重性的因素。例如，企业或个人投保财产保险后产生了放松对财务安全管理的思想，物品乱堆放，吸烟后随意抛弃烟蒂等的心理或行为，都属于心理风险因素。

由于道德风险因素与心理风险因素均与人密切相关，因此，这两类风险因素合并称为人为风险因素。

6. 危险源（Source of danger）

（1）危险源定义

危险源是指系统中客观存在的、具有潜在能量和物质释放危险的、在一定的触发因素作用下可转化为隐患、事故的根源或状态。危险源也可以定义为可能造成人员伤害、职业病、财产损失、作业环境破坏或其组合的根本原因或状态。

危险源识别就是确认危险源的存在并确定其特性的过程，内容包括一个系统中具有潜在能量和物质释放危险的、可造成人员伤害、在一定的触发因素作用下可转化为事故的部位、区域、场所、空间、岗位、设备及其位置。它的实质是具有潜在危险的源点或部位，是爆发事故的源头，是能量、危险物质集中的核心，是能量传出来或爆发的地方。

危险源存在于确定的系统中，不同的系统范围，危险源的区域也不同。例如，从全国范围来说，对于危险行业（如石油、化工等）具体的一个企业（如炼油厂）就是一个危险源。从一个企业系统来说，可能是某个车间、仓库为危险源；而从一个车间系统来看，可能是某台设备为危险源。因此，分析危险源应按系统的不同层次来进行。

重大危险源是指长期地或者临时地生产、搬运、使用或者储存危险物品，且危险物品的数量等于或者超过临界量的单元（包括场所和设施）。重大危险源实质上是管理层面的概念，体现了在事故预防中分清主次、抓住主要矛盾的思想，是国家或者地区对于可能发生重大工业事故的设备、单元、场所采取预先、重点、宏观和统一控制的思想。重大危险源主要针对的是物质危险源，是易燃、易爆、有毒、有害等危险物质的客观存在。当危险物质的量超过了规定的临界量时，即构成了应该着重关注、重点管理的重大危险源。

（2）危险源构成要素

根据上述对危险源的定义，危险源由潜在危险性、存在条件和触发因素三个要素构成。

①危险源的潜在危险性是指一旦触发事故，可能带来的危害程度或损失大小，或者说危险源可能释放的能量强度或危险物质量的大小。

②危险源的存在条件是指危险源所处的物理、化学状态和约束条件状态。例如，物质的压力、温度、化学稳定性，盛装压力容器的坚固性，周围环境障碍物等情况。

③触发因素虽然不属于危险源的固有属性，但它是危险源转化为事故的外因，而且每一类型的危险源都有相应的敏感触发因素。例如，易燃、易爆物质，热能是其敏感的触发因素；压力容器，压力升高是其敏感触发因素。因此，一定的危险源总是与相应的触发因素相关联。在触发因素的作用下，危险源转化为危险状态，继而转化为事故。

（3）危险源的分类

危险源的分类，根据划分的依据不同，主要有以下几种分类方法。

①根据《生产过程危险和有害因素分类代码》（GB 13861—2009），按导致事故和职业危害的直接原因（危害因素）对危险源进行分类。该标准将生产过程危险和有害因素共分为以下大类：

a. 人的因素（hominine factors）：与生产各环节有关的，来自人员自身或人为性质的危险和有害因素。

b. 物的因素（material factors）：机械、设备、设施、材料等方面存在的危险和有害因素。

c. 环境因素（environment factors）：生产作业环境中的危险和有害因素。

d. 管理因素（management factors）：管理上的失误、缺陷和管理责任所导致的危险和有害因素。

本标准的代码共分四层，第一、二层分别用一位数字表示大类、中类；第三、四层分别用二位数字表示小类、细类，见表 2—1。

②根据《企业职工伤亡事故分类标准》（GB 6441），按事故类型对危险源进行分类，分为 20 类，见表 2—2。

表 2—1　生产过程危险和有害因素分类与代码表

代　码	危险和有害因素	说　　明
1	**人的因素**	
11	心理、生理性危险和有害因素	指易引起疲劳、劳损、伤害等的负荷超限
1101	负荷超限	
110101	体力负荷超限	
110102	听力负荷超限	
110103	视力负荷超限	
110199	其他负荷超限	
1102	健康状况异常	指伤、病期等
1103	从事禁忌作业	
1104	心理异常	
110401	情绪异常	
110402	冒险心理	
110403	过度紧张	
110499	其他心理异常	
1105	辨识功能缺陷	
110501	感知延迟	
110512	辨识错误	
110599	其他辨识功能缺陷	
1199	其他心理、生理性危险和有害因素	
12	行为性危险和有害因素	
1201	指挥错误	
120101	指挥失误	包括与生产环节有关的各级管理人员的指挥
120102	违章指挥	
120199	其他指挥错误	
1202	操作错误	
120201	误操作	
120202	违章作业	
120299	其他操作错误	
1203	监护失误	
1299	其他行为性危险和有害因素	包括脱岗等违反劳动纪律行为
2	**物的因素**	
21	物理性危险和有害因素	
2101	设备、设施、工具、附件缺陷	
210101	强度不够	
210102	刚度不够	
210103	稳定性差	抗倾覆、抗位移能力不够。包括重心过高、底座不稳定、支承不正确等
210104	密封不良	指密封件、密封介质、设备辅件、加工精度、装配工艺等缺陷以及磨损、变形、气蚀等造成的密封不良
210105	耐腐蚀性差	
210106	应力集中	
210107	外形缺陷	指设备、设施表面的尖角利棱和不应有的凹凸部分等

续上表

代码	危险和有害因素	说明
210108	外露运动件	指人员易触及的运动件
210109	操纵器缺陷	指结构、尺寸、形状、位置、操纵力不合理及操纵器失灵、损坏等
210110	制动器缺陷	
210211	控制器缺陷	
210199	设备、设施、工具、附件其他缺陷	
2102	防护缺陷	
210201	无防护	
210202	防护装置、设施缺陷	指防护装置、设施本身安全性、可靠性差，包括防护装置、设施、防护用品损坏、失效、失灵等
210203	防护不当	指防护装置、设施和防护用品不符合要求、使用不当。不包括防护距离不够
210204	支撑不当	包括矿井、建筑施工支护不符合要求
210205	防护距离不够	指设备布置、机械、电气、防火、防爆等安全距离不够和卫生防护距离不够等
210299	其他防护缺陷	
2103	电伤害	
210301	带电部位裸露	
210302	漏电	指人员易触及的裸露带电部位
210303	静电和杂散电流	
210304	电火花	
210399	其他电伤害	
2104	噪声	
210401	机械性噪声	
210402	电磁性噪声	
210403	流体动力性噪声	
210499	其他噪声	
2105	振动危害	
210501	机械性振动	
210502	电磁性振动	
210503	流体动力性振动	
210599	其他振动危害	
2106	电离辐射	包括χ射线、γ射线、α粒子、β粒子、中子、质子、高能电子束等
2107	非电离辐射	
210701	紫外辐射	
210702	激光辐射	
210703	微波辐射	
210704	超高频辐射	
210705	高频电磁场	
210706	工频电场	
2108	运动物伤害	
210801	抛射物	
210802	飞溅物	
210803	坠落物	

续上表

代　码	危险和有害因素	说　　明
210804	反弹物	
210805	土、岩滑动	
210806	料堆（垛）滑动	
210807	气流卷动	
210899	其他运动物伤害	
2109	明火	
2110	高温物质	
211001	高温气体	
211002	高温液体	
211003	高温固体	
211099	其他高温物质	
2111	低温物质	
211101	低温气体	
211102	低温液体	
211103	低温固体	
211199	其他低温物质	
2112	信号缺陷	
211201	无信号设施	指应设信号设施处无信号，如无紧急撤离信号等
211202	信号选用不当	
211203	信号位置不当	
211204	信号不清	指信号量不足，如响度、亮度、对比度、信号维持时间不够等
211205	信号显示不准	包括信号显示错误、显示滞后或超前等
211299	其他信号缺陷	
2113	标志缺陷	
211301	无标志	
211302	标志不清晰	
211303	标志不规范	
211304	标志选用不当	
211305	标志位置缺陷	
211399	其他标志缺陷	
2114	有害光照	包括直射光、反射光、眩光、频闪效应等
2199	其他物理性危险和有害因素	
22	化学性危险和有害因素	
2201	爆炸品	
2202	压缩气体和液化气体	
2203	易燃液体	
2204	易燃固体、自燃物品和遇湿易燃物品	
2205	氧化剂和有机过氧化物	
2206	有毒品	
2207	腐蚀品	
2208	粉尘与气溶胶	
2299	其他化学性危险和有害因素	
23	生物性危险和有害因素	
2301	致病微生物	

续上表

代　码	危险和有害因素	说　　明
230101	细菌	
230102	病毒	
230103	真菌	
230199	其他致病微生物	
2302	传染病媒介物	
2303	致害动物	
2304	致害植物	
2399	其他生物性危险和有害因素	
3	**环境因素**	包括室内、室外、地上、地下（如隧道、矿井）、水上、水下等作业（施工）环境
31	室内作业场所环境不良	
3101	室内地面滑	指室内地面、通道、楼梯被任何液体、熔融物质润湿，结冰或有其他易滑物等
3102	室内作业场所狭窄	
3103	室内作业场所杂乱	
3104	室内地面不平	
3105	室内梯架缺陷	包括楼梯、阶梯、电动梯和活动梯架，以及这些设施的扶手、扶栏和护栏、护网等
3106	地面、墙和天花板上的开口缺陷	包括电梯井、修车坑、门窗开口、检修孔、排水沟等
3107	房屋基础下沉	
3108	室内安全通道缺陷	包括无安全通道，安全通道狭窄、不畅等
3109	房屋安全出口缺陷	包括无安全出口、设置不合理等
3110	采光照明不良	指照度不足或过强、烟尘弥漫影响照明等
3111	作业场所空气不良	指自然通风差、无强制通风、风量不足或气流过大、缺氧或有害气体超限等
3112	室内温度、湿度、气压不适	
3113	室内给、排水不良	
3114	室内涌水	
3199	其他室内作业场所环境不良	
32	室外作业场地环境不良	
3201	恶劣气候与环境	包括风、极端的温度、雷电、大雾、冰雹、暴雨雪、洪水、浪涌、泥石流、地震、海啸等
3202	作业场地和交通设施湿滑	包括铺设好的地面区域、阶梯、通道、道路、小路等被任何液体、熔融物质润湿，冰雪覆盖或有其他易滑物等
3203	作业场地狭窄	
3204	作业场地杂乱	
3205	作业场地不平	包括不平坦的地面和路面，有铺设的、未铺设的、草地、小鹅卵石或碎石地面和路面
3206	航道狭窄、有暗礁或险滩	
3207	脚手架、阶梯和活动梯架缺陷	包括这些设施的扶手、扶栏和护栏、护网等
3208	地面开口缺陷	包括升降梯井、修车坑、水沟、水渠等

续上表

代　码	危险和有害因素	说　　明
3209	建筑物和其他结构缺陷	包括建筑中或拆毁中的墙壁、桥梁、建筑物；筒仓、固定式粮仓、固定的槽罐和容器；屋顶、塔楼等
3210	门和围栏缺陷	包括大门、栅栏、畜栏和铁丝网等
3211	作业场地基础下沉	
3212	作业场地安全通道缺陷	包括无安全通道，安全通道狭窄、不畅等
3213	作业场地安全出口缺陷	包括无安全出口、设置不合理等
3214	作业场地光照不良	指光照不足或过强、烟尘弥漫影响光照等
3215	作业场地空气不良	指自然通风差或气流过大、作业场地缺氧或有害气体超限等
3216	作业场地温度、湿度、气压不适	
3217	作业场地涌水	
3299	其他室外作业场地环境不良	不包括以上室内室外作业环境已列出的有害因素
33	地下（含水下）作业环境不良	
3301	隧道/矿井顶面缺陷	
3302	隧道/矿井正面或侧壁缺陷	
3303	隧道/矿井地面缺陷	
3304	地下作业面空气不良	包括通风差或气流过大、缺氧或有害气体超限等
3305	地下火	
3306	冲击地压	指井巷（采场）周围的岩体（如煤体）在外载作用下产生的变形能，当力学平衡状态受到破坏时，瞬间释放，将岩体急剧、猛烈抛出造成严重破坏的一种井下动力现象
3307	地下水	
3308	水下作业供氧不当	
3399	其他地下作业环境不良	
39	其他作业环境不良	
3901	强迫体位	指生产设备、设施的设计或作业位置不符合人类工效学要求而易引起作业人员疲劳、劳损或事故的一种作业姿势
3902	综合性作业环境不良	显示有两种以上致害因素且不能分清主次的情况
3999	以上未包括的其他作业环境不良	
4	**管理因素**	
41	职业安全卫生组织机构不健全	包括安全组织机构的设置和人员的配置
42	职业安全卫生责任制未落实	
43	职业安全卫生管理规章制度不完善	
4301	建设项目“三同时”制度未落实	
4302	操作规程不规范	
4303	事故应急预案及响应缺陷	
4304	培训制度不完善	
4399	其他职业安全卫生管理规章制度不健全	包括隐患管理、事故调查处理等制度不健全
44	职业安全卫生投入不足	
45	职业健康管理不完善	包括职业健康体检及其档案管理等不完善
49	其他管理因素缺陷	

表 2—2　危险源分类及代码

代码	危险源	代码	危险源
01	物体打击	011	冒顶片帮
02	车辆伤害	012	透水
03	机械伤害	013	放炮
04	起重伤害	014	火药爆炸
05	触电	015	瓦斯爆炸
06	淹溺	016	锅炉爆炸
07	灼烫	017	容器爆炸
08	火灾	018	其他爆炸
09	高处坠落	019	中毒和窒息
010	坍塌	020	其他伤害

7. 隐患（Accident Potential/Hidden Danger）

隐患（或称为风险点）是指在生产活动过程中，由于人们受到科学知识和技术力量的限制，或者由于认识上的局限，而未能有效控制的有可能引起事故的一种行为（一些行为）或一种状态（一些状态）或二者的结合。

事故隐患主要包括作业场所、设备及设施的不安全状态，人的不安全行为和管理上的缺陷。隐患实质是有危险的、不安全的、有缺陷的“状态”。这种状态可在人或物上表现出来，例如，盲目臆测、超标完成任务、施工预想及措施不到位、施工现场负责人忽视作业人员情绪表现、“两违”现象等；也可表现在管理的程序、内容或方式上，如检查不到位、制度的不健全、人员培训不到位等。

事故总是发生在操作现场，总是伴随隐患的发展而发生在生产过程之中，所以说事故是隐患发展的结果。隐患则是事故发生的必要条件，隐患一旦被识别，就要予以消除。对于受客观条件所限，不能立即消除的隐患，要采取措施降低其危险性或延缓危险性增长的速度，减少其被触发的“几率”。

隐患一般界定为超出了人们设定的安全界限的状态或行为。由于不同人设定安全界限的不同，隐患可能被划定为隐患，也可能被划定为危险源，具体原因参见 2.1.2 关于危险源与隐患的区别与联系的内容。

8. 风险（Risk）

（1）风险定义

“风险”一词的由来，最为普遍的一种说法是，在远古时期，以打鱼捕捞为生的渔民们，每次出海前都要祈祷，祈求神灵保佑自己能够平安归来，其中主要的观念就是让神灵保佑自己在出海时能够风平浪静、满载而归；渔民在长期的捕捞实践中，深深的体会到“风”给他们带来的无法预测和无法确定的危险，他们认识到，在出海捕捞打鱼的过程中，“风”即意味着“险”，因此有了“风险”一词的由来。

而另一种有关“风险”一词的“源出说”则称，“风险”一词是舶来品，有学者认为来自阿拉伯语、有学者认为来源于西班牙语或拉丁语，但比较权威的说法是来源于意大利语的“RISQUE”一词。在早期的运用中，“风险”也是被理解为客观的危险，体现为自然现象或者航海遇到礁石、风暴等事件。大约到了19世纪，在英文的使用中，风险一词常常用法文拼写，主要是用于与保险有关的事情上。

如何定义风险呢？时至今日仍然在学术界存在很大争议。归纳起来有以下四种主要的风险定义模式：

①把风险视为给定条件下可能会给研究对象带来最大损失的概率。

②把风险视为给定条件下研究对象达不到既定目标的概率。

③把风险视为给定条件下研究对象可能获得的最大损失和收益之间的差异。

④把风险直接视为研究对象本身所具有的不确定性。若风险表现为不确定性，说明风险产生的结果可能带来损失、获利或是无损失也无获利，属于广义风险，金融风险属于此类。若风险表现为损失的不确定性，说明风险只能表现出损失，没有从风险中获利的可能性，属于狭义风险。

本书采用一个目前比较普遍的定义，也是广大学者常使用的定义，即风险是指在某一特定环境下，在某一特定时间段内，某种损失发生的可能性。换句话说，是在某一个特定时间段里，人们所期望达到的目标与实际出现的结果之间产生的距离称之为风险。风险具有客观性、普遍性、必然性、可识别性、可控性、损失性、不确定性和社会性等特点。

通常而言，风险 R 表述为特定危险事件发生的可能性 p 与后果 c 的组合函数。也就是说一般意义上的风险具有概率和后果的二重性，表示如下：

$$R=f\,(p,\ c)$$

目前，国内外比较推崇的风险评价方法为 $R=P\times C$ 定级法，但它不是简单意义相乘，而是表示 P、C 的级别组合。

(2) 风险构成要素

风险由风险因子、风险事件和损失三个要素构成，风险是由这三个要素构成的统一体，具体分析如下：

①内涵分析

a. 风险因子（风险因素）。风险因子是指促使某一特定风险事故发生或增加其发生的可能性或扩大其损失程度的原因或条件。它是风险事件发生的潜在原因，是造成损失的内在或间接原因。例如，对于建筑物而言，可指其所使用的建筑材料的质量、建筑结构的稳定性等；对于人而言，可指其健康状况和年龄等。

根据性质不同，风险因子可分为实质风险因素（物质）、道德风险因素（故意）和心理风险因素（过失、疏忽无意）三种类型。

b. 风险事件（风险事故）。风险事件是指造成人身伤害或财产损失的偶发事件，是造成损失的直接或外在原因，是损失的媒介物。

就某一事件来说，如果它是造成损失的直接原因，那么它就是风险事件。而在其他条件下，如果它是造成损失的间接原因，它便成为风险因子。例如，下冰雹路滑发生车祸，造成人员伤亡，这时冰雹是风险因子；冰雹直接击伤行人，它是风险事件。

c. 损失。在风险管理中，损失是指非故意的、非预期的、非计划的经济价值的减少。

通常我们将损失分为两种形态，即直接损失和间接损失。直接损失是指风险事故导致的财产本身损失和人身伤害，这类损失又称为实质损失；间接损失则是指由直接损失引起的其他损失，包括额外费用损失、收入损失和责任损失。因此，在风险管理中，通常将损失分为实质损失、额外费用损失、收入损失和责任损失四类。

②三者关系

简单来讲，风险是由风险因子、风险事件和损失三者构成的统一体，风险因子引起或增加风险事件，风险事件发生造成损失。

2.1.2 相互关系梳理

1. 安全与危险

安全与危险是一对矛盾：一方面两者互相反对、互相排斥、互相否定；另一方面两者互相依存，共同处于一个统一体中，存在着向对方转化的趋势。

安全与危险这对矛盾的运动、变化和发展，推动着安全科学的发展和人类安全意识的提高。

2. 安全与事故

事故与安全是对立的，但事故并不是不安全的全部内容，而只是在安全与不安全这一对矛盾斗争过程中某些瞬间突变结果的外在表现。

系统处于安全状态并不一定不发生事故，反之系统处于不安全状态，也未必完全是由事故引起。

3. 危险与事故

危险即不安全，内涵较为丰富，不仅包含了作为潜在事故条件的各种隐患，同时还包含了安全与不安全的矛盾激化后表现出来的事故结果。

由相对安全观可知，事故发生，系统不一定处于危险状态，事故不发生，也不能否认系统不处于危险状态，事故不能作为判别系统危险与安全状态的唯一标准。

4. 突发事件与突发事故

突发事件与突发事故之间既存在相互联系又存在区别，经归纳，主要可以从如下三点加以解释。

第一种观点认为：事故属于突发事件的范畴，是较高级别的突发事件，事故通常伴有人员伤亡和财产损失，但并非所有突发事件都等同于事故。

第二种观点认为：事故是指造成死亡、职业病、伤害、财产损失或其他损失的意外事件。而事件是指造成或可能造成事故的事情。

第三种观点认为：事故≠事故后果，事故一旦发生，可以造成：人受到伤害，物受到损失；人受到伤害，物未受损失；人未受伤害，物受到损失；人、物均未受到伤害或损失。

其实上述三种观点在某种意义上是相通的，只是从不同的角度分别进行阐述而已。第一种观点是目前比较推崇的一种定义。第二种观点跟第三种观点，都在强调事故（或事件）与事故的后果不能混为一谈。换而言之，我们可以将第三种观点的“事故”看作为第一种和第二种观点中的“事件”，而将第三种观点的“事故后果”看作为第一种和第二种观点中的“事故”。

实际工作中，有时也经常会看到或听到一些专家、学者对事故与事件这两个概念不加区别的使用，这也并不矛盾。简单来看，若将二者视为等同，那么应当强调事故跟事故后果的不同。若将二者视为不等同，那么应当强调事故是属于较高级别的突发事件。

5. 危险因素与危险源

危险因素是构成危险本质的成分和决定危险出现的原因或条件，所以对危险因素要加强预防。

危险源是危险的发生地和源头。这里需要说明的是危险源的概念只在国内被认可，国外资料中少见危险源的概念。危险源可能存在事故隐患，也可能不存在事故隐患，对于存在事故隐患的危险源一定要及时加以整改，否则随时都可能导致事故。

前面所介绍的危险源的分类方法中，例如，《生产过程危险和有害因素分类代码》（GB 13861—2009）采用的就是直接根据危险因素对危险源进行分类。从某种意义上来看，我们可以将危险源视为危险因素之一，如能量源、有毒、有害物质等。危险因素内涵更为宽泛，既包括危险源，也包括导致危险源发生危险的条件和诱发因素。

一般而言，危险源存在于确定的系统中，不同的系统范围，危险源的区域也不同。因此，分析危险源应按系统的不同层次来进行。另外，危险源一般是有针对性的专项，而危险因素具有多重性和多样性。

6. 危险源与隐患

（1）危险源与隐患的相同之处，均能导致事故。

由定义可知，危险源在特定条件下能够转化为事故、造成人员伤害；隐患无论是物的不安全状态、人的不安全行为还是管理上的缺陷，都是由于人的参与形成的，简单来说即是违章，而违章可能导致的直接后果就是事故。因此二者均具有导致事故的可能。

隐患依附于危险源，它来自于管理不当的危险源。例如，众所周知不能在加油站抽烟、接打电话，因为汽油、柴油是挥发物质，挥发出来的油气达到爆炸浓度后，遇火即炸。由于汽油、柴油本身的化学特性，使加油站成为一个危险源，在危险源范围内发生行为违章，于是隐患便产生了。所以隐患一般来说都是源于危险源的管理不当，如果没有了危险源，安全隐患也就不复存在。

实际中，对事故隐患的控制管理总是与一定的危险源联系在一起，因为没有危险的隐患也就谈不上要去控制它；而对危险源的控制，实际就是消除其存在的事故隐患或防止其出现事故隐患。所以，在实际应用中有时不加区别的使用这两个概念。

换句话说，隐患被定义为超出了人们设定的安全界限的状态或行为，但是由于不同的人对界限的设定不同，隐患可能被划定为隐患，也可能被划定为危险源，因此实际应用中经常会碰到有人将这两个概念混淆使用，从这一点上也是可以接受的。

（2）危险源与安全隐患的不同之处，危险源属自然常态，隐患属不正常状态。

①导致事故的可能性不同。管理得当的危险源不会导致事故，安全隐患则很可能直接导致事故。例如，机床传动机构在高速旋转中可能将人体某一部位带入而造成伤害事故，是一个危险源。对此种危险源的管理措施即为加装防护罩，加装防护罩后传动机构发生事故的本质属性虽未改变，但由于防护罩的隔离，转动机构已不能够对人造成直接伤害。如果将防护罩取消，转动机构直接暴露于人可接触到的地方，此时危险源便转化为安全隐患，发生事故的可能性也随之而来。又比如说，一个很大的汽油罐，它是重大危险源，但不一定是重大事故隐患，只有这个油罐漏气或者其他可能造成事故发生的情况时，才称为重大事故隐患。

②自身特性不同。危险源的危险性是其自身的属性，具有不可消除性，而安全隐患则是人的不当行为或物的不安全状态造成的，经过治理是可以完全消除的。举例来说，220 V交流电能够造成电击伤害，这是由电自身的特性决定的，在现有科技条件下，无论怎样去管理，都是不能消除的，所以可以将电列入危险源。而不更换破损的带电导线则产生了触电的安全隐患，这其中便有了人的参与，如果及时更换导线，安全隐患也就随之消除了，因此带电导线破损应算做安全隐患。

综上所述，在判定一类事物属于危险源还是安全隐患，一要看该事物的存在是否会直接导致事故，二要看治理后危险性是否能够彻底消除。既不会直接导致事故又不能彻底消除危险性的即为危险源，反之则应列为安全隐患。

7. 危险源与事故

根据危险源在事故发生、发展过程中的作用，把危险源分为两大类。

（1）两类危险源的界定

①第一类危险源。生产过程中存在的，可能发生意外释放的能量（能源或能量载体）或危险物质称作第一类危险源。

为了防止第一类危险源导致事故，必须采取措施约束、限制能量或危险物质，控制危险源。

②第二类危险源。导致能量或危险物质约束或限制措施破坏或失效的各种因素称作第二类危险源。第二类危险源主要包括物的故障、人的失误和环境因素（环境因素引起物的故障和人的失误）。

（2）两类危险源的关系

第一类危险源是伤亡事故发生的能量主体，决定事故发生的严重程度；第二类危险源是第一类危险源造成事故的必要条件，决定事故发生的可能性。

第一类危险源的存在是第二类危险源出现的前提，第二类危险源的出现是第一类危险源导致事故的必要条件。

一起伤亡事故的发生往往是两类危险源共同作用的结果。危险源辨识的首要任务是辨识第一类危险源，在此基础上再辨识第二类危险源。

能量意外释放理论认为：能量或危险物质的意外释放是伤亡事故发生的物理本质。

8. 安全性（Safety）、危险性（Danger）、可靠性（Reliability）

安全性与危险性的关系：假定系统的安全性为 S，危险性为 D，则 $S=1-D$。

可靠性系统工程是研究系统在全寿命周期中同故障做斗争的工程技术。利用理论分析、试验研究、现场调查或维修活动分析等方法研究系统寿命、可靠性及其与外界环境的相互关系，研究故障发生、发展和预防以及故障后维修、保障直至消灭的规律，以达到可靠性增长、延长寿命和提高效能的目的。可靠性系统工程包括可靠性工程、维修性工程、维修保障性工程和人机工程。

安全性系统工程则是研究系统在全寿命周期中同事故做斗争的工程技术。利用有关的专业知识、系统工程方法，在系统寿命周期的各个阶段去发现、排除或控制系统中存在的险情或不安全因素，通过一系列有计划的活动和调整，使系统发生的事故减少到可以接受的程度，以满足安全性要求，得到更好的费用—效能比值。

安全性与可靠性并非完全一致，既有区别又有联系。

可靠性对应的是故障（失效），虽然故障不一定会引起人员伤亡和重大财产损失，但铁路运输中的重大事故都是由于技术装备故障或人为失误所引起的，因此故障和事故是紧密相关的。可靠性中造成人员伤亡和财产损失的故障即是安全性问题。在实际生产过程中，大多数的安全性问题是由于可靠性问题而造成的。因此可以说，可靠性是安全性的基础，有时安全性和可靠性这两个概念并不加以区分的使用。

安全的一定是可靠的，可靠的不一定安全。这是由于安全性不仅与设备的故障有关，而且还受人员、使用环境、材料特性及系统的性能缺陷等非可靠性范畴因素的影响。例如，列车冲撞事故大多数是由于员工的失职所造成的，由于司机忽视停车信号、列车在区段超速运行、道岔方向操作错误等原因，而并非机车车辆、信号装置、道路设施等可靠性问题。不过，随着人因可靠性学科的诞生和发展，可靠性研究的范畴也在扩大。

2.1.3 基本特性

1. 安全的系统性

安全问题涉及技术系统的各个方面，包括人员、设备、环境等因素，而这些因素又涉及经济、政治、科技、教育和管理等许多方面。对于高速铁路这样的开放系统，安全既受系统内部因素的制约，又受到系统外部环境的干扰。事故不仅可能造成系统内部的损害，而且可能造成系统外部环境的损害。研究和解决安全问题应从系统观点出发，运用系统工程的方法，进行综合治理。

2. 安全的相对性

凡是人类从事的生产活动，都有安全问题，所不同的只是发生事故的可能性有大有小，危害程度有轻有重而已。

安全的相对性表现在以下三个方面：

（1）绝对安全的状态是不存在的，系统的安全是相对于危险而言的。

（2）安全标准是相对于人的认识和社会经济的承受能力而言，抛开社会环境讨论安全是不现实的。

（3）人的认识是无限发展的，对安全机理和运行机制的认识也在不断深化，人对安全的认识具有相对性。

由安全的相对性可知，各种生产和生活活动过程中事故或危害事件是可以避免的，但难以完全避免；各种事故或危害事件的不良作用、后果及影响可能避免，但难以完全避免。事故是可以预防的，可以利用安全系统工程的原理和技术，预先发现、鉴别、判明各种隐患，并采取安全对策，从而防患于未然。

3. 安全的依附性

安全是依附于生产而存在的，这也是人们常用“皮”和“毛”来形象的比喻生产和安全的关系，它不可能脱离具体的生产过程而独立存在，只要存在生产活动，就会出现安全问题。

安全是生产的前提和保障，安全工作搞得不好，生产便无法顺利进行。因此，需要经常持久地抓好安全工作。

4. 安全的间接效益性

要保证生产安全，必须在人员、设备、环境和管理等方面保证恰当的安全投入，安全投入所产生的经济和社会效益是间接的、无形的，难以定量计算。安全投入往往被忽视，这是因为只有发生事故造成了损失之后才会意识到安全投入的必要性和重要性。

安全的效益除了减少事故的直接和间接经济损失外，更重要的是在提高人员素质、改进设备性能、改善环境质量、加强生产管理和提升企业形象等方面所创造的不可估量的经济和社会效益。

5. 安全的长期性和艰巨性

人对安全的认识在时间上往往是滞后的，很难预先完全认识到系统存在和面临的各种危险。而且就算认识到了，有时也会由于受到当时技术条件的限制而无法予以控制。随着技术进步和社会发展，旧的安全问题解决了，新的安全问题又会产生。高技术总是伴随着高风险，随着现代科学技术的发展，各种技术系统的复杂化程度增加了，危险性也随之增加。

事故是一种小概率的随机偶发事件，仅仅利用已有的事故资料不足以及时、深入地对系统的危险性进行分析。以高速铁路系统为例，无论从速度、设备和管理上都发生了极大的飞跃，然而一旦发生事故，其影响之大、伤亡之多、损失之重、补救之难，都是既有铁路系统不可比拟的。

认识事故机理，不断揭示系统安全的各种隐患，这会是一项艰巨的任务。安全工作是一个长期的过程，必须坚持不懈，马虎不得。

2.2 系统安全工程概述

2.2.1 系　　统

系统就是由相互作用和相互依赖的若干组成部分结合成的具有特定功能的有机整体。

1. 系统的组成要素

一个完整的系统包括功能、组元、结构、运行与环境五个基本要素。

（1）功能（Function）：系统将一定的输入转换为一定的输出的能力，这种输入不等于输出。

（2）组元（Component）：组成系统成分的集合，每个系统都有两个以上的组元。

（3）结构（Structure）：系统内子系统的划分及子系统功能的分配，包含子系统间的联系。

（4）运行（Operation）：在结构的基础上运转组元实际变换与流通的机制。显然，依托于一定结构上的运行最终决定了系统的实际功能。

（5）环境（Environment）：客观存在的与系统有着较密切联系的外界。

2. 系统的特性

系统的特性包括以下五个方面：

（1）整体性。系统的定义就充分表达了系统具有整体性的含义。一个系统的完善与否主要取决于系统中各要素能否良好的组合，即是否能构成一个良好的实现某种功能的整体。换言之，即使每个要素并不都很完善，但它们可以综合、统一成为一个具有良好功能的系统，这就是一个较为完善的系统；反之，即使每个要素是良好的，但构成整体后却不具备某种良好的功能，这就不能称之为完善的系统。

（2）相关性。系统内各要素之间是有机联系和相互作用的，要素之间具有相互依赖的特定关系，是互为相关的。如电子计算机系统是由运算、贮存、控制、输入、输出等硬件装置和操作系统软件（要素或子系统）通过特定的关系，有机地结合在一起而构成的。计算机系统的各要素都有相关关系，否则就无法实现某一特定功能。

（3）目的性。所有系统都为了实现某一特定的目标，没有目标就不能称之为系统。不仅如此，设计、制造和使用系统，最后总是希望完成特定的功能，而且要效果最好，这就是所谓最优计划、最优设计、最优控制和最优管理及使用等。

（4）层次性。这是系统设计过程中对系统逐层分解，模块化设计功能分区。各层之间既有联系，又在逻辑上层次分明，便于系统移植、扩展。

（5）环境适应性。任何一个系统都处于一定的物质环境之中，系统必须适应外部环境条件的变化，而且在研究和使用系统时，必须重视环境对系统的作用。

2.2.2 系统安全工程

1. 系统工程

（1）工程的定义

传统意义上将“工程”定义为生产技术的实践，它往往以“硬件”作为其目标和对象，如化学工程、建筑工程、采矿工程、电气工程、交通运输工程等，它所研究的对象主要是人力、材料、价格等，同时还包括方法、技术等。

（2）系统工程的定义

我国著名科学家钱学森在1978年将系统工程定义为“系统工程是组织管理这种系统的规划、研究、设计、制造、试验和使用的科学方法，是一种对所有系统都具有普遍意义的科学方法”。

系统工程的运用首先出现在企业管理上，20世纪50年代以前，主要在军事、国防、通信、电力等领域得到推广；20世纪70年代以后，在计算机、管理等领域开始运用；20世纪80年代以后，各行各业均运用系统工程的思想，包括商业、运输、农业等。

2\. 系统安全

系统安全是指在系统生命周期内应用系统安全工程和系统安全管理方法，辨识系统中的危险源，并采取有效地控制措施使其危险性最小，从而使系统在规定的性能、时间和成本范围内达到最佳的安全程度。系统安全的基本原则就是在一个新系统的构思阶段就必须考虑其安全性的问题，制定并执行安全工作规划（系统安全活动），并且把系统安全活动贯穿于生命整个系统生命周期，直到系统报废为止。

系统安全理论是为解决复杂系统的安全问题而开发、研究出来的安全理论、方法体系。系统安全的思想，就是应用系统安全工程解决安全问题的思想。系统安全的思想认为，世界上没有绝对安全的事物，任何事物中都包含有不安全的因素，具有一定的危险性。安全是通过对系统的危险性和允许接受的限度相比较而确定，安全是主观认识对客观存在的反应。

系统安全的核心本质是安全伴随着系统生命周期，系统的生命周期从系统的构思开始，经过可行性论证、设计、建造、试运转、运转、维修直至系统报废（完成一个生命周期），其各个环节都存在不同的安全的问题。要充分认识系统生命周期中安全的两个方面：

（1）本质化安全。本质安全是系统安全的根本保证，从系统的构思、设计开始就融入系统，对系统有两个基本的要求。一是系统正常运行条件下本身是安全的，也就是系统在其生命周期中不依赖保护与修正安全设备也能安全运行。二是系统的故障安全，在遇到故障时，系统能保持稳定状态。本质安全是系统的理想状态，是安全工作追求的目标。

（2）工程化安全。工程化安全思想是对本质安全的补充，其主导思想就是应用工程安全保护设备进一步加强系统在其生命周期中的安全性，但是必须确保工程安全设备在系统出现问题时不产生故障。

3\. 系统安全工程

关于系统安全工程的定义，目前国内有二种提法：一是系统安全工程（System Safety Engineering），二是安全系统工程（Safety System Engineering）。有关这方面的争议是学术上的一种讨论。本书主张系统安全工程的提法，这也是国外较流行的提法。

有关系统安全工程的定义有不同的描述，这里给出的是业界普遍认可的一种。系统安全工程就是应用系统工程的原理与方法，识别、分析、评价、排除和控制系统中的各种危险，对工艺过程、设备、生产周期和资金等因素进行分析评价和综合处理，使系统可能发生的事故得到控制，并使系统安全性达到最佳状态。

从目前国内外的资料分析可见，系统安全工程的研究内容主要包括事故成因理论、系统安全分析、安全评价、安全措施和安全价值分析五个方面。

4. 系统安全工程的特点

（1）预测和预防事故的发生，是现代安全管理的中心任务。运用系统安全分析方法，打破传统安全中单一的、凭经验的那种相互独立，自我封闭的界限，可以识别系统中存在的薄弱环节和可能导致事故发生的条件，而且通过定量分析，预测事故发生的可能性和事故后果的严重性，从而可以采取相应的措施，预防事故发生。

（2）现代工业的特点是大规模化、连续化和自动化，其生产关系日趋复杂，各个环节和工序之间相互联系、相互制约。系统安全工程是通过系统分析，全面地、系统地、彼此联系地以及预防性地处理生产系统中的安全性，而不是孤立地、就事论事地解决生产系统中安全性问题。

（3）对安全进行定量分析、评价和优化技术，可以避免传统安全中对事故的“浅层”分析，从人机关系、人和环境、人和人等诸种关系中寻找真正的事故原因和查出未想到的原因。为安全管理及事故预测提供了科学依据，根据分析可以选择出最佳安全工作方案，使各子系统之间达到最佳配合，用最少投资得到最佳的安全效果，从而可以大幅度地减少人身伤亡和设备损坏事故。

（4）系统安全工程要作出定性和定量的安全评价，就需要有各种标准和数据。如许可安全值、故障率、人机工程标准以及安全设计标准等。因此，系统安全工程可以促进各项标准的制定和有关可靠性数据的收集。

（5）系统安全工程的方法，不仅适用于工程，而且适用于管理，并且还能用来指导产品的设计、制造、使用维修和检验。目前已初步形成系统安全工程和系统安全管理两大分支。

（6）通过系统安全工程的开发和应用，可以迅速提高安全技术人员、操作人员和管理人员的业务水平和系统分析能力，同时为员工入职培训和继续教育提供了一套完整的参考资料。

2.3 安全风险管理

2.3.1 风险管理的发展

1931 年，美国管理协会保险部首先提出风险管理的概念。1932 年，美国几家大公司成立纽约保险经纪协会，标志着风险管理学科的兴起。1963 年和 1964 年，美国先后出版了《企业的风险管理》和《风险管理与保险》等专著，正式拉开了风险管理学系统研究的序幕。

20 世纪 70 年代初期，风险管理的理念和方法从欧美发达国家传入亚洲，20 世纪 80 年代后期传入我国。虽然我国对风险管理的研究起步较晚，但近些年来发展势头很猛。特别是 2006 年 6 月，我国发布了《中央企业全面风险管理指引》，标志着我国拥有了自己的全面风险管理指导性文件，也标志着我国进入了风险管理理论研究与应用的新阶段。

风险管理作为一个被多种行业所认可并采纳的新的管理方法，其发展主要受到如下影响：

（1）自 20 世纪 90 年代，随着经济的飞速发展，信息化的逐步扩散，世界迎来了经济热潮，随之而来的是企业内外部日趋复杂的风险环境。

（2）风险管理技术的不断提高，推动了更加有效的度量风险和应对策略的推陈出新，实现了对更多风险事件的有效控制。

（3）20 世纪 80 年代后，许多发达国家建立了风险管理协会。推动了全球风险管理的发展。

（4）各国的立法。如今，越来越多的机构意识到风险管理的重要性，开始引入风险管理理念，风险管理将成为众多机构必不可少的管理策略。

风险管理是对现代社会的各项经济活动都意义非凡的一种管理职能，是建立在科学的分析企业或项目的各环节的优势和弱点基础之上，对可能影响项目进展或企业生存发展的环节进行的科学的优化管理。风险管理是社会组织或者个人用以降低风险的消极结果的决策过程，风险管理研究的核心问题是如何选择最佳的风险管理技术组合，并将其应用于指导实际工作。

2.3.2 风险及风险种类

风险是指在特定的客观情况下，在特定的时期内，某一事件其预期结果与实际结果之间变动程度的概率分布，若变动程度的期望值和方差越大，风险越大；反之，则风险就越小。风险具有普遍性、客观性、损失性、不确定性和社会性等特点，而高铁运营安全风险也具有这些明显的特征。

各种风险在特性方面存在着差异，所以为了对风险进行研究并实施科学的管理，需要对风险进行适当的分类。按照不同的分类标准可将风险划分为不同的种类，主要的分类标准如下：

1. 按风险发生的状态分类

根据美国学者威利特（A. H. Willett）的观点，按照风险发生的状态可以将风险划分为动态风险和静态风险。

动态风险是以社会经济的变动为直接原因的风险，是由于当个人偏好、生产方式和生产技术以及企业组织发生变化时可能引发的风险。动态风险包括管理风险、政治风险和技术更新风险。

静态风险则是社会经济正常情况下由于人的错误判断和错误行为以及自然力的不规则作用所导致的风险。静态风险包括资产物理损失、欺诈及犯罪损失、法律错误判断、利润减少和经营者行为能力丧失。

动态风险和静态风险的主要区别在于：

（1）动态风险的不确定性表现为是否能产生利益；静态风险的不确定性表现为是否能造成损害。

（2）企业或项目经营在一定程度上承担动态风险，对社会能发生积极作用。若让它们无偿承担静态风险，则对社会毫无益处。

（3）企业或项目在动态风险下追求利益可能给社会带来损失；而在静态风险下，企业或项目受损，社会也受损。

2. 按风险性质分类

根据风险性质，美国学者莫布莱（A. H. Mowbray）将其划分为纯粹风险和投机风险。

不能带来机会的风险，或只能造成损失的风险，即为纯粹风险。也可将纯粹风险划分为人的风险、责任风险和财产风险，还可按照是否能投保来详细划分；而既能带来利润又有可能造成损失为投机风险，可分为市场风险、投资风险、经营风险等。

纯粹风险与投机风险二者的主要区别在于：

（1）可以利用大数定理对纯粹风险进行分析，而对投机风险则不适用。

（2）纯粹风险发生时，只会造成损失，对社会无任何益处；而投机风险发生时，往往会对社会产生有利影响。

3. 按风险发生的原因分类

根据美国学者多尔夫曼和格林的观点，可以将风险划分为主观风险和客观风险。

主观风险与人们对风险的认识有关，一般都很难准确测定，是人们的精神状态和心理状态所产生的风险。

客观风险往往可以预期损害发生的可能性和结果的变化，是指能以概率推算出来的损害。

4. 按风险是否可管理划分

根据风险是否可管理，可以将风险划分为可管理风险和不可管理风险。

可管理的风险是指能够进行预测，并可以采取一定措施从而使风险得到控制；反之，则被称为不可管理的风险。

能否将不可管理风险转化为可管理风险，这取决于风险本身不确定性大小、风险是否可以消除、以及风险管理者的管理水平。若要消除风险的不确定性，就必须尽可能的掌握更加详实的数据、资料等信息。随着信息采集与分析处理技术的提升，促进了掌握的信息的精确与完善，以及不断改善的管理水平，将实现对不可管理风险的转换。

5. 按风险影响范围划分

根据风险的影响范围，可以将风险划分为总体风险和局部风险。

总体风险和局部风险是相对的，总体风险的影响范围更大。

6. 按风险后果的承担者划分

根据风险后果的承担者，可以将风险划分为政府风险、投资方风险、业主风险、设计单位风险、承包商风险、供货商风险、监理单位风险、保险公司风险和担保方风险等。

按照后果划分的方式有助于合理的分配项目风险，降低个体承担者风险损失。

7. 按风险的可预测性划分

根据风险能否预测，可以将风险划分为已知风险、可预测风险和不可预测风险。

已知风险的结果是可预见的，在项目前期，认真、严格地分析项目及其计划之后就能够明确知道哪些风险将是经常发生。通常情况下，已知风险的发生概率比较高，但通常都可采取措施进行有效地规避。

可预测风险就是根据以往经验，预测风险可能会发生，但风险发生的后果却是无法准确得知的。因为可预测风险的后果无法获知，故其后果有时可能非常严重。

不可预测风险就是风险发生的概率如何无法获知，其后果也无法估计的风险，也可被称为未知的风险或者未识别风险。它们是无法预计的、之前从未被观测到的、或者要经过漫长的过程才会暴露出来的风险。一般而言，如地震、海啸、通货膨胀或政策变化等外部环境因素的作用结果可能会导致此类风险的发生。

2.3.3　安全风险管理

1. 风险管理的定义

风险管理是指在对风险进行识别、分析、评价的基础上，对各种风险管理技术进行组合优化，对风险实施有效的控制，妥善处理风险所致的结果，以最小的成本达到最大的安全保障的过程。前面指出，按风险发生的形态不同，风险不仅仅是静态风险，还包括动态风险，风险管理是以静态风险和动态风险为对象的全面的管理。风险处理的方法、流程和程序是风险管理的重要方面。从风险决策的角度，风险管理要考虑成本和效益，以最经济的方式合理处置风险，降低项目的成本，实现最佳的费效比。

2. 风险管理的具体内容

依据风险管理的定义，风险管理的具体内容包括：

（1）风险管理的对象是风险。

（2）风险管理的主体可以是任何组织和个人，包括个人、家庭、组织（营利性组织和非营利性组织）。

（3）风险管理的过程包括风险识别、风险估测、风险评价、风险控制，以及选择风险管理技术和评估风险管理效果等。

（4）风险管理的基本目标是以最小的成本收获最大的安全保障。

（5）风险管理成为一个独立的管理系统，并成为了一门新兴学科。

3. 安全风险管理

安全风险管理是指为了降低风险可能导致的事故，减少事故造成的损失所进行的风险因子识别、危险源分析、隐患判别、风险评价、制定并实施相应风险对策与措施的全过程。

目前，安全风险管理已被广泛应用于铁路、石油、电力等众多领域的安全管理新阶段。从宏观角度而言，安全风险管理的对象是存在于系统中的人、物、环境以及由它们所构成的系统，如图2—6所示。

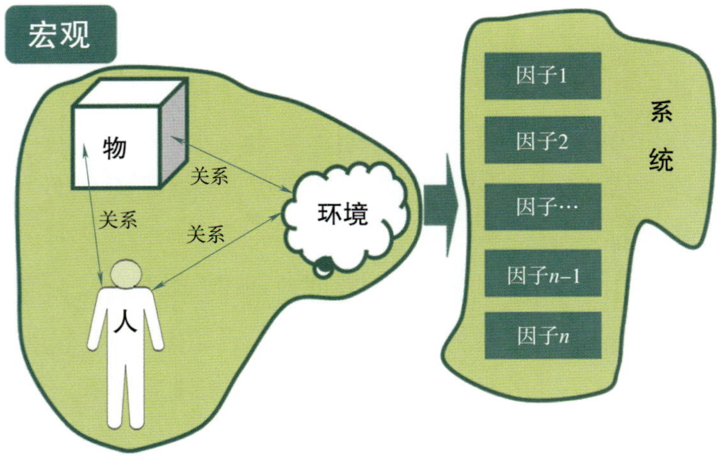

图2—6　安全风险管理对象（宏观角度）

而从微观角度而言，安全风险管理的对象就是指风险因子、危险源、隐患和事故。风险因子、危险源、隐患和事故的递推金字塔，如图2—7所示。

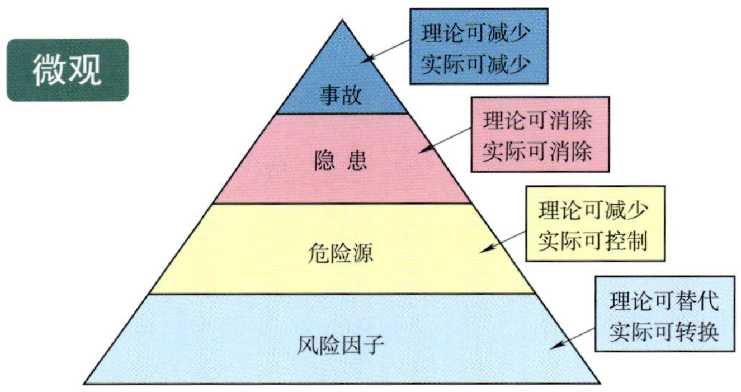

图2—7　安全风险管理对象递推金字塔（微观角度）

风险因子是指促使或引起风险事件发生的条件，是风险事件发生的潜在因素，是造成损失的间接的和内在的原因。风险因子是以一定的状态、形式存在的物或物质。风险因子自身具有中性的属性（它就是墙上草，哪边风大往哪边倒），但从事故的不期望角度而言，它又表现为风险性（这棵草倒向了事故一面）。

危险源是指系统中客观存在的、具有潜在能量和物质释放危险的、在一定的触发因素作用下可以转化为隐患、事故的根源或状态。

隐患（风险点）是指超出了人们设定的安全界限的状态和行为，如超标完成任务、施工预想及措施不到位、施工现场负责人忽视作业人员情绪表现、“两违”现象等，是直接导致事故发生的根源。隐患能否导致事故，主要取决于它所处的现场管理、工作环境和人员及设备状态。

事故则是因隐患控制不当或未及时进行阻断，造成不期望的后果。

从事故演变过程来看，风险因子、危险源、隐患和事故存在递进关系。例如，以装乙炔的气瓶发生了破裂事故为例进行说明，如图 2－8 所示。

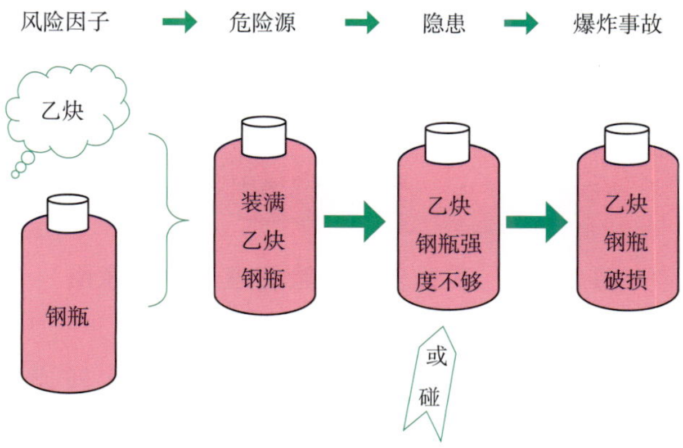

图 2－8　装乙炔的气瓶发生了破裂事故

通过图 2－8，归纳风险因子、危险源、隐患和事故的演变关系如图 2－9 所示。

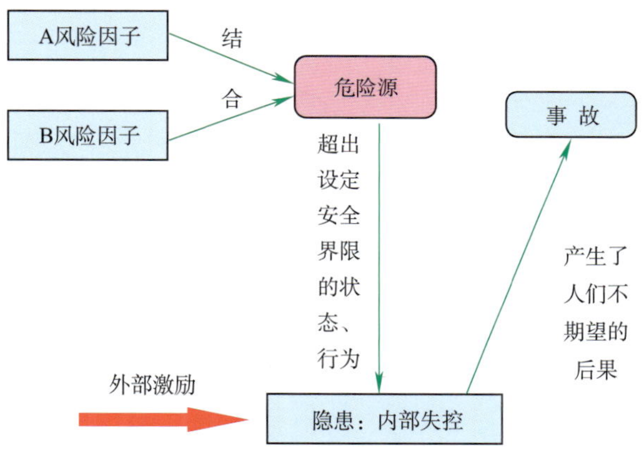

图 2－9　风险因子、危险源、隐患和事故的演变关系

由此，总结如下：

（1）A 风险因子＋B 风险因子＝危险源。风险因子是指以一定的状态、形式存在的物质，这里指客观存在的风险因子在受到触发因素的影响下就会晋级为危险源。危险源具有理论上可以减少，但实际上只能加以控制的特性。

（2）危险源＋超出设定安全界限的状态或行为＝隐患。危险源本身是一种“根源”，事故隐患则是可能导致伤害或疾病等的主体对象，或可能诱发主体对象导致伤害或疾病的状态。安全隐患是可以消除的，从而降低事故发生的几率。危险源是否变成隐患，进而引发事故，往往取决于人们的行为。

（3）隐患＋内部失控（外部激励）＝事故。事故则是因隐患控制不当或未及时进行阻断所引起的。

(4) 事故可能由单个或多个风险因子引起，同一风险因子也可能诱发不同事故类型。

安全风险管理就是要对不期望的、能导致事故的风险因子进行识别和控制。安全风险管理的有效与否，直接决定系统运营的状态，其关系如图 2－10 所示。

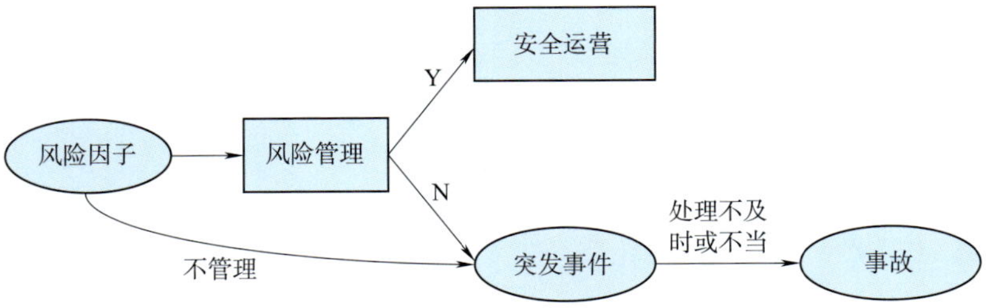

图 2－10　实施安全风险管理效果示意图

针对安全风险管理的具体操作流程，下面给出一种比较普遍的做法，如图 2－11 所示。

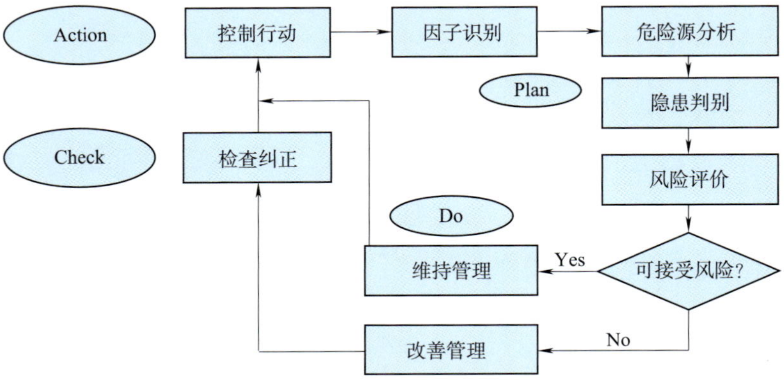

图 2－11　安全风险管理的典型操作流程

2.4　高铁运营安全风险管理概述

2.4.1　推行安全风险管理的意义

在 2011 年年底召开的全国铁路工作会议上，原铁道部党组作出了全面推行安全风险管理的工作部署，其指导思想和主要内容是：通过实施安全风险管理，增强安全风险的防范意识，构建安全风险的防控体系，达到强化安全基础、最大限度减少或消除安全风险、确保铁路安全的目的。全面推行安全风险管理，对于做好新形势下的铁路安全工作，深入推进铁路科学发展、安全发展意义重大。

安全风险管理作为一门新兴的管理学科，在铁路系统全面推广，是实现铁路科学发展、安全发展的战略举措。安全风险管理的重要性体现在以下几个方面：

(1) 有助于全路职工安全意识的强化、安全理念的提升和安全工作思路的优化，贯穿到运输生产的全过程，进一步促进各项措施的落实，最大限度地减少或消除安全风险。

（2）有助于全路干部职工牢固树立安全共识，提高安全生产的自觉性，做到任何时候都把安全作为大事来抓，把安全放在第一位来考虑，任何影响安全的问题都要立即解决，从而掌握安全工作的主动权。

（3）有助于将安全风险防范落实到各层级、各岗位，把安全风险降低到最低限度，形成全员推进安全风险管理的良好态势，从而进一步推进铁路安全生产持续稳定发展。

高速铁路由于速度快、运量大、关注度高、影响范围广，其安全问题显得尤为重要。在高速移动状态下，一旦发生设备异常或违规操作，可供纠正和避免事故的时间很短，事故可能会在瞬间发生，带来严重的人员伤亡和巨大的财产损失。

高铁安全运营是一项复杂的系统工程，任何安全要素的微小变化都有可能导致整个系统的迅速恶化，为高铁安全运营埋下隐患。因此，将安全风险管理理念引入高铁运营，是当前铁路运输管理部门急需解决的核心问题之一。实施安全风险管理，既是保障高铁安全运营的需要，又是高速铁路科学发展、安全发展、可持续发展的需要。

2.4.2　推进安全风险管理的要点

安全风险管理的核心目标就是通过减少人的不安全行为、物的不安全状态，改变环境不安全条件和消除管理缺陷等，以达到预防减少事故和降低事故损失的目的，如图 2—12所示。

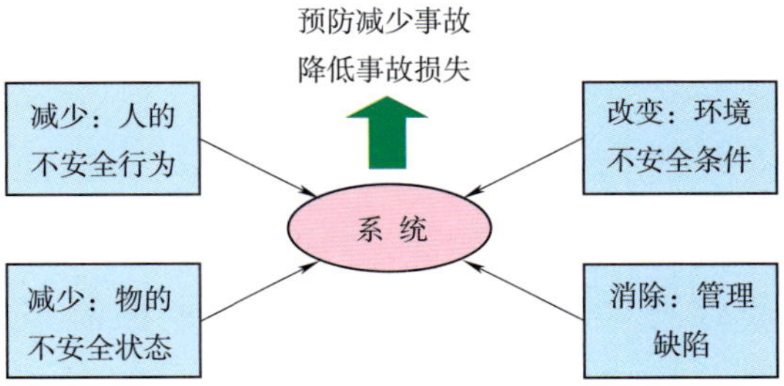

图 2—12　系统安全风险管理效果示意图

近年来，全路强化安全风险管理，大力整治安全问题和隐患，创新安全管理理念和机制，解决了一大批安全突出问题，有力地强化了铁路安全工作。但必须清醒地看到，全路运输安全管理工作的制度机制还不完善，特别是对高铁安全管理规律把握不够，安全关键环节的卡控还没有做到科学化。

针对铁路安全面临的严峻现实，全面推行安全风险管理，是强化铁路运输安全工作的必由之路。安全风险管理是系统性工程，以遵循“安全第一、预防为主、综合治理”的思路，构建安全风险控制体系，加强对安全风险的全面分析、科学研判，科学制定管控措施，最终实现消除安全风险的目标。

安全风险管理的主要职责是加强“预防性防护”、“保护性防护”和“应急处置”这三个环节，如图 2—13 所示。

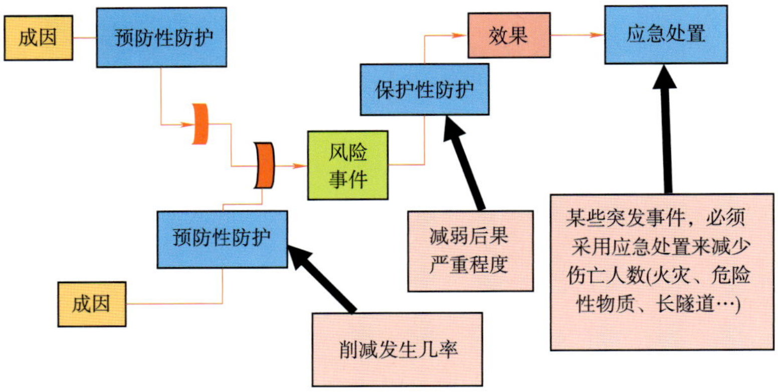

图 2—13　三个环节的管理风险因素

“预防性防护”环节用于消减风险因子导致风险事件的发生几率；“保护性防护”环节用于减弱风险事件引发后果严重程度；“应急处置”环节依据“保护性防护”环节的实施效果，针对一些比较严重的突发事件，采用应急处置以减少损失以及现场恢复。

扎实有效地全面推进高铁运营安全风险管理的要点主要包括以下几个方面：

1. 加强安全风险过程控制

实行安全风险管理，基础是要加强对安全风险的研判。要突出风险辨识、风险分析、风险评价，加强对高风险环节和岗位的掌控，及时发现并准确研判安全风险，实施对安全风险的科学管控和有效处理，强化过程控制，防止事故的发生。

（1）全面掌控生产过程中的安全风险。要在原有的安全监督管理信息系统基础上健全综合分析平台，完善涵盖风险管理基本流程和内部控制系统各环节的风险管理信息系统。要确保信息数据和风险量化值的一致性、准确性、及时性、可用性和完整性，确保各层级能够及时全面掌握生产过程中本单位、本部门的风险控制点。针对不同风险，按照设备质量标准和职工作业标准，分系统、分层次制定控制风险和消除风险的措施，并按照“逐级负责、专业负责、分工负责、岗位负责”的要求，把风险责任和风险措施落到各层级、各专业、各工种、各岗位，实现对现场作业的有效控制。

（2）加强“全员、全方位、全过程、全时段”的安全风险管理。铁路是大联动机，其运输生产过程是由车、机、工、电、辆等多工种、多环节协作完成，具有设备众多、种类繁多、布局纵横、职工岗位独立分散等特点，为了实现各工种、各环节的协同动作，必须做到严格有效的过程控制。全面推行安全风险管理，涉及安全管理的上上下下、方方面面，只有将安全风险管理责任落实到每一个人、每一个岗位、每一台设备、每一个作业环节，才能实现安全生产管理的全过程控制。

（3）把安全生产标准化建设作为实现安全风险全过程控制的重要手段。各铁路运输企业要广泛开展安全生产达标建设，实行安全标准化管理，按标准指挥生产，按标准生产作业，减少或避免不安全的行为。

（4）加强重点安全风险的过程控制。按照原铁道部确定的 9 个安全风险控制重点，结合实际，研究制定本单位、本职能部门安全风险的判断标准或判断机制；确定风险控制重点，制定风险管理策略和跨职能部门的重大风险管理解决方案，并抓好安全风险的日常监控。尤其要强化高速列车安全风险的过程控制，确保安全万无一失。

2. 加强安全风险管理基础建设

安全风险管理的首要环节是从源头上化解和降低风险。实现安全风险的预先控制、超前防范和安全基础建设尤其关键。

（1）明晰和落实安全管理责任。完善铁路安全监管体制，建立权责明晰、运转高效、落实到位的铁路安全管理新体制。强化政府安全监管，加大铁路主管部门对铁路运输企业安全生产的监管力度，形成权责明确、监管有力、协调顺畅的安全监管格局。确立铁路运输企业市场主体地位，落实铁路局安全主体责任，严格落实各级安全生产责任制。各专业管理部门要切实加强专业管理。

（2）全面提升设备质量。加强物资采购管理，建立公开透明的物资采购机制。规范高速铁路专用设备准入管理，健全铁路产品技术标准，引入第三方认证，确保设备质量可靠。严格落实新线验收标准和开通运营条件，实行新建高铁开通运营“六不准”，坚决把工程质量隐患解决在运营之前。完善设备检修技术标准和作业流程，加强日常检查监测和养护维修，确保设备运行稳定可靠。

（3）加强安全风险管理信息化建设。整合现有网络信息资源，建立健全安全生产管理信息平台，实现专业、精细的实时监控、动态评估和预警响应。完善安全信息数据库，提高数据查询的便捷性和实用性，实现安全风险管理的信息共享。

（4）加强人员管理。加强重点岗位人员的准入管理，认真落实高速铁路主要行车工种和关键专业技术岗位人员的任职资格条件，严格人员选拔与任用，优化主要行车工种队伍结构和劳动组织。加大相关人员培训力度，切实提高培训质量，全面提升职工队伍素质。

3. 有效处置和消化安全风险

实行安全风险管理，目的是要消除风险。由此，必须根据风险因素不同层次与类别确定风险偏好和风险承受度，并据此确定风险的预警线及相应采取的对策。

（1）有效处置和消化安全风险。对各类安全风险实行分类管理，科学制定管控措施，实行闭环管理，实现良性循环。以高速列车安全为重点，突出高风险环节和关键岗位的管理，坚持把高速列车安全作为铁路安全的重中之重，把加强安全管理作为安全各项工作的重中之重，把抓落实作为加强安全管理的重中之重，确保各项安全措施不折不扣地落到实处，保证高铁运营的绝对安全。

（2）搞好安全风险应急处置。完善和规范安全问题快速报告制度，完善问题快速响应制度，建立问题快速阻断制度。完善高铁突发事件应急救援处置预案，明确处置流程、处置措施和职责分工，做到简明实用、便于操作。同时要完善铁路总公司、铁路局、站段三级应急救援网络，健全应急救援设施，加强应急救援培训和演练，做到应急有备、响应及时、处置高效，规范有序地做好事故调查处理等工作。及时准确权威地发布相关信息，正确引导舆论。

（3）建立健全安全风险管理考核机制。有序推行安全风险管理，开展好考核评估工作，对安全风险管控实行有效的监督，提高安全风险管理的效能。

4. 大力加强安全文化建设

推行安全风险管理，前提是增强安全风险意识。文化的力量对意识的作用是巨大的。要通过加强安全文化建设，让“安全是铁路工作的生命线，是铁路的饭碗工程，安全不好是最大的失职，没有安全就没有一切”等安全理念，成为广大干部职工的共同安全价值观，成为广大干部职工的自觉行动。

(1) 利用各种教育手段，广泛开展安全风险意识、安全责任意识和安全发展理念教育，引导干部职工把确保人民生命财产安全作为天职，牢固树立起“安全生产大如天”的安全价值观。把安全风险意识根植于思想深处，贯穿到运输生产的全过程，增强干部职工加强安全风险控制的内在动力。

(2) 适应高速、提速、普速铁路安全工作的不同要求，细化岗位作业标准、工作流程，完善安全规章和安全风险管理制度，形成规范和固化职工安全作业行为的管理机制和安全防范体系。

(3) 立足铁路安全生产实践，注重培养职工的良好作业习惯。坚持把岗位安全立功竞赛、案例警示宣传、安全法规教育渗透到安全生产各岗位、全过程。

(4) 大力选树、宣传生产一线安全先进典型，正面激励，示范引导，鼓励职工自觉遵章守纪、坚持标准化作业。

(5) 加强安全文化环境建设，在职工作业场所推行安全格言、安全寄语和安全承诺揭挂，设置和规范安全标志、标识，潜移默化，感染熏陶，不断激发干部职工保安全的工作热情和干劲。

2.4.3 安全风险管理与传统安全管理的联系和区别

在长期的安全生产实践中，铁路运输管理部门积累和形成了许多安全管理理念和方法，为实施安全风险管理创造了条件，提供了基础。推行安全风险管理，既不能与现有安全管理相割裂，更不能脱离现有安全管理另起炉灶，必须把风险管理建立在现有安全管理基础上，引入风险意识，加强风险掌控，优化工作思路，促进现有安全管理更加理性和科学。

1. 联系

管理目标：都是坚持安全发展，着力于实现铁路安全持续稳定。

管理理念：都是强调安全第一、预防为主、综合治理，强调树立责任意识、问题意识和风险意识，牢固树立“三个共识”(一是要确立安全工作无小事的意识，安全工作是铁路工作的根本，凡是涉及安全的都是大事；二是树立安全第一的指导思想，做任何工作都要把安全放在第一位考虑，在日常工作中坚持做到，影响到安全的工作、服务于安全的工作、保证安全的工作、解决影响安全问题的工作都是第一位的工作；三是明确影响安全的问题必须立即解决的工作要求，绝不允许拖拉、延误，更不允许存在任何侥幸心理)。

管理内容：都是强化超前防范、风险控制，抓好过程控制和安全风险应急处置，着力于构建安全管理的专业技术管理和保障机制。

2. 区别

管理模式：传统安全管理侧重问题分析，而安全风险管理则更强调问题的超前防范。

管理对象：传统安全管理主要是事故和隐患管理，而安全风险管理则更加强调对问题项点的管理。

管理特点：传统安全管理虽然也强调超前管理，标本兼治，但主要采取的仍然是经验型管理，而安全风险管理则更加重视安全隐患问题的辨识，分级管理，预警预控；传统安全管理注重各级领导干部的安全包保、监督检查和考核，而安全风险管理则更加强调安全的全员参与和持续改进；传统安全管理比较重视责任追究，而安全风险管理则更加强调责任在事前的风险评估、事中的风险防范和事后的风险危害控制上。

由此可见，安全风险管理的推广和应用，是在传统安全管理基础上的升华，是对传统安全管理中合理成果的发展，从而实现安全管理的科学化、系统化、标准化和规范化。中国铁路总公司（以下简称铁路总公司）总经理盛光祖强调指出："安全风险管理不是简单的提法上的变化，更不是在安全上另外再搞一套，而是在深刻总结铁路安全工作规律、准确把握当前铁路安全特征和变化的基础上，对铁路安全管理长期以来行之有效做法的坚持、管理的完善和新时期应对新情况对安全工作的创新"。

2.4.4　安全风险管理与应急管理的联系和区别

1. 区别

安全风险管理和应急管理是两个不同的概念，存在很大差异。

（1）从管理对象分析，应急管理的侧重对象是突发事件（事故），而安全风险管理侧重于对尚未演变成为突发事件的"风险"管理。

（2）从管理目标分析，应急管理的目标在于最大限度地预防和减少突发事件以及造成的损失，而安全风险管理的目标则是以最小的成本最大限度地分散、转移、消除风险、达到安全效果。

（3）从管理阶段分析，应急管理是对突发事件的事前预防、准备、事中处置和事后恢复四个阶段的管理，其重点更侧重于事中处理，而安全风险管理阶段分为风险前、风险中和风险后三个阶段。阶段不同，其管理内容不同。

（4）从管理层次分析，应急管理是一种行动策略，而安全风险管理是管理策略。

2. 联系

虽然安全风险管理与应急管理存在上述差异，但是二者还存在必然联系。

根据风险与突发事件的关系，风险管理是预防突发事件的关键，它要求重视做好日常的应急准备、应急预防和应急恢复等基础性工作，通过全面提高基础预防能力，推进突发事件的应急管理工作。因此可以说，安全风险管理是应急管理工作的强大动力和重要基础。

因此，在高铁应急管理中，风险隐患排查监管是有效预防和妥善处置各类高铁突发事件的一项基础性工作，必须做到常抓不懈。

2.4.5 高铁运营安全风险管理基本内容

风险管理研究是一门理论性和实用性都很强的边缘学科，所涉及的学科领域很广。在风险管理过程中，风险分析是风险管理的核心。另外，风险管理是动态的，是在不断发展变化中分析问题、解决问题的，它贯穿于组织战略的制订和执行全过程。同时，需要指出风险管理的本质特征是事前管理。

高铁运营风险管理内容可分为风险识别、风险分析、风险评价、风险控制四个方面，如图 2—14 所示。

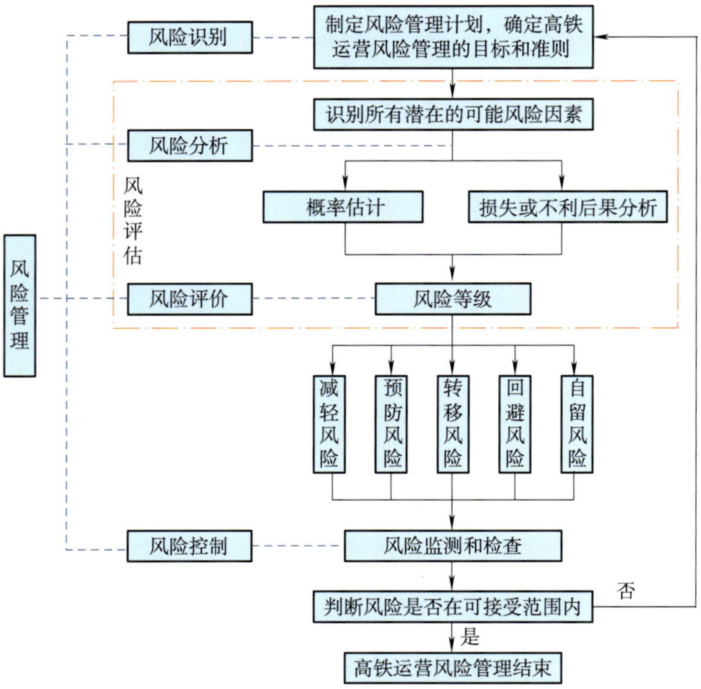

图 2—14　高铁运营安全风险管理基本内容

确认高铁运营潜在风险的影响因素统称为风险识别。对风险因素引发风险事件的概率和损失程度进行测算属于风险估计。风险分析包括风险识别、风险估计两个阶段，有时也特指风险估计。确定风险等级的过程称为风险评价。风险分析和风险评价又可以合称为风险评估。提出高铁潜在风险的应对措施，对各种风险因素进行监控和检查称为风险控制。

1. 风险识别（也称为风险辨识）

风险识别是风险管理环节中首要解决的问题，需要清楚的认识到风险管理系统中的风险事件有哪些，导致风险事件产生的原因是什么（即风险因素），引发的风险后果有哪些。

在实际的研究中，如何从全局出发，正确全面地识别全部风险需要在实践中运用科学的方法多角度、多层次的认识分析。同时风险因素也是动态变化的，外界的环境在不断变化，高速铁路从业人员及自身设备因素也在不断变化，在对某高铁运营完成一次风险识别之后，旧的风险因素可能在不断地减少消失，新的风险也不断地涌现，所以风险识别需要持续不断地进行。

2. 风险分析

狭义的风险分析又称为风险估计或风险测定、测试、衡量和估算。风险估计是指研究高铁风险因素引发风险事件的概率以及风险事件带来的损失后果。广义的风险分析则包括风险识别和风险估计。

首先分析个别风险因素并对其进行量化，在此基础之上形成风险清单，并为后续的风险控制工作制定出行动路线和行动方案。简而言之，风险分析所要做的就是针对已识别出的风险源（也有称为危险源）计算评估其对应的风险事故发生的几率及其可能造成的后果的严重程度。通常而言，在分析现有关于事故发生情况及损失等资料的基础上，利用概率论以及数理统计方法，对某一或某几个特定风险事故发生的概率以及风险事故发生可能造成损失的严重程度做出精确地定量分析。

3. 风险评价

风险评价的主要目的是根据风险事件发生的可能性以及损失的程度和规模大小，即通过对识别的风险源（危险源）进行计算评估，最终确定各种风险源在项目中的严重等级，并将此提供给决策层进行决策。

风险分析和风险评价合在一起统称为风险评估。

4. 风险控制

按照风险损失发生与否，可以把风险控制分为两大类：一种是损失发生前来试图消除风险的对策，包括风险回避、损失控制、非保险转嫁等；另一种是损失发生后风险的经济补偿，包括风险自留和保险。

由于高铁运营安全风险既有静态的风险，又有动态的风险，而且影响高铁运营安全的各种因素在不断变化，风险也在时刻变化，就需要适时地对风险的新变化进行跟踪，才能及时发现新的风险因子，及时进行风险分析、评估，及时修改风险控制决策，这样就能尽量规避风险、减轻风险损失。

在高铁运营安全风险管理中，风险识别和风险评估是基础，风险控制是核心，它们的联系可以用图 2—15 所示。

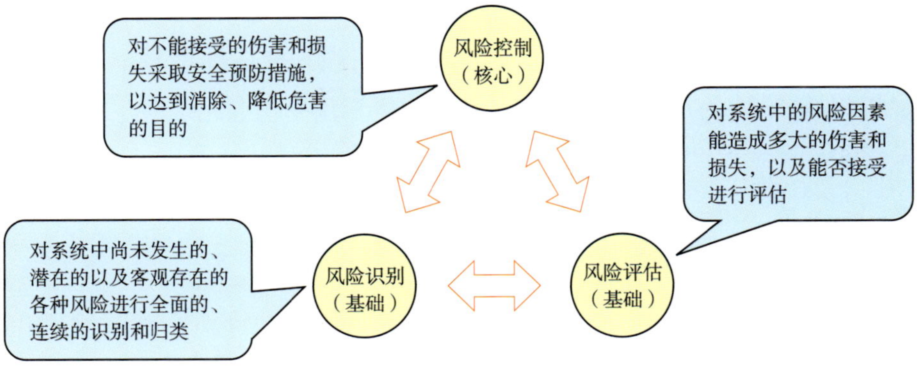

图 2—15　安全风险管理内容的联系

2.5 安全风险识别

风险识别是风险管理的基础。有未来就有风险，并且未来的风险不仅有过去曾经面临的这些类型，还可能会面临新的风险，因此，风险识别是一项制度性、系统性的持续工作，它是风险管理成功的关键。

2.5.1 安全风险识别的内容

高速铁路是一个复杂的巨系统，包括多个复杂的子系统，各系统间关联度非常高，导致其风险因素错综复杂，略有疏忽都可能引发风险。为了避免高铁运营风险的发生，首先需从整体上进行分析，找出可能存在的主要风险因素（也可以视为危险源）。针对高铁运营当中存在的风险事件，从人员、设备、环境和管理四个方面入手，作出缜密的分析，从中找出系统的薄弱环节。

1. 人员风险因素

高速列车运行处于一个巨大的人机动态系统中，即使拥有先进的设备仍需人的操作和控制，可见人因在此系统中的主导性，突显了人员因素在高铁运营风险因素当中的重要度。通过系统分析，人员因素风险主要体现在以下几方面：

（1）违规操作

随着科技的发展，高速铁路拥有着先进的列控系统，但是在运行过程中每个作业环节都是由人来操作和控制，因此要求操作人员具备熟练的操作技能，强烈的责任感，严格按照规定执行操作，极小的失误都可能引发运行冲突。铁路运营实践证明，酿成事故的主要原因通常是运营一线的职工或责任人技术水平不达标或者未严格遵守规章制度。

（2）安全意识欠缺

在高铁列车运行过程中，若操作者安全意识不强，则可能不会提前发现不安全的行为或潜在的隐患，不能做出相应应急处理，导致风险事件的发生。

（3）应急处理能力不强

当列车运行中潜在风险事件被触发时，操作人员的应急处理能力可能决定一场事故的发生与否。如果操作人员缺乏应急处理能力以及良好的心理素质，则会加大事故发生的可能性。对于操作人员的应急处理主要表现在以下几个方面：

①判断迟缓；

②习惯性动作；

③缺乏必要的应急处理经验；

④信息收集错误。

（4）人为故意破坏

高速铁路系统客流量大、人员集中，空间构造封闭，防火性差。一些社会敌对分子、恐怖分子为达到政治目的或报复社会目的，往往人为纵火或引爆爆炸物。一旦发生火灾，由于高铁运营环境人员密度大，出入口封闭，人员疏散困难，救援难度大，排烟耐火性能不佳，极易发生群死群伤。鉴于上述因素，高铁运营企业应该做好安检工作，预防此类人为破坏，同时乘客面对蓄意破坏时，应挺身而出，及时制止。

（5）乘客不遵守规定

部分乘客缺乏安全意识，无视乘车制度擅自携带易燃、易爆等危险物品进入高速列车，一旦遇见火源，必然引发爆燃，这定会引起火灾。有些乘客在行车过程中不按规定吸烟或使用明火设备，这会严重影响列车的安全。这些不安全因素成为高铁运营安全的严重隐患。所以，乘客应该严格遵守乘车规章制度，禁止携带任何危险物品上车。

2. 设备风险因素

设备风险主要指机械故障，包括列车故障、制动系统故障、信号故障、道岔故障和线路故障等，主要体现在以下两个方面：

（1）设备自身缺陷

设备自身缺陷包括设备设计缺陷、设备质量不过关、前期测试不够完善导致带有隐患的设备投入运营。而任何一种设备缺陷都会为高速列车运行埋下风险隐患，增加高铁事故发生的概率。

（2）设备检查

设备检查包括固定设备检查（包括线路、车站、通信设备、信号设备、供电设备等）和移动设备检查（包括机车、车辆等）及其他相关设备和辅助设施检查。

在高铁设备投入使用后，设备故障会有一个过程，即从正常运行到设备性能下降、失效、逐步发展为系统故障。因此，设备的可靠性不单单取决于设备本身的设计与状态（即其基本可靠性），如果没有严格对设备进行日常的、规范的检修，则不能保证设备以最佳状态安全运行。因此，提高设备运行的可靠性对及时发现和预防事故发生具有十分重要的意义。

3. 环境风险因素

（1）自然环境

众所周知，恶劣的自然环境将明显增大高速列车运行冲突风险的概率。高铁在运行过程中可能会受到风沙、洪水、雷雨、大雾、台风、地震、泥石流等自然灾害的威胁，这些灾害会严重影响高铁的正常运行，同时这些灾害所造成的次生灾害也会成为影响高速列车运行安全的重要因素。

除了上述自然灾害，不容忽视的还有季节因素、时间因素以及地理因素。例如，位于南北地区的高铁线路，由于温度、湿度以及各种地质环境因素的限制，在线路设计、修建过程以及运营计划上都有差异，如果不对这些差异进行考虑也可能导致评价结果的偏差。所以，虽然高速铁路运输与其他各种运输方式相比受自然环境影响较小，但是由于自然环境因素的不可控，其对高铁运营的影响也是不容忽视的。

（2）社会环境

社会环境包括政治环境、经济环境、作业环境、治安环境等几大部分。通常作业环境及治安环境考虑得比较多，而政治环境以及经济环境容易被忽略，风险因素考虑不全面可能会严重影响对整个综合系统评价的准确性。必须强调的是，当系统所处的社会环境处于异常状态时也可能会引发风险，很多情况下较微小的变动不会引起关注，但正是这些不宜察觉的间接因素，也有可能会导致持续一段时间的风险发生。

4. 管理风险因素

通过对人因风险、设备风险、环境风险等因素的分析，不难发现导致列车运行风险的各类因素中都涉及管理因素，管理的失调是导致风险的根源。因为通过管理可以协调人、机、环境三者之间关系，只有每一个环节都安全可靠才能保证高铁运营的安全，因此拥有完善的管理机制、规范的管理制度、先进的管理手段、严格的监管力度构建安全的管理体系是列车安全运行的重要因素。但是，由于现在高铁运营过程中仍存在某些管理漏洞，若不加以管理将会加剧高铁运营的潜在风险性。

（1）技术设备管理模式有待完善

由于高速铁路涉及多个投资主体，它与既有线在技术设备管理模式上有显著区别。如何简化和降低结合部管理风险，提高资源综合利用率和作业效率，从而确保技术设备运、管、修作业效果，降低综合管理与维修成本。因此必须开展高铁技术设备“运、管、修”综合管理模式研究，旨在结合高速铁路技术设备的日常运用、调度管理、维修养护工作，实现一体化管理模式。该模式将要创新高铁养护维修模式，在推行工务、电务、供电设备“三合一”养修管理体系，在夜间专门安排 4 h 维修天窗，按照预防修、故障修和大修组织作业，保证高铁设备始终处于良好状态。

（2）管理制度和监管有待进一步规范

由于高铁运营需要多个部门共同参与，因此建立规范的管理制度将有利于提高列车运行安全。虽然现在各部门都有详细的管理细则，但是管理措施不具体，需要在岗位职责、作业标准等方面进一步细化。如果监管不严则无法规范各部门所有高铁运营中参与者的活动，无法维持正常的工作秩序。对于管理制度中已规定的细则，需要严格按规定执行，稍有松懈，就有可能诱发风险事件，导致事故的发生。

（3）教育培训机制不完善

教育培训机制是保障高铁运营安全的重要因素，如果缺乏对教育培训机制的有效管理，将不利于避免风险，教育培训包括技能培训、应急处理能力培训以及事故经验教训总结。

人员、设备、环境、管理四大类因素是导致高速列车运行风险的主要因素，并且相互作用、相辅相成，只有实现这四种因素的相互协调，才能使高铁运营趋于相对安全状态，避免风险事故的发生。

2.5.2 安全风险识别的方法

安全风险识别的方法有很多，目前常用的有事故树分析法、德尔菲法、情景分析法、风险检查表法、面谈法等。下面分别对这些方法进行简要阐述。

1. 事故树分析法

20 世纪 60 年代，美国贝尔实验室提出了一种定性与定量相结合的风险识别方法，即事故树分析法，如何建立项目的事故树是该方法研究的核心问题。建立事故树，不仅需要对项目整个系统及其各个组成部分、各种受影响因素有深入准确的了解，同时又要具备极强的逻辑演绎归纳能力。应用事故树进行风险管理分析，不仅能够提供影响风险的各项要素，标示出风险事件发生的概率，还能为如何应对和控制风险的这些风险因素提供科学指导。事故树分析法的研究实质就是以结果为导向，通过演绎推理分析风险生成原因的方法。

建立事故树是该方法最重要的工作，是一个循环迭代、逐步深入完善的过程。发现系统的薄弱环节，完善事故树的风险因素，才能采取合理有效的措施，有效地降低项目风险。

2. 德尔菲法

德尔菲法出现的时间比较早，在 20 世纪 50 年代由美国著名咨询机构兰德公司提出，它的实质是一种带有反馈的匿名函询法。通过匿名的方式，组织不同的专家对项目各种反应进行统计处理，并进行反馈，然后重复多次进行意见测验。采用该方法，专家们相互之间不会碰面，相互之间不会有直接的沟通，从而在测试过程中避免了权威、口才、人数、资历和心理等主观因素对结果的影响。专家们可以独立思考、发表自己的观点，在整个应答过程中，也允许专家随时改变已经做出的观点和结论，重新给出判断结果，这种匿名的方式可以使专家不用担心其权威受到挑战。根据经验而言，专家们的思考方式与角度各有不同，单次应答产生的结果也就不能完全相同，故通常都需要通过很多轮函询，才能使专家们达成一致意见。

在进行函询时有两个建议：

（1）制作专家调查表时，要尽可能的关注专家的性格爱好，尽量为专家的应答提供便利。

（2）选择专家时，要以专家擅长的研究领域和专业背景作为标准，可以保证函询结果的专业性和精准度。

3. 情景分析法

情景分析法是通过有关数字、图表和公式等，对项目未来的某个状态或某种情况进行详细的描述、分析，从而预测引起项目风险的主要因素及其影响程度的一种定量的风险识别方法。它注重说明某些时间出现风险的条件和因素，同时还要指出当某些因素发生变化时，又会出现什么样的风险，产生什么样的后果等。情景分析的结果一般分为两类：对未来某种状态的描述和对目标问题发展过程的描述。目前，大型的风险决策问题一般都必须依赖计算机才能完成复杂的计算和分析任务，同时，情景分析法也需要在计算机上实现各种状态变化条件下的模拟仿真，为项目管理者提供必要的决策依据。

4. 风险检查表法

风险检查表也称为核对表，最主要的作用是用来记录和整理数据。它是基于之前类似项目的相关信息的积累，编制风险识别图表。利用该方式进行风险识别时，需在一张表上列出可能发生的所有潜在风险，提供给相关人员进行核对和参考，用来对表中所列出的或相似的风险是否存在进行甄别。

5. 面谈法

面谈法是风险管理人员与高铁运营人员（如列车司机、调度员、车站值班员等）直接面对面交谈的一种方法，从而收集总结高铁运营人员对高速列车运行风险管理的认识和建议，了解高速列车运行时常发生的冲突问题，这将有助于识别那些在常规计划中容易被忽视的风险因素，进行访谈的记录，往往是识别风险最好的素材和依据。

综上，目前比较适用于高铁运营的安全风险识别方法主要有德尔菲法、事故树法、风险检查表法。

2.6 安全风险评估

高铁运营存在着各种各样的风险，安全风险评估是建立在有效识别风险的基础上，对已确认的风险，通过定性和定量分析方法量测其发生的可能性和破坏程度的大小，并对风险按潜在危险大小进行优先排序和评价，这对制定风险对策和选择风险控制方案有重要的作用。

风险评估方法可分为定性、定量、定性与定量相结合三类，有效的风险评估方法一般采用定性与定量相结合的系统方法。

2.6.1 风险可能性评估

风险可能性评估是通过对现实危险源情况、受影响对象的风险承受能力、风险管理方对风险的控制能力等要素的综合分析，预测风险事件发生的可能性的过程。风险可能性首先受风险本身性质的影响，同时与风险承受能力和风险控制能力成反比，风险可能性评估应综合考虑这三个因素。基于高铁运营安全风险的特征和性质，通过问卷调查方式进行风险承受与控制能力的调查。

风险是通过作用于客体而产生影响与后果的。客体的风险承受能力不同，风险发生的可能性和产生的后果均有可能变化。风险承受能力分析就是分析受风险影响对象对风险的承受、抵抗能力，还包括系统自身承受能力和社会心理承受能力。

针对安全风险调查的具体要求，制定如下形式的风险承受能力调查表，见表 2—3。

表 2—3 风险承受能力调查表

风险类型	主要影响对象	人员承受能力	系统自身承受能力	社会心理承受能力	综合风险承受能力
旅客滞留	人群、铁路设施、铁路系统、环境				
疫病传播	人群、环境				
火灾	人群、站场附近建筑、环境				
爆炸	人群、铁路设施				
暴力劫持	人群				
跳桥	人群				
上访	人群、铁路设施				
聚众滋事	人群、铁路设施				
铁路设备设施损坏	人群、铁路设施、铁路系统				

备注：人员承受能力、系统自身承受能力、社会心理承受能力按三个等级进行赋值，按强、中、弱，分别赋值为 3、2、1。这三种承受能力得分加总得出综合风险承受能力：3～4，评为弱；5～7 评为中；8～9 评为强。

风险控制能力分析是对所有为避免或减少风险发生的可能性及潜在损失的措施与手段进行分析和评估的过程。整理现有控制措施，分析措施的有效性，既是评估风险可能性和后果的基础，也是查找当前工作不足，提出改进措施的重要途径。

制定突发事件风险控制能力调查表，见表 2—4。

表 2—4 风险控制能力调查表

评估准则	评估指标	风险控制能力
监测预警能力	危害辨识、脆弱性分析、监测、预警	
社会控制能力	法规标准、机构职责、应急预案、宣传教育、培训演练	
公众反应能力	应急意识、应急行为、心理康复	
紧急救援能力	通信报警、指挥协调、抢险抢救、疏散避难、治安交通、评估清理、善后处置、恢复重建	
资源保障能力	应急人员、应急物资、应急装备、灾害保险	

备注：风险控制能力按三个等级进行赋值，按强、中、弱，分别赋值为 3、2、1。

不同领域、不同类型风险可能性分析的方法不同。风险可能性评估，通常选择综合运用历史数据分析、统计分析、专家经验、会商、推断法等相结合的分析方法。在分析过程中，一般需要一系列可信的历史统计数据和相关数据以及足以说明被估计的对象特性和状态的数据作保证，当资料不全时往往依靠主观推断来弥补，此时掌握科学的项目风险估计方法、技巧和工具就显得格外重要。同时建议，针对高铁运营各种类型风险事件，应尽快建立并完备数据案例库，以提供分析所用的统计数据。

综合考虑相关因素，运用各种分析方法，可以对风险可能性评估结果进行分级。例如将事故发生的概率等级划分为五级，并用1～5五个估值来表示，见表2－5。

表2－5 概率分级估值表

概率范围	概率等级	估值
＞0.3	非常可能	5
0.03～0.3	可能	4
0.003～0.03	偶然	3
0.0003～0.003	不太可能	2
＜0.0003	很不可能	1

2.6.2 风险后果评估

风险后果评估是安全风险评估过程中最重要的环节之一。确定风险后果等级对提出相应的应对措施，制定必要的应对预案具有重要的参考价值。风险后果评估工作是否全面、准确、客观，将直接影响风险等级判断的准确性。

风险后果是指一旦事件发生，其可能产生的不利影响以及影响的严重程度。风险后果可分为客观损失和主观影响。客观损失包括人员伤亡、经济损失、行车中断等。主观影响包括政治影响、社会影响、环境影响、媒体关注度、敏感程度等。

风险后果也同样受风险源性质、风险承受能力、控制能力等要素的综合影响。风险后果首先受风险本身性质的影响，同时与风险承受能力和风险控制能力成反比。

目前比较适用于高铁运营的安全风险后果评估的方法主要包括系统分析、历史数据、统计分析、专家经验和会商的分析方法。

结合高铁运营安全风险事件的特征和性质，得出表2－6所示风险后果评估表。

表2－6 安全风险后果评估表

危险源	客观损失			主观影响			风险后果评估
	人员伤亡影响	经济损失影响	行车中断	政治影响	社会影响	环境影响	
1							
2							
3							
4							
……							

根据风险后果的严重程度，采用上述安全风险后果评估的方法，从而得出各个危险源的风险后果评级。例如，将风险后果划分为五级，分别为轻微、较大、严重、很严重、灾难性，并用1～5五个估值来表示。

2.6.3　风险评价

风险评价则是在对风险发生的可能性及损失进行估算的基础上，对风险进行等级评定、风险排序与风险决策。风险评价一般有以下几个目的：

（1）对研究对象诸风险进行比较分析和综合评价，确定它们的先后顺序。

（2）挖掘研究对象风险间的相互联系。虽然风险事件众多，但这些事件之间往往存在着内在的联系，表面上看起来毫不相干的多个风险事件（也称为风险事故），有时是由一个共同的风险因素（也称风险源）或危险源所造成的。例如，阔大货物运输过程，装载加固方案不正确，可能会导致大件超出铁路限界击打行人或设施风险事故，或偏载导致脱轨风险事故。

（3）进行研究对象风险量化研究，进一步量化已识别风险的发生概率和后果，减少风险发生概率和后果估计中的不确定性，为风险处理和监控提供依据和管理策略。

正确的风险评价方法是风险管理成功的必要条件，风险评估要达到识别风险、量化风险和制定有效的规避措施的目标，必须选择行之有效的方法。对项目进行风险评价的方法很多，各种方法的特点见表2－7。

表2－7　安全风险评价方法及特点

序号	方法	运用特点
1	风险水平矩阵表示法	将风险发生的概率（P）与其相应的后果（C）进行组合后对风险定级，可进行定性和定量分析
2	层次分析	适用于多目标决策的系统，可以应用于很多领域，能给决策者提供直观量化的支持
3	影响图	可以和其他很多技术结合使用，方法直观
4	外推法	适用于没有历史资料，也可以通过历史经验和数据或者类似项目的数据进行推断
5	贝叶斯概率法	一般比较适用于历史数据缺乏或不足的情况，通过一定的数学手段，使决策所依据的信息更接近于实际，减少了决策风险，但是风险始终没有消除
6	蒙特卡罗模拟法（计算机仿真法）	可大大简化复杂问题的计算，显著提高计算效率，但是费用比较大，一般在进行较精细的系统分析时才使用
7	模糊风险综合评价	综合评价模糊性事务或对象的通用方法，它可使带有主观评判的结果更符合客观实际，方法简便易行

最常使用的风险评价方法是风险水平矩阵表示法。虽然各个风险定义模式不同，但均包含了风险的两个基本要素，即危险源引发风险事件的概率和后果，仅仅是这两者之

间的关系不同而已。目前比较通用的用数学语言描述的风险函数定义公式为：

$$R=f(P, C)$$

式中 R——危险源的风险；

P——风险事件发生的概率；

C——风险事件发生的后果，即损失。

这种方法与传统的安全评价不同，它是针对某种特定风险源展开的风险评价，而不是笼统地谈综合风险评价。而作为综合风险评价的计算，一种切实有效的方法是将某系统内具有最大风险值的风险作为该系统的综合风险评价结果。笔者更建议，依次列出各风险源的风险，没有太大的必要去计算综合风险。

通常可将风险评价等级（风险级别）划分为 4 级，分别为低度（不显著）、中度（轻微）、高度（显著）、极高（极显著），见表 2—8。

表 2—8　安全风险评价方法及特点

概率等级＼后果等级		轻微	较大	严重	很严重	灾难性
		1	2	3	4	5
非常可能	5	高度	高度	极高	极高	极高
可能	4	中度	高度	高度	极高	极高
偶然	3	中度	中度	高度	高度	极高
不太可能	2	低度	中度	中度	高度	高度
很不可能	1	低度	低度	中度	中度	高度

2.7　安全风险控制

进行风险分析、风险评估的最终目标是找出风险源，降低风险事件发生的概率和后果，采取具有针对性的风险控制和预防措施，如图 2—16 所示。

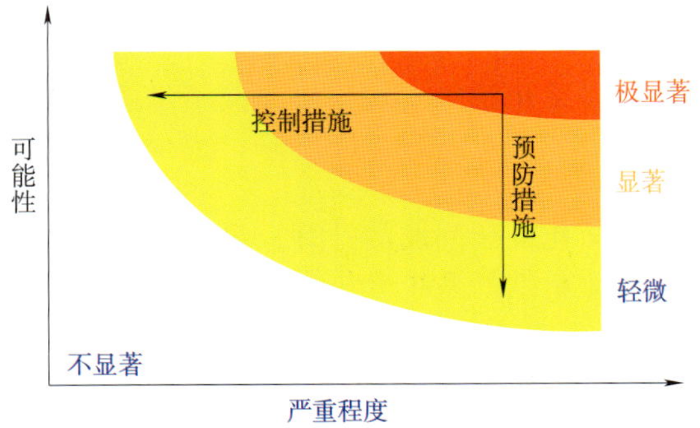

图 2—16　安全风险控制和预防措施示意图

针对高铁运营中各种潜在的风险因素，提出安全风险控制的几点建议和措施。

2.7.1　控制人因风险因素

人的失误是影响高速列车运行安全的重要因素之一。针对此类风险，提出如下控制措施：

1. 强化对关键岗位人员履职方面的管理和监督检查

重点加强对车站值班人员、电务人员、调度人员、工务人员等规章遵守、程序履行、标准执行情况的监督检查，将岗位责任制落实到作业现场、落实到每一个环节、落实到每一个岗位，使每一个岗位人员都能严格执行作业规章标准程序，及时、准确地处理临时发生的各种问题。

2. 增强人员的安全意识

要高度重视列车运行中出现的非正常情况，严格做到不查清原因不放行、故障不消除不放行、安全无保障不放行，确保高铁运输安全万无一失；要强化日常安全检查和隐患排查治理，对发现的问题和隐患要系统梳理、深入分析，有针对性地采取措施，及时加以整改；要在高速铁路快速发展的过程中，强化精细管理，细化工作措施，制定非正常情况下行车组织方案，不断强化行车安全管控，夯实安全生产基层基础工作，强化人机管理的结合；高度重视铁路自动化、信息化过程中积累起来的各种自动控制系统、信息系统的集成和一体化，不断提高一体化水平，不断提高安全标准，不断改善安全条件，提升安全保障能力；要高度重视铁路职工队伍建设，大力加强思想政治工作和精神文明建设，大力加强技术业务建设，大力加强作风（纪律）建设。尽快培养一支具有高度政治责任感和熟练掌握专业技能的职工队伍，尤其是培养一大批高层次管理人员和高技能操作人员，适应铁路事业发展的需要。

3. 提高应急处理能力

只有提高相关作业人员第一时间的反应能力，以有力的措施、最快的速度，充分利用现有的运力资源发挥机动协调作用，提高应急效率，提升危机处理能力，才能将运输秩序尽快恢复至正常状态来规避风险，这需要知识的积累来掌握，动态的条件要靠个人经验来判断和用大脑来记忆。同时也要进一步健全、完善、细化各项应急预案和机制，完善恶劣天气条件下的调度指挥和运行组织方案，灵活进行列车运行调整，确保恶劣天气下运输畅通。当风险发生时，就要采取应急处置，避免危机发生，而当危机发生时，就要采取应急救援，确保应急处置的正确和及时性。

2.7.2　规避设备风险因素

加强高速铁路固定设施的建设和使用管理，强化设备状态信息的自动化监测措施，保障高速铁路设备特别是在恶劣天气条件下通信畅通。

严格执行技术审查工作是保障高铁运营安全管理顺利进行最重要的环节，这要求严把设计质量、技术审查、安全评审、检测试验、试用试营、行政许可等关口，确保技术设备安全可靠。

另外还应加大对设备日常检查检修的力度，降低设备故障率，减少设备不良对运输的干扰。

2.7.3 降低环境风险因素

环境风险的不确定性和危害性，会导致无法针对其制定标准的抵御措施，但这并不意味着对于降低环境风险就束手无策。虽然无法从根源上完全遏制环境风险的发生，但是充分的防范措施能够保证在受到环境改变的干扰下将高速列车冲突的风险值降到最低。

不同的地区由于地质、气候、日照情况、降雨量等环境因素的不同，对高速铁路线路的修建都有影响，因此在线路设计时需考虑到这些因素的差异。例如，泥沼及软土地区、冻土地区、黄土地区以及风沙地区的地基施工都不同，对于不同地带的高速铁路线路采取不同的施工方法或选用不同的填充材料是抵御环境风险的基本因素。

根据经验数据得出，雷雨天相较晴天的列车事故冲突率要略高，因为温度过高或过低、降雨降雪都会影响列车车轮的黏着情况，进而影响列车的运行安全，更坏的情况是中断高速铁路列车运行网络的供电以及信号系统，虽然存在备用设施，但是相对于正常情况发生事故的概率要高很多。因此在恶劣的天气环境下更要注意列车的行驶安全，加强对列车运行信号的监控，列车驾驶人员也要加强警惕，高速列车运行冲突事故的案例表明了提前制定紧急预案的必要性。因此，预先制定好各种紧急情况下的应急预案是降低环境风险最有效、最现实的方法。以此切实提高高速铁路的防震、防洪、防雷电、防泥石流的能力。

2.7.4 优化管理风险因素

提高高铁安全运营管理水平，重点完善高铁规章制度，强化安全意识、树立新的安全管理理念，建立健全安全保障体系，加强应急管理、完善应急预案，建设高素质一流人才队伍。

针对目前高铁运营安全管理的现状，提出如下控制措施：

1. 完善高铁安全运营的有关规章制度及标准

严格的管理制度标准是影响高速列车运行安全的重要因素。铁路总公司应当依照法律、行政法规和国务院铁路行业监督管理部门的规定，从上到下所有部门都要努力堵塞漏洞，切实加强高铁规章、制度、标准建设。要全面总结技术引进、消化吸收再创新工作，依托高铁运营实践，系统梳理、尽快建立健全完善的高铁技术标准体系、装备标准体系、管理标准体系和制度体系，尤其要认真研究制定提出新技术、新产品、新设备、新系统的技术标准和制度。2014版《铁路技术管理规程》包括高速铁路和普速铁路两部分，其中高速铁路部分适用于200 km/h及以上的铁路和200 km/h以下仅运行动车组列车的铁路。

应当进一步梳理、修订《铁路运输调度规则》、《高速铁路调度暂行规则》等基础性规章及一系列涉及高铁行车组织的电报、纪要、文件，特别是要制定更加有针对性的防范事故的制度和措施，提出更加严格的要求。

要在健全完善运输管理规章、制度，切实增强针对性、约束性、有效性和可操作性的同时，强化规章、制度执行力，保证规章、制度的执行效果。

2．强化高铁运输安全生产管理

随着铁路政企分开工作的推进，进一步梳理重组，改变以往存在的部门间职能交叉、权责不清成为一项重要工作。2014 年 1 月 1 日起施行的《铁路安全管理条例》明确规定：国务院铁路行业监督管理部门负责全国铁路安全监督管理工作，国务院铁路行业监督管理部门设立的铁路监督管理机构负责辖区内的铁路安全监督管理工作。国务院铁路行业监督管理部门和铁路监督管理机构统称铁路监管部门。国务院有关部门依照法律和国务院规定的职责，负责铁路安全管理的有关工作。铁路沿线地方各级人民政府和县级以上地方人民政府有关部门应当按照各自职责，加强保障铁路安全的教育，落实护路联防责任制，防范和制止危害铁路安全的行为，协调和处理保障铁路安全的有关事项，做好保障铁路安全的有关工作。从事铁路建设、运输、设备制造维修的单位应当加强安全管理，建立健全安全生产管理制度，落实企业安全生产主体责任，设置安全管理机构或者配备安全管理人员，执行保障生产安全和产品质量安全的国家标准、行业标准，加强对从业人员的安全教育培训，保证安全生产所必需的资金投入。铁路建设、运输、设备制造维修单位的工作人员应当严格执行规章制度，实行标准化作业，保证铁路安全。

铁路总公司要认真贯彻落实国家安全生产法律法规，从高铁运输安全这个复杂的系统工程实际出发，在高度重视高铁技术保障体系建设的同时，切实强化高铁运营中的安全管理，重点做好以下几方面工作。

（1）健全完善高铁运营管理的安全生产责任体系，根据机构设置职责规定，全面明确决策层、管理层、作业层每个岗位的安全职责，完善责任追究和考核奖惩制度，形成完善的“谁主管、谁负责”的安全生产责任体系，全面落实安全生产责任制。

（2）加强高铁运输过程中的安全防护，使用的运输工具以及其他专用设施设备应当符合国家标准、行业标准和安全要求。

（3）建立健全高铁设施设备的检查防护制度，加强对高铁设施设备的日常维护检修，确保高铁设施设备性能完好和安全运行。从业人员应当按照操作规程使用、管理高铁设施设备。

3．加强高铁安全生产应急管理

铁路总公司和各铁路局要认真贯彻执行《中华人民共和国突发事件应对法》、《中华人民共和国安全生产法》和《铁路安全管理条例》有关安全生产应急预案，全面加强高铁安全生产应急管理。铁路监管部门，并组织应急演练。重点做好以下几方面工作。

（1）铁路监管部门应当加强法定假日和传统节日等铁路运输高峰期或者恶劣气象条件的高铁运输安全的监督管理，加强对铁路运输的关键环节、重要设施设备的安全状况的监督检查。铁路运输企业等单位应当按照国家有关规定制定突发事件应急预案，采取必要的安全应急管理措施，加强高铁运营风险隐患排查监管，必须做到常抓不懈以确保运输生产安全。

（2）进一步梳理、修订《高速铁路突发事件应急预案（试行)》，建立健全各级各类高铁事故应急预案，充实涉及高铁事故应急救援的预防、准备阶段方面的内容。

（3）大力加强铁路系统生产安全事故应急救援体系建设，尤其要针对高铁运行速度快、科技化程度高、运行线路高架桥梁多和隧道多的特点，进行系统研究，依托大型铁路企业建立应急救援队伍，建设技术专、功能全、能力强的应急救援基地。

(4) 针对高铁高速运行的特点，继续深入研究、进一步改进现有高速铁路信号系统的技术标准与体系结构，加强设备故障情况下的安全防护及冗余措施，充分利用现代科学技术，研究设计高铁设备故障自动监测分析系统，提升对设备故障条件下的应急处置能力，正确、及时、果断地处置列车运行过程中出现的非正常情况。

(5) 充分认识云计算、大数据信息技术应用对铁路行业建设、运营和管理带来的巨大变革和信息化条件下关键设备在铁路行业应用的新情况、新挑战、新要求，重点把握实时控制信息系统与传统铁路设备的区别。应当建立网络与信息安全应急保障体系，并配备相应的专业技术人员负责网络和信息系统的安全管理工作，切实加强新条件下的高铁安全生产应急管理工作。

(6) 充分利用相关雷电监测系统，认真统计分析高铁沿线历史雷击数据，立项并全面研究高铁系统包括站点的强电、弱电设备及接触网系统的防雷保护，有针对性地开展防雷风险评估，进一步修订和完善提升高铁对雷电的设防标准，切实提高高铁的雷电防护能力，并要做好防地震、防泥石流、防山体滑坡、防洪等工作。

(7) 坚持经常组织各类有针对性的单项、多项和综合性应急演练，真正起到教育职工、告知公众、锻炼队伍、整合机制、完善预案、提高能力的作用。

4. 加强对人员的培训工作

铁路运输企业应当加强铁路专业技术岗位和主要行车工种岗位从业人员的业务培训和安全培训，提高从业人员的业务技能和安全意识。

培训是提高人员危机管理能力的重要举措，通过案例分析、应急反应方案设计和应对危机理论学习来提高人员在危机中的应变能力。增强目的性、针对性、实效性，尤其要针对高铁技术设备特别是新技术、新设备、新产品、新系统和信息化特点，定期对员工进行技能培训和应急处理培训，提高工作技能，增加突发事件应急处理的演练工作强化对突发事件的应急处理能力。强化各级安全教育培训工作，扎实提高各级管理者和岗位操作人员的安全意识，避免违规操作，牢固树立“安全第一”的思想，保持高度的安全警觉，并不断提高安全技能、水平。

2.8 高铁运营安全风险管理指导流程

危险源识别、风险评价及控制的流程框图及过程中形成的记录，如图 2—17 所示。

2.8.1 危险源识别方法

1. 工序/流程—设备—人员分析法

针对高铁运营生产特点，主要采用“工序/流程—设备—人员分析法”进行危险源的识别，见表 2—9。

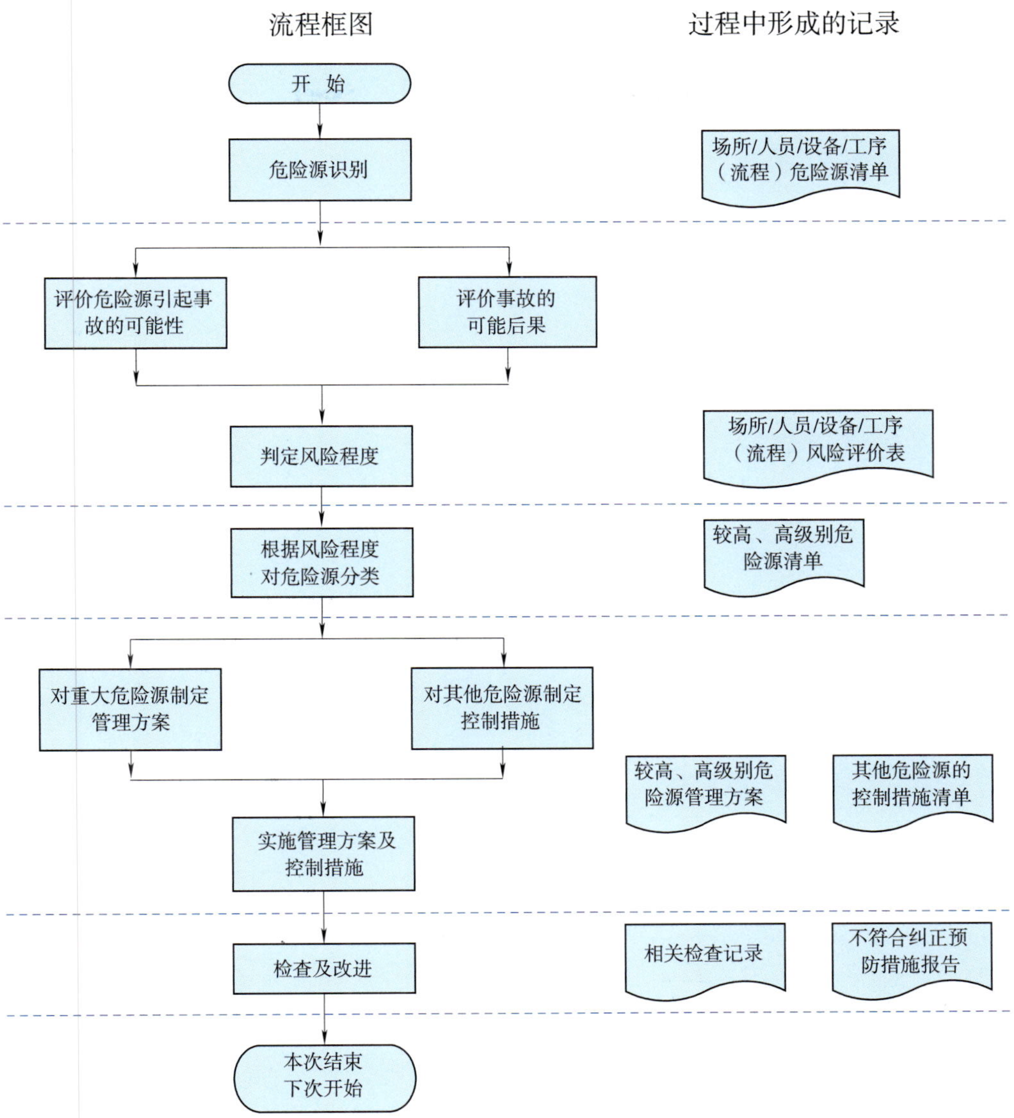

图 2—17 高铁运营安全风险管理流程图

具体做法为：将高铁运输设备检修、调试等活动划分为具体工序，将行车、客运划分为具体流程，针对工序/流程的人员活动、设备设施、作业环境和能源的输入—输出，分别识别出设备设施的不安全状态、人的不安全行为、工业卫生（作业环境）、突发事件、相关方等各种类型的危险源。

2. 参考方法

（1）直接观察法

采用查询资料、现场观察、人员访谈、发调查表等方式，对危险源进行分析。主要分为以下两种：

①对照、经验法。对照有关标准、检查表或依靠分析人员的观察分析能力，直观凭经验对危险源进行识别、评价。

②类比方法。利用相同或相似作业条件的经验和统计资料来类推、分析危险源。

（2）系统安全分析法

表 2-9　（××部门、站、段、车间）危险源清单及风险评价表（××年版）

序号		输入				输出		现有控制措施简述	评委及评价记录																		风险级别	是否采取控制措施	备注
	部门/车间/工段/车站/（可根据需要选用）	工序/流程	场所	设备	人员	危险源描述（使用动词＋名词准确描述）	风险描述（使用动词＋名词准确描述）		1			2			3			4			5			平均					
									是非判断法	P	C	是非判断法	P	C	是非判断法	P	C	是非判断法	P	C	是非判断法	P	C	是非判断法	P	C			
1																													
2																													
3																													
4																													
5																													

注：1. 是非判断法使用 A、B、C、D 表述。
　　2. P 代表可能性，C 代表可能的后果。

编制人：　　　　　　　　　　审核人：

编制日期：　　年　　月　　日

采用事件树（ETA）、事故树（FTA）对复杂系统、没有事故经验或认识程度较浅的新系统进行危险源分析。

2.8.2　风险评价

1. 风险评价的依据和准则

（1）危险源清单。

（2）相关的法律、法规、标准和其他要求。

（3）曾经发生过的安全事故及整改情况。

（4）相关方（特别是乘客和员工）的利益和要求。

2. 风险评价方法

根据风险评价的依据和准则，结合具体情况，主要采用“是非判断法”、“事件树分析法”和“可能性、后果组合分析法”，评价过程中可综合采用。这里主要介绍“是非判断法”和“可能性、后果组合分析法”的使用方法。

（1）是非判断法

出现以下四种情况之一者，直接定为较高、高级别危险源。四种情况分别用A、B、C、D表述，填入表2—9。

A——不符合职业安全健康法律、法规、标准的；

B——直接观察到潜在的重大风险（火灾、爆炸、行车中断等）的；

C——曾发生过事故，尚无合理有效控制措施的；

D——相关方有合理的反复抱怨或迫切要求的。

（2）可能性、后果组合分析法

综合“可能性”及“后果”的评价结果，具体评价准则参照“可能性、后果组合分析法”（表2—10）。

3. 风险级别

R1级别风险被称为“高风险”，该风险级别的危险源被称为“高级别危险源”。

R2级别风险被称为“较高风险”。

R3级别风险被称为“一般风险”。

R4级别风险被称为“可接受风险”。

判定每一项危险源的风险程度，填入表2—9。

4. 识别、评价步骤

（1）各级部门每年对本部门危险源至少进行一次识别和风险评价，确定每项生产活动发生或可能发生的危险源，对识别出的危险源进行核实、补充、整理和汇总，并根据评价方法，使用“危险源清单及风险评价表”（表2—9）逐条评价危险源级别，做好危险源的控制工作。

（2）各级部门对评价结果确认后，形成本部门的“较高、高级别危险源清单”（表2—11），与“危险源清单及风险评价表”一并（分级填写）上报安监室。

表 2-10 可能性、后果组合分析法

			后果						
			1	2	3	4	5	6	7
			微不足道	极轻微	轻微	严重	非常严重	重大	特大以上（灾难性的）
安全		死亡数目	—	—	—	1~2 人	3~9 人	10~29 人	30 人及以上
		重伤数目	—	—	1~4 人	5~9 人	10~50 人	51~99 人	100 人及以上
经济		铁路直接损失	—	—	—	损失 < 1 000 万	1 000 万 ≤ 损失 < 5 000 万	5 000 万 ≤ 损失 < 1 亿元	损失 ≥1 亿元
行车		中断时间	—	—	$h_{行车中断}$ < 1 h	1 h ≤ $h_{行车中断}$ < 6 h	6 h ≤ $h_{行车中断}$ < 12 h	12 h ≤ $h_{行车中断}$ < 48 h	$h_{行车中断}$ ≥ 48 h
其他		信息系统中断	—	$h_{信息中断}$ < 30 min	30 min ≤ $h_{信息中断}$ < 2 h	2 h ≤ $h_{信息中断}$ < 4 h	$h_{信息中断}$ ≥ 4 h	—	—
		动车组脱轨	—	—	—	1 辆	2 辆 ≤ 脱轨 < 5 辆	脱轨 ≥ 5 辆	—
		自然灾害限速	—	—	—	45 km/h ≤ $v_{限速}$ < 160 km/h	$v_{限速}$ < 45 km/h	—	—
		降雨能见度	—	—	—	50 m ≤ $L_{能见度}$ < 200 m	$L_{能见度}$ < 50 m	—	—
		列车晚点	—	3 min ≤ $h_{晚点}$ < 10 min	10 min ≤ $h_{晚点}$ < 30 min	30 min ≤ $h_{晚点}$ < 2 h	2 h ≤ $h_{晚点}$ < 4 h	$h_{晚点}$ ≥ 4 h	—
概率	A	每周发生数次或更多	$P \geq 100$	—	R3	R2	R1	R1	R1	R1
	B	每月发生数次	$10 \leq P < 100$	—	R3	R3	R1	R1	R1	R1
	C	每年发生数次	$1 \leq P < 10$	—	R4	R3	R1	R1	R1	R1
	D	运营以来发生过一次	$0.1 \leq P < 1$	—	R4	R4	R2	R1	R1	R1
	E	十年内发生数次	$0.01 \leq P < 0.1$	—	R4	R4	R3	R1	R1	R1
	F	不大可能出现	$0.001 \leq P < 0.01$	—	R4	R4	R3	R2	R1	R1
	G	非常不可能出现	$0.0001 \leq P < 0.001$	—	R4	R4	R4	R3	R2	R1
	H	发生可能性极少	$0.00001 \leq P < 0.0001$	—	R4	R4	R4	R4	R3	R2
	I	不可能发生	$0.000001 \leq P < 0.00001$	—	R4	R4	R4	R4	R4	R3

表 2－11　（××部门、站、段、车间）较高、高风险危险源清单（××年版）

序号	场所/人员/设备/工序（流程）	较高以上风险危险源	风险描述	风险级别		控制途径			责任单位
				较高	高	目标方案	运行控制	应急响应	

编制人：　　　　　　　　　　审核人：　　　　　　　　　　批准人：

编制日期：　　　年　　　月　　　日

（3）安监室负责组织对各部门所有危险源识别的准确性和全面性进行审核，对各部门上报的 R2 级别以上的危险源进行审核，形成各部门“较高、高级别危险源清单”，并上报安全主管领导批准。

（4）安监室负责将较高、高级别危险源评价结果传递各专业部门，作为建立目标、指标、管理方案、运行控制程序、应急预案的依据，并根据职能分工，明确各级危险源控制责任部门。

危险源识别、评价流程如图 2—18 所示。

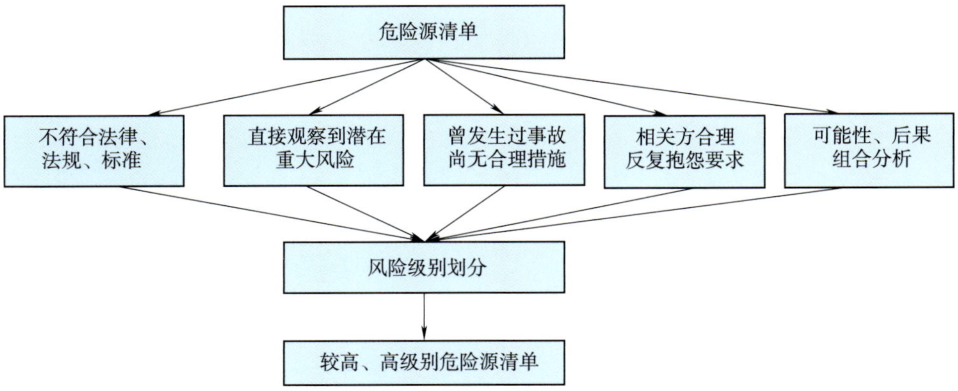

图 2—18　危险源识别、评价流程

2.8.3　风险控制

1. 风险控制措施实施建议

安全风险管理的风险控制措施的总目标是根据风险级别的不同，并结合成本效益的原则，选择适合的、充分的控制措施。具体实施建议如下：

（1）软硬结合

制定职业安全健康目标，应根据财力情况，通过实施硬件设备设施的安全技措项目提高安全绩效（硬性目标），也可制定少投入或基本不投入的软性目标（如演练、培训、完善安全标志等）。

（2）安全责任制

将安全风险防范落实到各层级、各岗位，把安全风险降低到最低限度等，形成全员推进安全风险管理的良好态势，推进安全生产持续稳定发展。

（3）远近结合

目标中既可有当年完成的项目，也可制定一个较长时期能够完成的较大型项目。

（4）重在事故预防

目标的重点是树立安全共识，增强提高安全生产的自觉性，并持续改进职工的安全健康防护措施，任何影响安全的问题都要立即解决，以实现事故预防，从而掌握安全工作的主动权。

针对不同的风险级别，风险控制措施选择见表 2—12。

表 2—12　不同级别的风险控制措施

级别	风险程度	描述	控制措施
R1	高风险	较高、高级别危险源	1. 建立职业安全健康目标； 2. 选择充分的控制措施，建立并实施控制措施管理方案； 3. 分门别类建立/修订并实施运行控制相关程序； 4. 必要时，建立/修订并演练应急准备与相应程序； 5. 缺乏有效的控制措施之前，不能作业
R2	较高风险	—	1. 沿用并大力加强已有的控制措施； 2. 若降低风险符合成本效益，则必须采取新的控制措施； 3. 必要时，可与高风险的较高、高级别危险源一起纳入管理方案
R3	一般风险	—	1. 沿用并加强已有的控制措施； 2. 若降低风险符合成本效益，则可以采取新的控制措施
R4	可接受风险	—	沿用已有的控制措施，可以不采取新的控制措施

2. 风险控制措施的实施、检查及改进

风险控制措施的实施、检查及改进主要包括如下内容：

（1）高级别危险源必须制定管理方案，在管理方案中详细列明所选择的控制措施，负责落实每一项控制措施的人员、时间（可跨年度）、验证人员。

（2）本部门责任的可接受风险、一般风险、较高风险危险源的控制措施由本部门组织实施，跨部门的较高风险、高风险危险源的控制措施由安监室协调实施，相关部门参与，形成措施实施记录（如控制措施的演练、培训记录），采用《危险源控制措施及实施记录表》见表 2—13。

（3）可接受风险、一般风险危险源控制措施实施验证和检查由部门安全人员组织相关专业工程师进行。

（4）较高风险、高风险危险源控制措施实施验证和检查，由安监室组织进行，相关部门安全员和专业工程师参与。

（5）检查、验证过程中，注意确定危险源控制措施的实施效果、危险源级别是否有变动和分析变动原因、是否需对一些危险源采取纠正预防措施。

（6）确因条件限制，本部门不能解决的不符合项，应提交安监室、铁路局安全主管领导予以解决。

3. 风险控制效果考核评价机制

铁路局以周、月、百日、年为周期，对安全风险过程控制及管理效果评价考核。通过修订和完善安全周对话会、安全风险预警、月度安全工作考核、干部“五定三率”考核、安全百日评价考核、百日综合动态检查、年度安全评比等制度，分阶段评价高铁运营各专业业务部门、各高铁站段安全风险点控制效果，加强对较高和高风险岗位和作业环节的掌控，提高安全风险管理效能。

表 2－13　（××部门、站、段、车间）危险源控制措施及实施记录表

序号	场所/人员/设备/工序（流程）	危险源描述	风险描述	级别	控制措施	完成时间	责任人	验证记录						
								是否按时实施		实施是否有效		是否可以验收		验证人
								是	否	是	否	是	否	
1					1	××××	×××							
					2	××××	×××							
					3	××××	×××							
					4	××××	×××							
2														
3														
4														
5														
6														
7														
8														
9														
10														
11														
12														
13														
14														
15														

（1）每周安全对话

铁路局实行周安全对话会制度。每周五由安全监察室主持，主管安全副局长参加，召开全局安全对话会，对一周来全局发生的事故、故障和本周铁路局机关部门现场检查发现的关键安全风险点控制问题进行分析，并与问题责任站段对话。主管安全副局长点评各系统、各站段关键安全风险点管控情况，确定周安全风险管理较好单位和较差单位，部署下一周全局安全风险控制重点工作。

（2）月度工作考核

各专业部门、各站段每月以确保动车安全为核心，突出人员、设备、管理三大要素，围绕设备质量、业务技能、规章制度、职工作业、安全环境及施工质量等关键问题，严格落实干部“五定三率”、“十五三”对规、跟班作业三项制度。紧盯高速铁路行车、防洪防断、行车设备、现场作业、营业线施工、劳动安全、治安环境、春暑运、自然灾害等高安全风险源控制。铁路局建立月度安全风险考核制度。铁路局人事处、安全监察室每月对局机关各业务部门落实安全风险控制措施、风险管理质量及成效等进行评估，各专业部门对本系统站段安全风险控制情况进行评价，确定优秀及较差单位和部门，对风险管理存在问题的相关单位进行黄色、橙色、红色三级安全预警，纳入月度安全风险考核。

（3）安全百日评价

铁路局建立安全百日风险评估制度。

①在每个安全百日实现前，铁路局主管安全、工电、机辆副局长带队，各业务部门参加，开行由工务检查车、电务试验车、接触网检查车、红外线检测车组成的综合检查列车，采取地面检查和动态检查相结合，对全局高铁线路的线桥隧涵、通信信号、牵引供电、安全防护设施等主要行车设备技术状态，以及各站段的安全风险管理情况进行综合检查和评价。

②安全监察、人事、劳动卫生、职教等综合部门成立运输客货、机辆供电、工电建设3个综合评价检查组，按照《铁路局安全百日风险评价考核办法》确定的评价考核内容和标准，对运输、客运、货运、机务、工务、供电、电务、车辆、动车、房建等专业部门打分排序。总结安全风险控制好的做法，分析存在的问题和不足，对优秀专业部门和站段给予奖励，通报和考核安全风险控制不力的专业部门和站段，部署下个百日安全风险控制重点。

（4）年度先进评比

铁路局每年末对年度安全风险控制工作进行全面总结，推广和交流运输、客运、货运、机务、工务、供电、电务、车辆（动车）、房建等各系统、各站段在安全风险管理方面的成功经验，评选安全风险控制先进单位、集体和个人，进行表彰奖励，不断提升全局安全风险管理水平。

第3章　突发事件应急管理理论

本章介绍了突发事件和应急管理的基本内涵，在总结了国内外政府层面的应急管理发展现状的基础上，归纳了国外应急管理经验，提出了国内应急管理的指导原则和应急能力评估的理论框架。概述了日本、法国、德国和中国铁路应急管理的现状。介绍了高铁运营突发事件的内涵、分类及分级，通过分析突发事件影响因素，提出了列车脱轨、列车冲突、火灾典型事故的防范措施。在分析高铁应急管理体系构成要素的基础上，对高铁突发事件应急管理体系结构模型进行详细分析。

3.1　突发事件内涵

当今国际社会对突发事件的定义既有相同之处，又有微小的差别。对突发事件有代表性的定义是欧洲人权法院对公共紧急状态（Public Emergency）的定义，即“一种特别的、迫在眉睫的危机或危险局势，影响全体公民，并对整个社会的正常生活构成威胁”。美国称突发事件称为“紧急事件”，其具体定义为：在任何场合及情景下，由美国总统宣布的、在美国任何地方均可由联邦政府介入，提供补充性援助，以协助州和地方政府挽救生命，确保公共卫生及财产安全或减轻、转移灾难所带来威胁的重大事件。在我国，《中华人民共和国突发事件应对法》给出突发事件的解释是：突然发生，造成或者可能造成严重社会危害，需要采取应急处置措施予以应对的自然灾害、事故灾难、公共卫生事件和社会安全事件。

通常来说，突发事件是指在人的理性范围内所无法预测且突然发生，它是在一定社会、历史、自然条件下，由某种特定因素诱发，超出通常时空和心理额度并难以控制的事件。按照此定义，突发事件可被广义地理解为突然发生的事情：第一层的含义是事件发生、发展的速度很快，出乎意料；第二层的含义是事件难以应对，必须采取非常规方法来处理。

突发事件作为对完全不可预测的事件的定义，与紧急事件、突发事故以及危机之间既相互区别又相互依存。具体表现为：

（1）突发事件强调事件的不可完全预测性，指造成或可能造成事故的事情；

（2）紧急事件着重于对于事件处理时间的紧迫性；

（3）突发事故较前二者的情况和性质更为严重，是较高级别的突发事件，这主要表现为事故常会伴有人员的伤亡或者财产的损失；

（4）危机的性质为四者中最严重的，作为突发事件的最高级别，可以将危机的前期或者萌芽状态认为是突发事件。

3.2　应急管理

3.2.1　应急管理内涵

近年来，全球灾害性突发事件频发，中国近年来发生的舟曲特大山洪泥石流灾害、汶川8级地震、2008年中国南方雪灾、2003年SARS事件，美国的“9·11事件”和“卡特里娜飓风”，印度洋的大海啸，这些灾害对人类的生命财产造成了巨大损失，使社会稳定和经济发展受到了严重阻碍和影响。

突发事件的应急管理（Emergency Management，简称EM）日益引起各国政府的高度重视。“居安思危，预防为主”是应急管理的指导方针。由此可见，预防在应急管理中有着重要的地位。中国古代的先哲们在总结历史经验的基础上，提出了许多精辟的思想。《诗经》里有“未雨绸缪”的告诫；《周易》中有“安而不忘危，存而不忘亡，治而不忘乱”的思想；《左传》里有“居安思危，思则有备”的警句。《孙子兵法》讲得更明白：认为“百战百胜，非善之善也，不战而屈人之兵，善之善也”。所以孙子提出：“上兵伐谋，其次伐交，其次伐兵，其下攻城，攻城者，不得已而为之”。

做到平时重预防，事发少损失，坚持和贯彻好这个方针是十分重要的。应急管理最理想的境界是少发生、不发生突发事件，不得已发生了那就要有力、有序、有效地加以处置。

迄今为止，关于应急管理的定义尚未寻求出可达成各方共识的最终定论。国内外学者对应急管理概念的界定尚未最终统一，但一般包含以下两个层面：

1. 明确应急管理的目的

应急管理包括危机事前管理和危机事后管理。作为一个时间序列，危机管理的目的是要使突发事件的危害消除或降至最低。

2. 明确应急管理应采取的管理行为

应急管理是在应对突发事件的过程中，为了降低突发事件的危害，达到优化决策的目的，在对突发事件事前预防、事发应付、事中处置和善后处理各个阶段进行综合分析的基础上，有效集成社会各方面的相关资源，通过建立必要的应对机制，采取一系列必要措施，对突发事件进行有效预警、控制和处理的过程。

应急管理的主要客体对象是突发事件，源于突发事件所处的格局、领域常不同，从而造成突发事件的发生发展规律不同，同时带给应急管理众多难题与困扰。这种情况下，则需要对可能存在有重大安全隐患及危害发生可能性的事件及人员进行具有专业性和针对性的培训，对此类事件进行深刻的分析研究，从而制定出具有特异性而完善的应急对策方案。

3.2.2　应急管理内容与阶段模型

1. 应急管理内容

应急管理的主要内容包括：应急事故的分析、处理、对事故的预测及预警，应急救援行为及预案的编制，对应急资源的应用计划和组织调配，突发事件的后期处理以及应急管理处理体系的构建等。

应急管理工作内容概括起来称为“一案三制”，具体阐述如下：

（1）一案

“一案”是指应急预案，又称为应急计划，根据发生和可能发生的突发事件，事先研究制订的应对计划和方案。应急预案的目标是控制突发事件的发展并尽可能排除，将其对人员、财产及环境的损害和影响减小到最低程度。因此，必须做好应急预案的工作。应急预案的分类有多种方法，可分别按照应急预案的制定主体、突发事件类型、适用对象和时间特征进行分类，见表3－1。

表3－1　应急预案分类

分类方法	具体分类
按制定主体（行政区域）	国家级预案、省级预案、市级预案、区（县）预案、企业预案
按突发事件类型	自然灾害、行车事故、生产事故、公共卫生事件、社会安全事件
按适用对象	综合预案、专项预案、现场预案
按时间特征	常务预案、临时预案

建立健全和完善应急预案体系就是要建立“纵向到底，横向到边”的预案体系。所谓“纵”，就是按垂直管理的要求，从国家到省到市、县、乡镇各级政府和基层单位都要制订应急预案，不可断层；所谓“横”，就是所有种类的突发公共事件都要有部门管，都要制订专项预案和部门预案，不可或缺。

相关预案之间要做到互相衔接，逐级细化。预案的层级越低，各项规定就要越明确、越具体，避免出现“上下一般粗”现象，防止照搬照套。

（2）三制

“三制”是指应急工作的管理体制、运行机制和法制。

①要建立健全和完善应急管理体制。要建立健全集中统一、坚强有力的组织指挥机构，发挥我们国家的政治优势和组织优势，形成强大的社会动员体系，必须充分发挥人民解放军、武警、预备役民兵和人民群众的重要作用。

建立健全以事发地党委、政府为主，有关部门和相关地区协调配合的领导责任制，建立健全应急处置的专业队伍、专家队伍。

②要建立健全和完善应急运行机制。要建立健全监测预警机制、信息报告机制、应急决策和协调机制、分级负责和响应机制、公众的沟通与动员机制、资源的配置与征用机制，奖惩机制和城乡社区管理机制等。

③要建立健全和完善应急法制。要加强应急管理的法制化建设，把整个应急管理工作建设纳入法制和制度的轨道，按照有关的法律法规来建立健全预案，依法行政，依法实施应急处置工作，要把法治精神贯穿于应急管理工作的全过程。

2. 应急管理阶段模型

对应急管理过程的划分一般都沿用危机管理中的界定方法，目前应用较为普遍的是“三阶段”应急管理模型、“四阶段”应急管理模型和“五阶段”应急管理模型。

“三阶段”应急管理模型备受危机管理专家推崇，它将危机管理分为危机前、危机和危机后三个阶段，各阶段对应分工分别为探测与预防、应急响应、应急恢复，如图 3—1 所示。

“四阶段”应急管理模型目前应用最为普遍，各阶段分别为突发事件预警、应急准备、应急响应、应急恢复，如图 3—2 所示。针对应急实际运用或应急演练所反映的存在问题，对应急准备工作进行修正。

“五阶段”应急管理模型的各阶段分别为信号侦测、探测与预防、控制危害、恢复和学习，如图 3—3 所示。该模型主要特点是增加了应急结束后的学习机制。

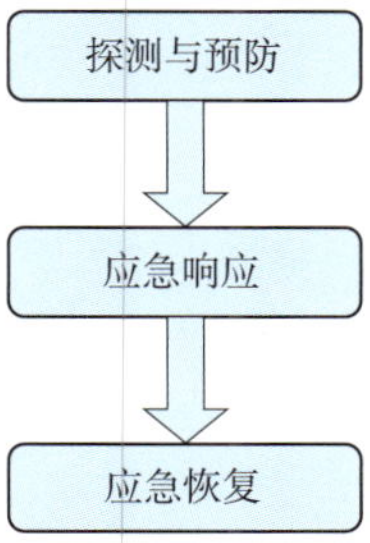

图 3—1　“三阶段”应急管理模型

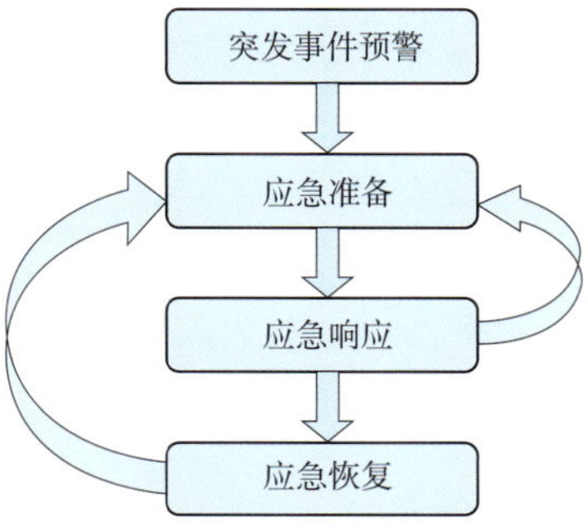

图 3—2　“四阶段”应急管理模型

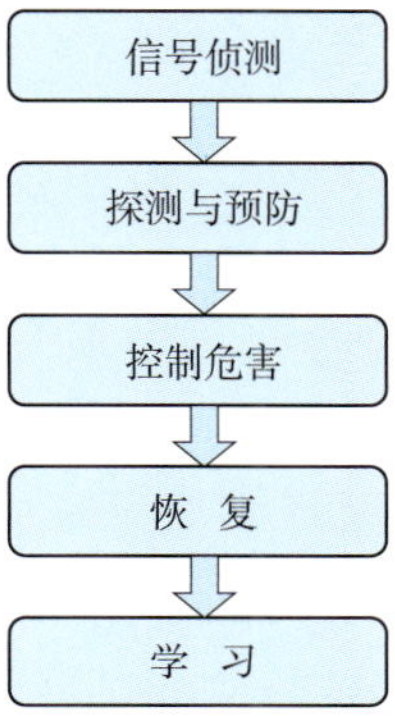

图 3—3　“五阶段”应急管理模型

3.3　国内外政府层面应急管理现状

3.3.1　国外应急管理现状

我国应急管理体系的建设起步相对较晚，尤其是针对综合性灾害的应急管理体系来说，更是如此。这就需要参考海外比较成熟、完善的应急管理体系。

在美国、日本、澳大利亚和加拿大等国，都已经建立起一套有针对性的应急管理体系和具体做法，形成了特色鲜明的应急体制与机制。

1. 美国应急管理体系

美国是当今世界上应急管理体系建设得比较完备的国家之一，不断完善的体制、机制和法制建设使其应对突发事件的能力越来越强。

美国在应急管理方面的具体做法包括以下两方面：

（1）不断在灾害中完善组织结构

1979 年前，美国的应急管理也和其他国家一样，属于各个部分和地区各自为战的状态，直到 1979 年，当时的卡特总统发布 12127 号行政命令，将原来分散的紧急事态管理机构集中起来，成立了联邦应急管理局（Federal Emergency Management Agency，简称 FEMA），专门负责突发事件应急管理过程中的机构协调工作，其局长直接对总统负责。

目前观点普遍认为联邦应急管理局的成立，标志着美国现代应急管理机制正式建立，同时也是世界现代应急管理的一个标志。

2001 年发生在纽约的“9·11 事件”引起了美国各界对国家公共安全体制的深刻反思，“9·11 事件”同时诱发了多个问题，政府应急行动饱受各方指责，如多头管理带来的管理不利、情报工作失误、反恐技术和手段落后等。

为了有效解决上述面临的问题，布什政府于 2003 年 3 月 1 日组建了国土安全部，将 22 个联邦部门并入，FEMA 成为紧急事态准备与应对司下属的第三级机构。两年后的 2005 年 8 月底，美国南部墨西哥湾沿岸遭受美国史上破坏力最大的飓风“卡特里娜飓风”袭击，对路易斯安那州、密西西比州及阿拉巴马州造成灾难性的破坏，估计造成至少 750 亿美元的经济损失，至少有 1 836 人丧生。由于组织协调不力，致使受灾最严重的新奥尔良市沦为“人间地狱”，直到今天在新奥尔良生活的人口还没有达到灾前的一半。在这个事件后，国土安全部汲取教训，为提高应急处置能力对应急功能进行了重新设计，该机构在 2007 年 10 月加利福尼亚州发生的森林大火中获得重生，高效地解决了加利福尼亚州 50 多万人的疏散问题。

美国的其他专业应急组织还有疾病预防与控制中心，目前已经拥有一支强有力的机动队伍，同时制定了运行高效的规程，在突发公共事件中有权采取及时有效的措施，在应急管理中发挥着愈来愈重要的作用。

从以上应急机构演变的过程可以看到，美国的应急管理组织体系在经验和教训中不断改进、不断成熟，从而逐渐走向完善。

（2）健全应急法制体系

1959 年的《灾害救济法》几经修改后确立了联邦政府的救援范围及减灾、预防、应急管理和恢复重建的相关问题。1976 年实施的《紧急状态管理法》详细规定了全国紧急状态的过程、期限以及紧急状态下总统的权力，并对政府和其他公共部门（如警察、消防、气象、医疗和军方等）的职责做了具体的规范。此后，美国又推出了针对不同行业、不同领域的应对突发事件的专项实施细则，包括地震、洪灾、建筑物安全等。

2001 年“9·11 事件”之后，美国对紧急状态应对的相关法律法规做了更加细致而周密的修订，陆续出台了《使用军事力量授权法》、《航空运输安全法》、《国土安全法》等，从而形成了一个全方位、立体化、多层次的突发事件应急法制体系。

如今美国已形成了以国土安全部为中心，下分联邦、州、县、市、社区五个层次的应急和响应机构，通过实行统一管理、属地为主、分级响应、标准运行的机制，有效地应对各类突发的灾害事件。

2. 日本防灾减灾机制

日本地处欧亚板块、菲律宾板块、太平洋板块交接处，处于太平洋环火山带，台风、地震、海啸、暴雨等各种灾害极为常见，是世界易遭自然灾害破坏的国家之一。在长期与灾难的对抗中，日本形成了一套较为完善的综合性防灾减灾对策机制。特别是日本作为一个地震灾害频繁的国家，在地震应急方面的理论和具体做法值得借鉴。

（1）完善的应急管理法律体系

作为全球较早制定灾害管理基本法的国家，日本的防灾减灾法律体系相当庞大。以《灾害对策基本法》为龙头，在其中明确规定了国家、中央政府、社会团体、全体公民等不同群体的防灾责任，下设各类防灾减灾法50多部，建立了围绕灾害周期而设置的法律体系，即基本法、灾害预防和防灾规划相关法、灾害应急法、灾后重建与恢复法、灾害管理组织法5个部分，使日本在应对自然灾害类突发事件时有法可依。

（2）良好的应急教育和防灾演练

日本政府和国民极为重视应急教育工作，从中小学教育抓起，培养公民的防灾意识。将每年的9月1日定为“灾害管理日”，将8月30日～9月5日定为“灾害管理周”，通过开展各种形式的活动进行防灾宣传。政府和相关灾害管理组织机构协同进行全国范围内的大规模灾害演练，检验决策人员和组织的应急能力，使公众能训练有素地应对各类突发事件。

（3）巨灾风险管理体系

日本经济发达，频发的地震又极易造成较大经济损失。为了有效地应对灾害，转移风险，日本建立了由政府主导和财政支持的巨灾风险管理体系，政府为地震保险提供后备金和政府再保险。巨灾保险制度在应急管理中起到了重要作用，为灾民正常的生产生活和灾后恢复重建提供了保障。

（4）严密的灾害救援体系

日本已建成了由消防、警察、自卫队和医疗机构组成的较为完善的灾害救援体系。消防机构是灾害救援的主要机构，同时负责收集、整理、发布灾害信息；警察的应对体制由情报应对体系和灾区现场活动两部分组成，主要包括灾区情报收集、传递、各种救灾抢险、灾区治安维持等；日本的自卫队属于国家行政机关，根据《灾害对策基本法》和《自卫队法》的规定，灾害发生时，自卫队长官可以根据实际情况向灾区派遣灾害救援部队，参与抗险救灾。

日本其他类型的人为事故灾害也在不断增加。例如，东京地铁沙林毒气事件就造成了12人死亡，约5 500人中毒，1 036人住院治疗。如何完善应急管理机制，提高应急管理能力，迎接新形势下的新的危机和挑战，也成为日本未来应急管理工作的一项新任务。

3. 加拿大应急管理体系

加拿大大部分地区属于寒带，冬季时间长，40％的陆地为冰封冻土地区，蒙特利尔冬季的温度可至－30℃，主要的自然灾害是冬季的暴风雪，所以加拿大的应急管理主要是“以雪为令”。

（1）重视地方部门作用的应急管理体系

加拿大自1948年成立联邦民防组织，到1966年，其工作范围已延伸到平时的应急救灾。1974年，加拿大将民防和应急行动的优先程序倒过来。1988年，加拿大成立应急准备局，使之成为一个独立的公共服务部门，执行和实施应急管理法。加拿大的应急管理体制分为联邦、省和市镇三级，实行分级管理。政府要求，任何紧急事件首先应由当地官方进行处置，如果需要协助，可再向省或地区紧急事件管理组织请求，如果事件不断升级以致超出了省或地区的资源能力，可再向加拿大政府寻求帮助。

（2）应对雪灾的全国协作机制

加拿大各级政府形成了一套针对雪灾的高效和系统的应急对策。清雪部门是常设机构，及时清理积雪，保障道路畅通，责任主要在各省市政府。其中，省政府负责辖区内高速路，市政府负责市内道路。据统计，加拿大全国每年清雪费用高达10亿加元，各级政府也都有专门的年度清雪预算。加拿大清雪基本已实现机械化，每个城市都配有系统的清雪设备，为把暴风雪的影响降到最低，加拿大各省市特别注重调动全社会的力量来配合参与。加拿大环境部网站不仅每天分时段公布各地市详细的天气预报，还提供未来一周的每日天气预报，并及时发布暴风雪等极端天气警报；各省市设有免费的实时路况信息服务热线；电台和电视台一般是每隔半小时播报一次当地天气和路况情况；各省市也都把清雪的预算、作业程序和标准以及投诉电话等公布在其官方网站上，供公众监督。加拿大各省市还常常通过多种方式向公众介绍防范冰雪天气的知识和技巧，提高公众应对暴风雪的能力。

4. 澳大利亚应急管理体系

澳大利亚位于南半球的大洋洲，地广人稀，人口主要集中在悉尼这样的中心城市和沿海地区。在过去的几十年里，由于四周大海环绕，澳大利亚在战略上一直是一个处于低威胁的国家，其突发事件主要是自然灾害这一类，如洪水、暴雨、热带风暴、森林大火等，相应的应急管理也带有自己的鲜明特色。

（1）层次分明的应急管理体系

澳大利亚设立了一套由联邦政府、州和地区政府、社区三个层面、承担不同职责的政府应急管理体系。联邦政府层面，隶属于澳大利亚国防部的应急管理局（EMA）是联邦政府主要的应急管理部门，负责管理和协调全国性的紧急事件；在州和地区政府层面，已经有六个州和两个地区通过立法，建立委员会机构以及提升警务、消防、救护、应急服务、健康福利机构等各方面的能力来保护生命、财产和环境安全；社区层面，澳大利亚全国范围内约有700个社区，它们虽然不直接控制灾害响应机构，但在灾难预防、缓解以及为救灾进行协调等方面承担责任。

（2）森林火灾防治

澳大利亚地处热带和亚热带地区，在干旱季节，气温高、湿度小、风大，森林植被又以桉树为主，而桉树含油脂多，特别易燃，一旦发生火灾，极易形成狂燃大火，并产生飞火，很难扑救，森林损失十分严重。针对这些情况，澳大利亚经多年试验推出了以火灭火的办法，采取计划火烧措施防治森林火灾，并采用气象遥感、图像信息传输和计算机处理等技术，实现了实时、快速、准确地预测预报森林火灾。此外，社会民众还成立了森林防火站、火灾管理委员会（AFAC）等民间组织来应对火灾。

（3）志愿者为特色的广泛社会参与

在澳大利亚，应急响应志愿者是抗灾的生力军，他们来自于社区，服务于社区，积极参与社区的减灾和备灾活动。州应急服务中心是志愿者抗灾组织中比较普遍的一种形式，帮助社区处理洪灾和暴雨等灾害，而且志愿者并不是业余的，他们都参加培训且达到职业标准，并能熟练操作各种复杂的救灾设备。

3.3.2　国内应急管理现状

1．国内应急管理的发展阶段

（1）第一阶段——应急管理研究的萌芽时期

在2003年以前，关于应急管理的研究主要集中在灾害管理研究方面。自20世纪70年代中后期以来，随着地震、水旱灾害的加剧，我国学术界在单项灾害、区域综合灾害以及灾害理论、减灾对策、灾害保险等方面都取得了一批重要研究成果。而对应急管理一般规律的综合性研究成果寥寥无几。对中国期刊网社会科学文献总库中关于应急管理的研究文章进行检索，多数是以专项部门应对为主的灾害管理为研究对象的成果。

（2）第二阶段——应急管理研究的快速发展时期

在2003年抗击“非典”的过程中暴露了我国政府管理存在的诸多弊病特别是应急管理工作中的薄弱环节。2003年“非典”事件推动了应急管理理论与实践的发展，鉴于当时存在着事前准备不充分，信息渠道不畅通，应急管理体制、机制、法制不健全这一系列问题，促使政府下定决心全面加强和推进应急管理工作。2003年7月胡锦涛主席在全国防治“非典”工作会议上明确指出了我国应急管理中存在的问题，并强调大力增强应对风险和突发事件的能力。与此同时，温家宝总理提出“争取用3年左右的时间，建立健全突发公共卫生事件应急机制”，“提高公共卫生事件应急能力”。同年10月，党的十六届三中全会通过的《中共中央关于完善社会主义市场经济体制若干问题的决定》强调：要建立健全各种预警和应急机制，提高政府应对突发事件和风险的能力。理论和实践的需要，使得2003年成为中国全面加强应急管理研究的起步之年。

（3）第三阶段——应急管理研究质量提升时期

《“十一五”期间国家突发公共事件应急体系建设规划》和《国务院关于全面加强应急工作的意见》等重要政策文件都明确提出要“加强应对突发事件能力建设”，并将其作为进一步完善我国应急管理体系的重要举措。2008年对中国应急管理来说是一个特殊的年份，年初南方雪灾、拉萨“3·14”事件和汶川“5·12”特大地震，为应急管理研究提出了严峻的命题。党和政府以及学界从不同角度深入总结我国应急管理的成就和经验，查找存在问题。胡锦涛总书记在党中央、国务院召开的全国抗震救灾总结表彰大会上指出：“要进一步加强应急管理能力建设”。我国应急管理体系建设再一次站到了历史的新起点上。

2．我国政府应急体系建设已取得的成就

（1）国家应急管理体系已初步建成

在国家政府统一领导下，坚持综合协调、分类管理、分级负责、属地管理为主的原则来应对突发公共事件。在应急体系中，国务院是最高行政领导机构，由非常指挥机构或临时指挥机构负责应急管理工作。

（2）应急预案逐步完善

2001年，我国进入综合性应急预案的编写使用阶段。2004年，国务院办公厅发布

《国务院有关部门和单位制定和修订突发公共事件应急预案框架指南》，使重大事故应急预案的编写有章可循。截止 2012 年，我国已编制国务院部门应急预案 57 部，国家专项应急预案 21 部，全国各级应急预案 130 多万件，基本上涵盖了各类常见突发事件。

（3）应急管理法律体系基本建立

我国已经制定了突发性公共事件应对法以及相关法律法规 60 多部。基本建立了以宪法为依据、以突发事件应对法为核心、以相关法律法规为配套的应急管理法律体系，使应急工作可以做到有章可循、有法可依。

（4）应急保障能力得到了加强

近几年中央财政累计投入数百亿资金，重点进行了应急物资储备和应急队伍装备的建设。对各类突发性公共事件的监测和预警能力不断提高，灾后恢复重建的能力明显提高。

3. 我国政府应急体系存在的问题

（1）预防意识有待强化

从我国自然灾害危机管理的实践来看，减缓期的预防还显得非常薄弱。例如，从汶川地震发生后的应急处置可以看出当地政府和公众面对突发自然灾害危机防范意识不强，一时难以形成高效统一的应急指挥和救援体系，缺乏系统性的应急预防经验，从而使部分灾民错失了最佳救援时间。

（2）预警和监控系统不完善

我国的灾害预警和监控系统还不够完善，在很多方面存在缺陷，如危机潜伏期的科学预测和判断危机发生的概率以及评估危机发生后可能产生的负面影响等仍然不够理想。例如，2010 年发生特大泥石流害的舟曲县，本来就是自然灾害易发多发区，但是测雨雷达等基本灾害监测设施不够完善。

（3）应急协同联动机制不健全

公共危机的应对需要来自多个部门和机构的协调与配合。我国应急管理部门的垂直应急管理体系较为完备，但各部门横向职责分工有些情况界定不清，权责不一致，在应急响应期的突出问题表现为应急协同联动机制不健全，缺乏可操作性。

（4）社会参与机制不健全

从实践上看，目前我国对全社会防范风险、应急处理的教育工作还很不够。广大公众普遍表现为社会危机意识薄弱，自救他救知识和能力欠缺，主动参与程度不高。例如，汶川地震中，一些非政府组织虽然参与了救援工作，但几乎都是自发行动，没能充分发挥非政府组织的力量；大量自发性参与救援和灾后重建的志愿者也存在着管理混乱、缺乏后勤保障等问题。

3.4 公共突发事件应急管理原则及能力评估

3.4.1 国外应急管理经验借鉴

发达国家十分重视公共应急管理机制建设，其在长期发展进程中，逐步形成了一套较为完备的危机应对措施，并建立了与之适应的应急管理机制。实践证明，这些应急措施和机制在抢救生命、减少损失、消除恐慌、恢复秩序等方面发挥了重要作用。

1. 首长负责制的中枢指挥系统是公共应急管理的核心

发达国家的实践表明，应急管理成功的关键在于建立一个权威、高效、协调的中枢指挥系统，该系统不仅体现一国最高领导层的战略决策效能和危机应变能力，同时也扮演着应急管理核心决策者和指挥者的角色。

美国于20世纪70年代建立了以总统为核心的应急管理机制，总统可以召开国家安全委员会讨论危机形势，也可以组成高层工作班子帮助总统做出适当决定。处理危机的高层工作班子通常由副总统、国务卿、总统国家安全事务顾问、国防部长、参谋长联席会议主席、中央情报局长、财政部长等组成。

日本建立了以内阁总理大臣为最高指挥官的应急管理机制，该机制由内阁官房长官负责整体协调和联络，通过安全保障会议、中央防灾会议等决策机构制定危机对策，由国土厅、气象厅、防卫厅和消防厅等部门负责组织实施。

2. 完备的常设机构是公共应急管理的关键

20世纪70年代以来，不少发达国家先后设立了涉及国家公共安全的防灾减灾综合管理机构和应急事务处置机构，具体负责公民危机意识的培养，公共危机事件的预防，紧急状态处置的综合协调等。

美国的应急管理常设机构为联邦紧急事务管理总署。目前该机构有2 600多名全职人员，近4 000名协助灾后事务处理的预备役职员。每年80.2亿美元的预算保证了该机构在没有发生紧急事件时的常规化建设需要。联邦紧急事务管理总署的主要职能包括：提供关于危险和风险的完备信息；制定应急计划和预案；调动联邦、州、地方可用力量处理灾难；帮助个人、地方政府、州、联邦部门进行风险管理决策；制定并执行全面的培训和教育计划；支付相应的灾难保险；成立国家门户网站提供信息服务；建设全国的沟通和预警系统。其工作流程如下：

（1）预防。减少危机风险，强调长期战略和可持续发展。

（2）筹备。确保公民的就绪状况和应对危机的有效能力。

（3）应对。能在危机爆发时作出迅速反应，包括开展搜寻和救援、医疗、抗灾、信息公布等服务。

（4）修复。开展灾后重建工作，包括交通、通信系统等基础设施恢复，以及家园重建等。

英国政府认为自然灾害、恐怖活动等突发事件的影响超出单一部门的职权范围，因此，内阁办公室是最适合来召集和协调政府应对困难紧急形势的部门。2001年7月，英国政府在内阁办公室设立了非军事意外事件秘书处，以协调各个部门的紧急应变工作和活动。

该秘书处的宗旨是“协调政府内外各方，在危机的预见、预防、准备和解决方面提高英国政府应对突发挑战的能力”。其职能是：评估突发挑战的应对能力，协助制定整体反应计划；与各有关组织建立伙伴关系，开发和共享英国重要网络和基础设施资源；确保预防和控制灾难的规划和机制能够发挥作用，并确保政府在处理危机期间能够继续发挥正常的社会职能。

秘书处下设评估部、行动部、政策部三个职能部门，负责全面评估潜在和已发生的公共危机的程度、规模及影响范围，并发布信息；制定和审议部门应急计划，确保中央政府为有效应对意外事件作好准备。同时，该处还建立了意外事件规划学院，从事应急理论、应急措施和应急行动协调等方面的研究。

此外，英国的许多部门都有紧急应变机制，根据不同的部门特点制定应急措施。一旦发生危机事件，各有关部门可立即启动自己的应急机制，并由其他相关部门予以配合和支持。

日本的紧急状态处置机构体系包括常设机构和临时应急机构。常设机构有安全保障会议、中央防灾会议、内阁应急事务和应急管理专门机构。临时机构则针对不同的紧急事态而设。1999 年根据修改后的《内阁法》第 15 条的规定，内阁府新增了由首相任命的、拥有统一协调各个部门权限的“内阁应急管理监理”（其职位相当于内阁副大臣），同时还将原来的内阁安全保障室扩展为内阁安全保障与应急管理室，共同负责处理内阁府中有关应急管理的事务。

内阁应急管理监理和内阁安全保障与应急管理室虽然都没有直接指挥中央各个职能部门的权力，但却具备协调各个职能部门关系和整合资源的综合性功能。这就从管理体制上改变了原先中央职能部门在处理危机中各自为政的横向分割局面，使平常分散在各个职能部门的资源能迅速优化配置，降低了应急管理成本，提高了应急能力。

3. 健全的法律法规是公共应急管理的保障

重视法律在应急管理中的作用是很多国家应急管理的典型经验。在法律的框架内治理各类公共危机，对于减少危机中人民生命和财产的损失，尽快恢复正常的社会秩序具有重要意义。严格的立法保障了政府及各部门在非常时期行使紧急权力，并使紧急权力有法可依。这是保障依法行政的重要环节，也是公民权利不受侵犯的制度保证。

美国一贯重视通过立法来界定政府机构在紧急情况下的职责和权限，先后制定了上百部专门针对自然灾害和其他紧急事件的法律法规，建立了以《国家安全法》、《全国紧急状态法》和《灾难和紧急事件援助法案》为核心的危机应对法律体系。美国现行的《全国紧急状态法》对紧急状态的颁布程序、颁布方式、终止方式和紧急状态期间的权力都做了明确规定。该法规定，当出现联邦规定的可宣布紧急状态的情况，总统有权宣布全国进入“紧急状态”。在紧急状态期间，总统可以行使特别权力颁布一些法规，一旦紧急状态终止，这些法规将随之失效。2005 年 1 月，美国制订了新的《国家应急反应计划》。该计划为不同部门间的协作建立起标准化的培训、组织和通信程序，并明确了职权和领导责任。

日本有关应急管理的法律法规共有 227 部。此外，为了配合防灾救灾法律的组织实施，日本要求各级政府针对本身的业务权责制订防灾计划、防灾基本计划、防灾业务计划和地域防灾计划。计划的内容，虽因机构层级不同而详略有别，但均包括灾害预防、灾害应急以及灾后重建等不同阶段应实施的防灾救灾举措。其中1951年出台的《灾害对策基本法》，明确了政府、地方行政当局各个部门的职责，并建立了必要的防灾体制。该法把“一方有难，八方支援”的道义行动纳入法律义务范围。平常，各部门按预先制定的防灾计划进行防灾训练，筹备防灾物资，建设防灾设施；灾害发生前后，中央政府、都道府县和市町村都要组成灾害对策总部；发生异常严重的自然灾害时，要设立紧急灾害对策总部，部长由首相亲自担任。《灾害对策基本法》还就灾害的应急对策，如灾害的信号、信息的收集、警报的发出、消防救助措施、受灾儿童的教育、保健卫生和清扫防疫、防止犯罪、维护秩序、紧急输送等，作了具体规定。

4. 媒体介入是公共应急管理的重要组成部分

在突发性危机事件的处理和应对中，各国政府着力构建应急管理者与媒体之间的良性互动关系，使媒体成为传播政府决策的途径、公众获取正确信息的渠道和官民共同解决危机的桥梁。一些国家的媒体作为政府应急管理主体的一个组成部分，扮演着政府“危机信息代言人”的重要角色，被誉为“政府应急管理形象的塑造者”。

英国重视突发事件中政府与媒体的协作，要求有关机构在平时必须作好准备，把配合媒体作为紧急反应计划的一部分进行讨论和演习，并任命受过专门训练的新闻官员负责媒体事务，甚至要求电话总机接线员和其他员工也必须清楚地知道在接到媒体询问时该怎样应答。

日本将媒体视为“政府应对危机的最好朋友”。日本《灾害对策基本法》中明确规定日本广播协会属于国家指定的防灾公共机构，从法律上确立了公共电视台在国家防灾体制中的地位。

5. 培养国民危机意识是公共应急管理的基础

国民危机意识的强弱直接关系到政府应急管理的效果。许多国家不仅注重强化公共管理者的应急管理意识，而且不惜花费巨资对国民进行经常性的危机意识教育和培养。各国在对民众进行防灾教育时，一般都非常注重教育内容的规范性。教育内容是根据所在地的具体情况而精心选择的，教育计划是根据民众的实际情况而认真制定的，教育步骤是根据循序渐进的原则而逐步实施的。具体规范的防灾教育内容能极大地提高民众应对灾害的针对性和有效性。

美国在构建“防灾型”社区过程中，对由普通民众组成的“社区应急反应队”的教育内容就充分考虑了民众的实际情况。根据计划，社区救灾反应队的培训需要七个星期，一个星期需要一个晚上的培训时间，每次培训一个小时。具体内容如下：

（1）灾难预备。说明人们在社区中易受攻击的危害，参加培训者及其家庭在灾难发生前、发生中及发生后需采取的保护行动。

（2）灭火。安全地使用灭火器扑灭一场小型火灾。

（3）灾难医疗救护。参加者实践诊断和治疗呼吸道阻塞、流血以及休克，实施基础的初步抢救。

（4）轻度搜索和营救行动。学习搜索技术和营救技术，最重要的是保障营救者自身的安全。

（5）灾难心理和搜救队的组织。包括受难者和救灾人员可能体验的情感问题和症状。

（6）灾难模拟。参加者实践其在前面六星期中所学得的技能。

澳大利亚的防灾教育深入人心，政府不仅设立了全国灾害管理学院，培养应急管理的专业人才，而且不忘对普通百姓灌输危机防范意识，如向每户居民邮寄有关反恐资料，指导人们在发生突发事件时如何应对。

德国把增强国民的危机意识作为应急管理的一项重要内容，政府利用“危机预防信息系统”向人们集中提供各种公民保护以及危急情况下自我保护的知识。例如，通过宣传手册、互联网、展览以及听众热线，重点介绍如何应对新型急性瘟疫、化学品泄漏和恐怖危机等；通过居民保护与灾害救助局出版《居民保护》季刊，普及防灾救灾知识。

3.4.2 国内应急管理的指导原则

国家突发公共事件总体应急管理提出了六项工作原则，即：以人为本，减少危害；居安思危，预防为主；统一领导，分级负责；依法规范，加强管理；快速反应，协同应对；依靠科技，提高素质。

1. 加强预防

增强忧患意识，高度重视公共安全工作，居安思危，常抓不懈，防患于未然。坚持预防与应急相结合，常态与非常态相结合，作好应对突发公共事件的思想准备、预案准备、组织准备以及物资准备等。

2. 快速反应

加强以属地管理为主的应急处置队伍建设，充分动员和发挥乡镇、社区、企事业单位、社会团体和志愿者队伍的作用，依靠群众力量，建立健全快速反应机制，及时获取充分而准确的信息，跟踪研判，果断决策，迅速处置，最大程度地减少危害和影响。

3. 以人为本

把保障公众健康和生命安全作为首要任务。凡是可能造成人员伤亡的突发公共事件发生前，要及时采取人员避险措施；突发公共事件发生后，要优先开展抢救人员的紧急行动；要加强抢险救援人员的安全防护，最大限度地避免和减少突发公共事件造成的人员伤亡和危害。

4. 损益合理

处置突发公共事件所采取的措施应该与突发公共事件造成的社会危害的性质、程度、范围和阶段相适应；处置突发公共事件有多种措施可供选择的，应选择对公众利益损害较小的措施；对公众权利与自由的限制，不应超出控制和消除突发公共事件造成的危害所必要的限度，并应对公众的合法利益所造成的损失给予适当的补偿。

5. 分级负责

在党中央、国务院的统一领导下，建立健全分类管理、分级负责，条块结合、属地管理为主的应急管理体制，在各级党委领导下，实行行政领导责任制。根据突发公共事件的严重性、可控性、所需动用的资源、影响范围等因素，启动相应的预案。

6. 联动处置

建立和完善联动协调制度，推行城市统一接警、分级分类处置工作制度，加强部门之间、地区之间、军地之间、中央派出单位与地方政府之间的沟通协调，充分动员和发挥城乡社区、企事业单位、社会团体和志愿者队伍的作用，形成统一指挥、反应灵敏、功能齐全、协调有序、运转高效的应急管理机制。

7. 专群结合

加强公共安全科学研究和技术开发，采用先进的预测、预警、预防和应急处置技术及设备，提高应对突发公共事件的科技水平和指挥能力；充分发挥专家在突发公共事件的信息研判、决策咨询、专业救援、应急抢险、事件评估等方面的作用。有序组织和动员社会力量参与突发公共事件应急处置工作；加强宣传和培训教育工作，提高公众自我防范、自救互救等能力。

8. 资源整合

整合现有突发公共事件的监测、预测、预警等信息系统，建立网络互联、信息共享、科学有效的防范体系；整合现有突发公共事件应急指挥和组织网络，建立统一、科学、高效的指挥体系；整合现有突发公共事件应急处置资源，建立分工明确、责任落实、常备不懈的保障体系。

9. 依法规范

坚持依法行政，妥善处理应急措施和常规管理的关系，合理把握非常措施的运用范围和实施力度，使应对突发公共事件的工作规范化、制度化、法制化。

10. 责权一致

实行应急处置工作各级行政领导责任制，依法保障责任单位、责任人员按照有关法律法规和规章以及本预案的规定行使权力；在必须立即采取应急处置措施的紧急情况下，有关责任单位、责任人员应视情临机决断，控制事态发展；对不作为、延误时机、组织不力等失职、渎职行为依法追究责任。

3.4.3　应急能力评估的理论框架

1. 应急能力评估功能设定

(1)“一般化”的主要表现

从建国开始算到现在，我国的应急管理体系大致可以分为各类防灾减灾管理体系和综合应急管理体系两代。相比于第一代，第二代应急管理体系的主要特征就是“一般化”，具体表现在以下四个方面：

①应急预案普遍化。应急预案作为应急管理的操作手册，被要求“横向到边、纵向到底”，“进社区、进企业、进农村、进学校”。截止到2006年底，全国已编制各类应急预案135万件。

②应急体制同构化。我国应急组织机构的设置从中央到地方高度同构，由国务院到省、市、县逐级复制，各级政府均成立了应急管理的综合协调机构——应急办，且多由政府值班室演变而来。

③应急机制标准化。在各个行政层级，应急程序均被形式化为四大制度：预防与准备、预警与监测、救援与处置、恢复与重建。突发事件的分类、分级均由国务院及其授权部委制定，全国适用。

④应急法制原则化。《突发事件应对法》作为一般法，明确了应急管理的一般原则，但是并未像美国的《斯坦福法案》那样对应急管理中的一些特定问题进行详细规定。

（2）“差别化”的主要表现

第二代应急管理体系确立了一个初步的制度框架，仍然有待于进一步优化提升应急能力，这就必须对各级政府现有应急能力有所了解，并以此为基础有针对性地投入与建设。因此，第二代应急管理体系下一阶段的建设重点需要从“一般化”过渡到“差别化”，只有这样，应急能力建设才能有的放矢，增强实效。“差别化”具体表现为以下三个层面：

①风险识别。不同地区面临的特定风险并不完全相同，例如，东部沿海地区和西部内陆地区不同，城市与农村不同，工业城市与商业城市不同，等等。

②脆弱性分析。不同地区的薄弱环节也各有差异，人口集中度、产业集中度、城市生命线的可靠性和各系统之间的相互依存度都不一样。

③能力评估。各级、各地政府的应急能力还存在高下之分，财政实力、资源投入、制度建设、组织培育、应对经验、行政文化都有所区别。

这三个层面相互关联，逐层递进，应急能力评估需要以风险识别和脆弱性分析为基础，风险识别和脆弱性分析必须服务于应急能力评估。从这种意义上来看，可将“一般化”作为“差别化”的必要过程，因为只有建立了“一般化”的应急管理体系，才有可能在一个总体目标下推行以风险识别、脆弱性分析和能力评估为基础的“差别化”应急能力建设。

（3）应急能力评估应实现的功能

①差别化投入的依据。在财政资源有限、同时又存在其他竞争需求的情况下，为保证收益最大化，应急能力相对较弱的地区、部门应该获得更多的财政投入。

②针对性建设的依据。应急能力是一项综合能力，由多个权重不同的维度组成，那些在评估中发现的重要、能力相对不足的维度应该优先得到重视和建设。

③应急文化形成的动力。应急能力评估应被纳入政府能力建设与绩效考核的总体框架之中，推动形成一种重视风险的行政文化。

2. 综合应急能力的本质特征

（1）政府应急能力的划分模式

一般而言，政府能力通常有两种解读视角：一是绝对视角——政府将自己的目标转化为现实的能力；二是相对视角——政府适应环境的能力。这两个视角并不矛盾，它们通常是合二为一的，一方面表现为政府实现自主目标的潜能，另一方面体现了政府向社会提供服务的供给状况。

相似的，政府应急能力，既表现为国家政府推行的应急管理体系的实现程度，如是否编制了应急预案；又表现为属地政府应对特定风险的能力，如易受洪水冲击的地区是否储备了足够的防洪物资。相对能力尤为重要，对于地方政府而言，应急能力都是针对当地特定的风险状况和脆弱性程度而言的。

政府应急能力还应被视为新形势下政府能力的一个特别维度，需要政府一般能力的支撑，这使得应急能力又表现为现实能力与潜在能力，前者指那些与应急管理直接有关的能力，后者指那些与应急管理间接有关的能力。

突发事件的规模越大，潜在应急能力就越为重要，例如，“5·12”汶川大地震抗震救灾的伟大胜利就与我国日渐增强的经济实力和中央政府的权威决断等潜在应急能力是分不开的。通常情况下，潜在应急能力的使用效率要低于现实应急能力，应急成本却要高于现实应急能力，因此，合理的顺序是优先使用现实应急能力，只有当现实应急能力无法满足需要时，才动用潜在应急能力。从这种意义上来讲，第二代应急管理体系的优化就是要加强潜在应急能力向现实应急能力的转化。目前对潜在应急能力的关注极少，但弄清潜在应急能力并将其尽可能转化为现实应急能力，可以在很大程度上提高应急效率，降低应急成本。

上述两个完全不同的维度，即绝对与相对、现实与潜在，将政府应急能力划分为以下四种模式：

模式一：“绝对—现实”能力。

“一案三制”是我国现行应急管理体系的核心，由中央政府提出，在各级政府推行，各级政府“一案三制”的建立健全程度就成为“绝对—现实”能力的表征。

模式二：“相对—现实”能力。

各地所面临的特定风险不完全相同，脆弱性程度也千差万别，针对特定风险类型和脆弱性水平的应急功能设置的数量与质量就成为“相对—现实”能力的表征。

模式三：“绝对—潜在”能力。

必要情况下，政府的总体财政实力和应急物资的生产能力都是“绝对—潜在”能力的表征。

模式四：“相对—潜在”能力。

政府转变经济增长方式的努力和在环境治理、节能减排上的财政投入等都是“相对—潜在”能力的表征。

除上述静态的视角外，应急管理还被看作一个动态的过程。例如，美国的应急管理就被分解为减缓（Mitigation）、准备（Preparedness）、响应（Response）和恢复（Recovery）四个过程。我国《突发事件应对法》将应急管理的程序界定为预防与准备、监测与预警、救援与处置、恢复与重建四种机制。这两种方法在本质上十分相似，只不过相对于预防与准备，减缓更强调主动降低风险发展为危机的概率。因此，应急能力是减缓、准备、响应和恢复四种能力的复合。当然，这种复合并非简单加总，因为应急减缓、准备、响应和恢复四个过程是环状结构，应急管理需要形成一种学习与反馈机制，使得恢复不仅只是简单的重建，而应该推动风险的减缓。

（2）应急管理的不同阶段对应急能力的不同要求

①预防与准备阶段主要强调针对特定风险的人员与物资储备，对“相对—潜在”应急能力的要求更高。

②监测与预警阶段主要强调应急系统的信息收集、传递能力，对“相对—现实”应急能力要求更高。

③处置与救援阶段主要强调应急响应速度和应急协调能力，对“绝对—现实”应急能力的要求更高。

④恢复与重建阶段主要强调政府投入的力度和可持续性，对“绝对—潜在”应急能力的要求更高。例如，在“5·12”汶川大地震的恢复重建中，分别由GDP排名第一、第二、第三的广东、山东、江苏对口支援受灾最为严重的汶川、北川和绵竹地区，这就对上述三省政府的“绝对—潜在”应急能力提出了要求。

（3）评估层次不同，应急能力的具体所指也不同

①村镇和社区层次的应急管理重在隐患排查与信息报送，应急能力主要指“相对—现实”能力。

②城市和都市区域层次的应急管理重在应急协调，主要指“绝对—现实”能力。

③国家层次的应急管理重在法制建设和国家实力，主要指“绝对—潜在”能力和“相对—潜在”能力。

政府应急能力应该注重整体性，它既是绝对能力与相对能力的整合，也是现实能力与潜在能力的整合，还是减缓能力、准备能力、响应能力与恢复能力的整合，这是我国第二代应急管理体系的本质特征。之前关注的重点多为自然灾害或事故灾难的应急能力，很少关注政府的综合应急能力。

3. 评估方法

（1）数据获取

数据获取最为常用的工具是量表，包括自陈式量表和投射式量表。

①自陈式量表由被评估对象自己判断得分，有两种方式：一是给出每一等级的参照标准，由被评者根据标准判断所属等级，例如，3—“完全有能力”，2—“有一定能力”，1—“有一点能力”，0—“不适用”；二是不设参照标准，由被评者判断所属等级。自陈式量表对被评估者的要求较高，被评估者一方面要具备判断优劣的能力，另一方面也要客观公正地评价自我，这在现实中很难做到，可操作性不强，尤其难以在我国的行政文化中有效推行。

②投射式量表是对自陈式量表的改进，采用客观指标来反映应急能力的差异，以克服被评价者的主观倾向。然而，投射式量表也有不足之处：一是许多客观指标难以量化；不得不以由专家或培训过的观察者来打分的方式主观量化；二是一旦采用主观量化的方

式，还会面临由此带来的量表的信度问题，主要表现为多位专家或培训过的观察者打分的一致性程度。

（2）数据分析

单一指标的测量比较简单，通常取算术平均值作为得分。综合评价相对复杂，涉及多个指标，如何确定每个指标的权重就成为一个关键问题，这通常有两种途径：一是主观赋权法，由专家根据经验主观判断得到权数，如层次分析法（Analytic Hierarchy Prɔcess，简称AHP）、模糊综合评价法（Fuzzy Comprehensive Evaluation，简称FCE）；二是客观赋权法，根据指标之间的相关关系或各指标之间的变异系数来确定权数，如灰色关联度法（Grey Relational Analysis，简称GRA）、优劣解距离法（Technique for Order Performance by Similarity to Ideal Solution，简称TOPSIS）、主成分分析法（Principal Component Analysis，简称PCA）。

（3）结论分析

评估者对应急能力的理解不同，数据分析结果的呈现形式也不一样。

如果从绝对能力的视角出发，应急能力计算模型通常为：

$$P=\sum_{i=1}^{m}W_iC_i$$

式中　W_i——指标 i 的权重；

C_i——指标 i 的取值。

如果从相对能力的视角出发，应急能力应被界定为：

$$P'=\frac{P_C}{C_1+C_2}$$

式中　P_C——承灾能力评价指数；

C_1、C_2——危险性等级和脆弱性等级的修正系数。

3.5　国内外铁路应急救援管理概况

近年来，高速铁路突发事件的频繁发生引起了世界各国的广泛关注。为了预防事故灾害的发生或降低灾害所带来的损失，各国政府及相关部门都加大了对突发事件应急管理方面的研究，以便提高国家或部门的紧急救援和应急能力。由于各国高铁建设环境及运营环境等都有所差别，所以在应急救援管理及应急预案的现状及做法上面有所不同，但出于提高铁路应急救援能力、完善应急预案的目的，无论国内还是国外，基本都以提前预防、及时响应、尽量减少事故损失后果为主，简单来讲，也就是做好“防、控、救”三方面工作。

3.5.1　日本铁路应急救援管理现状

日本是一个自然灾害频发的国家，在应对突发事件方面有着多年的丰富经验。而且在日本政府和企业层面都有着一种安全文化：一旦发生事故，就查清事故原因，并提出相应的解决措施，绝对不允许同样的事故再次发生。这种安全文化就将所有可能再次出现的那些安全隐患扼杀在萌芽状态。

日本铁路应急组织机构主要涉及119救援服务中心、警察局和日本铁路公司。119救援服务中心主要职责是请求并协调消防及医疗救援服务；消防队警官主要负责现场的救援行动；日本铁路公司调度中心与事故附近的车站共同与救援服务中心协调完成相关任务，同时现场设有一个负责人，现场负责人主要负责联系日本铁路公司、车站员工及救援服务中心等。

日本铁路应急控制中心是运营控制中心，它不仅控制着列车的运营事务，还能处理突发事件，并根据事件的性质联系不同的外援部门。日本新干线设有三个控制中心和一个备用中心，即东京控制中心、田端控制中心、博多控制中心和大阪备用中心。

相对应急反应来说，日本铁路公司更为重视预防工作，这也是其系统安全水平很高的主要原因。在新干线开始运行之前，铁路设计部门都要把所有可能遇到的安全状况考虑周全，并且提出解决方案，实际解决问题，绝对不允许高铁在有安全隐患的情况下开始运营。例如，日本地震频发，应对随时可能发生的地震是日本高铁安全运营所必须要解决的课题之一。在所有的新干线高铁上，都装备了先进的紧急地震监测报警系统，先前设置在各地的地震仪捕捉地震初期的纵波，从而能够在可能产生更大危害的横波到来之前就切断列车的供电，同时紧急停车，减少损害甚至避免损害。

日本铁路系统应急预案由日本铁路部门与消防、急救、公安等外部机构共同合作制定，并由日本国土交通省进行修订。其核心内容主要包括：应急培训、实践和演习的指导原则；应急管理方案的制定批准、实施和修订的标准程序；分级响应及针对某一特定事件做出反应的具体范围和规模；运营部门与救援部门的协作模式；应急设备、供给和技术；应急反应的通用流程等。

3.5.2 法国铁路应急救援管理现状

在速度与安全的问题下，法国铁路选择了安全兼顾速度，并且是把安全放在了首位，绝不盲目的追求速度。为了保证安全，法国采取了多重技术保障。在高铁刚开始运行时，会有着6～9个月的试运营期，在此期间，高铁并不搭载乘客，只用来调试设备和系统，同时检查高铁在设计技术及安全保障上是否有缺陷，如果发现就及时改正。在试运营期间暴露的所有问题，在法国人看来，都是有助于完善高速铁路系统，从而保证试运营期结束后的安全平稳运营。

除此之外，法国还有着完善的监测报警系统。车内设有旅客报警系统、防范司机打瞌睡的监视器、火灾报警系统、道路灾情报警系统等。驾驶室和控制中心之间有一套不间断的无线电通信系统，以保障列车的高速与安全。众多的技术保障，保证了法国的速度与安全，也使法国TGV高速列车30年来没有出现过一起人员伤亡事故。

法国铁路应急救援涉及的主要机构是法国国家铁路公司（SNCF）和法国国土部下属的民事安全署。在应对突发事件过程中，火灾和救援区域中心负责整体协调工作；现场相关工作由 SNCF 制定的地方事故主管（CIL）负责。在 CIL 到达之前，现场协调工作由区域控制中心的区域协调员负责。112 紧急呼叫中心在负责通知民事安全署的同时，还可以调动国家消防、救援和医疗服务机构以及应急反应过程中所涉及的相关机构及人员。SNCF 没有设置专门的应急管理中心，它是通过国家运营中心（CNO）与区域运营中心（CRO）协同合作来进行。

法国铁路系统应急预案以省为单位制定，各省份在 SNCF 地区代表的领导下与各个州以及国家基础设施管理署（RFF）共同协作，制定相应的干预与安全方案（PIS）。其核心内容主要包括：应急管理人员的作用及职责、与媒体的沟通机制、应急管理启动程序、外援部门的构成、内部组织机构、资源保障等。

3.5.3　德国铁路应急救援管理现状

德国是一个自然灾害频发的国家，在应对频繁灾害的过程中建立了预警、抢险、救灾、减灾等机制，积累了丰富的经验。德国在保证列车安全上的主要举措是依据应急预案让事故损失最小化。在紧急预案中，德国铁路公司在各州各社区开展铁路抢险救援的课程培训和训练，以提高铁路工作人员的安全意识和敏感性，并且在真正发生安全事故时也能够采取合适的举动，从而及时展开救援，减少损失。

德铁（DB）的应急救援工作一般由州联邦政府管理。各州建立自己的呼叫中心（112），这些中心在接收到铁路紧急事件呼叫时，通过标准的事故救援服务管理，涉及德铁、地方消防机构以及地方医疗救助服务机构。德铁是应对紧急事故的关键机构，德铁将路网分成 180 个紧急情况区，每个区域都设有一个应急经理，他的作用就是无论何时，必须在事故发生后 30 min 内赶到现场，提供专业咨询以协助救援人员顺利开展救援工作。为了有效地应对紧急事件，德铁分别在柏林、汉诺威、杜伊斯堡、法兰克福、莱比锡、卡尔斯鲁厄和慕尼黑创建了应急控制中心，主要负责 180 个紧急情况区的协调工作。

德国铁路系统应急预案由德铁公司负责制定并修改，各联邦政府按照制定好的应急预案与相关部门进行合作，并保证预案生效。其核心内容主要包括：铁路机构的作用和职责；德铁与联邦政府的协议；应急管理经理的资质和水平；应急管理反应程序；与管理部门和媒体之间沟通程序；事件分类等。

3.5.4　中国铁路应急救援管理现状

我国早期的应急救援管理研究主要集中于政府和企业危机管理方面。随着应急管理理论的不断发展，突发事件应急管理已成为集运筹学、战略管理、信息技术以及各种专门知识的交叉学科。

原铁道部于 2006 年 6 月成立了铁道部应急救援指挥中心。在铁道部运输局调度部设立铁道部应急救援指挥中心，铁道部应急中心与运输局调度部实行一个机构两块牌子，应急中心主任、副主任分别由调度部主任、副主任兼任。应急中心在铁道部应急救援领导小组的领导下开展工作，主要承担全国铁路系统突发事件应急救援的组织、协调和指挥工作，同时接受国家安全生产应急救援指挥中心的业务指导。组织有关单位按时完成国务院以及有关部委应急管理部门下达的交通运输保障任务。目前，我国初步形成了铁路总公司（原铁道部）、铁路局、站段三级应急救援体系。

1. 铁路总公司应急组织

应急组织体系根据突发事件性质（类型）的不同而设立。以铁路交通伤亡事故应急组织体系为例，铁路总公司铁路交通伤亡事故应急组织体系由铁路总公司铁路交通伤亡事故应急领导小组、各应急协调指挥组和应急救援队伍及力量组成。

铁路总公司应急领导小组由主管副总经理任组长，办公厅、安全监察司、运输局、公安局、宣传部和其他相关司局及事故发生地铁路运输企业负责人为成员所组成。

应急领导小组根据事故情况下设现场指挥、事故救援、事故调查、医疗救护、后勤保障、善后处理、宣传报道、治安保卫等应急协调指挥组，分别由办公厅、安全监察司、运输局、公安局、劳动和卫生司、宣传部和其他相关司局及发生地铁路运输企业组成。各应急协调指挥组在应急领导小组的统一指挥下，履行各自职责，按要求组织各项应急处理措施。

应急救援队伍及力量包括救援列车、救援队、救援班、各基层站段应急救援队伍以及消防部队、医疗救护队伍等社会力量。

2. 铁路局应急组织

在铁路应急管理过程中，铁路局成立应急管理委员会，下设应急管理办公室、应急指挥中心两个机构，根据突发事件类型成立交通事故、防洪、破坏性地震、火灾、危险化学品等多个应急管理领导小组。

铁路局应急管理办公室主要负责突发铁路公共事件应急体系建设和基础管理工作，承担铁路局值守应急工作，及时掌握和报告突发铁路公共事件的信息及相关情况，办理向铁路总公司应急指挥救援中心和省、局领导报送的紧急重要事项，负责部、省和局领导指示、批示的督办落实；负责组织编制、修订铁路局各类突发铁路公共事件应急预案，指导机关有关部门和基层单位编制应急预案，协调全局应急信息系统和应急平台建设；负责督促检查全局应急管理工作，研究提出加强铁路局应急管理工作的意见、建议；协助局领导处置突发公共事件，保证铁路局与铁路总公司、省市有关部门以及基层单位应急处理信息的畅通，协调铁路局、基层单位与地方政府及有关部门、单位处置突发公共事件时的具体工作；指导和协调特别重大、重大突发铁路公共事件的预防预警应急演练、应急处置、调查评估、信息发布、应急保障和宣传培训等工作。

铁路局应急指挥中心主要承担铁路系统突发公共事件应急救援的组织、协调、指挥工作，负责全局运输安全应急救援体系建设，提出全局运输安全应急救援系统建设方案，指导、协调有关单位和部门的应急救援工作；组织编制和管理铁路运输安全应急救援预案，对各救援预案的实施进行综合监督管理；负责全局运输安全应急救援资源综合监督管理和信息统计工作，建立应急救援网络；负责全局运输安全突发事件信息的接收、处理、报告，并启动相应的应急预案；组织指挥铁路公共事件的应急救援工作，调动应急救援力量和资源参加救援。

3. 基层应急组织

在各基层单位设立应急委员会，各单位行政主要领导兼任应急委员会主任。下设事故救援、设备保证、后勤保障、医疗救护、治安保卫、宣传报道等专业工作组。同时，成立基层单位应急办公室，作为应急委员会的日常办事机构，负责应急管理、应急救援指挥的日常工作，由办公室、本单位应急值守部门及有关业务部门组成，应急办公室主任由办公室主任担任并负责日常工作。基层单位应急组织机构须报路局应急管理办公室备案。

在传统铁路应急管理中，更常见的是对突发事故的应急救援，包括火灾事故、交通伤亡事故、突发公共卫生事故、危险化学品运输事故等。针对这些事故，我国均设立了一系列的应急预案，包括《铁路防洪应急预案》、《铁路破坏性地震应急预案》、《铁路地质灾害应急预案》、《铁路交通伤亡事故应急预案》、《铁路火灾事故应急预案》、《铁路危险化学品运输事故应急预案》、《铁路网络与信息安全事故应急预案》、《铁路突发公共卫生事件应急预案》、《铁路处置群体性事件应急预案》和《动车组突发事件应急预案》等。

与国外相比，我国的高速铁路突发事件应急管理起步较晚，高铁应急救援管理和应急预案研究还不完善。作为国内外广泛关注的中国高铁品牌，以及近年来几起国内外高铁突发事件的发生促进了高铁应急管理的发展，与此同时，国内众多学者专家对高铁应急管理领域进行了大量研究，并取得了一定研究和实践成果。

中国高速铁路具有速度高、运量大的特点，一旦发生故障将给高速铁路运输工作带来很大的影响，因此对高铁故障的快速抢修工作提出了更高的要求。我国高速铁路本身的一些特点也给高铁应急救援带来了相当大的困难。例如，我国的高速铁路站间距大（一般在 50 km 以上），沿线地形比较复杂，山地、高架桥等地形较多，并且铁路局和站段管理范围较大，救援人员很难详细掌握沿线道路情况，发生事故后，对事故地点的具体地形地貌很难做到详细的了解，从而给救援工作带来了一定的困难。另外，我国高速铁路采用的是封闭管理，若要进入高速铁路抢修和救援，只有通过作业门或破拆封闭栅栏才可进入，给救援人员和设备的进入带来了一定的困难。

综上所述，为了在高速铁路突发事件发生后，能够进行快速、有效的应急处置，目前已发布的《高速铁路突发事件应急预案（试行）》（铁运〔2012〕33 号），制定了有关高铁的应急专项预案的指导办法，内容包括：《高速铁路客运非正常情况应急处置办法》、《高速铁路动车组脱轨事故应急处置办法》、《高速铁路非正常行车应急处置办法》、《高速铁路动车组车辆故障应急处置办法》、《高速铁路工务设备故障应急处理办法》、《高速铁路牵引供电设备应急处置办法》、《高速铁路信号设备故障应急处置办法》、《高速铁路通信设备障碍应急处置办法》等。

3.6 高铁运营突发事件

3.6.1 高铁运营突发事件内涵

随着我国铁路第六次大面积提速的成功实施及《中长期铁路网规划》的展开，铁路正朝着高速重载、密度更大、技术更加先进的方向发展，这对铁路突发事件的应急处置提出了更高的要求。如何借助现代科技手段，提前预防和控制可能引发突发事件的因素，提高突发事件的处置效率，减少铁路各类突发事件的发生，控制突发事件的影响，最大限度减少突发事件带来的损失，是一个紧迫的课题。

高铁运营突发事件是指在高铁运营生产过程中，在一定的地理区域内突然发生的、可能对运输安全和运输生产秩序造成较大影响，会导致人员伤亡、线路中断、财产损失和生态环境破坏等结果，需要紧急采取应急处置措施予以应对的自然灾害、事故灾难、公共卫生和社会安全等事件。

高铁运营突发事件的发生机理分析，如图 3—4 所示。

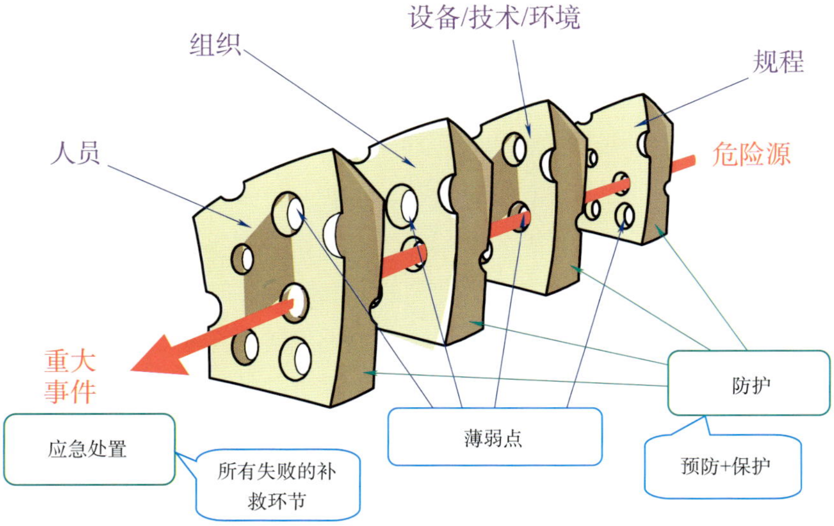

图 3—4 高铁运营突发事件的发生机理

从图 3—4 可以看出，影响高铁安全运营的危险源在经过一系列的人员、组织、设备、技术、环境和规程等方面的薄弱点（漏洞）后，最终演化为突发事件。高铁运营安全风险管理一方面要针对这些薄弱点，开展相应的防护措施，具体又可分为“预防性防护”和“保护性防护”；另一方面还要针对重大事件发生后，展开“应急处置”，其作用表现为所有防护环节失败的补救环节。

3.6.2 高铁运营突发事件的分类及分级

1. 高铁运营突发事件分类

从高铁运营突发事件的概念中可以看出，高铁运营突发事件可以分为与自然灾害、事故灾难、公共卫生和社会安全等相关的四种类型，依据现有与高铁相关的突发事件，可以对高铁运营突发事件进行分类归纳见表 3－2。

表 3－2　高铁运营突发事件分类

类型	种类	突发事件示例
自然灾害	地质	地震灾害、滑坡、泥石流、塌方落石
	气象	暴风雨雪雾、冰冻、沙尘暴
运输生产事件（事故灾难）	行车事件	冲突、脱轨、列车火灾、爆炸、设备故障、晚点
	生产安全	客运作业人员死亡、重伤、经济损失
公共卫生事件	传染性疫情	甲流、SARS
	食品事件	食品中毒
社会安全事件	大客流	突发大客流、高速列车大面积晚点
	恐怖袭击	爆炸、毒气
	群体性事件	群体性拦截列车、冲击高铁车站
	治安事件	偷盗高铁财产
	计算机安全	计算机系统安全、网络安全

由上表可以看出，高铁运营突发事件主要包括 4 大类、11 个中类。在这些分类中，高铁运输生产事件尤其是其行车事件对高铁运输部门来说其可控程度最高，而由于自然灾害原因引起的突发事件则更多停留在预警和及时救援上。

2. 高铁运营突发事件的分级

根据突发事件性质、严重程度、可控性和影响范围等因素可以将突发事件分成四级，特别重大的是Ⅰ级，重大的是Ⅱ级，较大的是Ⅲ级，一般的是Ⅳ级。突发事件发生后，将突发事件划分为不同的级别，从而采取不同的应急措施，这是各国突发事件应急体系建设和应急管理的共同经验。高铁突发事件的分级有助于有效的高铁应急救援与应急管理工作的展开。

高铁运营突发事件的分级与国家突发事件分级一致，根据事件造成的人员伤亡、直接经济损失、列车脱轨辆数、中断高铁行车时间等情形，也分为特别重大、重大、较大和一般事件 4 级，这 4 级的划分标准如下：

（1）Ⅰ级应急响应标准

符合下列情况之一者，为Ⅰ级应急响应：

①造成 30 人以上死亡或者 100 人以上重伤（包括急性工业中毒，下同）；

②铁路直接经济损失 1 亿元以上；

③中断铁路行车 48 h 以上；

④其他需要启动Ⅰ级应急响应的事件。

（2） Ⅱ级应急响应标准

符合下列情况之一者，为Ⅱ级应急响应：

①造成 10 人以上 30 人以下死亡或者 50 人以上 100 人以下重伤；

②铁路直接经济损失 5 000 万元以上 1 亿元以下；

③中断铁路行车 12 h 以上 48 h 以下；

④其他需要启动Ⅱ级应急响应的事件。

（3） Ⅲ级应急响应标准

符合下列情况之一者，为Ⅲ级应急响应：

①造成 3 人以上 10 人以下死亡或者 10 人以上 50 人以下重伤；

②铁路直接经济损失 1 000 万元以上 5 000 万元以下；

③中断铁路行车 6 h 以上 12 h 以下；

④其他需要启动Ⅲ级应急响应的事件。

（4） Ⅳ级应急响应标准

符合下列情况之一者，为Ⅳ级应急响应：

①造成 3 人以下死亡，或者 10 人以下重伤；

②铁路直接经济损失 1 000 万元以下；

③中断铁路行车 1 h 以上 6 h 以下；

④其他需要启动Ⅳ级应急响应的事件。

注：Ⅲ级、Ⅳ级应急响应由铁路局负责启动，应急响应级别、响应程序、内容及形式在铁路局应急预案中规定。

3.6.3　高铁运营突发事件影响因素分析

高铁运营安全涉及面广，引起突发事件的因素比较多，有自然的和人为的因素。特别是行车安全问题具有开放系统的特性，既受行车系统内部因素的制约，也受到行车系统外部环境的干扰。对于这种结构复杂的系统化问题，要按系统论的观点，运用系统工程的方法予以解决。将造成高铁运营突发事件的各种因素归纳为 4 种基本因素：人为因素、设备因素、环境因素和安全管理因素，必须从人为、设备、环境和管理等各种可能导致突发事件发生的诱因着手，将事件消除在萌芽状态，排除各种隐患，为高铁运营安全提供坚实的保障。

1. 人为因素

在人—机—环境系统工程中，人始终是工作的主体。因此，在设计任何人—机—环境系统时，都应对人的特性进行充分考虑，只有这样，才能确保机械（设备）的设计和环境的设计符合人的需要，使系统真正体现“以人为本”的宗旨。

高铁运营系统中，人是矛盾的主要方面，高速列车运行安全隐患存在于各项工作流程中，各项活动都依赖于高效、安全和可靠的人的行为。人既是事故的制造者又是受害者，绝大多数事故的发生都与人的不安全行为有关。在高铁运营的每个环节，都是由人来参与并处于主导地位，人操纵、控制、监督各种设备，完成各项作业，与环境进行信息交流，与其他作业协调。正是由于人在运营工作中的重要地位，使得人的安全要素在运营安全中起着主导作用。大量高铁新设备、新装备和新技术的应用，全员专业技术迫切需要更新的要求遭遇到了技术培训的“瓶颈”，从而导致高铁营运从业人员技能不能适应新设备和新技术需求造成安全隐患的可能性加大。

高铁运营系统中影响行车安全的人的因素，主要指行车系统内人员（机务、车务、动车、工务、电务、供电等部门），其他运输部门人员（客、货运以及工程、给水、房建等）以及路外人员（旅客、货主、高铁沿线人员、机动车驾驶人员等）的安全素质，其中行车系统内工作人员是保证运营安全最关键的部分。

通过对安全行为学、安全心理学、安全人机工程中关于造成失误行为的研究，得到诱发高铁运营突发事件的人为因素主要包括安全素养、思想素质、业务素质、生理素质、心理素质、群体素质等，如图 3—5 所示。

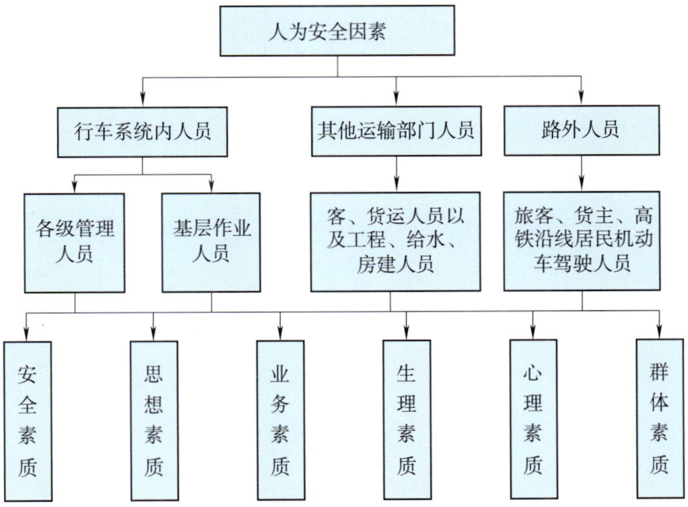

图 3—5 诱发高铁突发事件的人为因素

（1）安全素质

安全素质指的是高铁运营系统中所涉及的铁路工作人员、旅客等相关人员的安全意识、安全知识和安全技能的综合体现。具体包括系统的风险防范知识学习，树立牢固的安全意识，了解危险有害因素，掌握有效的应对方法。

（2）思想素质

思想素质指的是铁路工作人员保障高铁安全运营应具备的思想道德修养。具体包括事业心、责任感、劳动纪律、职业道德、安全意识等，具有服务人民、辛勤劳动、诚实守信的思想情操以及健康积极向上的工作态度。

（3）业务素质

业务素质指的是铁路工作人员对本职工作所具备的素质。具体包括技术业务知识、文化素养、安全法律知识以及处理意外情况的技能。

（4）生理素质

生理素质指的是铁路工作人员保障运营安全应具备的生理健康素质。具体包括生理状况以及身体条件，如年龄、性别、视力、听力、体力等，相关人员应符合《职业健康监护管理办法》和《全国铁路动车组司机选拔条件》等相关规章制度中提出的要求。

（5）心理素质

心理素质指的是铁路行车人员的心理过程及个性心理特征，保障行车安全应具备的心理素质。良好的驾驶状态取决于良好的心理状态，好的心态有利于帮助铁路工作人员克服心理障碍，最大限度地发挥身心潜能，安全、准确地完成本职任务。这里铁路工作人员的心理素质包括敏锐的洞察力、灵敏的反应能力、清晰的思路、高度的集中能力、较强的心理承受能力和自控能力等。

（6）群体素质

群体素质决定着这个群体的贡献大小和发展前途，取决于个体素质，是由高铁运营系统中涉及的所有相关人员的素质构成。高素质的个体组成一个结构合理的群体，才能充分发挥个体和群体的作用，包括群体目标、内聚力、信息沟通和人际关系等。

2. 设备因素

设备因素是指潜伏在设备本身的不安全因素，即物的不安全状态。根据人—机—环境系统工程的主要特点，机的设计要符合人的要求。基于我国铁路沿线山区、丘陵地段比例较大，在不少线路上存在着坡道多、曲线多、桥梁多、隧道多，地理、地质、气候条件复杂多变等诸多困难，对基础设施和安全技术设备的要求更加严格，机的设计必须符合人的使用要求的可操作性、易维护性和本质可靠性。品质优良的基础设施（线路系统、接触网系统、信号系统、通信系统等）和安全技术设备（安全监测设备、自然灾害预测预报设备、事故救援设备等）既是高速铁路运营的物质基础，也是安全运营的重要保障。

高铁运营突发事件的设备因素可归纳为运输基础设备、行车安全技术设备和设备的安全性能三个方面。诱发高铁运营突发事件的设备因素如图 3—6 所示。

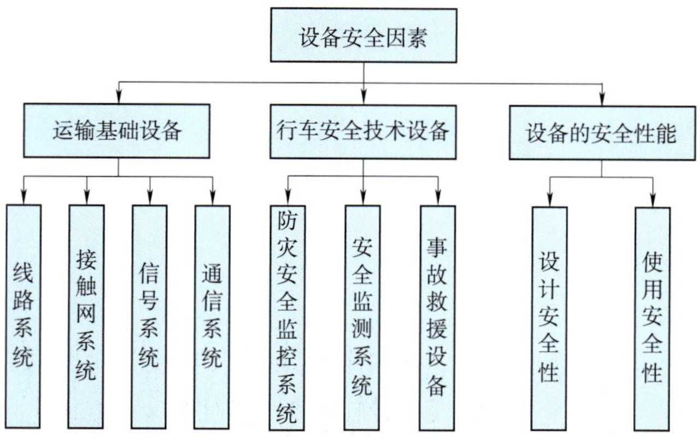

图 3—6　诱发高铁运营突发事件的设备因素

（1）运输基础设备

高速铁路安全运营的基础设备主要指线路系统、接触网系统、信号系统、通信系统等安全要素，基础设备的良好工作状态是高铁运营安全的关键因素之一。

①线路系统

高速铁路与普通铁路相比有很大的不同，最大的特点概括为高速度、高舒适性、高安全性、节能环保和高密度。为了达到安全运营要求，高速铁路基础设施既要为高速度运行的机车车辆提供高平顺性与高稳定性的轨面条件，又要保证线路各组成部分具有一定的稳定性与耐久性，使其在运营条件下保持良好的状态。因此，高速铁路的平纵断面设计的标准要以提高线路的平顺性为主，尽可能地降低列车的横向和竖向加速度以减弱蛇行运动的影响，减小列车各种振动叠加可能性，提高旅客的乘坐舒适度。同时，也要考虑到减小工程量、降低造价、便于施工、养护维修等。

高速铁路路基、桥梁、轨道结构等重要基础设施设备的建设标准与技术要求比一般铁路高得多，除了具有足够的强度条件外，还有保证在高速行车的条件下，避免出现列车振动、轮轨力加大等破坏安全舒适运营的状况，这也要求路基、桥梁和轨道结构具有持久稳定的高平顺性。

线路系统的安全影响要素主要包括线路曲线半径、线间距、外轨超高、线路坡度、不平顺性。

a. 线路曲线。高速铁路的曲线包括圆曲线和缓和曲线，线路上设置曲线可以很好的适应地形的变化，减少工程量。缓和曲线长度由车辆脱轨加速度、未被平衡横向离心加速度时变率和车体倾斜角速度确定，前者是从安全角度考虑，后者是从旅客舒适度考虑。车辆运行时，曲线地段会增加轮轨尤其是径向外侧轮轨的磨耗，影响列车的安全与稳定运行，因此要注意线路曲线的合理设计和及时维护。

b. 线间距。线间距是指相邻两股道线路中心线之间的距离。我国客运专线确定线间距为：设计时速 300 km 的客运专线采用 4.8 m，设计时速 350 km 的客运专线采用 5.0 m。高速双线铁路上，两列车相遇，最初的风压力使列车相互排斥，到接近列车尾部时变为相互吸引，产生会车压力，从而影响列车的安全与稳定运行。

c. 外轨超高。车辆在曲线上运行时，会产生离心力，这种离心力会将机车车辆推向外股轨道，加大外股钢轨的压力，这不利于行车的稳定性和乘坐的舒适性，为了平衡机车车辆通过曲线轨道时所产生的离心力，必须把曲线的外股钢轨加高，称之为外轨超高。外轨超高可以使在曲线轨道上行驶的车辆在离心力、向心力及风力的作用下保持车辆的稳定行驶，如果外轨超高设置不当而出现欠超高或者过超高都会使钢轨承受走行列车的偏压，使内外轨因过大偏载而引起严重的不均等磨耗，对行车安全、轨道稳定及旅客舒适度均会产生不利的影响。

d. 线路坡度。由于高速列车具有高功率以及高速度，所以高速铁路适当的采用大坡度，使选线更加灵活、增加高速铁路对地形的适应性。在铁路线路的纵断面上，由于列车在经过变坡点时会产生附加应力和附加加速度，因此相邻坡段的坡度代数差应尽量小些，不得超过允许的最大值，这样才能保证行车的安全平顺。

e. 不平顺性。高速列车在平顺的轨道上处于稳定运行状态，即使速度很高，轮轨动力附近荷载也很小。当平顺性不良时，列车运行虽未接近临界速度，但由线路引起的车辆振动和轮轨动作用力将随行车速度的提高而大幅增加，轨道不平顺将对行车安全性、平稳性和乘车舒适性产生很大影响。

②接触网系统

接触网沿铁路线露天敷设，通过接触线和受电弓的滑动接触把电能输送给电力机车，是高速铁路的重要供电设施。接触网—受电弓系统的受流质量，直接影响到高速列车的牵引功率，关系列车速度的提高以及安全可靠运行。

接触网系统的安全影响要素主要包括接触线、承力索、锚段、弓网接触力、弓网振幅、离线。

a. 接触线。接触线要求抗拉强度高、电阻率低、耐磨性能好，一般采用铜或铜合金材质。高速客运专线接触线相对于钢轨的高度一般在 5 300～5 500 mm。

b. 承力索。承力索一般采用铜质材料，要求能够承受较大的张力和具有抗腐蚀的能力，它的作用是通过吊弦将接触线悬挂起来。

c. 锚段。划分锚段的目的在于：便于接触网的机械分段，缩小事故范围；便于实现电分段，提高供电灵活性；便于安装张力补偿器和其他设备，保证吊弦及定位器的偏移不超出规定值，以改善接触网弹性。

d. 弓网接触力。弓网接触压力过大，接触线和受电弓滑板的磨耗加剧，寿命缩短；接触压力过小，容易造成接触不良，发生离线，以至于引起电弧从而烧坏受电弓和滑板。

e. 弓网振幅。弓网振幅过大，可能导致受电弓弓头撞击定位器端部，造成弓网事故，接触网的弯曲压力增大，影响疲劳寿命。

f. 离线。列车高速运行时，受电弓取流很大，当受电弓与接触线失去接触时，必然伴随着火花或电弧的产生，从而加大接触线和受电弓滑板的电磨耗，引起电磁干扰。长时间处于离线状态时，电弧不能维持电流流通将造成高速列车失压。

③信号系统

高速铁路信号系统是保障高速列车安全运行的关键技术装备，是完成行车控制、运营管理的综合自动化系统，主要是由用于指挥行车的调度集中系统，用于控制进路的联锁系统，用于控制列车行车间隔的列车自动控制系统，代用信号设备和专用通信设备组成。

信号系统的安全影响要素主要包括应答器、轨道电路、车载 ATP 设备、计算机联锁系统。

a. 应答器。应答器是用于发送数据报文的高速数据传送设备，能够提供上传数据链路，实现对车的数据传输。应答器是保证列车安全运行的关键设备，是我国高速铁路列控系统核心基础设备之一，是可以更换但不可维修的产品。设备设于各进站信号机、各闭塞分区入口处及其他地方，用于向车载设备传输定位信息、进路参数、线路参数、限速信息等安全数据。

b. 轨道电路。我国高速铁路区间线路采用无绝缘轨道电路，轨道电路完成列车占用检测及列车完整性检查、连续向列车传送控制信息。

c. 车载ATP设备。车载ATP设备是高速铁路列车运行控制系统的车载设备，能够接受轨道电路信息、应答器信息，车载安全计算机根据地面设备提供的行车许可、线路参数、临时限速等信息和动车参数，按照目标距离连续速度控制模式生成动态速度曲线，监控列车安全运行。

d. 计算机联锁系统。为了满足系统对可靠性、安全性的高标准要求，计算机联锁系统不同于一般的工业控制系统，该系统严格遵循以“故障—安全”为核心的高安全性以及必须具备的高可靠、高可用、快速技术支持等特殊要求。

④通信系统

铁路专用通信是指铁路行业内部专用的通信网络系统。铁路专用通信网由电话交换网、数字传输网、数据通信网、无线通信网、全路电视会议网、运输调度指挥通信网、地区通信网以及支撑网和列车内部通信网等组成。铁路专用通信是铁路运输的重要基础设施，对铁路运输和安全生产起着至关重要的作用。

通信系统的安全影响要素主要包括无线列车调度通信和铁路数字移动通信系统GSM-R。

a. 无线列车调度通信。机车综合无线通信设备由CIR主机、MMI操作显示终端、打印机、送受话器、扬声器、连接电缆等组成。既满足了以往铁路无线列车调度通信的需求，也适应了铁路专用移动通信系统GSM-R的需求。

b. 铁路数字移动通信系统GSM-R。GSM-R通信系统包括交换机、基站、机车综合通信设备、手机等设备。GSM-R通信技术起源于欧洲，原铁道部2000年底正式确定将GSM-R作为我国铁路专用通信的发展方向。我国发展GSM-R的目标是：在全路建立一张移动通信网络，利用网络通信的手段实现铁路移动设施和固定设施的无缝连接，确保列车平稳、高速、安全的运行。

GSM-R的功能主要包括：

(a) 调度通信功能。调度通信系统业务包括列车调度通信、货运调度通信、牵引变电调度通信、其他调度及专用通信、站场通信、应急通信、施工养护通信和道口通信等。

(b) 车次号传输与列车停稳信息的传送功能。车次号传输与列车停稳信息对铁路运输管理和行车安全具有重要的意义，它可通过基于GSM-R电路交换技术的数据采集传输应用系统来实现数据传输，也可以采用GPRS方式来实现。

(c) 调度命令传送功能。铁路调度命令是调度所里的调度员向司机下达的书面命令，它是列车行车安全的重要保障。采用GSM-R系统传输通道传输调度命令无疑将加速调度命令的传递过程，提高工作效率。

(d) 列车尾部装置信息传送功能。将尾部风压数据反馈传输通道纳入GSM-R通信系统，可以方便地解决尾部风压数据传输问题。

(e) 调车机车信号和监控信息系统传输功能。提供调车机车信号和监控信息传输通道，实现地面设备和多台车载设备间的数据传输，并能够存储进入和退出调车模式的有关信息。

（f）列车控制数据传输功能。采用 GSM-R 通信系统实现车地间双向无线数据传输，提供车地之间双向安全数据传输通道。

（g）区间移动公务通信。在区间作业的水电、工务、信号、通信、供电、桥梁守护等部门内部的通信，均可以使用 GSM-R 作业手持台，作业人员在需要时可与车站值班员、各部门调度员或自动电话用户联系。紧急情况下，作业人员还可以呼叫司机，与司机建立通话联络。

（h）应急指挥通信话音和数据业务。应急通信系统是当发生自然灾害或突发事件等影响铁路运输的紧急情况时，在突发事件现场与救援中心之间，以及现场内部采用 GSM-R 通信系统，建立语音、图像、数据通信系统。

（2）行车安全技术设备

高铁运营安全体系中行车安全技术设备主要指防灾安全监控系统、安全监测系统、事故救援设备等安全影响要素。

①防灾安全监控系统

高速铁路由于列车高速度、高密度运行，一旦发生事故，后果严重。因此，对行车安全保障体系提出了更高的要求。除了要求保证线路、机车车辆、供电以及通信信号等设备高安全性外，对各种可能发生的灾害，如自然灾害（强风、暴雨、大雪、地震）、突发性灾害（坍方落石、异物侵入限界、列车事故及设备故障等）都要实施全面监测，即建立防灾安全监控系统，实施全面、准确、实时的安全监控。

防灾安全监控系统是综合调度中心的一个分系统，负责安全信息的综合处理。监视全线自然灾害（风、雨、雪、洪水、地震）、特殊环境的突发事故等危及行车安全的情况，提供预防预警信息，并通过综合调度中心下达行车、救援、维修管理等指令。如在路基易发灾害地段设置沉降仪、倾斜仪、孔隙水压力计以及雨量计、水位计等设备，根据实际情况对列车实施运行管制。地震监测充分利用国家地震网信息资源，一般在地震动峰值加速度不小于 0.1 g 地区的牵引变电所内设置地震仪。当水平地震加速度达到警戒值时，变电所内的加速度报警仪即发出警报，为震后列车运行管制提供数据，并为震后确定巡检区间、巡检方式及列车限速等提供依据。

对各类灾害监测的原始信息，通过数据处理、分析与判断后，传送至综合调度中心或综合维护与救援调度中心确认和处理。根据灾害的性质和级别，对运行中的列车或实施预管、或限速运行、或中止行车，以确保高速列车运行安全。因此，防灾安全监控系统是综合调度中心不可缺少的一个组成部分。这正是高速铁路与普速铁路的重大区别之一。

② 安全监测系统

安全监测系统主要包括严防异物侵入限界监测系统、长大桥梁灾害监测、长大隧道安全监测和高速综合检测列车。

a. 严防异物侵入限界监测系统。高速运行的列车其动能和惯性力都很大，如有异物侵入线路，列车难以在短时间、短距离内制动停车。高速铁路上的落石、崩坍或滑坡侵限问题，主要由工程建设解决。

这里的“严防侵入限界”措施主要指沿线的防护网、站台防护设施、与公路或既有铁路平行或立体交叉时的防护工程等，在必要处设置监视系统，将侵限信息及时传输到综合调度中心，以控制列车运行。

b. 长大桥梁灾害监测。除各种自然灾害对桥梁有其特殊的危害外，针对长大桥梁自身在高速荷载作用下的稳定性，以及对通航河流桥墩的防护，需对桥梁结构设置加速度仪和桥墩防撞仪进行监测。在与公路和既有线立体交叉处，还要安装必要的限界障碍检测和桥墩防护工程。

c. 长大隧道安全监测。高铁运营条件下的隧道灾害，主要表现为火灾、水灾、空气动力学问题和隧道内的通常病害、侵限及结构失稳问题。隧道病害在非特大灾害条件下（如爆炸、地震、山体滑坡等），一般来说发展较为缓慢，有一定的时间发现和整治，可通过提高工程设计和施工质量相应提高其抗灾能力。但在高速铁路运营后对于长大隧道的安全监测是必不可少的，如隧道壁衬砌混凝土的应变监测，可在施工中预先埋设。

d. 高速综合检测列车。代表世界先进水平的高速铁路综合检测列车有意大利的阿基米德号、日本的East-i、法国的MGV和我国的0号高速综合检测列车。0号高速综合检测列车集办公、公务、检测、生活等诸多功能于一体，集成世界先进的检测设备，实时检测线路轨道、轮轨作用力、牵引供电、通信信号、周边环境中影响列车运行安全的技术指标和相关信息。随着我国高速铁路的快速发展，高速综合检测列车将承载更多的检测任务，具有高精度定位系统和授时系统，协助检测人员对检测项目进行实时的定位和分析，实现综合检测列车各子系统间的位置与时间同步，并实现自动修正，将对确保高速铁路的安全运营，科学指导养护维修，发挥越来越重要的作用。

③事故救援设备

铁路救援专业性很强，需要的工具也非常专业。救援列车系统由牵引机车、救援起重机、吊臂平车、平车、棚车以及修理车、工具车、宿营车、餐车及工程材料车等组成，并配备有一定数量的救援人员，停放于指定车站，发生事故时，可随时主动进行抢修。救援列车能够在铁路线路上发生列车脱轨、颠覆和线路水害、塌方等事故时，用以排除线路故障物和起复机车和车辆的专用车列。救援列车的高效应用能够减少中断行车时间，恢复铁路安全畅通。此外还有液压破拆机具、液压扶正机具、起复机具等铁路行车救援专用设备，它们的应用能够高效地挽救生命财产的损失，尽快恢复铁路安全畅通。

（3）设备的安全性能

设备的安全性能包括设计安全性和使用安全性两方面。

①设计安全性

设备的设计安全性是指设备的可靠性、可维修性、可操作性以及先进性等。

a. 可靠性是指设备在规定条件下、规定时间内，处于正常工作的能力。设备使用人员应充分了解设备的可靠性，保证及时修理或更换，因为从生产和安全上考虑，都希望可靠性越高越好。

b. 可维修性是指设备易于维修的特性，即设备发生故障后容易排除故障的能力。由于高铁运输需要长期持续运行，故而对设备可维修性的要求较高，尤其希望维修时间越短越好。

c. 可操作性是指机器设计要便于人进行操作。人机系统的界面设计应满足：显示器要具有可识别性，控制器要具有可控性，显示器与控制器应合理布局，人机要恰当分工。

d. 先进性是指尽量采用最新技术成果，采用先进的装备，淘汰落后的设备。

②使用安全性

设备的使用安全性包括设备的运行时间，维护保养情况等。设备运行时间越短或设备的维修保养得越好，其使用的安全性就越好。反之，则相反。

3. 环境因素

环境因素是指因各种系统所处于的自然环境和社会环境的发生异常状态而导致高铁突发事件的发生。环境因素是引发突发事件的间接原因，而且短时间内无法消除的因素。

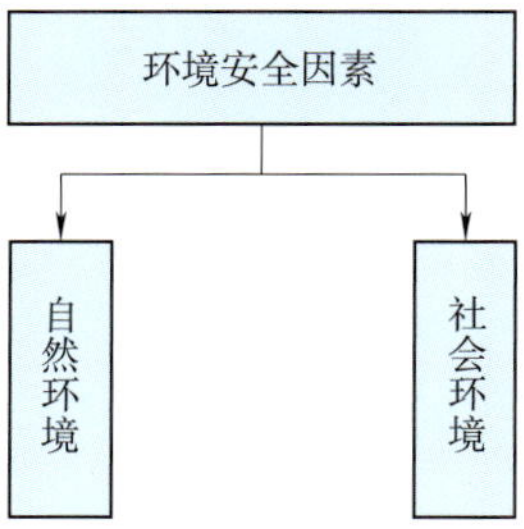

图 3—7　诱发高铁运营突发事件的环境因素

诱发高铁运营突发事件的环境因素如图 3—7 所示。

(1) 自然环境

我国是世界上自然灾害最严重的国家之一，灾害种类多、发生频率高、分布地域广、灾害损失大。高速运行的列车如果遇到这类灾害可能会引发十分严重的后果。因此，要安全、顺畅地保证高速列车的运营，必须重视恶劣气候条件的影响。

高铁安全运营的自然环境影响要素主要包括强风、暴雨、地震、泥石流、雪灾等。

①强风

强风的定义是指风力达蒲福氏风级 6 级～7 级，即 41～62 km/h，相当于 22～33 n mile/h 或 11～17 m/s 的风力。强风可能引起接触网强烈摆动、翻转，此时如果高速列车通过，受电弓和接触网将无法保持应有的几何关系，造成离线放电，甚至刮断接触网和受电弓的支撑机构。此外，作用于高速列车侧面的强风，将影响列车稳定性，尤其是在列车通过曲线时，极易造成列车的倾覆。

②暴雨

暴雨主要由台风、气旋性涡流引起的强降水，往往是引起洪涝塌方、泥石流的直接原因，具有破坏力大、影响面宽的特点。洪涝灾害可能导致路基长时间浸水造成线路流坡、沉降、坍塌、变形和冲毁路基桥涵等事故。

③地震

地震对高速铁路安全运营系统的影响主要体现在其害性大、监测投资高、暂时无法完全预测等方面。铁路地震监测系统的作用是在地震发生后，分析、判断所监测的地震信号是否对列车运行造成危害，并使在相邻区段上运行的列车不再进入地震灾区，达到防止、减轻地震灾害和次生灾害的目的。

④泥石流

泥石流是指在山区或者其他沟谷深壑，地形险峻的地区，因为暴雨、暴雪或其他自然灾害引发的山体滑坡并携带有大量泥沙以及石块的特殊洪流。泥石流具有突然性以及流速快、流量大、物质容量大和破坏力强等特点。泥石流对铁路路基的危害非常大，泥石流一旦发生会不同程度地影响铁路安全，甚至摧毁铁路及其附属建筑物，导致线路中断或运营事故的发生。

⑤雪灾

高寒地带的冬季积雪过高会导致高速列车底架黏附积雪造成车下设备损坏，积雪融化下落时，会威胁到线路两侧地面设备和引起道砟飞溅，从而影响高速铁路的安全运营。因此，雪灾是高寒地区高铁运营中需要重点防范的自然灾害之一。

3

（2）社会环境

高铁运营系统中社会环境的安全要素包括政治环境、经济环境、文化环境、治安环境、管理环境、法律环境以及社会风气、家庭环境等因素，它们都会对高速铁路的安全运营产生不同程度的影响。

高铁运输生产离不开社会这个大环境，能够对其造成直接影响的是高速铁路沿线的治安环境和车站的秩序状况，主要指在铁路及车站发生的爆炸、涉枪、杀人、抢劫、重大盗窃等危害铁路运输安全的重大治安事件和冲击铁路、拦截列车、聚众哄抢铁路运输物资等事件。

因此，大力弘扬民族精神和时代精神，深入开展爱国主义、集体主义、社会主义教育，依法治国，丰富人民精神世界，增强人民思想道德素质和科学文化素质对于保障中国高速铁路的安全运营具有重要意义。

4. 管理因素

高铁的正常运营，除了依靠先进成熟的技术、系统来保障外，还离不开科学安全管理的有力支持。高铁的安全管理应始终贯彻“安全第一、预防为主、综合治理”的理念。高铁运营系统不是孤立地去研究人、机、环境这三个要素，而是要从系统的角度，将它们看成一个相互作用、相互依存的体系。“管理”作为连接三大要素的中枢并渗透到高铁安全运营系统的每一个环节，它是对高速列车运行有关的人员、设备、行车组织等的控制与协调，高铁运营安全管理是高度动态化的管理。

“管理”对保证高速铁路安全运营至关重要，虽然人、机、环境往往是造成事故的直接原因，但追根溯源管理才是根本的、本质上的原因。这是因为人—机—环境三大安全要素都是受“管理”要素支配的，所以保障高铁安全运营的关键是管理。

高铁安全运营系统从本质上讲是一个以“管理”为中枢、“人”为核心、“机”为基础、“环境”为条件组成的总体性的以保障安全运营为目的的人—机—环境—管理系统。“管理”要素渗透到系统的每一个环节，对促进各个要素结合成为一个整体起着中枢性的作用。

高铁安全运营人—机—环境—管理系统，如图 3—8 所示。

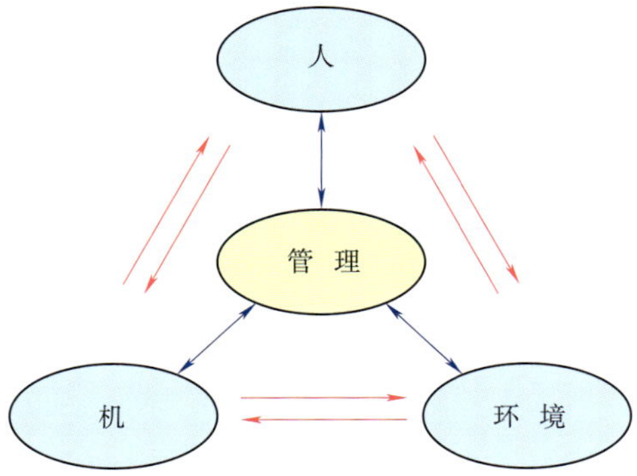

图 3—8　高铁安全运营人—机—环境—管理系统

“人”在系统中始终处于主导地位，要确保“机”和“环境”要素符合“人”的需要，“人”既是“管理”的主体，又是“管理”的对象，具有很强的主观能动性。

“机”是安全生产必不可少的物质基础，品质优良的基础设施和关键设备是高铁安全运营的重要保障，但这一物质基础的实现只有在“管理”要素的作用下，与“人”和“环境”有机结合后，才能成为真正的生产力要素。

“环境”本质上是客观物质世界的一部分，客观物质世界的多样性决定了环境的多样性。从系统学的角度看，“环境”对高铁安全运营系统产生重大影响，包括自然环境（如洪水、暴雨、暴雪、狂风、泥石流、地震等环境）和社会环境（如政治、经济、文化、技术、管理、法律等环境)，它们之中有的以潜移默化的方式影响高铁安全运营，有的则以排山倒海之势破坏高铁安全运营。环境要素对安全的影响无孔不入，但系统可以通过“管理”要素加强对自然灾害、社会环境的监测与预防工作，消除环境要素对高铁安全运营可能带来的负面影响。

“管理”是以安全为目的，进行有关决策、计划、组织和控制方面的活动。控制事故可以说是安全管理工作的核心，而控制事故最好的方式就是实施事故预防，即通过管理和技术手段的结合，消除事故隐患，控制不安全行为，保障劳动者的安全，这也是“预防为主”的本质所在。但根据事件的特性可知，由于受技术水平、经济条件等各方面的限制，有些事件是难以完全避免的。因此，控制事件的第二种手段就是应急措施，即通过抢救、疏散、抑制等手段，在事件发生后控制事件的蔓延，把事件的损失减少到最小，这也就充分体现在应急管理的水平上。因此，建立完备检修制度、制定预防灾害的措施、提高高铁运行的可靠性、完善应急管理体制等均是保障高铁安全运营的重要管理内容。

3.6.4　高铁行车事故致因分析及防范措施

在高铁运营过程中所发生的事故，若按照事故形态对其进行分类，最为典型的事故类型主要包括以下三个类型：列车脱轨事故、列车冲突事故、高速列车火灾事故。

针对上述三种事故类型的发生原因分析，提出相应的事故防范措施，具体如下：

1. 高速列车脱轨事故

（1）致因分析

国内外高铁运行列车脱轨事故的案例很多，究其发生原因可以归纳为以下几个方面：

① 轨道几何尺寸超限。决定列车是否脱轨主要取决于轨道和车轮的相互作用，衡量轨道质量主要为轨距、水平、三角坑、高低、轨向、轨距变化率、曲率变化率、车体纵向加速度、车体横向加速度和车体横向加速度变化率等指标，任何一项指标只要超过了规定的限界值，均有可能出现脱轨。

发生可能性分析：极有可能发生，属大概率事件。

② 动车组走行部破损与断轴。动车组与轨道直接接触是通过车轮来实现的，车轮的质量好坏直接影响着列车的安全运行，动车组走行部破损成为列车脱轨的一个重要因素。

发生可能性分析：有可能发生，属小概率事件。

③ 动车组与线路限界内的障碍物发生碰撞。铁路规章规定，任何建筑物均必须在基本建筑限界以外，但因为工务施工的路料堆放、起道机或液压捣固机、山体落石侵入限界或牲畜在线路上阻道，高速运行的列车在发现障碍后，制动距离不足而与之相撞后，极有可能导致列车脱轨。

发生可能性分析：极有可能发生，属大概率事件。

④ 限速调度命令发布的错发和漏发。高速铁路因为施工或维修存在限速的情况，在对限速区段的管理上一般是通过调度命令来进行控制。工作流程为列车调度员根据请求提前发布限速调度命令，通过列控设备将信息传送到有源应答器上，在动车组经过时，应答器自动将信息传送给动车组列车。但极有可能存在列车调度员在拟发调度命令的时候，错发了限速的区段或晚发了调度命令，造成的直接后果就是动车组以高于线路允许的速度高速运行，线路不能承受运行的高速度，最后造成脱轨。

发生可能性分析：极有可能发生，属大概率事件。

（2）防范措施

针对以上造成列车脱轨事故的原因分析，主要有以下几种防范措施：

① 对高铁线路的检查；

② 对动力转向架三爪万向轴的失衡与断裂监测；

③ 对转向架蛇行失稳监控；

④ 利用防滑装置的安全保护；

⑤ 轴温监测；

⑥ 车轮监测。

2. 列车冲突事故

（1）致因分析

从系统工程角度分析列车冲突事故原因，可以将事故原因归纳为以下几点：

① 动车组制动系统故障。动车组由于制动系统故障，表现为制动能力减弱或消失，可直接导致在需要实施制动时，达不到规定的制动距离或无法制动，导致动车组与前行

列车或调车作业冲突。

发生可能性分析：极有可能发生，属大概率事件。

② 动车组司机人为关闭安全防护模式。动车组对各种行车模式条件下，均设置了安全监控模式，以防止司机因错误操作的情况下，由设备自动启用安全防护模式，但如果动车组司机人为关闭了安全防护模式，列车在冒进等情况下，设备就不能自动进行安全防护，最后可能导致列车冲突。

发生可能性分析：有可能发生，属一般概率事件。

③ 调车作业时，没有确认信号，盲目动车。高速铁路调车作业仍以车站的调车信号为凭证，在调车作业时，如果动车组司机没有认真确认调车信号，盲目动车，就可能越过关闭的调车信号机，挤坏道岔后与相邻线路上的列车发生冲突。

发生可能性分析：极有可能发生，属大概率事件。

④ 列控系统显示错误的行车信号。目前高速铁路主要采用列控系统（CTCS-2 级和 CTCS-3 级）进行控车，司机凭列控系统的允许速度值作为行车凭证进入前方区段，如果列控系统错误的显示了速度值或错误的显示动车信息，动车组司机在实施运行后，极有可能与前方运行或侧面运行的列车发生冲突。

发生可能性分析：有可能发生，属小概率事件。

⑤ 联锁设备与列控之间的故障。联锁设备是保证车站信号、道岔和闭塞的统一协调，在高速铁路的 CTC 区段，联锁与列控设备是息息相关的，如果两者之间的协调机制发生故障，出现道岔位置未达到规定的位置，而列控设备已显示进行信号，动车组开动后将挤坏道岔并可能与临线列车发生冲突。

发生可能性分析：有可能发生，属小概率事件。

⑥ 已发生事故影响邻线行车，而未对临线采取必要的防护措施。在双线区间或车站内，已发生事故并且影响到邻线行车时，如未按规定对邻线进行防护，将造成邻线列车与已发生事故的列车冲突，扩大事故的影响范围。

发生可能性分析：极有可能发生，属一般概率事件。

（2）防范措施

列车冲突的防范措施，主要从确保信号系统的可靠性加以制定、执行，具体措施如下：

① 在司机室内不间断地显示信号系统允许的速度；

② 检查列车实际速度与信号系统允许速度是否吻合；

③ 在超过允许速度情况下实现自动停车。

3．高速列车火灾事故

（1）致因分析

造成高速列车发生火灾的原因有很多，通过广泛研究高速列车火灾事故案例，究其原因可以归纳为以下几个方面：

① 旅客登乘列车前的防火检查不严，导致乘客携带易燃物品。登乘列车前，安检部

门对乘客携带的物品检查不严，遗漏检查导致乘客携带易燃易爆物品乘车。在列车运行途中的特定条件下，如温度、压强等达到一定极限状况，携带的物品引起燃烧或爆炸导致列车的火灾。

发生可能性分析：极有可能发生，属大概率事件。

② 餐车未按规定安全操作。列车在运行途中要为旅客提供用餐服务需设置餐车，餐车是一个可以使用明火的场所，如果不按照安全操作规则进行操作，极易引起火灾事故。

发生可能性分析：有可能发生，属一般概率事件。

③ 动车组电线未按规定采取防护措施。动车组车体在正常的供电时，可能出现电线短路后发生电火花的情况，如果对电线没有一个好的安全防护措施，因电火花造成列车防潮层燃烧，此时火灾极有可能发生。

发生可能性分析：极有可能发生，属大概率事件。

④ 消防设备未按规定配备。在火灾发生后的初期，一定数量并合格的消防设备即可以扑灭初期火灾，但由于消防设备未配备到位，或数量不够或未在保质期限内，均可能造成事故的扩大。

发生可能性分析：有可能发生，属一般概率事件。

⑤ 乘客在运行途中吸烟等引起火灾。个别乘客在列车运行途中不按规定吸烟或使用明火设备，直接就会引起列车上的备品，如椅套、窗帘等燃烧，最后导致列车火灾。

发生可能性分析：极有可能发生，属大概率事件。

⑥ 动车组维护不合格，自身发生火灾爆炸。动车组本身是一个非常复杂的系统，在对动车组的维护上有严格规定，正常情况下是根据动车组的运行里程来做分级别的维护，如果维护工作不到位，可能会因为动车组在高速运行的过程中，因为各种诱导原因，本身发生火灾或爆炸。

发生可能性分析：有可能发生，属小概率事件。

（2）防范措施

对列车发生火灾事故的防范，可以通过以下几个方面措施：

①严格选择防火材料；

②提高结构的抗火性；

③改进结构设计，设法隔断火源，以避免火灾发生；

④设挡火墙、挡火板，防止或减缓火焰的蔓延；

⑤改进门、窗结构设计，为火灾时疏散旅客提供条件；

⑥火灾报警与灭火，火灾发生或第一时间报警，同时组织采取有效的措施，防止火灾蔓延。

3.7　高铁应急管理体系结构模型

近年来，国内外高铁各类突发事件多次发生，高铁应急管理引起了广泛的关注，应急管理的目的是增强应对与防范高铁突发事件的能力。换一个角度来看，高铁突发事件的频繁发生也促进了高铁应急管理的发展，高铁应急管理是指在高铁突发事件发生的情况下，为使突发事件的危害降低到最小，且使其决策最终优化，在对突发事件的原因、过程及后果进行综合分析的基础上，有效地使社会各方面有关资源得到合理配置，对突发事件进行合理有效地控制和处理的过程。下面我们在分析高铁应急管理体系构成要素的基础上，对高铁突发事件应急管理体系结构模型进行详细分析。

3.7.1 高铁应急管理体系构成要素

高铁应急管理体系是一个多层次、多部门、多功能，且动态变化的复杂系统。完成这样一个体系结构模型的构建，主要具体步骤包括：

（1）分析高铁应急管理各个阶段过程中的要素。

（2）分析诸多要素之间的联系，确定管理体系的基本结构模型。

突发事件一般遵循：原因（事件潜伏期）→情况（事件发生的过程）→损害（事件发生结果）这一过程，突发事件应急管理就是在突发事件的发生前、发生后、消亡后的整个时期内，用科学的方法对其加以干预和控制，使其造成的损失达到最小，针对此过程，高铁应急管理过程应该包括预防预警、准备、响应、恢复四个阶段，每个阶段都包含诸多要素。

考虑到高铁突发事件应急管理过程中预防和准备工作的重叠性，因此为了突显突发事件应急管理寿命周期的发生前、发生后、消亡后的全过程，系统要素集分析后，得到高铁应急管理体系要素如图 3－9 所示。

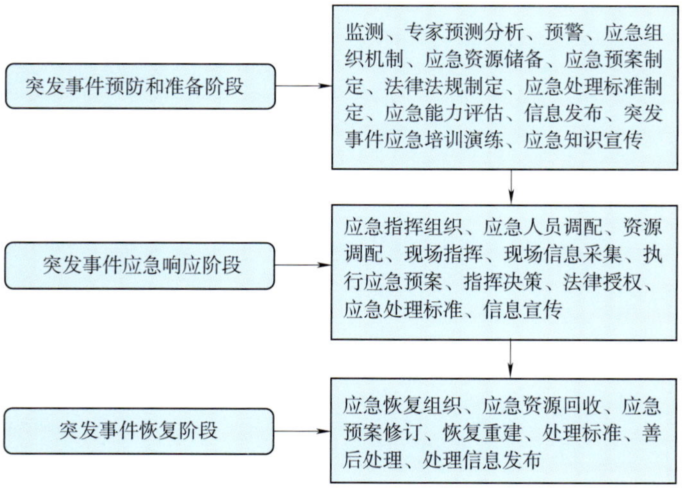

图 3－9 高铁应急管理体系构成要素

3.7.2 高铁应急管理体系结构模型

1．系统结构模型的建立

基于系统工程的思想对高铁应急管理体系构成要素图作进一步分析，主要包括系统相关性分析、系统阶层性分析和系统整体性分析，最终找出高铁应急管理体系的重要要素集，包括组织结构、运行机制、监测预警、应急准备、应急指挥响应、应急恢复、资源系统、预案系统、法律法规、培训演练、辅助决策支持和宣传。

对以上各个要素的内涵进行分析可得，组织结构、运行机制是应急管理体系的基础，监测预警、应急准备、应急指挥响应、应急恢复是应急管理的各个过程，而资源系统、预案系统、法律法规、培训演练等贯穿于应急管理的各个过程当中，由此建立高铁应急管理体系结构模型，如图 3—10 所示。

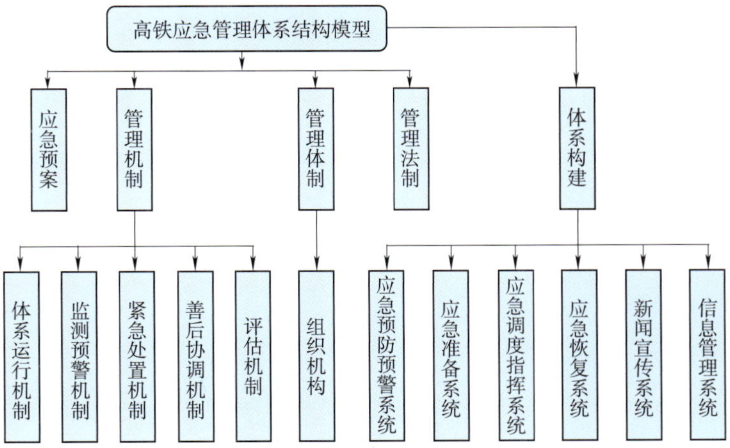

图 3—10　高铁应急管理体系结构模型

2. 高铁应急组织机制

高铁应急管理组织系统的设立首先要保证应急信息的高效率运转，在纵向上，要尽量减少信息流传递的层次以防止信息的丢失或失真；在横向上，要实现不同部门之间的信息共享。

应急管理组织系统的设立需要遵循以下原则：

（1）完整性。

（2）层次性。

（3）快速性。

（4）经济性。

（5）可行性。

3. 高铁应急管理机制

应急管理机制应由体系运行机制、监测预警机制、紧急处置机制、善后协调机制和评估机制五大部分构成，如图 3—11 所示。

4. 高铁应急管理子系统

应急管理体系可以分为应急预防预警、应急准备、应急调度指挥、应急恢复、新闻宣传系统、信息管理系统等子系统。

（1）应急预防预警系统

应急预防预警系统主要负责针对突发事件的危险源监测、风险预测和预警等，如图 3—12所示。

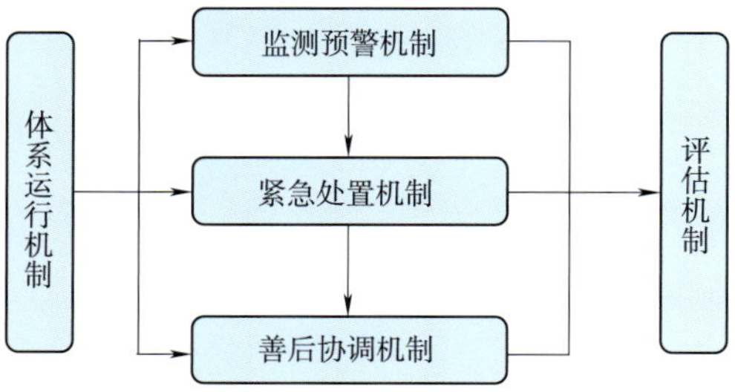

图 3—11　高铁应急管理机制

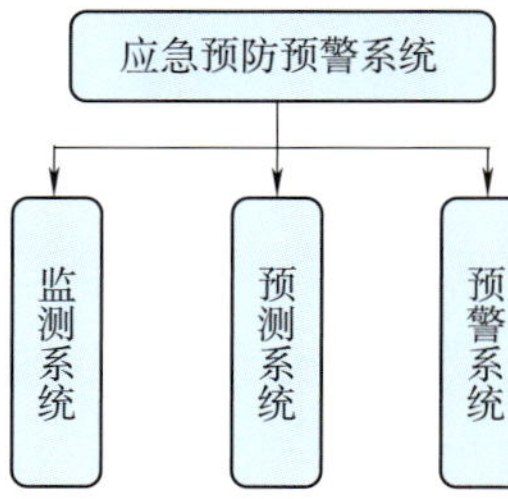

图 3—12　应急预防预警系统

（2）应急准备系统

应急准备系统主要负责应急资源的储备与管理、应急预案的制定和修正、法律法规的制定、应急能力评估以及针对可能发生的突发事件进行应急培训和演习等，如图 3—13 所示。

（3）应急调度指挥系统

应急调度指挥系统为保证现场应急救援工作的高效和快速，须对突发事件现场的所有应急救援工作实施统一的指挥和管理，即建立突发事件指挥系统，形成清晰的指挥链，以便及时地获取事故信息、分析和评估势态，确定救援的优先目标，决定如何实施快速、有效的救援行动和保护生命的安全措施，指挥和协调各方应急力量的行动，高效地利用可获取的资源，确保应急决策的正确性和应急行动的整体性和有效性。

应急调度指挥系统主要负责突发事件评估、应急资源调度、应急预案管理、决策分析和应急救援指挥等，如图 3—14 所示。

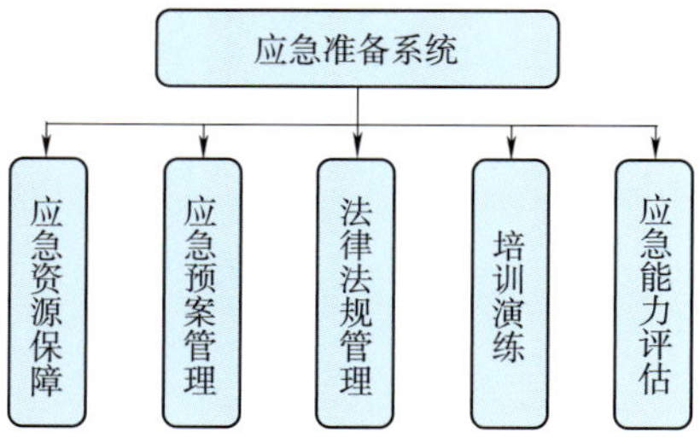

图 3—13　应急准备系统

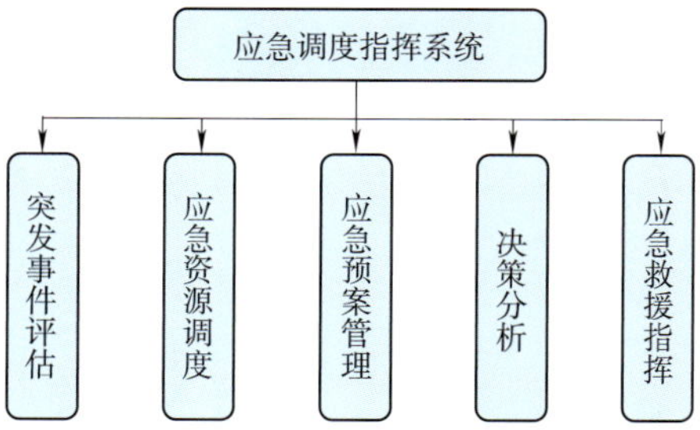

图 3—14　应急调度指挥系统

（4）应急恢复系统

高铁突发事件过去后，高铁运营管理部门需要重建或修缮突发事件破坏的设施，查明事件的原因，吸取教训，最大限度杜绝或减少此类事件的再次发生。

应急恢复系统主要负责恢复重建、事件调查、应急资源管理和预案信息反馈等，如图 3—15 所示。

（5）新闻宣传系统

突发事件新闻宣传系统主要负责高铁突发事件发生后的信息发布、媒体沟通、引导公众舆论，保持公众理性的应急措施。

突发事件新闻宣传系统要本着“快速反应，同步发展、口径一致、统一调度”的精神，在具体处理过程中要贯彻第一时间原则、滚动发布原则、真实性原则、口径一致原则及以我为主的处理原则。做到及时发布信息、跟踪事态发展、真实反映情况、主动沟通媒体、统一对外口径、主导公众舆论。

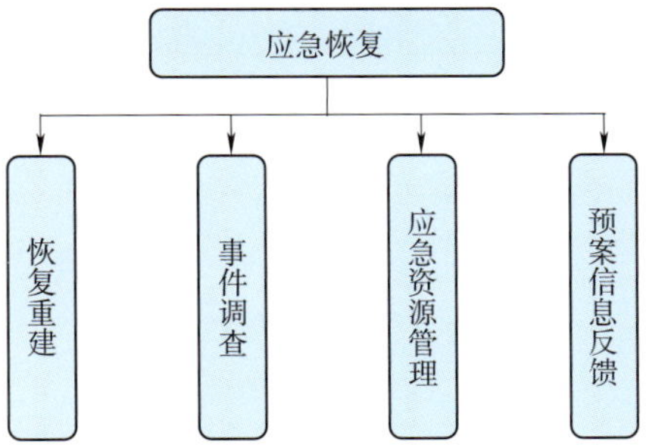

图 3—15　应急恢复系统

（6）信息管理系统

信息管理系统主要负责应急相关信息资源整合，即将某一范围内的原本离散的、多元的、异构的、分布的信息资源通过逻辑的或物理的方式组织为一个整体，使之有利于管理、利用和服务。

该系统是整个体系运转的桥梁纽带，是整个高铁突发事件应急管理体系的信息交流平台，它通过多方位、多角度、运用多种手段采集、管理和发布应急信息，对突发事件发生前的各个环节和节点进行全天候监视，对突发事件发生后的应急救援过程实施监视，同时收集、发布应急信息，并保证应急信息在应急管理体系内部安全、畅通地传递，从而提高铁路运输部门应对高铁突发事件的反应速度，加强应急管理体系的整体性和联动性。

第4章 高铁应急管理体系与运作模式

本章立足2013年实行铁路政企分开改革现状，分析了铁路总公司层面加强应急管理的意义以及当前存在问题。分析了我国高铁应急管理体系的目标和原则，从应急预防、准备、响应和恢复角度论述了我国高铁应急管理阶段运作模式，从应急预案、应急体制、应急机制和应急法制角度论述了我国高铁应急管理体系运作模式，并对高铁应急管理体系与阶段联合运作模式进行了探讨。

4.1 铁路政企分开改革现状

近些年，我国铁路实现了快速发展，保障了国民经济平稳运行和人民生产生活需要，但也存在政企不分、与其他交通运输方式衔接不畅等问题。为推动铁路建设和运营健康可持续发展，保障铁路运营秩序和安全，充分发挥各种交通运输方式的整体优势和组合效率，有必要实行铁路政企分开，加快推进综合交通运输体系建设。

2013年3月，根据国务院机构改革和职能转变方案，铁路政企分开迈出了重要的一步。2013年3月14日，《国务院关于组建中国铁路总公司有关问题的批复》（国函〔2013〕47号）正式批准组建中国铁路总公司。方案提出，将铁道部拟订铁路发展规划和政策的行政职责划入交通运输部。交通运输部统筹规划铁路、公路、水路、民航发展，加快推进综合交通运输体系建设。组建国家铁路局（副部级），由交通运输部管理，承担铁道部的其他行政职责，负责拟订铁路技术标准，监督管理铁路安全生产、运输服务质量和铁路工程质量等。组建中国铁路总公司（正部级），承担铁道部的企业职责，负责铁路运输统一调度指挥，经营铁路客货运输业务，承担专运、特运任务，负责铁路建设，承担铁路安全生产主体责任等。同时，不再保留铁道部。此次铁路政企分开政策示意图如图4—1所示。

考虑到铁路仍处于建设发展重要时期，同时承担很多公益性任务，方案提出，国家继续支持铁路建设发展，加快推进铁路投融资体制改革和运价改革，建立健全规范的公益性线路和运输补贴机制。同时，继续深化铁路企业改革，建立现代企业制度。

改革后，铁路总公司统一调度指挥铁路运输，实行全路集中统一管理，确保铁路运营秩序和安全生产，确保重要运输任务完成，不断提高管理水平，为人民群众提供安全、便捷、优质服务。

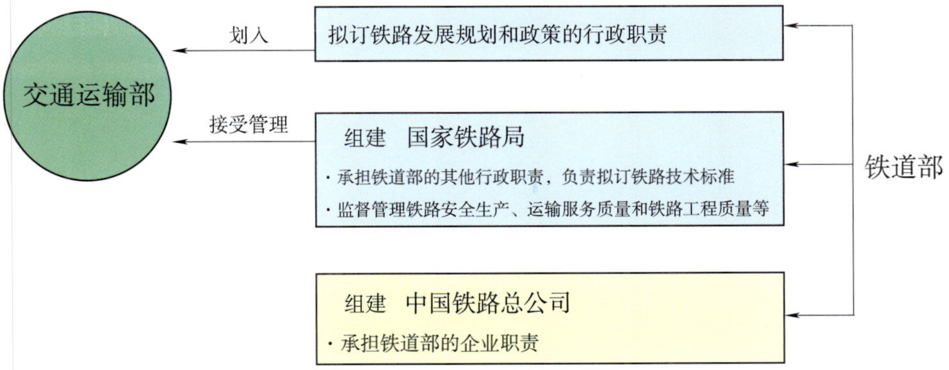

图 4—1　铁道部改革示意图

4.2　应急管理在铁路总公司管理中的重要性

4.2.1　企业层面加强应急管理的意义

在经济全球化的大潮中，所有企业都处在风云莫测的环境中，对铁路总公司来说，是挑战与机遇同在，发展与危机共存。因此正确认识企业应急管理的作用对于我们科学的创建企业应急管理机制，实现企业的健康持续发展具有重要的现实意义。

1. 推动企业管理机制的改进和完善

作为企业管理的重要组成部分，企业应急管理机制的完善程度也直接影响到企业管理机制的完善程度。在企业应急管理中的一系列举措：从危机预警、危机处理，到危机解决，到恢复生产等都离不开对企业各个层面各个部门的分析、诊断和状况评估。所以加强应急管理促进了企业管理机制的完善和发展。

2. 提高快速应变能力

正是在危机如影随形的形式下，应急管理机制健全的企业管理者才会自觉的反思警醒，最大可能的提高应变能力，铁路从业人员才会明白，未来的竞争，不仅比质量、比价格、比服务，还要比速度、比反应、比效率。在运输市场竞争中，商机稍纵即逝，抢先一步就是胜利，落后半步就可能失败。有良好的企业应急管理机制，就能及时处理不可预期的危机事件。

3. 提升企业的竞争力

应急管理是企业学习和培养新的竞争力的有效途径，管理危机的能力可以作为一种战略资源来看待，应急管理不仅仅是维持原来的状态，而且强调企业要整合组织行为与关注环境的建设和破坏效应。

4. 促进科技创新和经济效益的提高

科技创新是企业保持旺盛生命力的动力，是企业保持自己核心竞争力的重要手段，也是抵御危机的主动出击方式。企业应急管理离不开科技创新，而企业科技创新的最终目标都体现在企业经济效益是否提高，自我发展能力是否增强等方面。

在市场竞争中，应急管理机制完善的企业必然会发扬开拓创新精神，规避危机风险，最终促使企业经营效益的稳步提高。

5. 有利于企业形象的建立和维护

企业应急管理具有提升企业形象的重要作用，这一点已为大量的应急管理实践所证实。

企业危机本身就包含着机遇，对于应急管理机制健全的企业而言，从危机爆发前的合理规避，到危机发生中的有力控制，从危机解决时的果断坚决，到危机恢复期的奋发拼搏，每一个步骤都是极佳的宣传自身形象的机会，而且其效果也远远强于花费巨额资金在各种媒体上发布的广告。

对于铁路总公司这样的央企而言，一旦发生危机，由于公众会一直关注深层次报道，媒体也会一直在寻找各种公众关注的“兴奋点”应急管理的作用也就更加明显。此时此刻，只要事先具备了良好的应急管理意识、健全的危机预测和预警系统、应对危机时所必需的应急方案和充分的资源准备，面对危机临危不乱，积极采取有效措施，将危害降到了最低点，并能迅速消除危机带来的负面影响，尽快恢复企业正常运输生产，那么，企业在媒体和公众中的形象，还会不降反升，从而提升企业的影响。

4.2.2 企业应急管理存在问题的归纳

以上所述，我们可以看到应急管理在企业发展中起着至关重要的作用，而许多企业却在应急管理中出现了诸多问题，归纳为如下几点。

1. 应急管理意识淡薄

据有关调查显示，有72.7%的被访者属于低等危机识别能力者，9.4%属于中等危机识别能力者，仅有18%属于较高危机识别能力者。由此可见，我国公民普遍应急管理意识淡薄，面对危机的“预、防、控”经验有待加强培训。调查还表明，我国企业普遍具有缺乏应急管理意识的“通病”，主要表现在：行动上对危机信息的重视程度不够，没有深入把握危机信息的特征，对危机信息管理过程了解不详细。一旦危机爆发，很多企业不能及时的做出反应，而是采取回避，甚至于“掩盖”的态度。这其中也有监管、考评机制不健全的因素。

2. 危机预警和防范体系不完善

“凡事预则立，不预则废”，企业要想有较强的“免疫力”就必须加强突发事件的预防。要从根本上避免危机的发生，预防是关键。正如英国著名的应急管理学家迈克尔·里杰斯特说的：“预防是解决危机的最好的方法”。

然而，目前国内许多企业将危机作为一个例外事件来对待，这就导致企业在制度设置上，没能将危机作为一个必然的因素给予考虑，以致于企业往往在危机爆发时无法及时的做出反应并进行有效的控制，显示出预防体系的“空白”，丧失了许多有效预防危机的时机。

3. 缺乏专门的应急信息管理人才

企业应对危机，需要应急信息是不言而喻的，而信息管理离不开人，人和组织是应急信息管理中的第一位因素。

当前，我国的应急信息管理尚处于起步阶段，应急管理过程中缺乏专门的信息管理人员特别是类似国外企业的首席信息官（CIO）和首席危机执行官（CRO）这样的人才。普遍存在信息人员不懂管理，管理人员不懂技术，没有形成一个结构优化、高效能干的应急管理团队，管理人员的信息管理理念不深入，信息方法匮乏，信息管理手段不够成熟、信息管理水平不高。

4. 社会责任感不强，公关处理僵化

责任是处理危机的第一要义。很多危机在开始的时候并不严重，但由于企业对待公关危机的态度和处理事情的方法使得危机越陷越深。

国内很多企业面对危机时要么高高在上，“你能把我怎么样”般盛气凌人；要么态度低调，以“无可奉告”敷衍了事，企图蒙混过关；要么被动接受，甚至内部还会出现“倒戈”或者“不同的声音”传递给媒体。结果媒体越是得不到正确的答复越是觉得神秘，越是要刨根问底，企业危机越搞越大。所有的声音都倒向不利于企业的一面，甚至引发政府出面协调，最终使得企业付出惨重的代价，而所有的问题无不反映了企业对公众知情权和企业社会责任的轻视，更反映了在公关危机处理上的僵化。

4.2.3 加强企业公关

众所周知，公关关系在企业应急管理中扮演着举足轻重的角色，它决定这一个企业的价值取向、企业文化、管理模式以及外联能力。所以在处理企业应急管理问题中，加强公关是一项非常重要的举措。

1. 企业应树立和培养科学的公关意识

公关意识又叫公关观念，是一种影响和制约组织行为及价值取向的管理观念，是一种规范组织的行为准则。只有具备了科学的公关意识，才能运用公关艺术做好公共关系工作。具体如下：

（1）树立良好形象的公共关系意识

美国华盛顿一家市场调查机构做了一次调查，结果是这样的：在来企业办事的人受到非礼待遇中，96%的人不直接抱怨，但有91%的人不会再到这个企业来，而且受到非礼待遇的人平均要向他周围9个人讲述，其中13%的人要向他周围20个人讲述。塑造良好的形象的意识是公关意识的核心。随着新技术革命的推进，现代企业所关心的正由有形资产向无形资产转移。

（2）公众至上的公共关系意识

现代公关之父艾维·李在著名的《原则宣言》中明确提出了公众的重要性，现代公关的发展史也是一部重视公众、尊重公众的发展史。

“7·23”事故反映了目前事故救援中，铁路新闻宣传部门对外信息发布不及时，对有关社会关切回应不够主动等问题，引起社会质疑，造成了广泛的负面影响。特别是“7·23”事故被媒体曝光后，对于媒体网络广泛传播的原铁道部发言人的一些不恰当言论，在社会上产生了较严重的负面影响。

而相对于“7·23”事故，我们看一下另外一个案例在危机公关方面的可取之处。2006年“苏丹红”事件的肯德基主动向媒体发表声明“……但是非常遗憾，昨天在肯德基新奥尔良烤翅和烤鸡腿堡等调料还是发现了苏丹红一号成分。”这份声明主动诚恳，把公众利益放在首位，迅速在各大报纸的头版头条，甚至是社论上出现，在该事件危机公关方面，肯德基始终以公众至上的原则处理事件，在第一时间赢得了公众的支持。

(3) 积极传播的公共关系意识

现代社会的信息工具高度发达，市场竞争激烈，具有积极传播的公关意识已是决定一个企业发展的关键。一方面，要在企业内部做好上下级信息的传播，并提出合理化建议；另一方面，要积极做好上情下达的工作，及时传播企业的目标和管理方针，传达领导者的意见和决定等，使上下级之间团结协作，为企业发展共同努力。企业运行过程是宣传、传播企业的过程，一方面要将企业的真实情况坦诚、准确、及时地传播给公众；另一方面要通过各种渠道搜集外部公众对企业的信息提供给相关部门，为其调整决策，改善形象提供依据。

(4) 文明竞争的公共关系意识

文明竞争是在竞争中善于挖掘自身潜力，发展自身的优势，以达到良性发展的境界。文明竞争不是相互拆台，不是想方设法压倒别人，而是通过正当竞争、良性竞争达到双赢。作为现代企业应具备这种文明竞争的意识，注重企业利益与自身利益的平衡协调，抓住双方利益的共同点建立平等互利的友好关系。

2. 企业加强公关的主要措施

(1) 组织专题公共关系活动

公关活动的主要任务是扩大组织的影响，提高组织的知名度，提高公众对组织的认知程度，增加组织的吸引力，实施双向的信息交流，有效地进行组织与公关对象之间的信息沟通。因此在企业推出新产品、新的服务项目、新的经营方式时，企业要及时利用各种形式的公关活动进行宣传和介绍，消除公众的观望心理。企业在发展顺利时，公关活动要宣传已取得的成绩，进一步扩大影响，强化组织在公众心目中的良好形象。

企业应该适时地组织各种活动，宣传企业形象：

①适时制造新闻，扩大影响；

②召开新闻发布会（记者招待会）；

③进行社会公益服务，承担社会责任；

④做好公关广告宣传。视企业情况利用各种媒体进行公关宣传，彰显企业对公众的关爱。

(2) 采集信息，做好调研

企业应及时采集与组织发展密切相关的各种信息，及时将信息和对信息的剖析反馈给企业的决策部门，提供决策咨询和建议。

具体来说应采集以下信息：

①政府决策信息。政府的方针政策直接关系到企业的发展和经营方针。

②法律法令信息。应熟悉法律条文，以便规范企业的经营活动，帮助企业取得合法权益，减少不必要的损失。

③新闻报道中与本企业有关的信息。以便及时将企业的新情况、新信息、新动向通过新闻媒体传播出去，引起公众的注意。

④公众信息。要赢得公众的信任和支持，必须要了解公众的需要和要求，了解他们的分布情况，了解他们对服务和产品的意见等。

⑤竞争对手的信息。了解竞争对手的人员配备、技术力量、管理方式、产品质量等信息。

（3）做好企业内部和外部公关工作，加强企业员工的公共关系素质的教育和培训

现代企业是一个开放的系统，其各要素与社会环境之间的协作是非常重要的。

企业内部公共关系是企业公共关系的重要组成部分，其状态如何，直接关系企业公共关系目标的实现和企业良好形象的塑造，是企业公共关系的基础，也是实现企业良好外部公共关系的前提和保证。

企业外部公共关系是企业与其外部公众之间通过有效信息沟通，达到相互理解与支持的一种活动，是树立企业良好形象的重要活动。企业外部公共关系的重要工作内容在于同企业外部公众建立经常性联系，并加强双向信息交流。

因此企业应做好以下工作：

①要增强内部公众的认知，重视企业给外部公众的第一印象，树立公众利益第一的观念。

②要快速、准确地搜集来自外部公众的信息。另一方面，应及时、准确、有效地将企业有关信息传达至相关公众。

③要协调好企业外部关系，处理好与政府、媒体与消费者的关系。企业应运用协调、沟通的手段，为企业发展关系，广交朋友，为企业的生存发展创造和谐的环境。

④建立与专业公关公司的良好合作关系，充分利用其科学的教育和培训为企业发展建设一支高素质的公关队伍。

（4）做好企业的危机公关

危机公关是企业在处理危机时所采取的一切手段和谋略，以恢复公众信任，重塑企业形象。美国学者森豪尔特对危机给出的解释是对一个社会系统的基本价值和行为准则架构产生严重威胁并且在时间压力和不确定性极高的情况下，必须对其做出关键决策的事件。

危机无时无处不在，企业危机公关应注意以下几点：

①应积极主动、迅速反应，以负责任的态度应对公众和媒体；

②应编制危机处理手册，为处理危机提供科学指导；

③处理危机并着手进行恢复管理，消除不良影响。

在处理危机时，作为企业的代言人，应真诚公开地面对公众和媒体，不得编造、歪

曲或掩盖事实。在任何时候，真实诚恳地对待公众，使自己在任何时候都会受到公众的支持和理解。

4.3 我国高铁应急管理体系目标与原则

4.3.1 我国高铁应急管理体系目标

高铁应急管理是为了应对高铁突发事件而进行的一系列有计划、有组织的管理活动，其涉及内容十分丰富。应急管理作为保障高速铁路运输系统正常运行的重要支撑体系之一，在高铁的安全运营方面起到了极为重要的作用，建立一个高效的高铁应急管理体系是十分必需的。

构建我国高铁突发事件应急管理体系的总目标是形成统一指挥、科学合理，结构完整、功能齐全，反应灵敏、运转高效，资源共享、保障有力的管理体系，保障铁路运输组织工作的畅通，提高铁路各部门在非正常情况下的应急反应能力和应急处置水平，防止次生、衍生事故的发生，确保旅客生命财产安全，尽量减少恶劣天气对铁路运输的影响，努力使灾害造成的损失减小到最低程度，尽快恢复高铁运输正常秩序，逐步形成集预防预警、应急准备、应急响应、应急恢复于一体的高铁突发事件应急管理体系。

从不同的角度分析，高铁应急管理内容的分类也不同，具体如下：

（1）按突发事件的性质角度划分，高铁应急管理是对自然灾害事件、运营技术事件、公共卫生事件和社会安全事件的应急处置管理。

（2）从突发事件管理过程角度划分，高铁应急管理分为预防、准备、响应和恢复四个阶段的管理。

（3）从管理主体角度划分，高铁应急管理分为铁路总公司、铁路局和站段三个不同管理层次的管理。

（4）从管理体系构成角度划分，高铁应急管理主要是对体制、机制、法制和应急预案的管理。

4.3.2 我国高铁应急管理的基本原则

引发高铁突发事件的原因很多，不同原因引发的突发事件应对的措施也不尽相同，其共性就是应对突发事件的基本原则。基本原则反映了人们对突发事件规律性的认识，是共同的行为准则和要求。

1. 以人为本的原则

无论发生任何一种突发事件，都会直接或间接的影响旅客的利益，甚至威胁到旅客的生命财产安全。因此，保障旅客利益最大限度地不受侵害，是铁路部门应对高铁突发事件的第一责任。这不仅体现了我们党全心全意为人民服务的宗旨，也体现了铁路部门“人民铁路为人民”的宗旨。以人为本，把旅客的利益放在第一位，尽一切努力保护旅客的生命财产安全，是全体铁路职工的意愿。

坚持以人为本的原则，就要重视高铁突发事件应急管理工作，把应急管理工作放在重要位置，并作为管理工作必不可少的组成部分。坚持以人为本的原则，就是把保证旅客生命财产的安全，作为检验铁路局应急管理工作的标准。坚持以人为本的原则，不仅要保护好旅客的生命财产安全，也要珍惜职工的生命财产安全。在处置高铁突发事件的过程中，要最大限度地保护好参与处理突发事件的铁路职工和相关人员的生命安全。

2. 预防为主的原则

提高防范意识，树立“安全第一”的思想，加强基础工作，对可能引发突发事件的因素要及时进行分析和预警，坚持预防和应急处置相结合、常态与非常态相结合，落实各项预防措施，切实做到准备在先，防患未然。把突发事件扼杀在摇篮之中，是保证旅客利益的最好办法。在实际运营中即使不可避免地发生了突发事件，只要做好预防准备工作，就能最大限度地防止和减少事件造成的损失和影响。

突发事件应急管理的四个阶段：事先预防、事前准备、事发处置和事后恢复。通常后三个阶段更容易引起人们的重视，因为此时已经造成了现实的损失。其实，预防更应该受到重视。预防工作做好，就能有效地避免突发事件的发生，进而避免旅客和铁路部门的生命和财产损失。

为此，健全高铁安全管理机制，完善监测、预测、预警和预控，加强专业救援队伍建设，完善救灾物资储备，搞好员工培训和预案演练，全面提高铁路的抗风险能力。

3. 快速响应的原则

某些突发事件一旦发生，来势凶猛，冲击力、破坏力极强。如果处理不及时，后果难以预料。在突发事件初始阶段，如果能够及时、准确地采取应急措施，往往能取得事半功倍的效果，有效控制局势。

4. 统一指挥的原则

高铁突发事件具有突发性、不确定性、衍生性等特点，影响范围大、造成危害重，防范处置工作往往涉及多地区、多部门。应对高铁突发事件。关键是要实行统一指挥、分级负责。我国的分级负责是在国务院统一领导下，铁路总公司和国务院有关部门、事发地人民政府按照各自职责、分工、权限和相关预案的规定，共同做好高铁突发事件的应急救援处置工作。

5. 损失最小化的原则

高铁突发事件一旦发生，其带来的损失就不可避免。但可以做到的是，采取有效措施控制突发事件，以降低损失程度。减少损失的关键两点：一是控制事件升级，防止事态扩大，造成更大的人员伤亡和财产损失；二是确定抢救优先顺序。一般来说，高铁发生突发事件，必须把抢救旅客生命安全放在首位。除此之外，应该根据现场情况和救援人员的实际能力，确定优先顺序，组织救援。

6. 协调应对的原则

高铁突发事件一旦出现人员伤亡，所涉及的救援部门很多，如卫生、交通、消防、通信、公安等。因此，处理高铁突发事件必须做好协调工作，统筹部署，考虑周全，协同配合。

7. 尽快恢复线路畅通的原则

突发事件对高铁运输生产的直接影响就是中断高速铁路运输。高速铁路运输生产是在路网上进行的，一个点发生中断，就会影响到运输网络。在受到突发事件的影响，导致高速铁路运输被迫中断的情况下，必须尽快恢复线路畅通，任何不必要的延误，带来的损失都是巨大的。

8. 公开处置的原则

高铁突发事件往往关系群众的切身利益，受社会高度关注。要坚持公开处置，对突发事件及其应对、处置情况做出及时、全面、准确、客观的报道，以利于公众及时了解情况，引导公众舆论，赢得社会各界的广泛理解和支持，从而促进突发事件的妥善处置。

4.4 我国高铁应急管理阶段运作模式

高铁应急管理是指针对高铁突发事件，通过信息采集、信息传输、信息处理、管理与控制决策等现代技术与方法，高铁相关部门建立一定的管理体制和机制，采取一系列应对措施，对突发事件的全过程（事前预防、事发应对、事中处置和善后处理）进行计划、组织、指挥、协调和控制等管理活动，其根本目的在于保障人民生命财产安全、促进高铁和谐快速发展。

4.4.1 高铁应急管理的“四阶段”模型

尽管高铁应急管理内容划分方式不同，但从本质上都是对高铁突发事件全过程的管理。根据事情发生的逻辑关系和阶段的划分，高铁应急管理全生命周期过程的预防、准备、响应和恢复四个阶段又被称为应急管理的“四阶段”模型。

1. 事先预防

预防是指在突发事件发生之前，为了消除突发事件出现的机会或者为了减轻突发事件的损害所做的各种预防性工作，通过各种减缓性措施减轻其危害。

预防的核心是减少复发性灾难的损失。这个阶段尤其要注意风险评估工作，尽可能预测到在哪些地方会出现风险，并采取相应的预防措施以减少风险。从应对突发事件的主动性来看，这个阶段称为“减缓”更加准确。

2. 事前准备

对突发事件的应急准备是指针对特定的或者潜在的突发事件所做的各种应对准备工作。应急准备是连续不断的过程，且需要丰富的专业知识，目的是在紧急状况下能采取合适的行动，充足的准备可以降低紧急状况时的未知因素带来的危害。

应急准备包括进行预案的制定及修正、应急资源保障、应急培训及演练等。如果没有充分有效的预防和准备工作，应急响应不会达到预期的效果。

3. 事发响应或处置

应急响应是指在突发事件发生发展过程中所进行的各种紧急处置和救援工作。这是应对突发事件的关键阶段、实战阶段。

铁路应急响应标准通常按照事件的伤亡人数、事件造成的经济损失、行车中断时间及其他条件判断。应急响应行动是指具体的响应过程，一般包括：识别并控制突发事件、分级响应、信息报送、指挥和协调、紧急处置、新闻发布和总结评估。

4. 事后恢复

事后恢复是指在突发事件得到有效控制之后，为了恢复正常的状态和秩序所进行的各种善后工作，包括对原有一些状态的恢复，对事件原因的调查，对应急资源的回收等。

恢复阶段的主要措施是尽快恢复正常的社会生产秩序，进行灾害和管理评估等善后工作。

4.4.2　高铁应急管理全生命周期流程

1. 识别并控制突发事件

当高铁突发事件发生后，突发事件的处理者、相关人员应在事故发生的第一时间准确识别事件。识别突发事件的直接目的是为了确定事件的性质和等级，并以此为基础而采取有效的控制措施。如果能准确识别突发事件的性质及级别，就能够及时地采取有效措施加以控制。否则，此突发事件引发彼突发事件，产生连锁反应最终导致高铁重大行车事故。

当高铁发生重大行车事故，最要紧的是控制事件，切断事件与外界的联系，阻止事态的蔓延，以免造成更大的损失。此时突发事件的控制包括对人员的隔离和对事故现场的隔离。对人员的隔离是指疏散旅客、救助伤员，防止人员伤亡人数的增加。对现场的隔离是指不允许非工作人员进入，尽可能的减少事故的影响。

2. 分级响应

铁路突发事件发生时，根据事件的严重程度和影响范围，应急响应原则上分为Ⅰ、Ⅱ、Ⅲ、Ⅳ级。根据应急响应的条件及时启动相应级别的预案，并开展相应等级的响应行动。

3. 信息报送

明确突发事件发生后，按照预案规定进行信息报送，将突发事件相关信息报送应急管理和救援部门。信息报送的内容包括事件的类型、事件位置和事件的级别，并对事态发展趋势做出判断。

4. 指挥和协调

高铁突发事件应急指挥小组根据事件情况，提出现场应急行动原则和方案，必要时调集相邻铁路运输企业的救援队伍，要求有关部门派出专业救援人员。现场救援指挥部根据应急指挥小组的授权，统一指挥突发事件现场救援。各应急救援力量按照批准的方案，相互配合，密切协作，共同实施救援和紧急处置行动。

5. 紧急处置

高铁突发事件发生后，当地铁路局和工作人员应立即组织开展自救、互救，并迅速上报突发事件信息。各级应急救援指挥机构分别按权限组织处置。根据突发事件具体情况和实际需要调动应急队伍，集结专用设备、器械和药品等救援物资，落实处置措施。公安、武警对现场施行保护、警戒和协助抢救。应急指挥小组根据现场情况，负责紧急调集铁路内部力量、专用设备和物资，参与应急处置。

6. 应急恢复

当高铁突发事件发生现场对人员、财产、公共安全的危害性消除，伤亡人员和旅客、群众已得到医疗救护和安置，应及时恢复高铁线路正常的通行。恢复工作包括现场恢复、解除警戒、善后处理和事故调查。列车恢复正常运行后，经现场救援指挥部批准，现场应急救援工作结束。应急救援队伍有序开展撤离，按照"谁启动、谁结束"的原则，宣布应急结束。

7. 新闻发布

在应急结束后，铁路部门要及时发布准确、权威的突发事件及应急救援的相关信息。坚持"实事求是、把握适度、及时全面"的原则，明确发布内容。发布内容包括突发事件事态发展的信息和应急处置工作的信息。

8. 总结

突发事件应急结束后，相关部门按照有关规定和程序，组织对事故的性质、原因、责任和处置进行调查、总结，并提出防范和改进措施，形成书面报告，由应急领导小组办公室汇总后报上级部门。

高铁应急管理全生命周期流程，如图 4—2 所示。

4.5 我国高铁应急管理体系运作模式

应急预案、应急体制、应急机制和应急法制简称为"一案三制"，是国内应急管理工作的主要运作模式之一。

4.5.1 高铁应急预案

高铁应急预案是指为确保高铁行车安全和运输畅通，有效预防和控制各类突发事件而预先制定的各类处置方案和具体安排。高铁应急预案的内容是为了减轻高铁突发事件对运输秩序的影响和对运输设备造成的损害，提高事件发生后处置能力，有效恢复正常运输秩序而规定了处置各类突发事件的工作原则、组织体系、现场指挥部门的职责、应急响应行动、应急处置和救援流程以及各类应急保障制度。

高速铁路是一个复杂的系统，我国目前已初步建立起高铁突发事件应急预案体系，形成了铁路总公司、铁路局、站段三级应急预案管理体系。铁路总公司负责制定战略方面的危机预案，内容涉及应急管理过程中的内外环境因素，内环境因素主要是多个铁路局、不同站段之间的协调互动，外环境因素主要是不同地域和省份，电力、能源、公安等不同行业。铁路局应急预案充分考虑了铁路局的实际情况，根据本局安全管理、突发

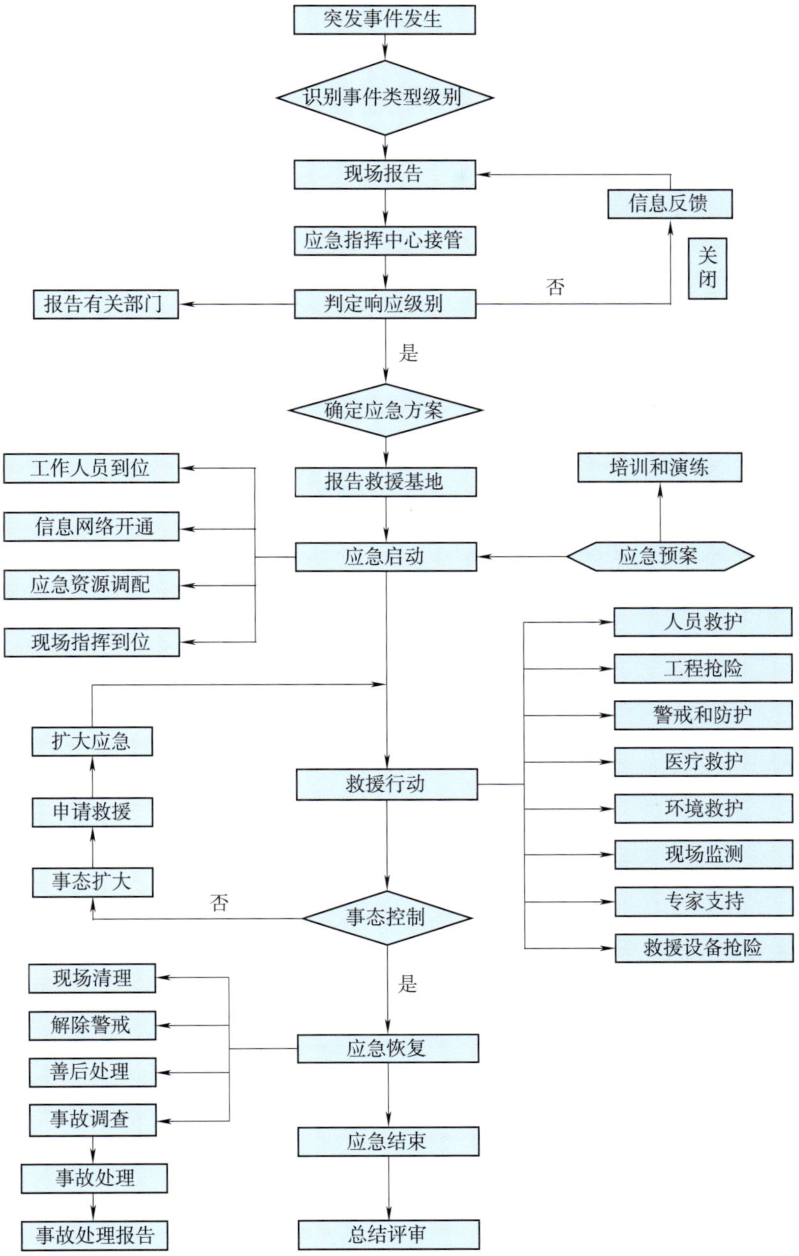

图 4—2　应急管理全生命周期流程图

事件应对经验制定一些针对性比较强的、具有可操作性的应急预案。各运输站段则应专注于本系统的专业功能，对本系统可能遭遇的突发事件进行严格的卡控和防范。

高铁应急预案属于应急管理体系中的微观层面，是应急资源与应急方法管理的集中体现，其内容主要包括总则、危险源管理、组织机构与职责、预防预警、应急响应、后期处理、保障措施、培训与演练和附则。

如前所述，应急预案有多种分类方法，可分别按照应急预案制定主体、突发事件类型、适用对象和时间特征等方案进行分类，因此应急预案的形式多种多样。由于不同预案的制定主体、适用对象及时间特征等有所不同，其预案的内容设计在详略程度和侧重点上也会有所差异。通常而言，高铁应急预案编制时，可以采用通用的“1＋4”基本模式，也就是一个基本预案和应急功能设置、特殊风险管理预案、标准操作程序、附则。

1. 基本预案

基本预案是对高铁突发事件应急管理的总体描述，主要阐述被高度抽象出来的共性问题，包括应急的方针、工作原则、组织体系、应急资源、各应急组织在应急准备和应急行动中的职责、基本应急响应程序以及应急预案的培训、演练、保障制度等。

2. 应急功能设置

应急功能是指对在高铁各类重大事故进行应急救援时，通常都要采取的一系列的应急行动和任务，例如指挥和控制、信息传递和通信、人群疏散和安置、医疗救护等。针对每一项应急功能应明确其负责部门和配合部门，细化各应急功能的目标、任务、要求、应急准备、操作程序等。要因地制宜地制定应急预案的功能设置数量和类型，一般来说，为了直观描述应急功能与相关应急部门的关系，可采用应急功能分配矩阵表。

3. 特殊风险管理预案

特殊风险是指针对风险事件开展了风险辨识、分析和评价的基础上，针对每一种类型的特殊风险，特别是较高风险和高风险，要确定相应的主要负责部门、有关配合部门，并明确各自相应的职责和功能，并为该类风险的应急预案的编制提出特殊要求和指导。

4. 标准操作程序

按照在基本预案中的应急功能设置，各类应急功能的主要负责部门和配合部门须制定相应的标准操作程序，为部门或个人履行应急预案中规定的职责和任务提供详细指导。标准操作程序应保证与应急预案的协调和一致性，其中重要的标准操作程序可作为应急预案的附件或以适当的方式引用。标准操作程序的意义在于，它可以保证在突发事件发生后，即使在没有接到上级指挥命令的条件下，也可在第一时间启动前期应急，从而提高了应急响应的速度和质量。

标准操作程序的描述应简单明了，一般包括目的与适用范围、负责人员及职责、具体任务或操作步骤等。标准操作程序本身应尽量采用活动检查表形式，对每一活动留有记录区，供逐项检查核对时使用。已做过核对标记的检查表作为应急活动记录台账应做好存档，方便备查和统计。

5. 附则（支持附件）

附则主要包括高铁应急救援支持保障系统、沿线救援力量的描述及有关附图表，包括有关部门及专家的联系电话、信息网络系统、警报系统分布及覆盖范围、重大危险源登记表及分布图、技术参考（法律法规、规章及规范性文件、后果预测和评估模型机有关支持软件等）。

4.5.2 高铁应急管理体制

应急管理体制是指应急指挥机构、社会动员体系、领导责任制度、专业救援队伍和专家咨询队伍等应急管理机构的组成形式。从战略层面看，应急管理体制属于应急管理体系的宏观层面，其职责主要是进行决策。从体制内涵分析，应急管理体制内容包括对应急管理的组织机构及权限责任的界定，以及各组织机构间的隶属关系。

我国为应对重大性突发事件成立了国务院应急管理办公室和国家安全生产应急救援指挥中心。为保障铁路的安全运营，铁路总公司、铁路局和站段都设有安全监察和管理、事故预防和救援的组织机构。突发事件的性质决定着应急组织机构的组成成员。针对不同高铁突发事件，有着不同类型的应急组织机构，总体来看一般都包括铁路总公司、铁路局、站段三层。

1. 应急组织机构

（1）铁路总公司应急组织机构

铁路总公司成立高速铁路突发事件应急领导小组。应急领导小组由铁路总公司分管副总经理（副部长）任组长，总调度长、安全总监任副组长，成员由办公厅，安监、财务、计划、建设、劳卫，运输局（营运、调度、机务、车辆、供电、工务、电务、信息化），铁路总工会、宣传部，公安局等相关司局负责人组成。应急领导小组下设办公室，办公室设在应急救援指挥中心。

铁路总公司应急领导小组负责领导、协调高速铁路突发事件应急处置工作，其主要职责：决定启动或终止本级预案；组织、指导有关铁路局进行突发事件的应急处置；负责与有关部委、地方人民政府相关事务的协调工作；决定向国务院有关部门报告和请求支援；有关事项的决策。

铁路总公司应急领导小组办公室负责信息传递、协调组织等工作，其主要职责：负责日常工作和应急领导小组交办事项；收集掌握高铁突发事件的信息并及时通报；落实应急领导小组有关应急处置的指示、命令；总结应急预案的执行情况，研究分析存在的问题，组织有关部门进一步修订完善预案。

（2）铁路局、站段应急组织机构

铁路局成立高铁突发事件应急领导小组。应急领导小组由铁路局分管副局长任组长，成员由局办公室，安监室，运输、客运、货运、机务、供电、工务、电务、车辆、财务、物资、建设、计划、劳卫处，调度所，工会、宣传部，公安局等部门负责人组成。应急领导小组下设办公室，办公室设在应急救援指挥中心。

站段有关组织机构由铁路局具体规定。铁路局、站段层面的应急领导小组主要负责突发事件应急处置的组织、执行，具体职责在铁路局、站段高铁突发事件应急预案中规定。

（3）现场救援指挥部

根据事故情况，由应急领导小组临时指定突发事件现场应急救援指挥部组成人员，现场应急救援指挥部负责组织、协调和指导事故现场救援工作。

2. 应急组织体系结构

我国高铁应急组织机构体系结构如图 4—3 所示。

3. 高铁应急相关部门职责

（1）国务院应急管理办公室职责

国务院应急管理办公室（国务院总值班室），承担国务院应急管理的日常工作和国务

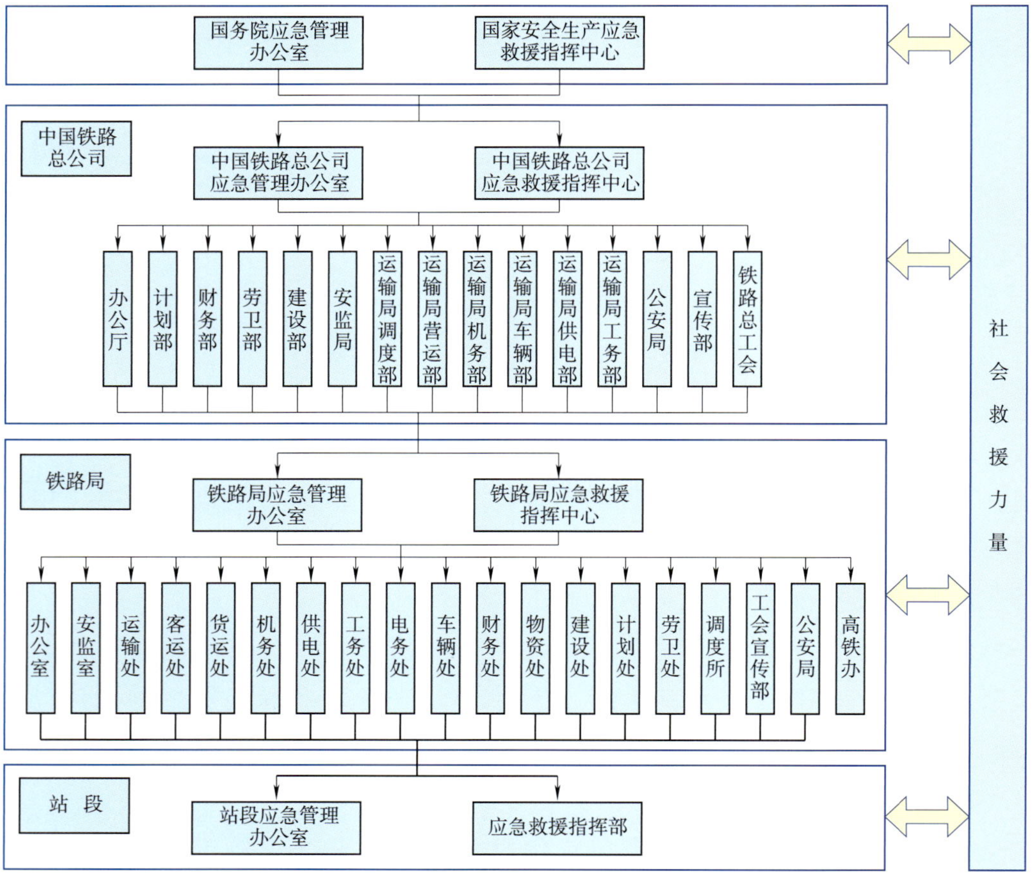

图 4—3　高铁应急组织体系结构

院总值班工作，履行值守应急、信息汇总和综合协调职能，发挥运转枢纽作用。其主要职责：承担国务院总值班工作，及时掌握和报告国内外相关重大情况和动态，办理向国务院报送的紧急重要事项，保证国务院与各省（区、市）人民政府、国务院各部门联络畅通，指导全国政府系统值班工作；办理国务院有关决定事项，督促落实国务院领导批示、指示，承办国务院应急管理的专题会议、活动和文电等工作；负责协调和督促检查各省（区、市）人民政府、国务院各部门应急管理工作，协调、组织有关方面研究提出国家应急管理的政策、法规和规划建议；负责组织编制国家突发公共事件总体应急预案和审核专项应急预案，协调指导应急预案体系和应急体制、机制、法制建设，指导各省（区、市）人民政府、国务院有关部门应急体系、应急信息平台建设等工作；协助国务院领导处置特别重大突发公共事件，协调指导特别重大和重大突发公共事件的预防预警、应急演练、应急处置、调查评估、信息发布、应急保障和国际救援等工作；组织开展信息调研和宣传培训工作，协调应急管理方面的国际交流与合作；承办国务院领导交办的其他事项。

（2）国家安全生产应急救援指挥中心职责

国家安全生产应急救援指挥中心为国务院安全生产委员会办公室领导，国家安全生产监督管理总局管理的事业单位，履行全国安全生产应急救援综合监督管理的行政职能，按照国务院安全生产突发事件应急预案的规定，协调、指挥安全生产事故灾难应急救援工作。其主要职责：参与拟定、修订全国安全生产应急救援方面的法律法规和规章，制定国家安全生产应急救援管理制度和有关规定并负责组织实施；负责全国安全生产应急救援体系建设，指导、协调地方及有关部门安全生产应急救援工作；组织编制和综合管理全国安全生产应急救援预案；对地方及有关部门安全生产应急预案的实施进行综合监督管理；负责全国安全生产应急救援资源综合监督管理和信息统计工作，建立全国安全生产应急救援信息数据库，统一规划全国安全生产应急救援通信信息网络；负责全国安全生产应急救援重大信息的接收、处理和上报工作；负责分析重大危险源监控信息并预测特别重大事故风险，及时提出预警信息；指导、协调特别重大安全生产事故灾难的应急救援工作；根据地方或部门应急救援指挥机构的要求，调集有关应急救援力量和资源参加事故抢救；根据法律法规的规定或国务院授权组织指挥应急救援工作；组织、指导全国安全生产应急救援培训工作；组织、指导安全生产应急救援训练、演习；协调指导有关部门依法对安全生产应急救援队伍实施资质管理和救援能力评估工作；负责安全生产应急救援科技创新、成果推广工作；参与安全生产应急救援国际合作与交流；负责国家投资形成的安全生产应急救援资产的监督管理，组织对安全生产应急救援项目投入资产的清理和核定工作；完成国务院安全生产委员会办公室交办的其他事项。

（3）铁路总公司相关部门职责

办公厅负责与国务院有关部门的汇报、协调、联系以及传达应急领导小组的指示；计划部负责协调指导应急项目（设备）审批和投资计划安排；财务部负责指导和协调资金保障工作；劳卫部负责协调并指导铁路局进行医疗救护、卫生防疫工作；建设部负责协调、联系工程抢险施工队伍；安监部负责组织或配合铁路交通事故调查处理工作；运输局调度部负责高铁突发事件应急处置、救援抢险的指挥、协调工作；运输局营运部负责指导铁路局制定疏散旅客和救护伤员，收集、整理旅客携带品，站车客运组织等工作方案；运输局机务部负责指导铁路局机务部门进行应急处置措施、突发事件的应急救援；运输局车辆部负责指导铁路局车辆部门进行设备故障的抢修和应急处置；运输局供电部负责指导铁路局供电部门进行设备故障的抢修和应急处置；运输局工务部负责指导铁路局工务部门进行设备故障的抢修和应急处置；运输局电务部负责指导铁路局电务部门进行设备故障的抢修和应急处置以及应急通信。公安局负责指导相关铁路公安局维护事故现场治安秩序和协助事故调查取证工作；宣传部负责指导铁路局做好突发事件处置中的新闻报道和舆论引导工作，并做好相关组织、协调工作；铁路总工会负责指导、协调相关铁路局做好事故中的职工劳动保护等维护职工合法权益的相关工作。

（4）铁路局相关部门职责

办公室负责与铁路总公司联系、相邻铁路局之间的协调以及应急救援处置过程中后勤保障工作；安监室负责组织和协调事故调查处理工作；运输处负责协调局管内突发事件下行车组织方案的制订和调整；客运处负责提供旅客救援信息，协调、制订疏散旅客、救护伤员等应急处置方案；调度所负责突发事件的通报、应急救援的组织协调、行车组织指挥工作以及传达应急处置的指示和命令；公安局负责现场保卫、现场非旅客人员疏散以及事故调查处置的工作；劳动和卫生处负责与地方卫生部门沟通协调以及救援现场的卫生防疫监督工作；党委宣传部负责协调新闻报道工作；财务处负责应急救援处置有关资金保障工作；局工会负责组织、协调相关部门的善后处置及家属接待和安抚工作；高铁办负责组织、协调局内相关业务处室、客专公司及设计、施工等单位，制定、审核复旧方案；相关业务处室负责突发事件发生时本专业的应急处置工作。

(5) 社会救援力量的职责

社会救援力量是指以消防部队、公安、军队、武警为骨干力量，以医疗救护、抗洪抗震、森林消防等专业队伍为基本力量，以社会组织、企事业单位和应急志愿者队伍为辅助力量的应急救援队伍。

骨干力量中消防部队为现役体制，24 h 执勤，人员、车辆、装备时刻处于战备状态，能够随时处置突然发生的各种灾害，高铁事故发生后，消防部队是主要抢险救援力量。解放军、预备役部队、武警部队、民兵是养兵千日、用兵一时的机动力量，一般是在发生社会影响极大、地域范围广、抢险救援时间长，有大量人员伤亡且超出常备力量处置能力时，才被调集实行大兵团人海战术式的救援、抢险。

基本力量这些专业救援力量是完成其所在行业发生灾难事故初期处置的主要力量，也可以成为社会应急救援骨干力量的重要补充。其中，医疗救护主要是沿线医院、卫生站等相关部门，利用其医疗技术、设备，施行现场初步紧急救护，以及在现场指导群众自救、互救，在最短的时间内使突发事件所造成的人员伤亡减到最小。

辅助力量主要是指社会团体、企事业单位积极响应政府号召，组织物资、设备、交通运输工具和场地（如大型挖掘机、工程设备、运输车辆、伤员安置场所等）迅速投入到抢险救援中，提高救援效率。志愿者特别是灾害发生地的志愿者负责协助开展人员搜救、伤员运送和道路抢通、基层服务等应急工作。辅助力量要在当地政府的统一领导下，受当地消防部门统一调动指挥，参与灾害事故的应急救援工作。

4.5.3 高铁应急管理机制

应急管理机制指突发事件预防与准备、监测与预警、应急处置与救援以及善后恢复与重建的过程中，所涉及的各种制度化、程序化的应急管理方法和措施，属于应急管理体系的中观层。高铁应急管理机制主要包括预防与准备机制、监测与预警机制、信息报送机制、应急响应机制、协调联动机制、善后恢复机制、应急保障机制和评估机制，如图 4—4 所示。

预防与准备机制针对的是各项基础性、常态性的应急管理工作，从基础层面看主要包括应急预案管理、应急预案演练、应急宣传与教育等方面的工作。

监测与预警机制避免和减少高铁突发事件发生及其可能造成损失的关键因素之一，其内容包括危险源辨识工作、突发事件监测制度和预警制度。

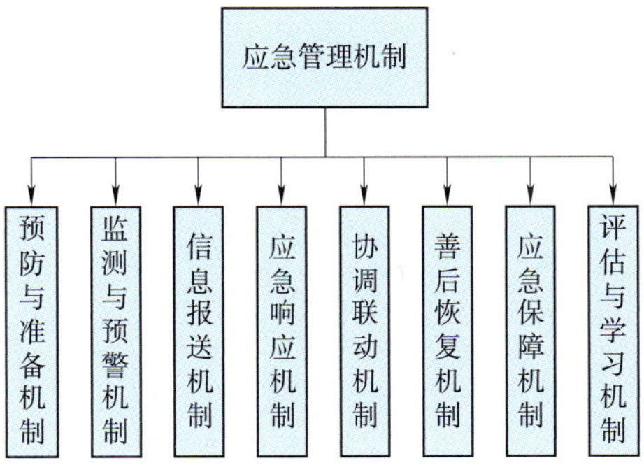

图 4—4　应急管理机制内容

信息报送机制是指不同级别、不同部门及各部门间的信息报送制度，其内容包括不同级别突发事件的信息报告流程、同级铁路单位和部门之间的信息报送制度、下级单位和部门向上级单位和部门的信息报送制度、铁路与地方部门之间的信息报告制度等。

应急响应机制是指为应对突发事件现场救援所制定的应急活动行为规程，其内容包括分级响应制度和应急处置流程。

协调联动机制是指高铁突发事件发生后各相关部门的协调与联合行动规范，其目的在于实现统一指挥调度，不同部门之间的相互沟通、协调和配合的应急处置过程，其内容包括应急管理部门及职责和应急指挥调度平台。

善后恢复机制是指弥补突发事件造成的危害和损失，稳定社会情绪，恢复高速铁路正常秩序的制度与措施。

应急保障机制是指各种应急物资保障方法以及应急人才资源培训制度。

评估机制是指应急管理全过程的评估、事后损失评估制度。学习机制是指突发事件及其处置过程的总结分析制度。

4.5.4　应急管理法制

应急管理法制是指为应对高铁突发事件，国家、地区和铁路部门制定的各种法律法规的总称。应急管理法制是应急管理体制和机制的法律保障，其功能在于调整、协调和规范各种应急关系。

目前国内有关铁路应急管理法制主要有《中华人民共和国安全生产法》、《中华人民共和国铁路法》、《中华人民共和国突发事件应对法》、《铁路安全管理条例》、《铁路交通事故应急救援和调查处理条例》、《国家突发公共事件总体应急预案》、《国家处置铁路行车事故应急预案》、《铁道部关于实施铁路突发公共事件应急预案的决定》、《铁道部有关部门和单位制定和修订突发公共事件应急预案框架指南》、《铁路技术管理规程》、《铁路交通事故调查处理规则》、《铁路交通事故应急救援规则》、《关于印发〈铁路客运专线技术管理办法（试行）〉的通知》、《铁路旅客运输规程》、《铁路突发大客流及旅客列车大面积晚点应急预案（暂行）》、《旅客列车晚点处置办法》等。

4.6　高铁应急管理体系与阶段联合运作模式

根据我国高铁应急管理的阶段运作模式和体系运作模式，建立二者联合运作模式示意图，如图4—5所示。

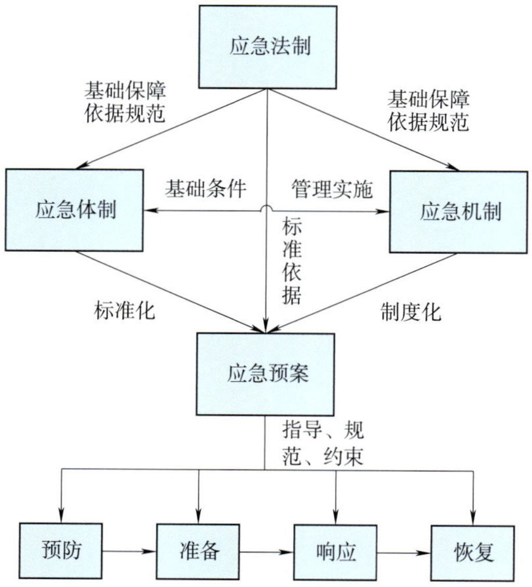

图4—5　高铁应急管理阶段与体系联合运作模式

应急管理法制是应急管理体制、应急管理机制和应急预案的基础保障条件和依据规范；应急管理机制是应急管理体制的基础先决条件；而应急预案是应急机制和体制的规范化和程序化的具体体现；法制、机制和体制是编制应急预案的重要理论依据。

在“一案三制”的核心应急预案的指导、规范和约束下，我国高铁应急管理过程四阶段应包含的主要内容如下：

(1) 预防是指在突发事件发生之前所做的潜在风险因素的整治工作以及必要的准备活动，其目的是减少复发性灾难的损失。

高铁预防阶段又分为危险源管理和预防预警管理。危险源管理的内容主要包括危险源排查与监测、风险评估；预防预警主要为防止高铁突发事件发生而进行的监测行动和应对流程。风险评估是预防的重要内容，也是预防的重要手段之一，如果能预测到哪些地方存在风险，及时采取措施加以控制，从而减少突发事件发生的概率。

(2) 准备是指针对特定的或潜在的突发事件所做的各种应对准备工作。

应急准备的目的在于降低紧急状况时的未知因素带来的危害，即使在紧急状况下也能采取理性的行动和措施对事件加以控制。准备阶段的重点任务主要包括预案的制定修订与演练、应急资源的准备与保障、应急机构设置与职责落实和应急队伍建设与培训等。预防和准备工作是否合理有效，直接影响到应急响应的效果。

(3) 响应是指突发事件发生后各相关部门应立即采取的紧急处置和救援工作。

应急响应是应对突发事件的关键阶段，也是应急管理工作的核心工作。此阶段的工作主要包括启动应急预案、实施应急处置和救援行动、协调指挥救援工作、资源调度、信息发布和媒体宣传等。

（4）恢复是指应急响应结束后所进行的善后工作，其目的是使高速铁路尽快恢复正常的生产运营秩序。

应急恢复的内容包括对事件造成损失的评估、恢复高铁运营秩序、总结应急处置工作的经验、制定改进措施等。

第5章　高铁突发事件应急预案管理研究

本章介绍高铁突发事件应急预案的内涵、分类、作用与意义，分析了高铁突发事件应急预案生命周期管理，包括预案编制、预案审批、预案演练和预案修订四个阶段，研究了高铁突发事件应急预案的启动模式。

5.1　高铁突发事件应急预案概述

5.1.1　高铁突发事件应急预案内涵

高铁突发事件应急预案是高速铁路各级职能部门针对各类突发事件事先制定的一套切实、迅速、有效、有序解决问题的措施。通过编制应急预案，可以明确在发生突发事件的事前、事中、事后各阶段，什么人用什么方法、调用哪些应急资源等。此外，高铁突发事件应急预案的形成不仅需要完善的应急预案文件管理体系，还需要合理的应急救援指挥小组和应急救援队伍、应急通信网络等因素的支撑。

高铁突发事件应急预案管理是指通过对高速铁路运营过程中可能遇到的各类突发事件进行分析，预测其发展规律，为确保运输畅通，恢复正常运输秩序而制定的一系列行动方案及其管理过程。高铁突发事件应急预案管理主要由应急预案的编制与生成、启动与终止、演练与培训、评估与修订几个部分组成。高铁突发事件应急预案的管理过程是一个动态的循环管理过程，即高铁突发事件应急预案生命周期管理。

高铁突发事件应急预案的全生命周期管理是指包含高铁突发事件应急预案的策划、预案的编制、预案的评审与发布、预案的修订、预案的实施和预案的维护与更新等环节的动态循环管理过程，它是一项涉及面广、专业性强的工作，是一项复杂的系统工程。

5.1.2　高铁突发事件应急预案分类

高铁突发事件应急预案包括综合预案、专项预案和站段预案。综合预案是高铁应急管理的整体预案，从总体上阐述高铁的应急方针、政策、应急组织结构及相应的职责、应急行动的总体思路等。通过综合预案可以很清晰地了解高铁的应急体系及预案的文件体系，更重要的是可以作为高铁应急救援工作的基础和“底线”，即使对那些没有预料的紧急情况，也能起到一般的应急指导作用。专项预案是针对某种特定的突发事件制定的，例如，真对工务设备故障、牵引供电故障、突发公共卫生事件、火灾、地震等突发事件而制定的专项预案。专项预案是在综合预案的基础上，充分考虑了某特定突发事件的特点，对应急的形势、组织机构、应急活动等进行更具体的阐述，具有较强的针对性。站段预案是铁路局（公司）下属各站段（分公司）针对各种类型突发事件制定的具体处置措施，它是在专项预案的基础上，根据具体情况需要而编制的。例如，高铁车站值班员在不同情景下的应急处置办法。站段应急预案的特点是针对某一具体站段、部门及具体的事故情况，在详细分析的基础上，对应急救援中的各个方面做出具体、周密而细致的安排，因而站段预案具有更强的针对性和对现场具体救援活动的指导性。

5.1.3　高铁突发事件应急预案的作用与意义

高铁突发事件应急预案是应急救援工作的一部分。针对不同的突发事件制定有效的应急预案，不仅可以指导应急行动按计划有序进行，帮助实现应急行动的快速、有序、高效地开展，而且还可以指导应急人员的日常培训和演练，保证各种应急资源处于良好的备战状态。

高铁突发事件应急预案的重要作用和意义表现在：

（1）高铁突发事件应急预案确定了应急救援的范围和体系，使应急准备和响应有据可依、有章可循。

应急救援的培训和演练也依赖于应急预案。培训可以让应急响应人员熟悉自己的责任，具备完成指定任务所需要的相应技能。演练可以检验所制定的预案和行动程序并评估应急人员的技能和整体协调性。

（2）制定高铁突发事件应急预案有利于做出及时的应急响应，并能够降低高铁突发事件的不良后果，保障人民生命财产安全。应急行动对时间要求十分敏感，不允许有任何拖延。

应急预案预先明确了应急各方的职责和响应程序，在应急力量和应急资源等方面已做出了大量的准备，可以指导应急救援工作迅速、高效、有序地开展，将突发事件人员伤亡、财产损失和环境破坏降低到最低程度。

（3）高铁突发事件应急预案是各种高铁突发事件应对相应的基础。通过编制综合应急预案，可保证应急预案足够的灵活性。

（4）制定高铁突发事件应急预案有利于提高全社会的风险防范意识。

应急预案的编制是对可能产生的重大风险进行辨识和防御决策的过程，预案的编制和评审强调各方参与，因此应急预案编制、评审、发布和宣传有利于社会各方了解可能面临的重大风险及应对的措施，有利于促进各方提高风险防范意识和能力。

（5）消除隐患。这是高铁突发事件应急预案的重要的功能。对于高铁突发事件而言，防范比救援重要。如果把突发事件消灭在萌芽状态，将是最理想的处置效果。这一功能主要依赖应急预案发挥作用。

（6）动态调整。高铁突发事件本身复杂多变的特性，决定了其处置过程也是动态变化的，但是在紧急状态下，动态决策不能依靠传统的指挥方法，而是应该有科学、合理的决策支持体系，这就要依赖动态调整原则为其提供决策依据。

（7）应急预案在高速铁路建设和运营中起到不可缺少的作用。高速铁路运输系统的运营和建设涉及机车、电力、调度、通信、客运等多个部门，相关人员、设备众多，组织配合过程复杂。因此，综合、高效的应急预案是保证高速铁路安全建设与运营的重要措施。

5.2 高铁突发事件应急预案生命周期管理

高铁应急预案管理是应急管理工作的重要内容和基础性工作，也是对高铁应急预案全生命周期流程的管理。高铁突发事件应急预案生命周期管理包括以下四个阶段：

5.2.1 预案编制

在编制高铁突发事件预案时，应分类、分级制定预案内容，上一级预案的编制以下一级预案为基础。

在预案编制阶段，首先针对高铁突发事件性质和危险源分布特点对高铁突发事件应急预案进行分类，对预案响应标准进行分级，通过预案分类、分级形成应急预案体系。制定预案时，成立预案编制领导小组，由领导小组全面负责预案的编制工作。编制小组主要由预案相关业务部门人员组成，此外还包括一线工作人员及路外专家等。

编制人员在收集相关资料的基础上，对与高速铁路相关的危险源进行辨识和风险评估，结合铁路部门的实际应急救援能力与应急资源，参照《高速铁路突发事件应急预案（试行）》（铁运〔2012〕33号）起草应急预案。起草完成后编制小组先进行内部评审，内部评审通过后，预案才能进入审批阶段。

综上所述，高铁突发事件应急预案编制的流程图如图5—1所示。

在应急预案编制中，对于应急预案编制人员的职责划分，根据参与编制人员的专业背景、涉及的应急职能进行分配任务，包括各部门的人员、各专业的人员，同时各部门领导要给予应急预案编制人员支持，从而确保了高铁突发事件应急预案编制的全面性、组织系统性。

在编制预案前，充分考虑、讨论各部门及其人员在应急过程中承担的应急职责，统一应急职责，避免了在应急预案编制中出现矛盾、不统一的地方而增加工作量。各部门及其人员的应急职责与其日常中承担的职责相对应，实现平战结合的原则，同时要注意不同主体制定的应急预案内容之间的协调。

应急预案的主要内容一般包括：

（1）基本情况，包括单位的地址、从业人数、主要作业工序/流程、周边区域的单位、设施、道路等。

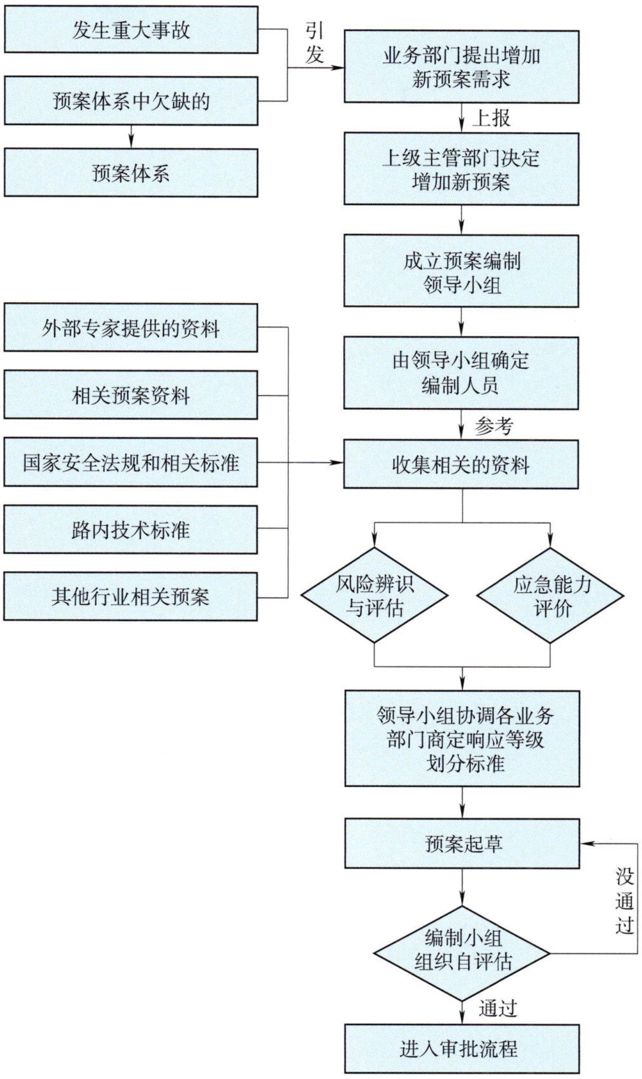

图 5—1　高铁突发事件应急预案编制流程图

(2) 危险目标及其危险特性，危险目标对周围的影响。

(3) 危险目标周围可利用的安全、消防、个体防护的设备、器材及其分布。

(4) 应急救援组织机构、组成人员和职责划分。

(5) 报警、通信联络方式。

(6) 事故发生后应采取的处理措施。

(7) 人员紧急疏散、撤离。

(8) 危险区的隔离。

(9) 检测、抢险、救援及控制措施。

(10) 受伤人员的现场救护。

(11) 现场保护与现场洗消。

(12) 应急救援保障（内部保障、外部救援）。

(13) 预案分级响应条件。

（14）事故应急救援终止程序。

（15）应急培训计划。

（16）演练计划。

（17）附件（组织机构名单、指挥层次示意图、联系电话、本单位平面布置图、防护设施分布、基础设施分布、周边区域道路交通示意图和疏散路线等）。

5.2.2 预案审批

在高铁突发事件应急预案的审批阶段，根据《铁路应急预案评审程序》应依次完成了以下四个步骤：

（1）成立预案评审小组，评审小组主要由预案相关业务部门人员组成，还包括一线工作人员及路外专家等。

（2）将预案分发给评审小组各成员进行预审，这一步也相当于面向预案相关各部门征求意见。

（3）会审，即召开综合评审会，对预审意见进行综合讨论、审核。如审核未通过，则需交编制小组重新修改。如通过，则进行下一步。

（4）在各相关业务部门内会签后，交由主管领导进行签发。签发后，预案正式生效。

高铁突发事件应急预案审批流程图如图 5－2 所示。

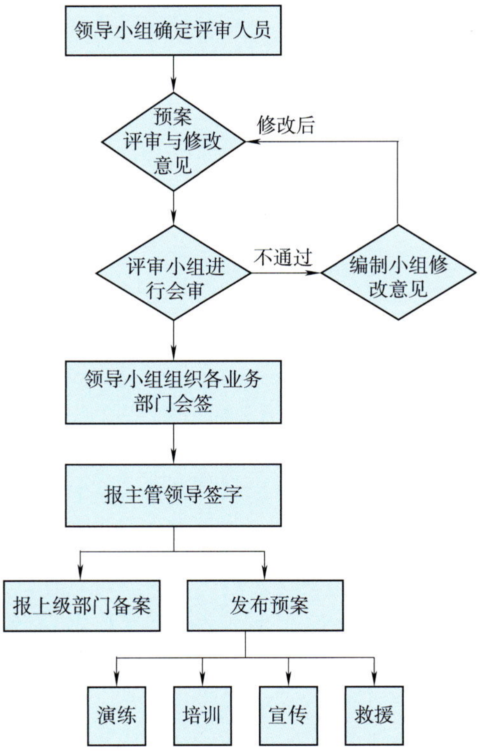

图 5－2　高铁突发事件应急预案审批流程图

5.2.3 预案演练

“预案指导救援，演练完善预案”。演练的目的一方面是检查预案的科学性与可行性，并对应急预案的缺陷进行诊断；另一方面也是提高应急救援体系的反应能力、救援能力以及协同作战能力的重要手段。

1. 应急预案演习的重要性

应急预案的演习是检验、评价和提高应急能力的一个重要手段，其重要作用体现在以下几个方面：

（1）可在事故真正发生前暴露预案和程序的缺陷。

（2）发现应急资源的不足。

（3）改善各应急部门、机构人员之间的协调。

（4）增强公众应对突发重大事故救援的信心和应急意识。

（5）提高应急人员的技术水平和熟练程度。

（6）进一步明确各自的岗位与职责。

（7）提高各级预案之间的协调性。

（8）提高整体应急响应能力。

2. 高铁突发事件应急预案演练的步骤

高铁突发事件应急预案演练工作可分为演练准备、演练实施和演练总结三个阶段。

（1）应急演练准备工作包括成立相关工作小组、制定应急演练工作方案或脚本、应急演练活动安排、预先进行相关应急预案培训等。

（2）应急演练实施阶段是指从宣布初始事件起到演练结束的整个过程。

（3）演练总结是对演练工作的准备情况和实施情况的系统总结，是对应急工作的优缺点的全面总结，从预案管理工作的角度来说，也是对演练中发现的预案质量中存在问题的总结。

高铁突发事件应急预案演练流程图如图 5－3 所示。

5.2.4 预案实施与修订

预案的实施是在事故发生时，依据事故的类别、危害程度的级别和评估结果，启动相应的预案，按照预案进行事故的应急救援。实施时不能轻易变更预案，事故后要认真总结，进一步完善预案。

高铁突发事件应急预案修订主要包括两方面内容：一是实时修订，是指对于预案实际使用中以及预案演练中发现的问题和不足，进行重新修订；二是定期修订，这主要是针对一段时期内我国高速铁路生产的新局面、新情况、新特点进行的预案修订。

5.3 高铁突发事件应急预案启动模式研究

考虑到不同等级的应急响应启动存在区别，再加上突发事件发展趋势的不确定性，

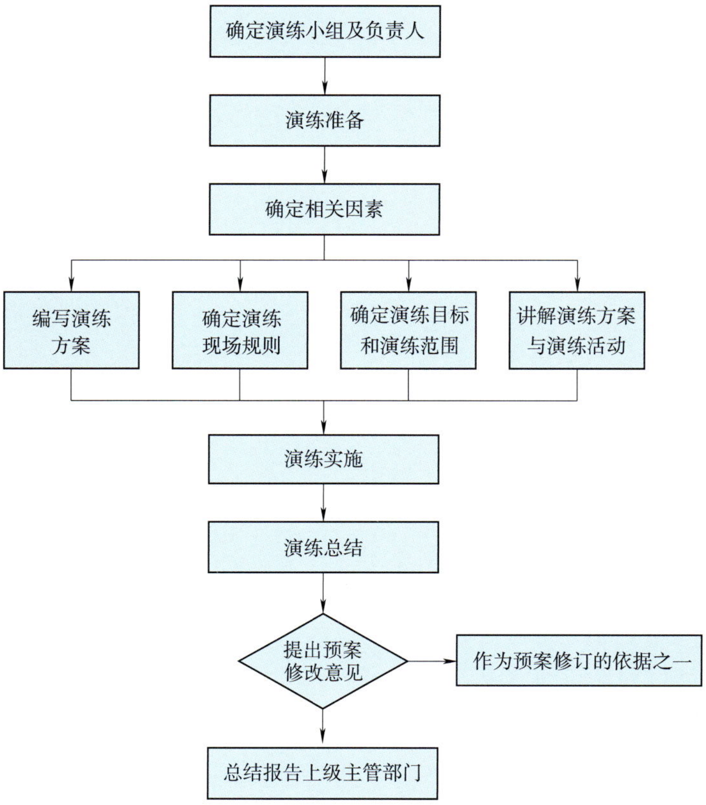

图 5—3　高铁突发事件应急预案演练流程图

本书将启动高铁应急预案以及扩大应急响应的问题视为分阶段启动相应高铁应急预案问题。

铁路运输的产品是人和物的位移，与其他非运输企业相比，其应急预案启动时间划分有所不同。从高铁应急预案应急响应流程结构看，可分为四个阶段：一是突发事件发生阶段，二是紧急处置阶段，三是应急预案启动阶段，四是应急救援阶段。其结构如图 5—4 所示。

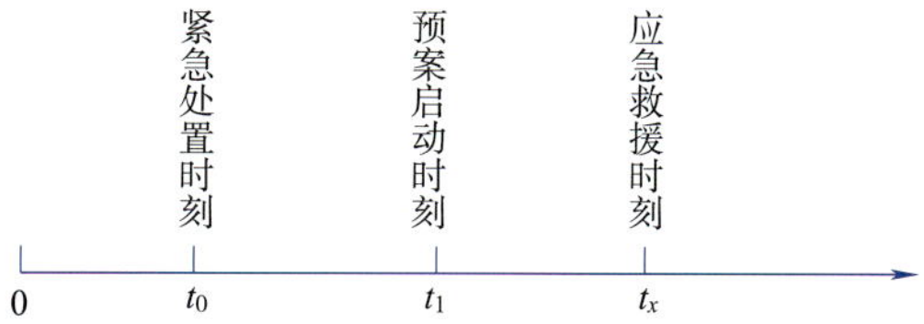

图 5—4　高铁应急预案分阶段启动方案

5.3.1　基本参数及假设条件

1. 假设条件

（1）突发事件发生后，铁路部门不确定该事件的持续时间，一旦救援队伍赶到，事件就得以控制，不再产生损失。

(2) 突发事件造成的单位时间损失为定值。

(3) 单位时间内造成的损失随着投入成本的增加而变小。

(4) 除了在启动应急预案时投入成本，其他时刻不再投入。

(5) 启动应急预案的成本大于启动紧急处置方案的成本。

2. 基本参数

L_0 ——突发事件发生后，在未启动前期方案前，单位时间内的损失；

L_1 ——进行应急处置后，单位时间内的损失（$L_1 = \alpha \times L_0$）；

α ——启动紧急处置方案后，单位时间内损失与之前单位时间内损失的比值（$\alpha = L_1/L_0$）；

C_0 ——启动紧急处置方案的成本，一般是指现场处置方案投资的成本，有 $C_0 = t_0 \cdot L_0$；

C_1 ——启动应急预案成本，主要指应急预案启动后，给铁路部门带来的应急成本；

β ——紧急处置方案成本 C_0 和应急预案成本 C_1 的比值，表示为 $\beta = \frac{C_0}{C_1}$，$0 \leqslant \beta \leqslant 1$。

5.3.2　高铁车站突发事件应急预案启动

高铁车站和线路是高铁运输生产的场所。作为一种特殊情况，高铁车站发生突发事件，假设其站内有专门应急救援队伍及设备，$t_1 \sim t_2$ 这段时间可以忽略不计，因而把高铁应急预案应急响应分成三个阶段，如图 5—5 所示。

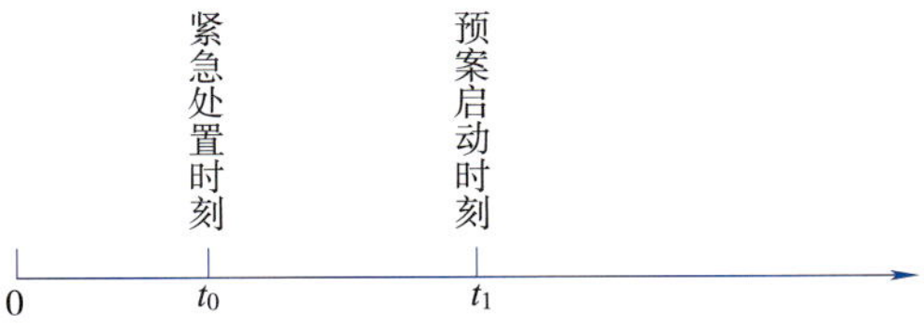

图 5—5　高铁站内应急预案分阶段启动方案

分阶段启动方案一：假设突发事件已经持续 t 个单位时间。当 $t < t_0$ 时，不启动紧急处置方案；如果 $t \leqslant t_0$ 且 $(t+1) > t_0$，则铁路部门在 t 时刻应该启动紧急处置方案。如果紧急处置方案不能有效控制突发事件产生的影响，就应该考虑是否启动应急预案。

如果 $L_0 t_0 + C_0 + L_1(t - t_0) \leqslant C_1$ 且 $L_0 t_0 + C_0 + L_1(t - t_0 + 1) > C_1$，即 $t \leqslant t_1$ 且 $t + 1 > t_1$，则铁路部门在 t 时刻应该启动应急预案。

此种情况下最优应对成本（C_{OPT}）和总损失（C）的计算公式如下：

C_{OPT} 的计算公式：
$$C_{\mathrm{OPT}} = \begin{cases} L_0 t & t \leqslant t_0 \\ C_0 + L_1 t & t_0 < t \leqslant t_1 \\ C_0 + C_1 & t > t_1 \end{cases} \tag{5-1}$$

C 的计算公式：
$$C = \begin{cases} L_0 t & t \leqslant t_0 \\ L_0 t_0 + C_0 + L_1(t - t_0) & t_0 < t \leqslant t_1 \\ L_0 t_0 + C_0 + L_1(t_1 - t_0) + C_1 & t > t_1 \end{cases} \tag{5-2}$$

（1）当 $t \leqslant t_0$ 时，说明突发事件持续的时间很短，并且造成的损失小于启动前期方案的成本。此时，铁路局应对突发事件的最优方案是不进行处理。铁路局最优应对成本为 $C_{OPT}=L_0 t$，由于整个过程中铁路局没有启动任何方案，其总损失为 $C = L_0 t$ 。于是，$C_{OPT}=C$。

（2）当 $t_0 < t \leqslant t_1$ 时，说明已经启动紧急处置方案，并经过紧急处置得到控制。并且突发事件结束时，铁路局没有启动应急预案，那么，铁路部门最优应对突发事件的措施是一发生就启动紧急处置方案，以削弱突发事件单位时间内的损失。于是，最优应对成本为 $C_{OPT} = C_0 + L_1 t$ 。对于铁路部门决策者而言，突发事件下导致的损失为：$C = L_0 t_0 + C_0 + L_1(t - t_0)$ 。

于是 $\mu = \dfrac{C}{C_{OPT}} = \dfrac{L_0 t_0 + C_0 + L_1(t - t_0)}{C_0 + L_1 t} = 1 + \dfrac{L_0 t_0 - L_1 t_0}{C_0 + L_1 t}$，

由于 $L_0 t_0 = C_0, L_1 = L_0 \alpha, t > t_0$ ，于是得到 $1 + \dfrac{L_0 t_0 - L_1 t_0}{C_0 + L_1 t} \leqslant 1 + \dfrac{C_0 - C_0 \alpha}{C_0 + C_0 \alpha} = \dfrac{2}{1+\alpha}$。

也就是说当前情形下，突发事件造成的损失(C)控制在最优成本(C_{OPT})的 $\dfrac{2}{1+\alpha}$ 倍之内。

（3）当 $t > t_1$ 时，突发事件持续时间很长，并且造成的损失大于应急预案启动的成本。此时铁路局的最优应对是在突发事件一发生时就应当同时启动紧急处置方案和应急预案。突发事件最优应对成本为 $C_0 + C_1$ 。此时，铁路局在突发事件下导致的损失为 $C = L_0 t_0 + C_0 + L_1(t_1 - t_0) + C_1$ 。

由于 $L_0 t_0 + C_0 + L_1(t_1 - t_0) \leqslant C_1$ ，$\beta = \dfrac{C_0}{C_1}$，

于是得到 $\mu = \dfrac{C}{C_{OPT}} = \dfrac{L_0 t_0 + C_0 + L_1(t_1 - t_0) + C_1}{C_0 + C_1} \leqslant \dfrac{2C_1}{C_1(1+\beta)} = \dfrac{2}{1+\beta}$。也就是说当前情形下，突发事件造成的损失($C$)控制在最优成本($C_{OPT}$)的 $\dfrac{2}{1+\beta}$ 倍之内。

综合上述三种情况，我们可以得出，按照方案一启动应急预案，突发事件所造成的损失 C 总是在最优应对损失 C_{OPT} 的 $\max\left\{\dfrac{2}{1+\alpha}, \dfrac{2}{1+\beta}\right\}$ 倍以内。

一般而言，高铁突发事件的应急处置成本远远小于应急预案启动的成本，即 $\beta \to 0$ ，同时又有可能小于突发事件造成的单位时间内的损失。因此，伴随着突发事件的发生紧急处置方案也随之启动。

经过上述分析，可以得出结论：高铁站内发生突发事件，决策者在不能确定突发事件的持续时间以及影响程度的情况下，按照分阶段启动预案的方法，其造成的总损失一般控制在最优应对成本的 $\max\left\{\dfrac{2}{1+\alpha}, \dfrac{2}{1+\beta}\right\}$ 倍以内。

5.3.3 高铁区间突发事件应急预案启动时间分析

需要说明的是，在研究站内启动应急预案时，应急预案启动费用包含了应急救援队

伍所用的费用。与站内不同是，线路区间上突发事件应急预案启动之后，专业救援队员需要走行一段时间之后才能赶到。而时间的长短取决于事发地点到应急救援基地的距离。为了方便研究，假设救援队伍 t_x 到达之后，突发事件仍在持续，一旦到达就得以控制。

高铁应急预案分阶段启动情况如图 5－6 所示。

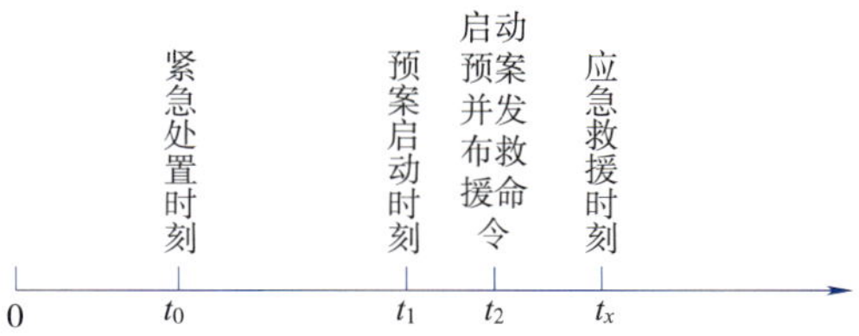

图 5－6 高铁区间分阶段启动应急方案

假设，$t_2 - t_1$ 的这段时间是救援队伍出动费用转化的时间，则有：

$$C_2 = L_2(t_2 - t_1)$$

式中 C_2 ——救援队伍出动费用；

L_2 ——应急预案启动后，突发事件单位时间内造成的损失。

分阶段启动方案二：当突发时间已经持续 t 个单位时间，如果 $t \leqslant t_0$ 且 $t+1 > t_0$ ，则铁路部门在 t 时刻启动紧急处置方案。一旦紧急处置方案未能有效控制突发事件的影响，就应该考虑是否启动应急预案。如果 $t \leqslant t_1$ 且 $t+1 > t_1$ ，则铁路局在 t 时刻启动应急预案。在启动预案的情况下，如果 $t \leqslant t_2$ 且 $t+1 > t_2$ ，则启动预案并发布救援命令。于是最优控制成本（C_{OPT}）和总损失（C）的计算公式如下：

$$C_{\mathrm{OPT}} = \begin{cases} L_0 t & t \leqslant t_0 \\ C_0 + L_1 t & t_0 < t \leqslant t_1 \\ C_0 + C_1 + L_2 t & t_1 < t \leqslant t_2 \\ C_0 + C_1 + C_2 + L_2 t_x & t > t_2 \end{cases} \qquad (5-3)$$

$$C = \begin{cases} L_0 t & t \leqslant t_0 \\ L_0 t_0 + C_0 + L_1 t & t_0 < t \leqslant t_1 \\ L_0 t_0 + C_0 + L_1(t_1 - t_0) + C_1 + L_2(t - t_1) & t_1 < t \leqslant t_2 \\ L_0 t_0 + C_0 + L_1(t_1 - t_0) + C_1 + C_2 + L_2 t_x & t > t_2 \end{cases} \qquad (5-4)$$

前面分析了在未启动应急预案的情况下 $\mu = \dfrac{C}{C_{\mathrm{OPT}}} \leqslant \dfrac{2}{1+\alpha}$ ，这里就着重分析 $t>t_1$ 的情况。

（1）当 $t_1 < t \leqslant t_2$ 时，突发事件持续时间大于应急预案启动的时间。此时铁路局的最优应对是在突发事件一发生时就应当同时启动紧急处置方案和应急预案，即突发事件下最优应对成本为 $C_0 + C_1 + L_2 t$ 。此时，突发事件下导致的损失：

$$C = L_0 t_0 + C_0 + L_1(t_1 - t_0) + C_1 + L_2(t - t_1)$$

$$\mu = \frac{C}{C_{\mathrm{OPT}}} = \frac{L_0 t_0 + C_0 + L_1(t_1 - t_0) + C_1 + L_2(t - t_1)}{C_0 + C_1 + L_2 t} = \frac{2C_1 + L_2(t - t_1)}{C_1(1+\beta) + L_2 t}$$

$$\leqslant \frac{2C_1+C_2}{C_1(1+\beta)+\alpha\gamma L_0 t} \leqslant \frac{(2+\rho)C_1}{C_1(1+\beta)+\alpha\beta\gamma C_1} = \frac{2+\rho}{1+\beta+\alpha\beta\gamma}$$

式中 γ——启动应急预案后，突发事件继续影响的概率（$\gamma=\frac{L_2}{L_1}$，且 $0\leqslant\gamma\leqslant 1$）；

ρ——应急救援队伍出动需要投入的成本 C_2 和启动应急预案需要投入成本 C_1 的比值，表示为 $\rho=\frac{C_2}{C_1}, 0\leqslant\rho\leqslant 1$ 。

同时也可以得出 $\frac{2+\rho}{1+\beta+\alpha\beta\gamma}<2$ 。

证：$\frac{C}{C_{OPT}}=\frac{L_0t_0+C_0+L_1(t_1-t_0)+C_1+L_2(t-t_1)}{C_0+C_1+L_2t}=1+\frac{L_0t_0+L_1(t_1-t_0)-L_2t_1}{C_0+C_1+L_2t}$

因 $L_0t_0=C_0$，$L_1(t_1-t_0)<C_1$，所以 $\frac{L_0t_0+L_1(t_1-t_0)-L_2t_1}{C_0+C_1+L_2t}<1$。

（2）当 $t>t_2$ 时，说明突发事件造成的损失很严重，需要启动应急预案并出动救援队伍。此时铁路局的最优应对是在突发事件一发生时就应当同时启动紧急处置方案和应急预案并出动救援队伍，即突发事件下最优应对成本为 $C_0+C_1+C_2+L_2t_x$ 。按照方案二，铁路局在突发事件下导致的损失为：

$$C=L_0t_0+C_0+L_1(t_1-t_0)+C_1+C_2+L_2t_x$$

那么 $\mu=\frac{C}{C_{OPT}}=\frac{L_0t_0+C_0+L_1(t_1-t_0)+C_1+C_2+L_2t_x}{C_0+C_1+C_2+L_2t_x}=\frac{C_1(2+\rho)+L_2t_x}{C_1(1+\beta+\rho)+L_2t_x}$ 。

①当 $t_x\to 0$ 时，说明突发事件造成的损失很大，需要立即启动应急预案并需要救援队伍，而救援队伍就在现场。此时按照上述方案启动，铁路局造成的最大损失 C 是最优成本的 $\frac{2+\rho}{1+\beta+\rho}$ 倍。特别地，由于队伍出动费用相对应急预案启动费用很小，即 $\rho\to 0$，因而倍数变成 $\frac{2}{1+\beta}$。

②当 $t_x\to\infty$ 时，说明急需的救援队伍赶不到。此种方案下铁路局总损失与最优应对损失几乎相等，因而分阶段启动应急预案最优。

（3）高速铁路区间上发生重大事故需要救援时，分阶段启动预案的总损失随着 t_x 的增大而更趋近于最优应对损失。此时说明，当高速列车发生突发事件的地点离应急救援基地较远时，事件发生后应立即进行现场紧急处置的重要性。

综上所述，高铁区间上发生突发事件时，按照方案二启动应急预案，突发事件所造成的损失 C 总是在最优应对损失 C_{OPT} 的 $\max\left\{\frac{2}{1+\alpha},\frac{2}{1+\beta},\frac{2+\rho}{1+\beta+\alpha\beta\gamma}\right\}$ 倍以内。

5.3.4 应急预案启动模式小结

通过上述分析，论证了实施高铁突发事件分阶段启动预案的可行性。鉴于应急预案启动领域值得研究的问题较多，建议学者们应尽快开展应急启动领域相关问题的深入研究。

如果把预案分阶段启动的方案转换为不同响应级别的应急预案启动方案，即紧急处置方案看成站段应急预案，启动的应急预案看成铁路局应急预案，应急救援时刻看成铁路总公司或国务院启动应急预案时刻，在同样的假设条件下，上述结论也成立。因而，现行应急预案分级响应的模式具有可行性，但同时更应该注意，把突发事件控制在最初阶段是减少损失的最有效途径。

第6章 高铁突发事件应急预案

本章详细制定了高铁突发事件综合应急预案。介绍了高铁应急预案的检查和评价方法，通过建立相应的指标体系，对综合应急预案运用模糊层次分析法展开评价。针对不同的高铁突发事件类型，详细制定了不同突发事件类型下的高铁专项应急处置预案，具体包括客运突发事件应急处置预案、客服系统故障应急处置预案、突发事件旅客疏散方案、工务设备故障应急处置预案、电务系统行车设备应急抢险预案、牵引供电故障抢修应急处置预案、电力故障应急处置预案、机务行车应急处置预案、动车组脱轨事故救援起复预案、CRH型动车组运行途中车辆设备故障处置办法、突发公共卫生事件应急处置预案、火灾事故应急处置预案、房建设备突发事件应急处置预案、事故救援与抢修规则、网络与信息安全事故应急处置办法、破坏性地震应急预案等。同时，总结归纳出高铁值班员在不同情景下的应急处置办法。研究了实施高铁沿线地方救援能力分析应包含的具体内容。

6.1 高铁突发事件综合应急预案

6.1.1 总　　则

1. 编制目的

进一步增强防范、应对高铁突发事件的应急处置能力，科学、规范、准确、迅速应对高铁突发事件，最大限度地减少突发事件造成的人员伤亡和财产损失，最大限度地减少突发事件对运输生产造成的影响，保证高速铁路的运输安全。

2. 编制依据

依据《中华人民共和国安全生产法》、《中华人民共和国铁路法》、《中华人民共和国突发事件应对法》、《铁路交通事故应急救援和调查处理条例》、《国家突发公共事件总体应急预案》、《国家处置铁路行车事故应急预案》、《铁道部关于实施铁路突发公共事件应急预案的决定》、《铁道部有关部门和单位制定和修订突发公共事件应急预案框架指南》、《铁路技术管理规程》、《铁路交通事故调查处理规则》、《铁路交通事故应急救援规则》、《关于印发〈铁路客运专线技术管理办法（试行）〉的通知》、《铁路旅客运输规程》、《铁路突发大客流及旅客列车大面积晚点应急预案（暂行）》、《旅客列车晚点处置办法》等法律法规和有关规定，制定本预案。

3. 工作原则

按照以人为本、安全第一、快速反应、统一领导、集中指挥、归口负责、分级管理、分工协作、紧急处置的原则，不断提高对高铁突发事件的应急处置能力，确保高速铁路的运行安全有序。

4. 适用范围

本预案适用于铁路局管内交通事故、相关设备故障以及自然灾害等突发事件的应急处置。

6.1.2　组织指挥体系及职责

1. 组织指挥机构

铁路局成立高铁突发事件应急领导小组（以下简称应急领导小组），应急领导小组由铁路局局长、铁路局党委书记任组长，主管副局长任副组长，下设应急领导小组办公室，总调度长任应急领导小组办公室主任，办公室设在铁路局应急救援指挥中心（调度所），承担预案启动及有关协调指挥工作。应急领导小组成员由总工程师室、局办公室（党委办公室）、安全监察室、高铁办、计统处、财务处、人事处、职工教育处、社保处、运输处、客运处、机务处、工务处、电务处、供电处、车辆处、信息处、劳动和卫生处、房地产处、调度所、局工会、党委宣传部（企业文化处）、铁路公安局、铁路办事处和其他相关业务处室及发生地所在站段负责人组成。

2. 应急指挥机构职责

（1）应急领导小组的主要职责

①统一领导铁路局管内突发事件应急处置工作。

②协调相关铁路局及局内有关部门、站段之间的应急处置工作。

③需要其他部门协助时，负责与相关部门沟通。

④引发其他事故灾难时，决定启动相关应急预案。

⑤决定向铁路总公司应急机构请求支援和报告。

⑥负责有关重大、紧急事项的决策。

（2）有关部门职责

①办公室：负责信息传递、协调组织、后勤保障等工作。其主要职责如下：

a. 按应急领导小组指示，负责与铁路总公司办公厅及相关部门联系，向铁路总公司应急指挥机构请示汇报，并传达落实应急领导小组指示。

b. 按应急领导小组指示，负责与相关铁路局沟通和协调。

c. 按应急领导小组指示，负责协调应急救援处置过程中后勤保障工作。

②安全监察室及铁路办事处：负责组织和协调事故调查处理工作。

③运输处：负责协调铁路局管内非正常情况行车组织方案的制订和调整。其主要职责如下：

a. 根据突发事件对高速铁路行车组织的影响程度，制订切实可行的行车组织调整方案。

b. 协调事故现场的行车指挥工作。

④客运处：负责提供旅客人数、售票实名制信息等有关运营资料，为救援处置提供参考，并负责协调、制订疏散旅客、救护伤员等应急处置方案。

⑤调度所：负责突发事件的通报、应急救援的组织、协调和行车组织指挥工作，及时收集掌握突发事件的报告，督办落实上级和局领导关于应急处置的指示、命令。

⑥铁路公安局：负责对现场的保卫和现场非旅客人员疏散工作，对现场进行调查、录像、照相、取证，对触及法律和破坏性事故进行调查处置。

⑦劳动和卫生处：与地方卫生部门沟通协调，有序开展医疗救援工作，做好救援现场的卫生防疫和饮食、饮水的卫生监督，防止疾病传播。

⑧党委宣传部（企业文化处）：负责协调媒体网络，确定信息发布内容，做好对外新闻报道工作。

⑨财务处：负责应急救援处置有关资金保障工作。

⑩局工会：负责组织、协调相关单位（部门），做好事故伤亡人员的善后处置及家属接待和安抚工作。

⑪高铁办：根据事故情况，负责组织、协调局内相关业务处室、客专公司及设计、施工等单位，制定、审核复旧方案。

⑫相关业务处室：负责突发事件发生时本专业的应急处置工作。

⑬相关站段：提供突发事件现场准确信息和抢修救援恢复建议，负责现场的具体救援组织工作，组织清理事故现场，配合做好善后工作。

3. 事故现场应急救援指挥部及职责

根据事故情况，由应急领导小组临时指定突发事件现场应急救援指挥部组成人员；现场应急救援指挥部负责组织、协调和指导事故现场救援工作。

6.1.3 预防预警

1. 预防预警

铁路局有关部门、各有关站段要认真研究突发事件的特点和规律，适应科技保障安全的需要，进一步加大投入，加快建设高速铁路应急平台，整合和完善铁路现有安全监测监控系统，逐步建成集突发极端天气变化信息和安全信息监测监控、实时反馈、应急处置于一体的高速铁路安全预防预警体系。

2. 信息报告

高铁突发事件及相关设备故障信息由应急领导小组办公室（调度所）负责统一接收、处理，并及时上报应急领导小组，并通报铁路局相关部门、单位。

（1）动车组运行中出现故障时，动车组司机、随车机械师应按照有关规定进行处理，选择维持运行或停车等方式。司机须及时将故障信息报告列车调度员（车站值班员），随车机械师及时将故障信息报告所属和属地动车组运用所调度，动车组运用所调度及时报告铁路局车辆调度员和动车调度员。在区间停车超过 10 min、站内停车超过 15 min，随车机械师、司机确认动车组不能继续运行时，司机必须向列车调度员（车站值班员）请求救援。动车组司机、随车机械师担当的动车组故障后需救援时，在规定的时间内不能及时处置恢复运行，由随车机械师负责向司机提出救援申请，若在规定时间内随车机械师没有向司机提出，司机负责提醒随车机械师。

（2）铁路局列车调度员、车辆调度员和动车调度员接到动车组途中发生故障或其他设备故障影响动车组运行的报告后，应立即向值班主任报告。值班主任根据有关规定立即向铁路总公司动车组调度台报告。动车组因故障停车时或需出动热备动车组时，铁路局调度所值班主任应立即向铁路总公司动车组调度台报告，铁路局车辆调度向铁路总公司车辆调度报告，并按照铁路局应急处理预案要求及时报告和通报。

（3）当动车组发生故障 15 min 内不能恢复运行或预计运行和到达晚点 25 min 及以上时，列车调度员立即报告值班主任。值班主任接到报告后，应立即报告调度所主任（副主任）、总（副总）调度长、运输副局长。

（4）车务、机务、工务、电务、供电、车辆、客运及其他作业人员发现非正常情况时，应立即向本单位应急机构报告，由本单位应急机构向本单位值班领导汇报，如需派人到现场时，由值班领导指定人员赶赴现场，并视情况启动本单位应急预案。

（5）非正常情况超出站段应急处置能力时，值班领导应立即向铁路局应急领导小组办公室（调度所）报告；情况紧急时，有关人员可直接向铁路局应急领导小组办公室（调度所）报告。

3. 预防行动

应急领导小组办公室（调度所）及各站段要建立并完善本单位应急预案和工作机制，明确责任部门和分工，加强组织网络建设，不断提高非正常情况下动车组及其他相关设备的预防预警和应急救援处置能力。

6.1.4　应急响应

1. 应急响应标准

达到本预案应急响应条件，及时启动本预案；超出本级应急救援处置能力时，请求上一级应急救援指挥机构启动上一级应急预案。

根据高速铁路突发事件影响动车组行车的程度和影响范围，将突发事件应急响应分特别重大、重大、较大、一般四级（即Ⅰ、Ⅱ、Ⅲ、Ⅳ级），具体划分标准参见 3.5.2。

基于铁路总公司突发事件应急响应划分标准，铁路局层面可进行细化。例如，郑州铁路局各处室根据铁路总公司Ⅲ级标准细化补充该局标准如下：

（1）造成 3 人以上 10 人以下死亡或造成 10 人以上 50 人以下重伤。

（2）动车组列车脱轨 4 辆及以下。

（3）动车组发生火灾、爆炸等性质严重的事故。

（4）发生接触网断线、倒杆、塌网等严重影响行车的故障；接触网设备故障不能满足动车组降弓惰行运行条件。

（5）动车组发生故障造成中断行车，经抢修在 2 h 内无法恢复运行；跨局动车组发生故障需出动热备动车组。

（6）因暴雨造成能见度小于 50 m；水害塌方、泥石流、山体滑坡等造成中断行车 2 h 以上或限速 45 km/h 以下。

（7）运输调度指挥、客服系统（客票发售和预定等）、运输管理、办公、货币资金结算及管理五大重要信息系统由于外部攻击及不可抗拒因素造成信息系统严重破坏，导致高速铁路信息系统崩溃，中断运行 4 h 及以上，运输生产无法正常运行，造成巨大经济损失和政治影响时。

（8）发生 1 列动车组晚点满 4 h，或 2 列以上晚点满 2 h；动车组车底循环交路不正常，大面积晚点超过 1 h；暴风雨雪等恶劣天气，影响站车正常旅客运输组织和动车组开行的情况；动车组晚点造成旅客群体性事件；动车组迫停在区间（特别是高架桥、隧道内、高坡地段）需要疏散旅客或组织旅客下车换乘。

（9）站内、区间发生行车冲、脱、挤及以上行车事故，或线路、信号设备故障影响本列动车组运行 1 h。

（10）铁路局决定需要启动Ⅲ级应急响应的其他情况。

郑州铁路局各处室根据铁路总公司Ⅳ级标准细化补充该局标准如下：

（1）造成 1～2 人死亡或造成 5 人以上 10 人以下重伤。

（2）动车组列车中车辆断轴，车轮崩裂，部件脱落。

（3）动车组列车运行中碰撞轻型车辆、小车、施工机械、机具、防护栅栏等设备设施或路料、坍体、落石。

（4）关闭折角塞门发出列车或运行中关闭折角塞门或列车运行中刮坏行车设备设施。

（5）动车组列车大面积晚点满 30 min；动车组列车故障不能继续运行，需要组织旅客在车站内换乘列车；动车组列车晚点超过 1 h，并需为旅客免费供餐时；候车旅客发生滞留，情绪不稳，批量旅客要求退票、改签等；天气不良，影响站车正常旅客运输组织和动车组正点运行的情况；旅客发生意外伤害或突发疾病，危及生命安全的突发事件。

（6）因降雨造成能见度小于 200 m；水害造成限速 160 km/h 以下；弓网故障；接触网停电时间超过 1 h 或对行车造成较大影响；线路、信号设备故障发生 1 h，设备故障仍未恢复或现场仍未查明原因。

（7）动车组被迫停在接触网分相无电区时。

（8）运输调度指挥、客服系统（客票发售和预定等）、运输管理、办公、货币资金结算及管理五大重要信息系统由于攻击、设备损毁和故障、数据丢失等原因，导致信息系统中断运行 2 h 及以上，造成经济损失并在站段范围内严重影响运输生产时。

（9）铁路局决定需要启动Ⅳ级应急响应的其他情况。

2. 应急响应的启动方式

应急响应的启动按照启动级别，由铁路总公司（铁路局）高速铁路突发事件应急领导小组以《铁路总公司（铁路局）关于启动高速铁路突发事件×级应急响应的命令》的形式宣布，命令内容应包括灾害基本情况、响应级别、响应单位及相关要求等。

3. 应急响应行动

接到突发事件信息，在尚未确定事件级别、实施分级响应之前，事发地有关单位主要领导要立即派员赶赴现场，组织指挥有关人员进行先期处置。

在采取先期处置措施的同时，事发地各单位要对事件的性质、类别、危害程度、影响范围等因素进行初步评估，及时向铁路局应急救援指挥中心（调度所）、安监室和局应急管理办公室（总值班室）报告，当非正常情况影响达到预案规定的应急响应标准和条件时，启动相应级别预案。

突发事件涉及其他应急预案时，根据需要同时启动铁路局相应应急预案。

（1） Ⅰ级应急响应行动

Ⅰ级应急响应由铁路总公司报请国务院，由国务院或国务院授权铁路总公司启动。铁路总公司及以下各级相关单位同时启动相应级别的应急响应。

铁路总公司迅速启动应急救援指挥，开展铁路应急救援工作，并参加国务院应急领导小组办公室的应急工作。

①铁路总公司应急响应

a. 在国务院的领导下，全面负责高速铁路的应急工作。

b. 执行国务院的有关指示，贯彻落实国务院的各项决议、要求和任务。

c. 实施紧急救援工作，确定紧急救援的区域、项目和规模，部署各部门的应急措施，根据国务院的要求和铁路事故灾害情况，紧急调集救援抢险队伍、设备和器材，研究部署救援抢险方案。视铁路事故灾害情况，可向国务院报告请求支援。

d. 迅速派出工作组赶赴事故灾害现场，加强救援抢险的组织领导，协助、督促和指导现场开展救援抢险工作，及时掌握事故灾害地区铁路救援抢险的主要工作和进展情况。

e. 及时协调、解决救援抢险运输和救援抢险工作中出现的各种问题。认真落实铁路突发事件新闻报道应急办法，正确引导舆论。

②铁路局应急响应

发生铁路特别重大突发事件后，事发地铁路局的应急响应，应在铁路总公司和省级人民政府的领导下，按本级铁路特别重大事故灾害应急处置方案执行。

（2） Ⅱ级应急响应行动

Ⅱ级应急响应由铁路总公司负责启动，铁路局及以下各级相关单位启动相应级别的应急响应。事发地铁路局应立即启动事故灾害指挥，采取事故灾害应急行动。

①铁路总公司应急响应

a. 铁路总公司根据事故灾害情况和发展趋势迅速作出救援抢险部署，向国务院报告事故灾害情况，落实国务院救援抢险的指示。

b. 根据救援抢险部署，组成救援抢险工作组，迅速赴事故灾害地区开展工作。

c. 根据事发地铁路局的请求，迅速确定对灾害地区进行紧急支援的部门、单位、设备及有关救援安排。

②铁路局应急响应

a. 铁路局应急领导小组启动应急预案，实施对管内应急工作的统一领导。

b. 铁路局应急领导小组须迅速了解事故灾害及救援抢险情况，研究部署救援抢险工作，确定铁路运输事故灾害范围和应急规模，将事故灾害情况及时报告铁路总公司和所在地人民政府，视事故灾害情况请求支援。

c. 事发地铁路局各部门和单位要迅速就位，各级专业救援抢险队伍集结待命，紧急集中运输车辆、救援抢险机械设备、工具器材、物资、材料、通信工具和其他备品进入紧急待命状态，做好支援救援抢险和应急运输的一切准备。

d. 铁路局各业务部门依据各自职责和应急领导小组要求，组织制定应急救援抢险措施和方案，迅速开展各项应急工作。

e. 次生灾害防御。对易发生次生事故灾害（火灾、爆炸、污染）的地点和设施，有关部门、站段、工区要采取紧急处置措施，及时疏散有关人员，加强监视、控制，防止灾害扩大。

（3） Ⅲ、Ⅳ级应急响应行动

Ⅲ、Ⅳ级应急响应由铁路局负责启动，Ⅲ、Ⅳ级应急救援响应启动时，由应急救援指挥中心（调度所）根据事故具体情况启动，并督导相关应急救援机构开展工作，组织成立现场指挥部，并设立医疗救护、事故起复、后勤保障、应急调度、治安保卫、善后处理等工作组，开通与现场指挥部的应急通信系统，咨询有关专家，确定事故应急救援具体实施方案。铁路局有关专业负责人和专业人员应当立即赶赴现场，调集各种应急救援资源，组织指挥应急救援工作。必要时，由安全监管办协调事发地人民政府、当地驻军、武装警察部队提供支援。遇有超出本级应急救援处置能力时，及时向铁路总公司报告。

（4） 响应程序

当发生突发事件需启动各级应急响应时，有关人员应立即报铁路局列车调度员和安全监察室值班监察，铁路局列车调度员接到事件通报后，立即报告值班主任。值班主任和安全值班监察接到报告后，应立即报告总调度长、本部门负责人和路局应急管理办公室（总值班室），并根据情况及时通知铁路局应急领导小组其他成员。启动Ⅲ级及以上应急预案时铁路局应急管理办公室（总值班室）报告主管副局长和局长，同时按照规定向铁路总公司和地方政府报告有关事件情况。

4. 指挥和协调

突发事件发生后，按照分级响应的原则立即启动相应预案，组织应急救援处置工作。

铁路局应急领导小组代表铁路局全权负责应急协调指挥工作。铁路局有关单位（部门）根据职责分工，负责协调相关工作。

铁路局应急领导小组成员未到达现场之前，事发地牵头单位要迅速组织力量开展应急救援处置工作，全力控制事件态势，防止事件扩大范围及衍生其他类别的突发事件。

5. 应急处置

本预案启动后，铁路局应急领导小组应根据具体情况和现场请求，紧急调集铁路内部抢修救援力量、专用设备和物资，迅速部署应急处置措施。各相关部门和单位应根据路局应急领导小组要求，迅速落实应急处置措施。

6. 救护和医疗

突发事件发生后，事发地单位按照本单位应急预案中确定的医疗救护方式，迅速联系地方医疗机构，配合协助医疗部门开展紧急医疗救护和现场卫生疾病疫情处置。

铁路局应急领导小组根据现场请求，及时协调实施医疗救护、伤员转运及卫生防疫工作。

7. 应急人员的安全防护

突发事件发生后，涉及启动应急救援起复方案时，必须在确保现场人员安全的情况下实施。应急救援人员的自身安全防护，必须按设备、设施操作规程和标准执行。参加应急救援、现场指挥和事故调查处理的人员，必须穿戴具有明显标识并符合防护要求的安全帽、防护服、防护靴等。

8. 旅客、群众的安全防护

发生突发事件，需要对旅客、群众进行安全防护、疏散时，按相应应急救援预案组织进行安全防护和疏散。旅客、群众安全防护和救援处置期间的治安保卫工作，由铁路公安局负责。

9. 社会力量的动员与参与

突发事件发生后，根据现场具体情况，由铁路局应急领导小组或授权的现场应急救援指挥部，商请地方人民政府启动相应的社会力量，参与应急处置。社会力量参与应急处置，应在现场应急救援指挥部统一领导下开展工作。

10. 新闻发布

突发事件的新闻发布，必须由铁路局应急领导小组确定新闻发言人，按照国家有关突发事件新闻发布的原则、内容、规范性格式，审查、确定发布时机和方式，向社会和媒体通报有关情况。发生可能产生重大社会影响或国际影响的事件，按规定程序，及时报铁路总公司政治部、宣传部和有关部门，请求协调有关信息发布工作。

11. 应急结束

当事件发生现场事态平息，对人身安全的危害性消除，伤亡人员和旅客、群众已得到医疗救护和安置，高速铁路恢复正常运输后，经现场应急救援指挥部批准，现场应急救援工作结束，应急救援人员撤离现场。按“谁启动、谁结束”的原则，由相应级别的应急领导小组宣布应急结束。

6.1.5 后期处理

1. 善后处置

铁路局负责组织善后处置工作。必要时应急领导小组协调当地人民政府有关部门和单位协助善后处置工作。善后处置工作主要包括：对事故现场进行清理，对造成伤亡的人员及时进行医疗救助或给予抚恤，对造成生产生活困难的群众进行妥善安置，对紧急调集、征用的人力和物资按规定给予补偿等。

2. 保价保险

铁路局应急领导小组办公室应及时通知保险机构开展对应急处置人员和受灾人员保险的受理、赔付工作。对涉及保价运输的物品损失，按铁路有关保价规定理赔。

3. 调查和总结

铁路局安全监察室、事发地铁路办事处及有关部门，按照相关规定和程序，组织对事故的性质、原因、责任和处置进行调查、总结，并提出防范和改进措施，形成书面报告，由应急领导小组办公室汇总后报铁路局应急领导小组。

6.1.6 保障措施

1. 通信保障

根据应急处置需要，铁路局电务处负责组织协调通信工作，保证应急救援通信畅通。

2. 救援装备和应急队伍保障

铁路局根据救援体系建设规划，协调、检查、促进应急救援基地建设和完善，强化救援队伍建设，保证应急状态的调用。铁路局有关专业部门和单位要建立辖区内现场救援和工程抢险装备数据库，明确其类型、数量、性能和存放位置等，保证应急状态时统一调用。应急装备拥有部门和单位要建立相应的登记、维护、保养和调用等制度。

铁路局有关专业部门和单位应建立相应专业应急队伍，加强业务培训，提高装备水平，强化应急配合功能，增强抢修救援能力。同时，建立健全先期处置队伍、后续处置队伍、增援队伍的组织保障方案。

3. 交通运输保障

现场抢修救援指挥部根据需要商请交通管理部门实行必要的交通管制，保障应急处置期间的交通运输。铁路局按管理权限调动管辖范围内的交通工具，任何单位和个人不得拒绝。

4. 治安保障

铁路公安局负责对事发地现场的安全警戒，维护现场秩序，提供治安保障。如铁路公安机关警力不足，应及时请求地方公安机关增援。

5. 医疗卫生保障

铁路局劳动和卫生处负责组织协调医疗卫生保障工作，积极与地方卫生部门协调，根据事故现场的需要，及时协调有关医疗专家和医疗卫生小分队进入现场，实施对伤病员的救护。

6.1.7 培训和演习

1. 培训

铁路局各专业部门和单位要对有关人员定期进行应急情况下抢修救援知识和行车组

织的培训，提高抢修救援业务技能和应急处置能力。

2. 演练

铁路局应急领导小组可根据实际情况，适时组织高铁突发事件应急演练，并对演练进行评估和总结。各站段要有计划地按应急处置要求进行演练，提高整体应急处置能力。

3. 监督检查

铁路局应急领导小组对预案实施的全过程进行检查督促，保障应急措施到位。各单位应根据应急预案的要求，定期检查本部门应急人员、设施、装备等资源的落实情况，制定相应奖惩制度。

4. 奖励与责任追究

对实施本应急预案行动中表现突出的单位和人员，由各级应急领导（指挥）小组做出决定，给予表彰和奖励。对于玩忽职守、严重失职的责任人，根据国家有关法律法规的规定，按照管理权限，给予行政处罚，构成犯罪的，依法追究刑事责任。

6.1.8　附　　则

1. 相关预案

铁路局各专业部门和单位应根据本应急预案和实际，制定和细化本专业、本单位的突发事件应急预案，并报路局应急管理办公室（总值班室）、铁路局应急救援指挥中心（调度所）核备。

2. 预案管理与更新

本预案由铁路局负责管理。

随着应急救援法律法规的制定和完善，部门职责的变化，以及应急过程中存在的问题和出现的新情况，铁路局应急领导小组应及时组织修订完善本预案，并上报铁路总公司备案，同时抄送各相关部门和单位。各单位应根据本预案及时修订本系统预案。

6.2　高铁突发事件综合应急预案的检查和评价方法

高铁应急预案内容包括总则、组织机构与职责、预防预警、应急响应、后期处置、保障措施、培训与演习和附则等八部分内容。应急预案以预设方案的形式将应急管理中涉及的体制设置、机制运行和法制保障全部融入其中，是突发事件应急救援活动的行动指南，在应急救援过程中起着重要的指导作用。

高铁应急预案的可行性和质量，也直接影响到应急救援的效果和效率。应急预案评价的方法可以分为两种：静态评价方法和动态评价方法。静态评价方法是指从现有预案的逻辑结构、应对措施的逻辑顺序、应急资源的配置情况等方面来进行评估。静态评价的缺点是不够全面，例如静态评价在参与应急处理的各部门之间的协作配合是否熟练，信息分析是否有效等方面难以做出有效判定。动态评价方法是指通过应急预案的演练，由演练来发现存在问题。动态评价的缺点是成本较高。所以应急预案的评价最好是能够将两个方面综合起来，相互补充，以达到较好的评价效果。从某种程度上理解，对应急管理的评价，其实就是对应急预案的检查和评价。对高铁应急预案内容全面性进行检查和评价有助于发现预案存在的不足以便及时修改，有利于提高预案的质量和可行性。

应急预案质量的好坏没有明确界限，只采取定性分析得不到确切的结果。模糊层次分析法是在层次分析法确定指标权重的基础上，运用模糊评判矩阵进行评价的一种综合评价方法。该方法优点在于能较好地解决综合评价中模糊性问题，可最大限度地减少人为因素，较好地反映方案的实际情况。建立科学的指标体系并赋予评价指标一定的权值是应急预案综合评价的基础，其权值的大小代表指标在预案中的作用或重要程度。据此，下面介绍如何运用模糊层次分析法对高铁应急预案进行综合评价。

6.2.1 应急预案的检查

对于事故应急救援预案的检查应参照相关事故应急救援预案编制导则进行检查。检查一般可以分为三个层次：检查预案程序、检查预案内容、检查预案配套的制度和方法。

1. 预案程序的检查

（1）危险源确定程序。找出可能引发事故的材料、物品生产过程等；对危险辨识找出的因素进行分析。

（2）事故预防程序的检查。遵循事故预防 PDCA 循环的基本过程，即计划（plan）、实施（do）、检查（check）、处置（action），包括掌握危险源的现状、分析产生危险的原因、拟定控制危险的对策、对策的实施、实施效果的确认、保持效果将其标准化、持续改进提高水平。

（3）应急救援程序检查。根据危险源模拟事故状态，制定出每种事故状态下的应急救援方案。当发生事故时，每个职工都应该知道，每一步“做什么”和“怎么做”。

2. 预案内容的检查

（1）程序所包含的内容是否遗漏。

（2）这些内容是否正确。

3. 预案配套制度和方法的检查

（1）生产工艺操作以安全为本。

（2）做好日常的准备，积极进行安全教育、培训。

6.2.2 指标选取原则

建立科学合理的指标体系，是评价应急预案的基础。关于铁路应急预案评价指标体系的建立，专家和学者们作了不少研究，并取得了一定的成果。比较有代表性的有：

（1）以应急预案的合理性、可操作性和经济性三个方面建立评价指标体系。

（2）以应急预案的全面性、可操作性和可扩展性三个方面建立应急评价指标体系。

（3）以应急预案总体结构建立评价指标体系。

虽然这些指标体系的依据不同，但都能对铁路应急预案做出合理的评价。

在综合上面的研究成果基础上，采用以指标集合之间的内在联系和互补作用为依据建立综合评价指标体系。综合评价指标体系能够全面反映高铁应急预案特征，其指标的选取应基于对应急预案内容及其特点的充分认识，力争科学、全面、合理、易操作地对应急预案进行评价研究。因此，选取综合指标应遵循以下原则：

1. 目的性

应急预案综合评价的总体目标是选取指标首先考虑的因素。只有明确目的，建立对应的指标体系，才能做出合理的评价。综合评价的指标体系随着评价内容以及目的的不同而不同。本文主要是对高铁应急预案编制内容的综合评价研究，因而指标体系的选取应基于应急预案核心要素。

2. 全面性

应急预案是应对突发事件的行动指南。一个完善的高铁应急预案应始终贯穿应对该突发事件的整个过程，同时还应包括该突发事件所涉及到的组织机构及职责以及救援人员的救援行动操作。由于应急预案的核心要素较多，各要素之间既有一定的独立性，又紧密联系一起形成有机的系统化体系。因而在选取指标体系时，应尽可能多的选取指标，同时减少各指标之间的交叉，力争系统、全面地反映应急预案的核心要素。

3. 可行性

应急预案核心要素众多，在选取指标体系时，应尽可能的选择关键核心要素，同时选择的核心要素要容易量化或易定性分析，使得易于获取真实可靠的指标数据。指标的个数不应过多，只要能够全面反映应急预案的实际情况即可。

6.2.3 指标选取方法

在高铁应急预案的综合评价活动中，并非是评价指标越多越好，关键在于评价指标在评价中所起的作用和大小。通常有以下几种方法来进行评价指标的筛选。

1. 专家调研法

这是一种向专家发函、征求意见的调研方法。评价者可根据评价目标及评价对象的特征，在所设计的调查表中列出一系列的评价指标，分别征询专家对所设计的评价指标的意见，然后进行统计处理，并反馈咨询结果，经几轮咨询后，如果专家的意见趋于集中，则由最后一次咨询确定出具体的评价指标体系。

2. 最小均方差法

对于 n 个取定的评价对象（或系统）$s_1, s_2, \cdots, s_n$，每个被评价对象都可用 m 个指标 $x_1, x_2, \cdots, x_m$ 来表示，那么可用 $x_{ij}(i=1,2,\cdots,n; j=1,2,\cdots,m)$ 来表示评价对象对应指标的观测值。容易看出，如果 n 个被评价对象关于某项指标的取值都差不多，那么尽管这个指标是非常重要的，但对于这 n 个评价对象来说，它并不起什么作用。因此，为了减少计算量就可以删除掉这个指标。这就启发我们建立最小均方差的筛选原则如下：

$$s_j = \left(\frac{1}{n}\sum_{i=1}^{m}(x_{ij}-\bar{x}_j)^2\right)^{1/2}, j=1,2,\cdots,m \qquad (6-1)$$

s_j 为评价指标 x_j 按 n 个被评价对象构成的样本均方差。其中

$$\bar{x}_j = \frac{1}{n}\sum_{i=1}^{n}x_{ij}, j=1,2,\cdots,m \qquad (6-2)$$

$\bar{x}_j$ 为评价指标 x_j 的按 n 个评价对象取值构成的样本均值。

若存在 $k_0(1\leqslant k_0\leqslant m)$，使得

$$s_{k_0} = \min_{1\leqslant j\leqslant m}\{s_j\} \qquad (6-3)$$

且

$$s_{k_0} \approx 0$$

则可删除掉与 s_{k_0} 相应的评价指标 x_{k_0}。

3. 极小极大离差法

先求出各评价指标 x_j 的最大离差 r_j，即

$$r_j = \max_{1\leqslant i,k\leqslant n}\{|x_{ij}-x_{kj}|\}, j=1,2,\cdots,m \qquad (6-4)$$

再求出 r_j 的最小值，即令

$$r_0 = \min_{1\leqslant j\leqslant m}\{r_j\}$$

当 r_0 接近于零时，则可删除掉与 r_0 相应的评价指标。

6.2.4 指标体系构建

综合评价指标体系构建是一个“具体—抽象—具体”的辩证逻辑思维过程，是人们对现象总体数量特征的认识逐步深化、逐步求精、逐步完善、逐步系统化的过程。作为综合评价指标体系有许多要求，一个完整有效的应急预案内容全面性评价指标体系应该以应急预案核心要素为基础，因此将高铁应急预案的一级评价指标分为预防、准备、响应和恢复四个一级指标。其中预防阶段包括危险源控制和预防预警 2 个二级指标；准备阶段包括机构与职责、资源保障和培训与演习 3 个二级指标；响应阶段包括分级响应、紧急处置和救援行动 3 个二级指标；恢复阶段包括善后处置和调查总结 2 个二级指标。二级指标的评价内容作为三级指标，具体指标体系见表 6—1。

表 6—1 高铁应急预案评价指标体系

一级指标	二级指标	三级指标（评价标准）
预防（B_1）	危险源控制（C_1）	分析本单位存在的危险源（D_1）
		分析危险源可能导致的突发事件及后果（D_2）
	预防预警（C_2）	明确信息上报部门（D_3）
		明确信息报告内容（D_4）
		预防行动科学合理（D_5）

续上表

一级指标	二级指标	三级指标（评价标准）
准备（B_2）	机构与职责（C_3）	清晰描述应急组织机构组成（D_6）
		明确组织机构成员及职责（D_7）
		明确涉及单位及职责（D_8）
	资源保障（C_4）	明确通信保障（D_9）
		明确救援装备种类、数量、位置（D_{10}）
		明确运输保障（D_{11}）
		明确治安保障（D_{12}）
		明确医疗保障（D_{13}）
	培训和演习（C_5）	明确应急队伍的培训计划和方式（D_{14}）
		明确应急演练的方式、内容、评估、总结（D_{15}）
		确定应急资源管理人员（D_{16}）
响应（B_3）	分级响应（C_6）	清晰描述应急响应等级（D_{17}）
		清晰描述信息上报流程（D_{18}）
	紧急处置（C_7）	清晰描述事件应对处置方法及行动（D_{19}）
		明确事件负责人员及职责（D_{20}）
	救援行动（C_8）	清晰描述救援所需物资（D_{21}）
		清晰描述旅客安全疏散方法及路线（D_{22}）
		明确救援行动程序（D_{23}）
		明确协议救援单位及联系方式（D_{24}）
恢复（B_4）	善后处置（C_9）	现场污染处理方式（D_{25}）
		清晰描述人员伤亡、财产损失等理赔工作（D_{26}）
	调查总结（C_{10}）	事故原因调查、救援经验总结（D_{27}）
		防范及改进措施（D_{28}）

6.2.5　评价指标的若干预处理

1. 评价指标类型的一致化

一般来说，指标 $x_1, x_2, \cdots, x_m$ 中，可能含有“极大型”指标、“极小型”指标、“居中型”指标、“区间型”指标。对于某些定量指标，如系统可靠性，我们自然期望他们的值越大越好，这类指标我们称为极大型指标；而对于诸如系统危险性、失效度等一类指标，我们自然期望它们的取值越小越好，这类指标称为极小型指标；诸如安全防护水平等指标，考虑安全防护成本下，我们既不期望它们的取值越大越好，也不期望它们的取值越小越好，而是期望它们的取值越居中越好，我们称这类指标为居中型指标；而区间型指标是期望其取值落在某个区间内为最佳的指标。

若指标 $x_1, x_2, \cdots, x_m$ 中既有极大型指标、极小型指标，又有居中型指标或区间型指标，则必须在对各备选方案进行综合评价之前，将评价指标的类型作一致化处理。否则，就无法定性地判定综合评价函数中的 y_i 值是否是取值越大越好，或是取值越小越好，或是取值居中越好，也就是无法根据 y 值的大小来综合评价各备选方案的优劣。因此，需将指标作类型一致化处理。

对于极小型指标 x，令

$$x^* = M - x$$

或

$$x^* = \frac{1}{x} \tag{6-5}$$

式中 M——指标 x 的一个允许上界。

对于居中型指标 x，令

$$x^* = \begin{cases} \dfrac{2(x-m)}{M-m}, m \leqslant x \leqslant \dfrac{M+m}{2} \\ \dfrac{2(M-x)}{M-m}, \dfrac{M+m}{2} \leqslant x \leqslant M \end{cases} \tag{6-6}$$

式中 m——指标 x 的一个允许下界。

对于区间型指标 x，令

$$x^* = \begin{cases} 1.0 - \dfrac{q_1 - x}{\max\{q_1 - m, M - q_2\}}, \text{当 } x < q_1 \\ 1.0 \quad \text{当 } x \in [q_1, q_2] \\ 1.0 - \dfrac{x - q_2}{\max\{q_1 - m, M - q_2\}}, \text{当 } x > q_2 \end{cases} \tag{6-7}$$

式中 q_1、q_2——指标 x 的最佳稳定区间。

通过上述处理，非极大型指标 x 就可以转换为极大型指标。

2. 评价指标的无量纲化

为了尽可能地反映实际情况，排除由于各项指标的单位不同以及数值数量级悬殊差别所带来的影响，需要对评价指标作无量纲化处理。无量纲化，也叫做指标数据的标准化、规范化。它是通过数学变换来消除原始指标影响的方法。常用的方法有“标准化法”、“极值法”和“功效系数法”。

(1)“标准化”处理法

令

$$x_{ij}^* = \frac{x_{ij} - \overline{x}_j}{s_j}$$

式中 $\overline{x}_j$、$s_j (j = 1, 2, \cdots, m)$——分别为第 j 项指标观测值的（样本）平均值和（样本）均方差。

显然 x_{ij}^* 的（样本）平均值和（样本）均方差分别为 0 和 1，x_{ij}^* 称为标准观测值。

（2）极值处理法

如果令 $M_j = \max_i \{x_{ij}\}$，$m_j = \min_i \{x_{ij}\}$，则

$$x_{ij}^* = \frac{x_{ij} - m_j}{M_j - m_j} \tag{6-8}$$

是无量纲的，且 $x_{ij}^* \in [0,1]$。

（3）功效系数法

令

$$x_{ij}^* = c + \frac{x_{ij} - m_j}{M_j - m_j} \times d \tag{6-9}$$

式中 M_j、m_j——分别为指标 x_j 的满意值和不允许值；

c、d——均为已知正常数，c 的作用是对变换后的值进行“平移”，d 的作用是对变换后的值进行“放大”或“缩小”。

对于极大型指标，通常取为 $c = 60$，$d = 40$，即

$$x_{ij}^* = 60 + \frac{x_{ij} - m_j}{M_j - m_j} \times 40, x_{ij}^* \in [60,100] \tag{6-10}$$

对于极小型指标

$$x_{ij}^* = 100 - \frac{M_j - x_{ij}}{M_j - m_j} \times 40, x_{ij}^* \in [60,100] \tag{6-11}$$

在评价模型、评价指标的权重系数、指标类型的一致化方法都已取定的情况下，应选择能尽量体现被评价对象 $s_1, s_2, \cdots, s_n$ 之间差异的无量纲化方法，即选择使 $y_1, y_2, \cdots, y_n$ 的离差平方和 $\sum_{i=1}^{n}(y_i - \bar{y})^2$ 最大的无量纲化方法。

6.2.6 层次分析法确定指标权重

层次分析法是美国运筹学专家沙旦于 20 世纪 70 年代提出的一种实用的多方案或多目标的决策分析方法。该方法可以将非定量对象作定量分析，并对人的主观判断做定量描述。采用层次分析法进行分析的具体步骤如下：

1. 建立层次结构模型

在明确问题之后，根据各因素之间的逻辑关系从上而下建立层次结构模型。最高层称为目标层，即所需解决的问题。在本文中，目标层是对高铁应急预案编制内容的综合评价，用 A 表示。

中间层又被称为准则层、策略层或约束层，它可以由一层或是多层组成，表示实现预定目标过程中的中间环节。在本文中，中间层为应对突发事件的整个过程：预防、准备、响应和恢复，分别用 $B_1 \sim B_4$ 表示。

最底层被称为方案层或对象层，表示解决目标问题的方案、政策、措施或目标问题产生的原因。根据高铁应急预案的内容框架，最底层分别用 $C_1 \sim C_{10}$ 表示，包括危险源控制、预防预警、机构与职责、资源保障、培训与演习、分级响应、紧急处置、救援行动、

善后处置和调查总结。

应急预案评价指标层次结构如图 6－1 所示。其中 $C_1 \sim C_{10}$ 又可进一步分级，具体内容参见表 6－1。

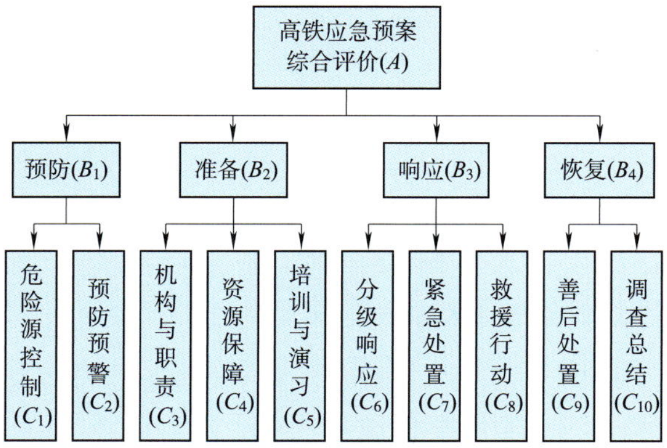

图 6－1　高铁应急预案评价指标层次结构图

2. 构建判断矩阵

任何系统分析都有一定的基础信息，层次分析法的信息就是人们对每一层次各元素相对上一层次的相对重要性的判断。将这些判断数据用矩阵形式表示出来即为判断矩阵。各元素之间相对重要性的确定方法见表 6－2。

对每一层指标采用两两比较的方法获得判断矩阵 $\boldsymbol{B}$：

$$\boldsymbol{B}=\begin{bmatrix} b_{11} & b_{12} & \cdots & b_{1n} \\ b_{21} & b_{22} & \cdots & b_{2n} \\ \vdots & \vdots & \ddots & \vdots \\ b_{n1} & b_{n2} & \cdots & b_{nn} \end{bmatrix} \tag{6－12}$$

表 6－2　因素之间重要性判断表

两元素对上层元素重要性比较	矩阵中相应结点 b_{ij}
b_i 和 b_j 同等重要	1
b_i 比 b_j 稍微重要	3
b_i 比 b_j 明显重要	5
b_i 比 b_j 强烈重要	7
b_i 比 b_j 绝对重要	9
两元素重要性介于各等级之间	2、4、6、8

权重计算最常用的方法有和积法和方根法两种，此处采用和积法，其计算如下：

（1）将判断矩阵 $\boldsymbol{B}$ 的每一列做归一化处理，处理结果为

$$\overline{b_{ij}} = \frac{b_{ij}}{\sum_{k=1}^{n} b_{kj}} \quad i,j = 1,2,\cdots,n \tag{6-13}$$

（2）将上式结果按行相加，并作归一化处理，得

$$\overline{w_i} = \sum_{j=1}^{n} \overline{b_{ij}} \quad i = 1,2,\cdots,n \tag{6-14}$$

$$w_i = \frac{\overline{w_i}}{\sum_{j=1}^{n} \overline{w_j}} \quad i = 1,2,\cdots,n \tag{6-15}$$

则 $W = (\omega_1,\omega_2,\cdots,\omega_n)^T$ 为所求的最大特征向量，即为各指标因素的权重。

3. 一致性检验

对判断矩阵 $\boldsymbol{B}$，计算经过归一化处理的特征向量 $\boldsymbol{W}$ 以及计算满足 $\boldsymbol{BW}=\lambda_{\max}\boldsymbol{W}$ 的最大特征值 $\lambda_{\max}$，其中 $\boldsymbol{W}=（\omega_1，\omega_2，\cdots，\omega_n）$。

为了防止在因素两两比较时出现赋值逻辑错误和赋值的非等比性等情况，需要检查判断矩阵的一致性。通常将一致性指标定义为：

$$\boldsymbol{CI} = \frac{\lambda_{\max} - n}{n-1} \tag{6-16}$$

一般情况下，$\boldsymbol{CI}>0$，即 $\lambda_{\max} > n$，$\boldsymbol{CI}$ 越小时，一致性越好。实际操作中，是将 $\boldsymbol{CI}$ 与平均随机一致性指标 $\boldsymbol{RI}$ 进行比较。$\boldsymbol{RI}$ 的值见表 6－3。

表 6－3　*RI* 取值表

矩阵阶数	1	2	3	4	5	6	7	8	9
RI	0.00	0.00	0.58	0.90	1.12	1.24	1.32	1.41	1.45

一阶、二阶判断矩阵恒具有一致性。当判断矩阵阶数大于 2 时，运用公式 6－17 计算判断矩阵的随机一致性比例。

$$\boldsymbol{CR} = \frac{\boldsymbol{CI}}{\boldsymbol{RI}} \tag{6-17}$$

如果 $\boldsymbol{CR}<0.10$，就认为判断矩阵具有满意的一致性，否则就需重新调整判断矩阵，进行重新计算。

6.2.7　模糊层次评价方法步骤

1. 建立指标体系集

高铁应急预案评价指标体系如表 6－1 所示。将总体目标记为 B，B 的集合包括 B_1、B_2、B_3、B_4 个元素，即 $B=\{B_1，B_2，B_3，B_4\}$。每个一级指标又可继续划分为 B_1、B_2、B_3、B_4 不同的集合，如 $B_1=\{C_1，C_2\}$。而每个二级指标又可继续划分成三级指标，例如 $C_1=\{D_1，D_2\}$。

2. 建立模糊评价集

对于高铁应急预案的评价，很难用数字来描述，只有通过评语来确定质量的优劣。

高铁应急预案的评价可以划分为“好”、“较好”、“一般”、“差”四个级别，即评价集V=｛好、较好、一般、差｝=（V_1，V_2，V_3，V_4）

3. 指标体系权重的确定

运用层次分析法确定各个指标的权重值。

4. 确定隶属关系

通过专家咨询和调查问卷的方式对每个三级指标进行定性分析，同时给出各指标的评价等级。根据调查结果建立评价指标与评价集的模糊关系矩阵$\boldsymbol{R}$，从而得到$\boldsymbol{B}$到$\boldsymbol{V}$的模糊关系。

$$r_{kj}=\frac{\text{将第 } k \text{ 个三级指标评价为第 } j \text{ 个等级的人数}}{\text{调查总人数}} \tag{6-18}$$

$$\boldsymbol{R}_k=\begin{bmatrix} r_{11} & r_{12} & \cdots & r_{1n} \\ r_{21} & r_{22} & \cdots & r_{2n} \\ \vdots & \vdots & \ddots & \vdots \\ r_{m1} & r_{m2} & \cdots & r_{mn} \end{bmatrix} \tag{6-19}$$

式中　r_{kj}——第k个三级指标被评为V_j的隶属度，有$\sum_{j=1}^{n} r_{kj}=1, k=1,2,\cdots,m$。

5. 模糊综合评价

（1）根据各二级指标的权重$\boldsymbol{W}_{ij}$以及三级指标隶属评判矩阵$\boldsymbol{R}_k$进行第三层模糊综合评价。

$$\boldsymbol{B}_{ij}=\boldsymbol{W}_{ij}^{T}\cdot\boldsymbol{R}_k \tag{6-20}$$

（2）根据第一步评价的结果，对二级指标进行模糊综合评价。

$$\boldsymbol{B}_{i}=\boldsymbol{W}_{i}^{T}\cdot\boldsymbol{B}_{ij} \tag{6-21}$$

（3）根据第二步评价的结果，对一级指标进行模糊综合评价。

$$\boldsymbol{B}=\boldsymbol{W}^{T}\cdot\boldsymbol{B}_{i} \tag{6-22}$$

式中　$\boldsymbol{B}$——高铁应急预案综合评价结果隶属矩阵。

模糊综合评价结果$\boldsymbol{S}=\boldsymbol{B}\cdot\boldsymbol{V}^{\mathrm{T}}$可以得出最终分数，从而得到评价对象的等级。

6.2.8　评价案例

以某高铁综合应急预案为例，对其进行综合评价分析。利用所设计应急预案综合评价指标重要性调查表，并邀请15位专家对指标体系中的一级指标和二级指标进行两两比较确定权重。

1. 指标权重计算

鉴于应急预案评价指标体系分为三个层次，一级指标有4个，二级指标有10个，三级指标有28个，通过专家对指标体系的比较获得比较判断矩阵，同时根据三级指标的重要程度直接赋权，对三级指标进行定性评价，根据评价的结果获得三级指标初始矩阵。同时根据计算权重方法的“和积法”以及检验判断矩阵一致性方法，得到各指标的权重。其中一级指标权重见表6—4。

表 6—4　*B* 判断矩阵及权重计算结果

B	预防（B_1）	准备（B_2）	响应（B_3）	恢复（B_4）	权重
预防（B_1）	1	2	1/3	3	0.252
准备（B_2）	1/2	1	1/4	2	0.149
响应（B_3）	3	4	1	5	0.518
恢复（B_4）	1/3	1/2	1/5	1	0.081

计算最大特征根 $\lambda_{\max}$：$\lambda_{\max}=\sum_{i=1}^{n}\frac{(\boldsymbol{BW})_i}{n\boldsymbol{W}_i}=\frac{1}{n}\sum_{i=1}^{n}\frac{(\boldsymbol{BW})_i}{\boldsymbol{W}_i}=4.034$

一致性检验：$\boldsymbol{CR}=\frac{\lambda_{\max}-n}{n-1}\cdot\frac{1}{\boldsymbol{RI}}=0.013<0.1$，符合一致性检验。

其中，***RI*** 的数值参见表 6—3。

二级指标的权重见表 6—5～表 6—7。

表 6—5　B_1 判断矩阵及权重

$\boldsymbol{B_1}$	危险源控制	预防预警	权重
危险源控制	1	2	0.667
预防预警	1/2	1	0.333

注：二维矩阵符合一致性检验。

表 6—6　B_2 判断矩阵及权重

$\boldsymbol{B_2}$	机构与职责	资源保障	培训与演习	权重
机构与职责	1	1/2	1/3	0.162
资源保障	2	1	1/2	0.309
培训与演习	3	2	1	0.529

最大特征根 $\lambda_{\max}=3.012$，$\boldsymbol{CR}=0.01<0.1$，符合一致性检验。

表 6—7　B_3 判断矩阵及权重

$\boldsymbol{B_3}$	分级响应	事态控制	救援行动	权重
分级响应	1	1/3	1/5	0.109
事态控制	3	1	1/2	0.321
救援行动	5	2	1	0.570

最大特征根 $\lambda_{\max}=3.003$，$\boldsymbol{CR}=0.003<0.1$，符合一致性检验。

$\boldsymbol{B_4}$ 的调查结果显示善后处置和调查总结同等重要，因此权值分别赋予 0.5。

根据一级指标权值，可以确定二级指标的综合权值，见表 6—8。

表 6—8　二级指标综合权值

二级指标 \ 一级指标	预防（B_1）	准备（B_2）	响应（B_3）	恢复（B_4）	综合权重
	0.252	0.149	0.518	0.081	
危险源控制（C_1）	0.667				0.168
预防预警（C_2）	0.333				0.084
机构与职责（C_3）		0.162			0.024
资源保障（C_4）		0.309			0.046
培训和演习（C_5）		0.529			0.079
分级响应（C_6）			0.109		0.056
紧急处置（C_7）			0.321		0.166
救援行动（C_8）			0.57		0.295
善后处置（C_9）				0.5	0.041
调查总结（C_{10}）				0.5	0.041

2. 高铁应急预案模糊评价

通过对一级指标和二级指标权值的计算，结合调查问卷的评分结果，统计出所有指标的等级分布见表 6—9，其中等级评价的数据是指评价某指标为某等级的人数，例如认为危险源控制指标为（好，较好，一般，差）的人数分别为 1，3，9，2。

利用式（6—18）将三级指标等级分布归一化处理，得到隶属关系矩阵 R_k。分别根据式（6—20）～式（6—22）对高铁应急预案进行模糊综合评价。其评价过程见表6—10。

可以设评语等级 $V=(V_1,V_2,V_3,V_4)=\{$好,较好,一般,差$\}$，取值为｛9，8，7，6｝，由此可以计算该综合应急预案最终的分值 $S=7.96$。此预案分值介于较好和一般之间，已接近较好的值，可以认为该预案的总体编制质量为较好。

根据评价结果，结合实地调查情况，发现该高铁综合应急预案存在以下几方面问题：

（1）应急预案缺乏持续全面的风险评估，运输生产过程中任何一个环节、设备的状态变化都会带来风险，必须持续做好风险评估和预先控制工作，才能进行充足的有针对性的准备和正确高效的响应。

（2）制定预案要充分考虑现有物质、人员、危险源的具体条件以及针对各危险源和危险目标现有的应急措施，及时、有效地指导生产安全应急救援工作。

（3）仅仅制定事故应急救援预案是不够的，更重要的是要针对本高铁运营的危险源、危险目标而制定的应急措施。综合应急预案应从事故预防的角度和从事故发生后损失控制的角度两个方面构成。

表 6—9 高铁应急预案的指标权重和等级分布

一级指标	权值	二级指标	权值	三级指标	权值	好	较好	一般	差
预防（B_1）	0.252	危险源控制（C_1）	0.168	分析本单位存在的危险源（D_1）	0.067	1	3	9	2
				分析危险源可能导致的突发事件及后果（D_2）	0.101	0	7	6	2
		预防预警（C_2）	0.084	明确信息上报部门及上报内容（D_3）	0.017	5	6	4	0
				明确各个时段指挥和协调部门（D_4）	0.025	4	6	3	2
				明确各阶段指挥和协调部门工作及职责（D_5）	0.042	3	6	5	1
准备（B_2）	0.149	机构与职责（C_3）	0.024	清晰描述应急组织机构组成（D_6）	0.005	8	5	2	0
				明确组织机构成员及职责（D_7）	0.012	5	9	1	0
				明确涉及单位及职责（D_8）	0.007	3	9	2	1
		资源保障（C_4）	0.046	明确通信保障（D_9）	0.009	8	6	1	0
				明确救援装备种类、数量、位置（D_{10}）	0.009	2	6	5	2
				明确运输保障（D_{11}）	0.009	5	6	3	1
				明确治安保障（D_{12}）	0.010	6	6	2	1
				明确医疗保障（D_{13}）	0.009	3	9	3	0
		培训和演习（C_5）	0.079	明确应急队伍的培训计划和方式（D_{14}）	0.024	4	7	2	2
				明确应急演练的方式、内容、评估、总结（D_{15}）	0.039	8	5	2	0
				确定应急资源管理人员（D_{16}）	0.016	5	8	1	1
响应（B_3）	0.518	分级响应（C_6）	0.056	清晰描述应急响应等级（D_{17}）	0.017	9	5	1	0
				清晰描述信息报送流程（D_{18}）	0.039	4	9	1	1
		紧急处置（C_7）	0.166	清晰描述事件应对处置方法及行动（D_{19}）	0.116	7	6	1	1
				明确事件负责人员及职责（D_{20}）	0.050	5	7	3	0
		救援行动（C_8）	0.295	清晰描述救援所需物资（D_{21}）	0.029	4	7	4	0
				清晰描述旅客安全疏散方法及路线（D_{22}）	0.148	2	10	2	1
				明确救援行动程序（D_{23}）	0.089	6	7	2	0
				明确协议救援单位及联系方式（D_{24}）	0.029	4	8	2	1
恢复（B_4）	0.081	善后处置（C_9）	0.041	现场污染处理方式（D_{25}）	0.016	4	6	3	2
				清晰描述人员伤亡、财产损失等理赔工作（D_{26}）	0.025	4	7	3	1
		调查总结（C_{10}）	0.041	事故原因调查、救援经验总结（D_{27}）	0.025	8	5	2	0
				防范及改进措施（D_{28}）	0.016	4	8	3	0

表 6－10　高铁应急预案综合评价过程

三级指标隶属矩阵 R_k	二级指标评价结果 $B_{ij}=W_{ij}^T \cdot R_k$	一级指标评价结果 $B_i=W_i^T \cdot B_{ij}$	最终结果 $B=W^T \cdot B_i$
(0.07，0.20，0.60，0.13)	(0.028，0.362，0.480，0.130)	(0.101，0.375，0.413，0.111)	(0.271，0.467，0.203，0.057) 归一化处理 (0.272，0.468，0.203，0.057)
(0.00，0.47，0.40，0.13)			
(0.33，0.40，0.27，0.00)	(0.247，0.400，0.279，0.074)		
(0.27，0.40，0.20，0.13)			
(0.20，0.40，0.33，0.07)			
(0.53，0.34，0.13，0.00)	(0.331，0.548，0.100，0.021)	(0.370，0.445，0.136，0.048)	
(0.33，0.60，0.07，0.00)			
(0.20，0.60，0.13，0.07)			
(0.53，0.40，0.07，0.00)	(0.318，0.440，0.186，0.054)		
(0.13，0.40，0.33，0.13)			
(0.33，0.40，0.20，0.07)			
(0.40，0.40，0.13，0.07)			
(0.20，0.60，0.20，0.00)			
(0.27，0.47，0.13，0.13)	(0.412，0.417，0.118，0.053)		
(0.53，0.34，0.13，0.00)			
(0.33，0.53，0.07，0.07)			
(0.60，0.33，0.07，0.00)	(0.362，0.519，0.070，0.049)	(0.313，0.518，0.126，0.043)	
(0.26，0.60，0.07，0.07)			
(0.46，0.40，0.07，0.07)	(0.427，0.420，0.107，0.047)		
(0.33，0.47，0.20，0.00)			
(0.27，0.46，0.27，0.00)	(0.240，0.573，0.147，0.040)		
(0.13，0.67，0.13，0.07)			
(0.40，0.47，0.13，0.00)			
(0.27，0.53，0.13，0.07)			
(0.27，0.40，0.20，0.13)	(0.270，0.436，0.200，0.094)	(0.348，0.426，0.165，0.00)	
(0.27，0.46，0.20，0.07)			
(0.53，0.34，0.13，0.00)	(0.426，0.416，0.158，0.00)		
(0.27，0.53，0.20，0.00)			

（4）应急资源准备不力，一方面目前我国铁路注重事后的处理，突发事件发生后才启动应急预案，成立应急管理机构，而在事件发生前的应急准备做的不充分；另一方面突发事件的物资、设备等应急保障不力。

（5）应急预案可操作性有待加强。铁路局内部根据事件的类别制定了一系列的应急预案，应急预案规定了突发事件的组织体系，以及各个部门之间的责任，但各个部门间的协调关系不够明晰，同时存在预案和相关规章不符的情况。

（6）应急响应过程中存在应急信息不全面、共享效率低、缺乏有效辅助应急决策系统等问题，极大影响到应急响应速度。

6.3　客运突发事件应急处置预案

6.3.1　总　　则

1. 编制目的

为及时、科学、规范、迅速、有效地处置高速铁路旅客运输突发事件，最大限度地减少旅客运输的损失和影响，妥善安置和疏散滞留旅客，确保旅客生命财产安全，迅速恢复运行秩序，根据铁路总公司有关规定，结合铁路局实际，特制定本预案。

2. 编制依据

依据《中华人民共和国突发事件应对法》、《中华人民共和国安全生产法》、《中华人民共和国铁路法》、《铁路交通事故应急救援和调查处理条例》、《铁路交通事故调查处理规则》、《铁路技术管理规程》（高速铁路部分）、《铁道部关于实施铁路突发公共事件应急预案的决定》以及各铁路局相关应急处置预案、文电。

3. 适用范围

本应急预案适用于铁路局所属站、车因设备设施故障、事故等原因，造成旅客大量滞留、动车组列车大面积晚点等严重影响动车组列车运行安全及站车旅客运输组织秩序的突发情况。

4. 工作原则

（1）坚持以人为本，安全第一。始终把保障人民群众的生命安全放在首位，最大限度地减少对旅客运输的影响和损失，妥善安置和疏散滞留旅客，切实提高客运专线站车服务质量和水平。

（2）坚持统一领导，分级管理。在铁路总公司和铁路局的统一领导下，各有关部门和站段按照各自分工、职责、权限和本预案的规定，共同做好客运专线旅客运输突发事件的应急处置工作。

（3）坚持依靠科学，依法规范。依靠科技手段，不断改进和完善应急处置方法；依法规范应急处置工作，确保预案的科学性、权威性和可操作性。应急处置做到反应迅速、分工到位、措施得当、信息畅通、密切配合、以站保车、处置有效、顾全大局。

5. 救援组织

客运专线应急处置及事故救援必须坚持集中领导、统一指挥的原则。服从列车运行所在地铁路局调度员的指挥。在应急处置及救援过程中，有关站车应及时向局列车调度员报告应急处置及救援相关事项。

6.3.2 应急处置

高铁客运突发事件的应急处置涉及面广，内容包含动车组列车晚点应急处置、站车发生旅客人身伤害或疾病时的应急处置、站车发生旅客食物中毒时的应急处置、动车组列车车门发生故障的应急处置、动车组运行中车辆发生异常时的应急处置、动车组旅客或行李物品掉落站台的应急处置、动车组接入无站台股道或列车尾部未靠站台的应急处置、发现精神病患者乘坐动车时的应急处置、动车组发生旅客误乘、越站、席别重号等的应急处置、车窗玻璃破损后的应急处置、动车组发生行车中断的应急处置、动车组运行途中停电的处置、车站临时停电时的应急处置、动车组应急服务等。

1. 动车组列车晚点应急处置

车站综控室通过集成平台系统中的到发管理系统接收到动车组列车在运行途中预计晚点超过 30 min 以上的信息时，广播（监控）员应立即向车站站长或值班干部汇报，并及时调整变更客运计划、广播计划、导向计划，通过集成平台系统按照行车信息→客运信息→旅客公共信息的流程，及时通告候车旅客和客运各相关岗位，实现列车晚点信息的快速传递与转换。

综控室人员应通过集成平台系统监控晚点动车组列车运行动态，了解动车组列车晚点原因，及时发布晚点列车的最新信息，并通过广播系统向旅客致歉，每次广播致歉间隔不超过 30 min。通报晚点原因时严格按铁路总公司、铁路局规定的通报用语解释。客运人员要做好晚点动车组列车旅客的安抚工作，不得以任何理由回避旅客，要加强对候车室的巡视，做好旅客的宣传解释工作，并掌握旅客动态，平息旅客情绪。

车站要及时增加退票、改签窗口，安排人员和备用金，按规定为动车组旅客办理退票、改签手续，并通过公告、票额显示屏等形式如实告知旅客其他动车组列车的票务相关信息，方便旅客调整出行计划，帮助旅客改签、退票，引导旅客分流。在售票厅内，车站要安排客运人员，增派警力维护售票厅秩序，做好引导工作，最大限度消除旅客排长队现象。动车组列车在始发站晚点 30 min 以上时，客运段应指派干部添乘，组织乘务组做好服务、解释和安抚工作。

动车组列车晚点时，列车长要及时通过列车司机联系列车调度员，了解晚点原因，报告车内情况、请求协助解决的问题。晚点 30 min 以上时，应做好旅客致歉、解释工作，安抚旅客情绪。通报晚点原因时严格按铁路总公司、铁路局规定的通报用语解释，每次广播致歉间隔为半小时。列车长要组织乘务人员做好优质服务工作，防止因服务工作不到位引起矛盾焦点的激化。乘警要与列车长密切配合，巡视车厢，维持秩序。

客运值班员与动车组列车长要按规定办理交接事宜，如有因动车组列车晚点后，发生旅客情绪比较激烈、矛盾比较激化，列车长按章交站处理时，车站不得推诿拒接。

动车组列车终到晚点 30 min 以上时，接到调度员通知后，终到站站长、公安段段长（派出所所长）带领客运、公安有关人员到站台接车，组织旅客下车出站，并做好致歉、解释工作。

发生旅客以滞留列车方式向铁路要求晚点或空调故障赔偿时，站车工作人员应当以说服劝解、诚恳道歉为主，耐心细致地做好解释和相关法律法规的宣传工作，稳定情绪，化解矛盾，努力争取旅客的理解和配合。

公安部门要积极配合客运开展滞留旅客的说服劝离工作，要向旅客宣传法律知识，告知旅客通过其他合法渠道维护其合法权益，劝解旅客听从车站工作人员的安排到指定地点协商解决，并协助车站工作人员引导旅客下车。

公安部门在协助劝离过程中严禁携带枪支，客运部门在宣传说服旅客离开车厢时，现场应由公安人员维持秩序，经反复工作劝离无效时，公安人员应宣布铁道部、公安部《关于严禁旅客滞留列车维护铁路运输秩序和安全的通告》（铁运〔2007〕154 号附件），并组织足够的公开警力，对拒不下车的人员依法采取措施带离车厢。对煽动旅客滞留车厢和扰乱列车治安、破坏铁路运输秩序、用暴力手段对抗执法的个别人员，要认真调查取证，依法追究其法律责任。劝解中要依法依规，有理有节，文明执法。

2. 站车发生旅客人身伤害或疾病时的应急处置

（1）动车组列车发生旅客人身伤害或疾病时的应急处置

动车组列车发生旅客意外伤害、疾病时，应利用列车上配备的急救药箱，进行初步救治，同时应立即通过广播寻找旅客中的医务工作者帮助救治。

动车组列车上发生旅客伤病，危及生命安全需要立即下车抢救或已经死亡时，列车长应与列车司机联系，由司机报告调度员请求前方站临时停车，下交伤病或死亡旅客。车站接到调度员关于动车组临时停车下交伤病旅客的命令后，及时联系附近有救治条件的医院或 120 紧急救护中心到车站接车，并安排人员做好救护伤病（或死亡）旅客的各项准备工作。列车长应编制客运记录将受伤（或死亡）旅客，连同车票、携带品一并交车站处理，列车乘务人员不下车参与处理。车站成立事故处理工作组时，动车组列车相关客运段派员参加事故的后期处理。

旅客在列车上受伤、发生疾病无同行人或死亡时，列车长还应会同公安人员勘察现场，收集旁证物证，调查受伤死亡原因，采集不少于两份见证人证词，对参加抢救的医生的姓名、单位、电话进行登记，根据有效证件确定伤亡者姓名、单位、住址。为保证动车组恢复正点运行，列车来不及移交相关材料时，三日内向受理车站补交。

旅客人身伤害事故系斗殴治安或刑事案件所致，列车乘警应在客运记录上签章，并通知车站公安人员到场。列车长同时拍发事故速报。事故速报内容：

①事故种类。

②发生日期、时间、车次。

③发生地点、车站、区间里程。

④伤亡旅客姓名、性别、国籍、民族、年龄、职业、单位、地址、车票种类、发到站、票号、身份证号码。

⑤事件及伤亡概况。

(2) 车站发生旅客人身伤害或疾病时的应急处置

在站内发生动车组旅客人身伤害或疾病时，站长、客运值班员应立即到现场会同公安人员查看旅客伤病程度，一方面利用车站配备的急救药箱，进行初步救治，另一方面通过广播寻找旅客中的医务工作者帮助救治。主动及时联系120救护车，派人立即将伤病旅客送到医院抢救，不得拖延。

车站客运人员应会同公安部门及时勘验现场，检查受伤害或疾病动车组旅客所持车票的票种、票号、乘车日期、车次、发到站、有效期以及是否打印有过闸机的检票标识等情况；收集不少于两份同行人或见证人的证言和有关证据并保护好证据材料。收集证人证言时，应当记录证人姓名、性别、年龄、地址、联系方式、身份证号码等内容；证言证据应当准确、真实，并能够证明事故发生的过程和原因。同时按要求拍发事故电报。

发生旅客人身伤害人数较多时，应当封锁现场，禁止与救援、调查无关的人员进入。车站认为必要时，应请求地方政府协助组织抢救。

列车移交的人身伤害旅客，办理移交手续应有客运记录、车票、旅客随身携带品清单、证据材料等。为保证动车组恢复正点运行，列车可暂不移交相关材料，三日内向受理车站补交有关材料。对无随行人员的受伤或患病的旅客，车站客运或公安部门要根据旅客随身物品（手机、身份证等）查找旅客家属电话和家庭地址，及时与旅客家属联系，告知伤病（死亡）情况和车站（医院）地址，要求旅客家属速来协商处理。

车站成立旅客人身伤害事故处理应急小组。组长由站长担任，组员由上级职能科室负责处理旅客意外伤害的专职人员、车站副站长、客运值班员担任。按照《铁路旅客人身伤害及自带行李损失事故处理办法》（铁道部第12号令）和《铁路旅客运输管理规则》等有关规定，妥善处理善后事宜。

车站客运值班员接到动车组列车移交人身伤害或患病旅客时，应按照“以站保车”的原则，及时与动车组列车长办理交接，不得推诿或拒接，应迅速安排工作人员，将伤病旅客送往就近医院抢救，并及时向站段汇报。车站提前得到通知时，应立即联系120救护车，组织有关人员接车，并安排人员做好列车下交旅客的救治准备工作，车站不得要求动车组列车工作人员下车处理，应尽早组织开车。

旅客人身伤害事故系治安或刑事案件所致时，应接收伤者，不接收肇事者，列车乘警应在客运记录上签字，并通知车站公安人员到场。

车站对本站发生、发现或列车移交的受伤旅客应当及时送附近有救治条件的医院抢救，对死亡的旅客由车站通知火葬厂将尸体拉走暂时保管，有关费用可先垫付，最后以处理协议进行清算。

3. 站车发生旅客食物中毒时的应急处置

站车发生疑似食物中毒旅客时，站长（列车长）应立即赶赴现场，统一领导食物中毒事件的处理工作。及时了解中毒旅客的主要症状，掌握中毒旅客人数、发病时间等情况，初步判断毒物根源或怀疑导致中毒的食物。

利用车站（列车上）配备的急救药箱，采取催吐、导泄等应急救治措施，进行初步救治。同时通过广播寻找医生帮助抢救治疗，控制病情。车站及时联系120救护车，将病人送当地或最近医院抢救。遇有中毒旅客必须临时停车送医院抢救时，列车长向调度员报告情况，请求临时停车命令；接到调度命令后，应编制客运记录，做好站车交接准备。列车乘务人员不下车参与处理。

发生三人以上有疑似食物中毒症状时，除按上述要求救治外，还应向铁路防疫部门和客调汇报，列车长立即向前方停车站通报；怀疑投毒导致食物中毒时，还应同时向铁路公安机关报告。报告内容要简明扼要，表述清楚，包括日期、时间、车次、运行区段、发病时间、地点、病人主要症状、发病人数（包括危重人数及死亡人数）、可能引起中毒的食物等，要求相关车站组织采取的措施。

在抢救安置中毒旅客的同时，客运人员要做好解释工作，稳定旅客情绪，防止造成混乱。公安人员（乘警）负责保护现场，维持秩序，车站（列车）应收集、保留、封存造成食物中毒或者可能导致食物中毒的食物及其原料、器具，将病人的呕吐物样品一并留存，待卫生防疫人员进一步调查。如不能排除食物中毒是车站（列车）供应食品所致，要停止车站（列车）食品供应，立即采取措施追回已售出的可疑食物或通知旅客禁止继续食用，防止事态扩大。封存食品经检验合格后才可以使用。能确认导致食物中毒的食物是因配餐或某站出售的食物造成的，应及时报告客调和卫生防疫部门。

站车应及时调查旅客中毒原因，收集证据材料，了解旅客发病症状、进食史，做好记录，形成第一手资料，以便协助卫生防疫等部门调查处理。

列车长要及时将记录和有关材料移交车站，以便车站尽快做好善后处置。

4. 动车组列车车门发生故障的应急处置

自动开关门装置故障时，由司机通知随车机械师，随车机械师负责处理相关故障。

列车发车前车门出现故障，乘务员应先手动关门并通知列车长、司机和随车机械师。

列车在运行中车门发生故障，乘务员发现或接到旅客反映后，应立即采取临时安全防护措施，并通知随车机械师及时关闭故障门。

列车到站车门不能开启时，乘务员应立即报告列车长，并采用手动开门的方式组织旅客下车。列车长应立即通知随车机械师到达现场处理。

动车组开启车门应急操作流程如下：

HX_1型：列车员对动车组侧门进行紧急解锁开门，并且不要复位。机车司机在IDU上确认由于紧急解锁而报出的A类警告。

HX_2、CRH380A型：列车员打开动车组相应侧拉门罩板上紧急开门阀的检查盖，操作紧急开门阀排风，实现紧急开门。

HX_3、CRH380BL型：列车员将渡板隔离，将门控器上S5开关打至关位，紧急解锁打开车门，通知机车司机确认车门状态。机车司机在HMI上确认车门状态应显示为“?”。

HX5 型：列车员将渡板隔离，断开要打开车门的门控器电源，施加紧急解锁将门打开。

5. 动车组运行中车辆发生异常时的应急处置

（1）异音应急处理措施

听到车辆走行部有拖、拉、击打声、上下振动声、连续摩擦声等异音时，乘务员应立即报告列车长，由列车长通知司机和随车机械师。

（2）异状应急处理措施

遇有车辆突发剧烈上、下跳动，车体剧烈摆动，连接处明显下垂，走行部有剧烈连续的摩擦震动声等异状时，乘务员应立即报告列车长，由列车长通知司机和随车机械师。

（3）异味应急处理措施

遇有车辆发出烧焦、橡胶、塑胶熔化等产生的异味时应立即通知列车长、随车机械师。列车长、随车机械师要迅速赶到现场检查确认，根据异常气味情况，采取相应措施并及时处理。

6. 动车组旅客或行李物品掉落站台的应急处置

发生旅客跌落站台与车体之间的缝隙，或行李物品掉下站台时，列车乘务员应立即通知司机，并通知车站客运值班员对旅客施救或使用专用工具取出行李物品。完毕后，按规定程序关门。

车站要配备 2 支长度 1.5m 杆把为绝缘材料的钩具，定位放置，及时帮助旅客捡拾掉到站台下的行李物品，严禁跳下站台拾取，以免发生意外。

对体积较大、站停时间内暂不能取出且影响动车组列车安全的行李物品，要立即用对讲机通知动车组列车长，排除故障后方能开车。如确认掉落站台的物品不危及动车组列车安全时，车站可待动车组列车出发后再行钩拾，并保管好物品，等待旅客及家属前来领取。

动车组旅客跌落站台被救起后，若伤势严重，不能继续旅行，车站应派人及时将受伤旅客送往医院救治，并按有关规定妥善处置后期事宜。

7. 动车组接入无站台股道或列车尾部未靠站台的应急处置

遇特殊原因，列车需要无站台停车或列车尾部未靠站台停车，车站应及时组织接车人员携带应急梯（列车乘务员也应提前将应急梯准备到位），提前在动车组停靠一侧等候，待列车停稳后，将应急乘降梯安放在车门口，并保证安放牢固、平稳。

列车乘务员要先确认邻线有无列车通过、有无危及人身安全障碍物后，在车站工作人员协助下，组织旅客乘降。车门开启后要先行下车立岗。

动车组到站前，车站要做好站台闲杂人员和移动物品的清理工作，确保安全。

旅客上下完毕，车站应及时将应急梯撤除，人员撤离。

8. 发现精神病患者乘坐动车组列车时的应急处置

（1）动车组上发现精神病患者的应急处置措施

乘务员发现无人护送的精神病旅客时，立即报告列车长、乘警。列车长指定专人看护，乘警协助处理。

有人护送的精神病旅客，乘务员应向护送人介绍安全注意事项，并予以协助。不准其单独行动，精神病人离座时必须有同行人看护。

对无人护送的精神病患者，列车长应编制客运记录移交三等以上车站处理。

发现间歇或突发精神异常旅客在乘车途中病情发作时，要立即向列车长、乘警报告。列车长、乘警根据实际情况派人看护，病人狂躁威胁他人人身安全时，乘警应对其采取约束措施。

（2）车站发现精神病患者的应急处置措施

车站客运人员发现单独旅行无人护送的精神病旅客，应立即报告值班干部和值勤公安干警，将精神病旅客安置在候车大厅偏角处，指派人员看护，帮助精神病旅客办理退票，严禁放行精神病旅客登乘动车组列车。

对有人护送的精神病旅客，客运员应及时通知客运值班员，并向同行护送人介绍安全注意事项，叮嘱同行护送人不准其单独行动，精神病人离座时必须有同行人护送，并在售票、候车、检票进站上车等方面予以协助。

对有人护送的精神病旅客，客运值班员在与动车组列车长站台交接时应主动通知列车长，协助护送人员防止发生意外。

发现有动车组旅客在站内突发精神病时，客运人员要立即向车站值班干部和值勤民警报告，值班干部和值勤民警可根据现场情况将突发精神病旅客安置在车站空闲房屋内，与其他旅客隔离，指派专人看护，通过广播寻找旅客中的医务工作者帮助先期救治，并尽快将突发精神病旅客送往当地医院治疗。病人狂躁威胁他人人身安全时，值勤民警应对其采取约束措施。

9．动车组发生旅客误乘、越站、席别重号等的应急处置

因中间站站停时间短，为防止旅客越站，列车员必须在到站前5 min内提示责任车厢内的下车旅客提前做好准备，到下车门等候下车。

发生旅客误乘、越站，列车员应做好安抚工作，稳定旅客情绪，密切关注旅客的动态，防止发生旅客使用紧急制动装置造成二次停车，同时立即向列车长报告。

列车长接到旅客误乘、越站的信息后，妥善安置旅客，并编制客运记录交前方停车站。

车站应提供重点服务，帮助旅客确定返回的车次、时间，指定最近列车免费送回。

动车组列车座席重号时，始发站列车长要及时将重号旅客交车站客运值班员处理。开车后发现席位重号时，列车长应妥善处置，安抚旅客，根据乘车人数通知单上席位情况，征得旅客同意后，调整旅客席位，做好解释和重点服务工作，并及时将重号情况上报铁路局。对客流较大，重号旅客较多，列车无能力解决的，列车长立即汇报（重号旅客人数，席位号，票号，旅客发到站，旅客姓名），请求铁路局协调前方站预留席位解决。

10．车窗玻璃破损后的应急处置

车窗玻璃破损或破损导致车厢密封失效后，乘务员应立即向列车长报告。列车长立

即通知随车机械师、列车司机按相应规定处置。

若判明异物坠落、击打列车时，列车长应联系司机向调度员报告。导致旅客意外伤害时，列车长应采取措施对受伤旅客迅速救治，按旅客伤害事故处理程序办理。

11．动车组发生行车中断的应急处置

发生线路中断，列车不能继续运行时，列车长应及时与司机、列车停留地车站联系，需要时与列车调度员联系，掌握晚点时间、原因、预计到达时间等情况，并组织列车乘务人员采取应急措施。

列车乘务人员应按铁路总公司、铁路局规定用语向旅客说明列车晚点的时间和原因，并通过广播向旅客致歉，随时向旅客通报预计晚点时间等确切信息。遇旅客问询时，应耐心细致回答，不得使用“不知道”、“不清楚”等语言或表现出不耐烦的态度，以免引起旅客不满。

在列车长的统一指挥下，列车乘务人员各司其责。列车员、保洁员按分工在责任车厢内，餐饮人员在酒吧车做好安全、服务工作。列车长应加强车厢巡视。

列车长时间停留引起旅客情绪不稳时，应主动走访旅客，在保证旅客安全的前提下，尽最大努力为旅客提供便利，尤其要加强对重点旅客的服务。

停留期间必须坚持“安全第一”的原则，如在区间停留，列车长、司机要尽快与列车受阻地点最近的车站取得联系，向调度报告列车受阻情况。报告内容包括：时间、车次、地点、灾害情况、列车现状（列车编组、旅客人数、去向、重点旅客等），有车辆破损或人员伤亡时应根据需要请求救援。列车停留地受灾害威胁，不能保证列车和旅客安全时，还应请求调度员将列车运行至安全区段，或将旅客紧急疏散到安全地带，需要组织旅客撤离列车时，列车长按疏散程序疏散旅客。

列车长应随时与司机、调度员联系，了解掌握列车停留、开行的具体时间，随时向调度员汇报车内情况及请求协助解决的问题，并及时将列车相关信息通报旅客。

列车不能继续运行时，对中途下车要求退票、换乘的旅客和铁路组织绕道运输、返回的旅客，列车和有关车站要根据《铁路旅客运输规程》有关规定，及时为旅客办理退票、改签手续，并耐心细致地做好解释工作。转运旅客在车站停留期间的安全和服务工作由转运车站牵头，列车予以配合。

12．动车组运行途中停电的处置

立即通知随车机械师检查处理。

严禁明火照明。

稳定车内秩序，严禁旅客下车，加强治安管理。

乘务员坚守工作岗位，加强车内巡视，防止发生意外。

如不能及时修复，应通知列车司机报告列车调度员，听候命令。空调失效超过20 min不能恢复，按铁路局旅客列车空调失效应急处置实施规定处理。

13．车站临时停电时的应急处置

车站站内临时发生停电后，客运值班员应及时将站内临时停电信息向车站站长（值班干部）汇报，并听从指挥安排，全体工作人员必须坚守工作岗位，各岗位间通过对讲机设备加强信息沟通联系。

综控室利用广播的备用电路，及时对旅客宣传，说明停电原因，稳定旅客的情绪，避免旅客恐慌，发生混乱，互相踩踏挤伤。

由车站值班员（车务应急值守人员）将列车运行调整计划及列车到发信息同时通知车站控制台操作人员。试行双确认制度。

车站的进出站检票口要安排人员值守，劝阻旅客在停电期间不要出入候车室，严禁工作人员摸黑放行。

工作人员应立即启用备用的照明用具应急灯或充电手电筒等，为旅客提供简易照明。

如遇停电期间有动车组列车到发时，客运值班员要组织各岗位按照人工检票（验票）工作流程对动车组进行放行和验票作业。

停电期间，车站工作人员要加强候车室、售票厅、地道和站台等部位的巡视检查，巡视中要反复提醒旅客注意看管好随身携带物品，照看好自己身边的老人和小孩，以免走散，劝阻旅客不要使用明火照明，防止发生意外。

停电后，车站工作人员要重点查看车站垂直电梯内有无被困旅客，如有被困旅客，应及时通知站长或值班干部，召集专业人员予以施救。

停电发生后，综控室应在第一时间与电力或房建部门联系，要求电力或房建部门及时抢修恢复供电，并及时与公安所联系，要求加派警力，确保安全。

14. 动车组应急服务

发生非正常情况，列车长应迅速向调度员和客运段报告情况。

如遇动车组严重晚点、空调故障、停电等严重影响服务质量时，列车长应在第一时间向上级报告。

动车组列车在运行途中发生缺水，影响旅客使用时，列车长通过列车司机及时向调度员报告缺水车厢号等信息，在折返站做好上水工作。动车组列车在运行途中出现个别车厢缺水时，列车要做好宣传解释，引导旅客到其他车厢使用洗脸间，并及时组织乘务员不间断为旅客送水。

6.4 客服系统故障应急处置预案

6.4.1 总　　则

1. 编制目的

为及时有效处置客运专线客服系统故障，保证高速铁路运输秩序，提高各单位、部门在非正常情况下的应急反应能力，特制定本办法。

2. 编制依据

根据原铁道部《关于广深港哈大等客运专线客服系统采用铁路局客运集中管理方案的通知》（铁运〔2011〕72 号）要求，铁路局客服系统集中管理工作正在实施中，为确保铁路局客服系统集成管理平台建成后，故障应急处置能有章可循，特制订应急办法如下，具体启用以建成使用投入当日为准。现阶段客运专线客服系统发生故障时，相关单位在申报、处理的同时，要按照有关规定上报。

6.4.2 应急处置

1. 铁路局客服系统集成管理平台故障处置办法

（1）铁路局客服系统集成管理平台发生故障，无法对车站客服系统进行操作和控制时的应急处理。

集成管理平台自动向客服综控调度员发出操作报警提示。

客服综控调度员应立即报告局客专调度台，并通知技术维护人员进行抢修。

通过集成管理平台应急管理模块，将车站控制台切换至应急管理模式后，立即通过远程呼叫或电话联系方式通知相关车站综控室，由车站将车站控制台切换至应急管理模式。综控室及时通知车站站长。

客服系统自动将中心信息接口定向到各站车站控制台，车站控制台自动接收调度信息共享平台、票务系统等相关信息数据，负责对车站动态导向、广播、查询和自动检票设备的控制。

（2）客服系统网络通信故障，铁路局客服系统集成管理平台与车站间彻底无法联系时的应急处理。

客服综控调度员应立即报告客专调度台，同时通知技术维护人员进行抢修。

客服综控调度员通过远程呼叫或电话联系方式通知相关车站综控室，由车站将车站控制台切换至应急管理模式。综控室及时通知车站站长。

车站控制台操作人员负责完成对车站旅服系统各基本功能模块的控制。

（3）客服系统网络通信故障，铁路局客服综控调度台无法接收列车调度系统提供的列车信息，但仍可实现对车站集中控制时的应急处理。

客服综控调度员应立即报告客运专线调度台。同时，通知技术维护人员进行抢修。

得到列车变更股道、晚点等信息后，由客服综控调度台及时将变更信息录入到旅服系统集成管理平台，并传达到车站。

（4）客服系统网络通信故障，车站控制台无法接收到列车调度系统提供的列车信息时的应急处理。

车站控制台操作人员应立即向铁路局客服综控调度台报告，同时通知技术维护人员进行抢修。

客服综控调度员根据 CTC 复视终端将列车运行信息及时通知车站控制台操作人员。

由车站值班员（车务应急值守人员）将列车运行调整计划及列车到发信息同时通知车站控制台操作人员。试行双确认制度。

车站控制台操作人员采用人工维护的方式，做好列车开行信息、列车实时运行信息等外部信息的维护，确保车站旅服系统各功能模块正常运行。

如需对检票计划进行修改时，由车站控制台操作人员登录自动检票系统管理终端，对自动检票计划进行相关修改、调整。

车站应建立车站值班员与车站控制台的信息通报制度。

2. 客服系统发生故障的应急处置

（1）监控设备故障

监控设备发生故障无法实施监控时，监控员要立即通知车站值班干部，车站值班干部要到现场指挥作业，并及时联系设备维护部门解决。

立即通知客运值班员及各岗位人员，加大巡视力度，特别是重点部位的巡视，发生突发情况及时上报，值班干部及各客运值班员要用对讲机及时沟通信息，汇报各岗位情况，确保各岗位作业正常进行。

（2）自动售检票机故障

进站自动检票机发生故障无法检票时，客运人员要立即组织人员将旅客组织到人工检票口，同时增开人工检票口，加大宣传力度，同时维护好旅客乘降秩序。

出站自动检票机将自动检票机调整为通行状态。现场客运值班员要立即组织工作人员进行人工进出站检票作业，作业完毕后，及时通知有关部门修复。

自动售票系统发生故障时，工作人员要迅速赶到现场，妥善处理故障，并引导旅客到人工窗口办理业务。

当站内发生火灾、爆炸等紧急情况时，工作人员要立即开启相关自动检票机通道、关闭自动售票机，并引导旅客到安全区域。

（3）广播系统故障

立即报告：车站广播突发故障时，广播员应立即向车站站长或值班干部报告，并及时向有关部门汇报。车站站长或值班干部要到现场指挥各岗位作业。

加强宣传：客运人员利用手提式喇叭及时向旅客通报列车运行情况，采取预剪，专人带队，引导上车等措施，保证旅客安全、及时、有序、准确乘车。

及时联系：客运值班员与综控室加强联控，掌握列车运行和股道停车情况，各岗位间互通信息，按时组织旅客排队检票、停检、关门，站台上加强巡视，确保安全。

提前上岗：各工作人员应提前上岗，在进出站口、站台、地道等重点部位加强引导，防止旅客上错车，下错站。

报告维修：及时通知有关部门处理，尽快恢复使用。

（4）导向显示屏故障

导向显示系统发生故障时，车站要立即组织人员在候车区、地下通道、站台进行宣传引导，广播室反复广播购票、进站、出站线路，正确引导旅客。同时要在候车区、进站口、进站厅、站台处加强人工引导旅客，并做好解释工作，防止旅客漏乘或错乘现象发生。

（5）客票系统发生故障

售票系统发生故障时，事发车站应及时向站段有关部门报告，站段要立即组织处理，并及时向路局主管部门汇报。并根据事态发展和恢复情况及时续报。车站的报告中，应有售票系统故障概况、发生时间、部门、影响范围以及售票大厅、售票处购票旅客人数等内容。并须说明本站购票旅客情绪波动、旅客安抚以及采取的措施等情况。

故障无法及时恢复时（客流高峰超过 30 min，日常超过 1 h 不能及时排除时），站段相关人员要立即赶往现场，经向铁路局应急领导小组办公室汇报后启动客票系统应急预案，并启用应急售票方案，尽快恢复售票。

必要时开通免检进站通道，与列车长做好交接，组织旅客上车补票。并做好对外公告及旅客解释工作。

车站值班干部要加强与公安干警的联系，加派警力和工作人员维护好售票厅的旅客购票秩序，认真做好旅客宣传、引导、解释工作，防止售票窗口出现混乱拥挤现象。

系统故障修复后，经向铁路局汇报后，站段负责将客票系统从应急售票方案切回原客票系统，恢复正常售票。

（6）电梯发生故障

电梯发生故障无法正常运送动车组旅客时，客运人员要组织动车组旅客通过步行梯快速进、出站，同时要做好重点旅客服务工作，对需要乘垂直电梯进、出站的伤残旅客，要安排客运人员重点帮扶上车、出站。

6.5 突发事件旅客疏散方案

6.5.1 总　　则

1. 编制目的

为有效处置高速铁路发生的突发事件，安全、快速组织旅客疏散或换乘，提高客运人员应急处置能力，确保旅客安全，现制定本方案。

2. 适用范围

本方案适用于在高速铁路发生铁路交通事故、站车火灾、动车组故障或遇有自然灾害等突发事件，需要组织旅客紧急疏散或换乘时的应急处置。

6.5.2 疏散组织

站内旅客疏散由车站值班干部统一指挥，值班人员负责旅客的疏散，其他人员协同配合。

线路上旅客疏散由列车长统一指挥，列车乘务人员负责旅客的疏散。疏散撤离时，疏散队伍前部设一人引导；疏散队伍中部一人组织；疏散队伍后部设一人督促。列车长负责对所有车厢进行全面检查，确认无遗留旅客后，方可撤离。必要时可向当地政府、驻军、消防机关请求救援。

6.5.3　疏散方案

1．车站旅客候车及疏散

车站工作人员接到晚点列车通报（中断行车）时，要组织人员向旅客做好晚点列车的宣传、解释和秩序维护工作；值班干部必须亲临现场，做好旅客安抚工作，稳定旅客情绪。

车站通过电子显示系统随时调整显示内容，将有关信息及时向旅客公告。并根据现场情况不间断地向广场、候车室、进出站口和站台等处广播相关措施和注意事项，做好滞留旅客的安抚工作。

对列车晚点要求退票或改签的旅客，及时办理。对持有联程车票赶不上接续列车的旅客，主动帮助旅客查询其他接续列车。

按规定做好旅客饮食、饮水、药品供应，耐心做好旅客的安抚工作，稳定旅客情绪。

各相关站车应采取有效措施，及时疏散滞留旅客。需要租用当地车辆转运旅客时，各车站应迅速取得当地政府支持，联系当地公路客运部门，组织车辆迅速疏散积压客流。

列车晚点 1 h 以上并逢用餐时间时，在车站候车的旅客由车站免费为旅客供餐。在列车上逢用餐时间的，列车长要将列车车内人数向所属调度区段客运调度员报告。车站向列车提供食品，免费为旅客供餐。

列车停车站接到临时上餐的调度命令后，要及时按列车需求准备好免费供餐食品，送达动车组列车，并与列车长签字交接。由动车组列车乘务员负责向旅客发放免费供餐食品。停车站要建立晚点列车应急处置预案，与当地餐饮供应单位签订紧急供餐协议，保证餐饮及时供应。

车站向动车组列车供餐应实行分装制。供应食品应符合《中华人民共和国食品卫生法》的要求，不得提供变质和“三无”食品。

2．启用热备车底疏散旅客

各车站、客运段制定调度命令的接收、传达流程，确保信息传递及时、准确无误。客运段接到启用热备车底调度命令后迅速传达到担当乘务班组，并通知段领导。

客运段要建立热备车底备乘制度，备好应急乘务人员、备品、餐食等。接到出动热备命令后随时出乘。

相关车站做好公告，及时办理旅客改签、退票手续。退票、改签不收手续费。旅客要求改乘其他列车时，尽可能改签有席位车票。车站应加强站车组织，站长现场指挥，做好旅客的换乘组织、饮食供应、后勤服务、安抚稳定等工作。

运行中必须更换车底时，列车司机根据调度命令立即转告列车长，原则上应在车站更换。车站应当与列车乘务员一起组织旅客换车。需要在区间换车时，列车长接到司机转交的调度命令后，以本列列车长为主，组织旅客安全换车。

3. 区间被迫停车及疏散旅客

动车组列车在区间被迫停车时，随车机械师、客运乘务组均应听从动车组司机指挥，处理有关行车、列车防护和事故救援等事宜。需下车处理时，必须接到列车调度员发布邻线列车限速 160 km/h 及以下的调度命令后办理。

确认接受调度命令。区间需组织旅客疏散时，必须接到列车调度员已扣停邻线列车的指示后方可办理。司机在接到列车调度员已发布扣停邻线列车调度命令的指示后，通知有关作业人员办理。列车长接到司机通知后，组织旅客下车疏散，需跨越线路时做好扶老携幼等保护工作。

确认疏散路线。区间停车疏散旅客时，列车长首先通过司机向调度员了解线路护栏疏散出口的具体方向（列车前进方向或反方向）、位置（线路左、右侧），引导旅客疏散至安全地带。

4. 在隧道内疏散旅客的处置

（1）隧道内疏散旅客的要点

动车组列车在隧道内发生突发事件无法继续运行时，必须遵循“救人为先”的原则先行疏散旅客。

接到调度员扣停邻线列车的命令后，列车长要准确判断靠近隧道出口一侧方向或应急通道位置，迅速组织旅客下车，向靠近隧道出口方向撤离。

①列车前部发生火灾无法通行时，向列车运行反方向疏散。

②列车中部发生火灾无法通行时，向列车两端疏散。

③列车尾部发生火灾无法通行时，向列车运行方向前端疏散。

（2）隧道内在列车发生火灾疏散过程中的旅客安全防护要点

①列车长统一指挥疏散工作，疏散时，利用列车广播、手提扩音器向旅客宣传安全防范措施和注意事项，组织旅客用浸水后的毛巾、衣物等捂住口鼻，防止烟雾熏呛中毒。列车长通过手持对讲机指挥列车前、中、后部位置的专人组织引导旅客撤离，开启应急照明灯，手持强光手电筒引导旅客下车，并做好车门口下车时的安全防护。

②列车前部及后部人员组织下车旅客有序撤离，确保前后呼应，防止发生意外。

③重点旅客要指派专人或组织旅客中的现役军人、医务人员、青壮年旅客帮助疏散。

5. 动车组列车需在高架桥下车疏散旅客的应急处置

动车组在区间高架桥停车不能继续运行，旅客必须在高架桥下车疏散时，列车长迅速通知列车司机并告知车内人数，司机立即向所属调度区段列车调度员报告停车位置、停车原因、车内人数和应急逃生梯位置。列车长组织旅客下车疏散必须接到调度员已发布扣停邻线列车命令的指示后方可办理。

在区间高架桥组织旅客下车时，相关车站、车务段、派出所根据调度命令或上级指示，组织人员迅速赶往现场，负责旅客下车扶老携幼及下车后防护、组织、安全保卫等工作，防止发生旅客伤害。相关车站、车务段、派出所干部必须到现场组织指挥，确保旅客安全。

列车长按照有关规定架设紧急梯子，由列车乘务人员组织旅客从有紧急梯子的车门向车下转移，并做好车门口安全防护。同时，列车长组织车内军人、青壮年旅客共同参与车门扶老携幼防护工作。

列车乘务人员组织旅客转移时应携带通信设备，随时保持与司机联系。

旅客从高架桥向桥下转移过程由相关车站、车务段组织人员做好引导防护，严防旅客从桥上发生坠落摔伤。转移到安全位置后，由相关车站、车务段负责组织车辆采取公路运输的方式将旅客转移到就近车站或指定地点妥善安置。

6. 动车组列车发生火灾爆炸事故等情况，危及旅客安全需要紧急疏散时

动车组列车发生火灾、爆炸，迅速组织旅客首先向未着火车厢疏散，及时关闭着火车厢两端端门（或阻火门）。如有旅客被围困，动车组停车后，列车乘务人员迅速组织旅客使用安全锤砸破紧急逃生窗，或从紧急出口有序逃出车厢，列车长立即通知司机，并向客专动车调度台报告。

调度所向有关单位和部门下达救援命令，封锁区间。

如列车停在车站，组织旅客向车站安全区域疏散。

如列车迫停在区间、隧道内、高架桥上时，按上述 3、4、5 执行。

7. 车站站内发生火灾、爆炸事故，危及旅客安全需要紧急疏散时

立即利用广播迅速引导组织旅客向站外安全地带紧急疏散转移。

客运工作人员及时打开全部出站检票机闸门和安全通道大门，保证安全通畅，同时利用手持喇叭，加大宣传力度，全力组织疏导旅客、防止人员发生对流、拥挤；公安干警要配合客运工作人员重点帮助老、幼、病、残、孕及行动不便的旅客疏散。

在疏散旅客、迅速扑救的同时，主动联系当地医院，及时将伤员送往医院救治，最大限度的减少伤员损失。车站工作人员先期应采取止血、简易固定、包扎等救护措施，为医院救治创造条件。

车站派出所负责保护火灾爆炸现场，维护秩序，疏导交通，并对抢救出的物资做好看管工作，必要时拉出警戒线，防止非工作人员进入火灾爆炸现场。车站工作人员配合公安干警做好现场保护工作，利用广播、显示屏、对讲机、手持喇叭，维护秩序，及时妥善安排好被疏散的旅客，对重点旅客重点照顾，稳定旅客情绪，以免发生混乱。

车站工作人员协助公安机关查明火灾爆炸原因和损失程度，站长指定人员负责清点伤亡人数和旅客财产损失情况，做好旅客姓名、性别、年龄、单位、地址、国籍、车票、身份证号码、其他证件及随身携带物品的登记工作。

车站工作人员要配合公安机关了解情况，提供线索和证据以利公安机关查明原因和侦查破案。

及时成立事故处理工作组并与伤亡旅客或家属协商，按照有关规定妥善处理善后事宜。

6.5.4 旅客伤害的救援及统计

对突发事件旅客疏散中造成的人身伤害，站、车要及时请求120医护救援。有条件时，要报告事故发生地的地点、交通条件和相关的地貌特征、地理条件等自然状况相关条件，尽可能使120救援车辆靠近事故地点。随后指派专人记录受伤旅客被各救护车送往医院的医院名称、伤员数量，统计受伤旅客人数，及时向事故发生地铁路局报告旅客伤害程度及数量，向事故处理单位补交客运记录。

在120救援车辆未到达之前，组织旅客进行自救、互救，进行止血、包扎、人工呼吸、骨折固定等应急处理。

6.5.5 事故报告

到达安全地带后，乘务组要分别组织以车厢为单位详细清点疏散旅客人数，对重点及特殊旅客情况进行逐人登记，维护秩序，做好稳定工作。同时，向所属调度区段铁路局调度员、铁路局客运处处长、客调及有关上级汇报。事故报告主要内容如下：

（1）事故发生的时间、地点（站名）、区间；

（2）发生事故的列车种类、车次、部位；

（3）旅客人数，伤亡人数、性别、年龄以及救助情况，是否涉及境外人员伤亡；

（4）车辆脱轨数量及型号等情况；

（5）对铁路行车的影响情况；

（6）事故原因的初步判断，事故发生后采取的措施及事故控制情况；

（7）需要应急救援的其他事项。

6.5.6 安全知识宣传

车站和列车日常要通过广播、电子显示屏、揭示揭挂、宣传资料等，向旅客介绍发生火灾、爆炸、铁路交通事故情况下，旅客应急疏散、逃生、自救、互救常识。

6.6 工务设备故障应急处置预案

6.6.1 总　　则

1. 编写目的

为了及时有效的降低工务设备故障带来的损失，提高各单位、部门在非正常情况下的应急反应能力，特制定本办法。

2. 试用范围

本预案适用于各高速铁路，对局管内铁路设备工务故障以及自然灾害等突发事件造成的工务故障进行应急处置。

6.6.2　应急机构及工作制度

1. 成立组织

（1）工务处成立高铁工务设备故障应急处置领导小组，由处长任组长，副处长任副组长，各科科长为组员，协调、指挥工务设备故障的处置工作。下设办公室，办公室设在工务处安全科，安全科科长任办公室主任。

（2）工务段成立工务设备故障应急处理指挥小组，主管副段长任组长，段各科科长、各高铁车间负责人为组员，负责各类故障的应急抢修指挥。

（3）各高铁车间成立工务设备故障应急处理小组，由车间主任任组长，车间支部书记、车间副主任、技术人员任副组长，负责工务设备故障的应急处置工作。

2. 工作制度

（1）统一指挥的原则。各类故障突发后，现场的应急处理由各段应急处理指挥小组统一领导指挥；在段应急处理指挥小组领导没有赶到现场之前，由现场最高行政领导指挥。

（2）以人为本的原则。在处理各类突发故障时，必须坚持以人为本，先救人后救物，最大限度减少人身伤亡和财产损失。

（3）遵章守纪的原则。在突发故障处理、救援过程中，必须遵循基本规章，做到按章指挥、按章作业，坚决杜绝违章指挥、违章作业和违反纪律等行为发生。

（4）顾全大局的原则。在突发故障的处理过程中，所有参与人员必须以全局利益为重，服从应急管理委员会的指挥，避免扩大事件影响，最大限度减少损失。

（5）逐步完善的原则。要依靠科技力量，不断完善现有的应急管理体系，从提高人员素质、提高设备质量、提高工作效率入手，全面提升处理各类突发事件的能力。

3. 值班制度

（1）工务处每天有一名处领导值班，工务段每天至少有一名段领导和一名安全、技术人员值班。

（2）车间值班人员必须由车间主任或支部书记带班，因事外出或下现场必须向段值班领导请假，同意后应另行安排人员值班。

（3）应急抢修组保证有七名以上职工值班，并由一名工长或班长带班。

（4）值班人员要坚守岗位，因故不能值班时，要向上级请假，严禁擅自离岗。

（5）值班电话必须保证24 h有人值守，做到随叫随到。

6.6.3　工务设备故障检查处理程序

1. 接到工务设备发生故障通知后的处理程序

当工务人员接到工务设备发生故障的通知后，按以下登记、检查、签认程序办理。

（1）工务段调度接到故障通知后要立即通知故障地点所在车间，车间要迅速启动故障应急预案，按调度通知的故障地点，确定上线所由作业门或安全通道的具体位置和赶赴现场的路线，并组织人员迅速赶赴现场。同时，工务段调度要及时报告段值班领导和路局工务调度；路局工务调度报告工务处值班处领导。

（2）根据调度通知确定的上线所由作业门或安全通道的位置，提前通知相关派出所做好相关应急准备，应急施工人员到达后按照路局相关规定进行入网施工。必要时抢险人员携带机具可就近破网进入或者携带轻便人字梯翻越防护栅栏进行故障抢修工作，入网处要派专人看守，抢险结束后对破网处要及时恢复。

（3）抢修人员预计到达上线位置前 10 min，现场负责人通知驻调度所或驻站联络员（以下简称驻所联络员）请求本线封锁、邻线限速 160 km/h 及以下并登记。待接到列车调度员本线封锁、邻线限速命令后，立即组织人员进网上线进行检查、处理。

故障发生后，如公路交通不便，为缩短应急处置时间，应急抢修人员可以乘坐后续动车组沿另一行到达故障发生地点进行检查、处理。抢修人员携带无损加固设备和必要的应急处理工机具到达车站后，现场负责人通知驻台（站）联络员（以下同）请求本线封锁、邻线限速 160 km/h 及以下并登记。待接到列车调度员本线封锁、邻线限速命令后，立即组织人员搭乘后续动车组前往故障地点进行检查、处理。

（4）经现场检查，确认故障现场基本情况后，现场负责人要迅速确定故障抢修方案并及时向驻所联络员通报情况，同时报告段调度，工务段调度向路局工务调度和段值班领导报告，工务调度向工务处值班领导汇报。主要内容包括：

①现场负责人姓名、职务。

②故障地点的里程：××公里××米，如是道岔时还应汇报车站道岔号。

③故障的主要情况，对行车的主要影响及范围。

④故障处理方案。

⑤需本线封锁的起止里程，邻线需限速的起止里程、慢行速度。

⑥处理故障需要的机具材料。

（5）驻所联络员根据现场负责人的申请进行登记签认。需电务或供电部门配合的，由驻所联络员通知相关单位配合处理，并记录被通知人员姓名及通知时分。

（6）处理故障完毕，经现场负责人确认具备开通条件，且所有人员、机具、材料全部撤出栅栏后，通知驻所联络员销点，并向工务段调度汇报，由段调度向路局工务调度汇报。

（7）需轨道车出动时，工务段调度提出轨道车运行请求，并通知轨道车司机做好准备。

2. 作业或检查时发现设备故障的处理程序

当工务人员作业或检查时发现设备故障后，按下列程序办理。

（1）对行车安全有影响的故障要立即采取封锁或限速措施。通知驻所联络员，由驻所联络员立即登记进行封锁或限速，并逐级汇报（汇报程序同上）。

（2）现场人员做好故障抢修准备后，现场负责人通知驻所联络员申请本线封锁及邻线限速，并由驻所联络员登记、签认，本线封锁及邻线限速的命令下达后，由现场负责人统一指挥进行故障抢修作业。

（3）故障处理完毕，现场负责人检查确认现场设备具备开通条件，且所有人员、机具、材料全部撤出栅栏后，通知驻所联络员销点，并向工务段调度汇报，由段调度向路局工务调度汇报。

(4) 对不需要当即处理的设备故障，要确定天窗内的整修方案，报工务段批准后方可实施。

6.6.4　故障应急抢修组分布及机具配备

工务设备故障应急抢修组沿高铁线路进行分布设置。以郑西高铁为例，工务设备故障应急抢修共设置 7 个组，应急抢修组值守地点放在荥阳南道岔维修组、巩义南道岔维修组、洛阳龙门道岔维修组、渑池南道岔维修组、三门峡南道岔维修组、灵宝西道岔维修组所在地。

各应急抢修小组责任区段划分如下：

郑州西抢修组：郑西高铁 K573＋780～K590＋600 及郑州动车所；

荥阳南小组：K590＋600～K592＋870，含荥阳南站；

巩义南小组：K592＋870～K660＋342（巩义站 X7 离去信号机），含巩义南站；

洛阳龙门小组：K660＋342～K756＋000，含洛阳龙门站；

渑池南小组：K756＋000～K780＋000，含渑池南站；

三门峡南小组：K780＋000～K850＋000，含三门峡南站；

灵宝西小组：K850＋000～K950＋620，含灵宝西站。

通常要求每个抢修组应配备汽车一辆，各应急抢修小组应配备的备品见表 6－11。需要的其他料具由各单位依据现场情况适当配备。例如，在洛阳龙门站备用一组轨道车，除配备以上料具外，车上备用 U71Mn (k) 21.5 m 无孔轨和 U71Mn (k) 7.8 m 带孔轨各 1 根。在工务轨道作业车配备不到位的情况下，故障抢修时，由调度所根据工务部门请求和列车运行情况安排轨道作业车运送轨料。

表 6－11　应急抢修小组应配备的备品明细表

序号	名称	单位	数量	备　注
1	备品包	个	2	内含红色双面警示灯 4 盏，喇叭 2 个，短路铜线 4 根，轨温计 1 个，30 m 钢卷尺 1 把
2	GSM-R 手机	台	1	
3	臌包夹板	对	2	P60（含螺栓平垫圈）
4	无损加固夹板（A 型）	套	1	（含紧固装置）
5	无损加固夹板（C 型）	套	1	（含紧固装置）
6	普通夹板（带螺栓）	对	2	P60
7	普通夹板（带螺栓）	对	2	P50
8	胶结绝缘夹板	套	2	P60
9	高强绝缘夹板	对	1	P60

续上表

序号	名称	单位	数量	备　注
10	高强绝缘组件	套	2	P60
11	接头连接线	根	8	长短各 4 根
12	断轨急救器	套	2	P60—4 个，P50—4 个
13	翻轨器	根	4	
14	撬棍	根	4	
15	吊轨车	个	3	
16	抬轨卡	个	4	
17	抬杠	根	6	
18	锯轨机	台	1	含备用切割片
19	钻孔机	套	1	打大小眼及备用钻头
20	钢轨螺孔倒棱器	个	1	
21	内燃螺栓机	台	2	
22	电子道尺	把	1	
23	扳手	把	4	死口 2 把，活口 2 把（带加力杆）
24	照明设备	套	2	
25	短轨头	个	5	10 mm 2 个，20 mm 2 个，50 mm 1 个
26	防胀布	米	200	
27	40 L 塑料壶	个	8	每年防胀期间须注满水备用
28	水桶	只	8	
29	氧气、乙炔切割设备	套		抢修组备用 1 套

6.6.5 常见工务设备故障处理程序

1. 轨道电路红光带

（1）检查人员根据出现红光带的轨道电路区段，分两班对左右股钢轨进行仔细巡查，直至发现断轨点或查明故障原因为止。如确认工务设备无故障，可通知登记“工务设备正常、不影响行车”。但故障原因不明、红光带未消失，检查人员必须继续查找，不得返回工区，直至确认出故障原因，检查人员方可撤回。如遇交通不便时，可申请乘用轨道车前往故障地点。如为跨越管界区段，在本管界内未发现故障时，必须将查找范围扩大到相邻单位管界范围，直至找出故障地点。

（2）如检查发现钢轨折断、绝缘故障，应立即根据伤损和折断情况进行抢险处理。

2. 钢轨折断

（1）无缝线路焊缝或母材折断。

钢轨折断处理分紧急、临时和永久处理。处理前先测量断缝值，对现场情况做好翔实记录，以备分析钢轨折断原因所用。

①紧急处理。当断缝为垂直断裂且断缝拉开不大于 30 mm、上下左右无严重错牙时，一般高铁正线采用无损加固，其他线路使用夹板或臌包夹板处理，用急救器加固，并将

短路铜线或回流线连接在断轨处两端，沟通轨道电路，随即复紧断缝前后 50 m 扣件，根据现场实际情况，限速 25 km/h 开通线路；当断缝小于 10 mm 时，限速 45 km/h 开通线路；邻线限速不超过 160 km/h。

②临时处理：当钢轨揭顶、斜裂或粉碎性断裂、断缝超过 30 mm 等无法进行紧急处理或紧急处理后不能及时进行永久处理时，应切除伤损部分，在两锯口间插入长度不短于 6 m 的同型钢轨，轨端钻孔，安装接头夹板，用 10.9 级螺栓拧紧，拧紧短轨前后各 50 m范围内的扣件，按不大于 160 km/h 速度放行列车。

临时处理前，应在断缝两侧轨头非工作边做出标记（标记间距一般 26 m），并准确丈量两标记间距离和轨头非工作边一侧断缝值，作好记录。

③永久处理。经临时处理或紧急处理后，应根据情况尽快在维修天窗时间进行永久处理。永久处理采用插入长度不小于 20 m 的同种型号无孔钢轨进行焊复，如果焊接时温度小于 0℃需采取保温措施，放行列车前，焊缝温度不高于 300℃，开通线路后首列限速不超过 160 km/h。

永久处理后线路的锁定轨温如果不在设计锁定轨温要求范围之内，应在合适的时间进行应力放散或调整。

（2）道岔尖轨、基本轨、可动心轨、翼轨折断。

发现道岔尖轨、基本轨、可动心轨、翼轨折断时应立即停用该道岔使用，封锁线路进行临时或永久处理。

①当检查发现直尖轨折断时，如果不影响开通曲股时可加锁锁闭曲股，以 25 km/h 开通曲股使用；当检查发现曲尖轨折断时，如果不影响开通直股可加锁锁闭直股，以 25 km/h开通直股使用，现场需由专人看守检查，每趟列车通过后检查轨道几何状态及结构状态，邻线限速不超过 160 km/h。安排在维修天窗时间组织更换尖轨，恢复道岔正常使用；当检查发现尖轨折断并影响另一股使用时应立即登记停用该道岔并组织进行更换。

②道岔基本轨发生折断。当断缝位于易于加固处所时，应立即用无损夹板进行加固，拧紧前后 50 m 扣件后，申请本线限速 45 km/h、邻线限速不超过 160 km/h 开通线路，现场派专人看守，每趟列车通过后检查轨道几何状态及结构状态，发现异常及时处理，并尽快安排利用维修天窗时间组织更换。当断缝位于不易使用无损夹板进行加固的情况下，若能使用其他临时加固方式进行处理，可根据情况进行临时加固，并拧紧前后 50 m 扣件，以限速 25 km/h 速度放行列车，现场需由专人看守，每趟列车通过后检查轨道几何状态及结构状态，邻线限速不超过 160 km/h，并尽快安排组织更换。如断缝位于曲基本轨弯折点附近（或直尖轨宽 55 mm 及以下断面范围）无法加固处理时应停用设备尽快组织更换。

③长短心轨结合部位心轨或咽喉部位至弯折部位翼轨折断时应停用设备尽快组织更换。

心轨后端或翼轨其他部位折断，可进行紧急加固处理时应根据情况进行加固，并拧紧前后 50 m 扣件，以限速 25 km/h 速度放行列车，现场需由专人看守，每趟列车通过后检查轨道几何状态及结构状态，邻线限速不超过 160 km/h，并安排组织更换。

④道岔其他部位钢轨折断，按钢轨折断处理办法进行紧急处理或临时处理后，放行列车。

道岔内钢轨折断经紧急处理或临时开通线路后，应在维修天窗内组织进行永久处理，切除折断尖轨、基本轨或辙叉，进行更换重新焊接恢复无缝道岔。

3. 绝缘接头故障

（1）检查现场绝缘是否联电，如联电应立即处理影响绝缘的导电介质，恢复线路，确认销记。

（2）检查现场绝缘是否挤死，如果挤死，需要更换新绝缘片。拆除螺栓，敲掉绝缘夹板，利用拉轨器拉开钢轨，更换新的绝缘片，恢复为普通绝缘，限速 160 km/h 开通线路。

（3）胶接绝缘接头拉开时，应立即复紧两端各 50 m 线路的扣件，如果绝缘失效不能当时进行永久处理，可更换为普通绝缘进行临时处理并限速 160 km/h 开通线路。

临时处理的绝缘接头应在维修天窗内重新胶接进行永久处理。永久处理时，应严格掌握轨温和预留焊缝，保证修复后无缝线路锁定轨温不变。

4. 胀轨

（1）当检查发现线路胀轨迹象时，立即采取封锁或限速措施，并安排抢险人员对钢轨进行降温，如胀轨迹象消失，可登记本线限速 45 km/h，邻线限速 160 km/h 及以下放行列车，并派专人进行检查巡视，根据气温状况阶梯提速至 160 km/h。利用维修天窗切断钢轨对前后各 300 m 范围进行应力放散，达到设计锁定轨温范围，焊接恢复无缝线路。

（2）如果已发生胀轨故障或降温措施无效时应使用气割切断线路，松开胀轨地段前后不少于 150 m 范围线路扣件进行应力放散，插入不短于 6 m 带孔短轨，限速 160 km/h 开通线路。利用维修天窗对前后各 300 m 范围进行应力放散到设计锁定轨温范围，插入不短于 20 m 同型号钢轨焊接恢复无缝线路。

5. 道岔故障

（1）接到道岔故障信息后，组织人员对故障道岔进行检查，重点检查转辙器、辙叉转换部位是否存在异物；滑床板是否断裂；尖轨、基本轨，心轨、翼轨密贴是否超限；转换部位螺栓是否松动；直曲尖轨、心轨是否不正常爬行等情况导致转换卡阻等。如工务设备正常，登记“工务设备正常、不影响行车”，人员撤出防护栅栏外，待故障查清处理后撤回。

（2）如确认因工务故障导致道岔失效，针对故障情况组织抢修，尽快恢复道岔正常使用。

6. 线路晃车

（1）如果接到司机汇报线路晃车信息，晃车地点所在单位必须准备上线检查，若后续列车不再汇报晃车并阶梯提速恢复常速后，可不用处理。如后续列车仍晃车，应申请临时要点（邻线限速不大于 160 km/h）安排人员上线检查，发现设备故障，应根据情况登记封锁线路进行处理，处理完毕后限速开通线路，然后阶梯提速，恢复设备正常使用。

（2）如果添乘人员发现严重晃车（或添乘仪Ⅳ级超限）、动检车（轨检车）出现Ⅳ超限、车载添乘仪出现Ⅳ级超限，应立即通知本务司机转报列车调度员（或通知高铁驻调度所联络人员）登记该地段限速（不大于160 km/h）或封锁线路。

晃车地点管辖单位应申请临时要点（邻线限速不大于160 km/h）检查人员上线对晃车地点前后不少于200 m范围进行检查，发现设备故障，应根据情况登记封锁线路进行处理，处理完毕后限速开通线路，然后阶梯提速，恢复设备正常使用。

7. 桥梁限高防护架被撞的处理

发生桥梁限高防护架被撞，工务段应及时通知铁路派出所。工务抢修人员应迅速赶赴现场，及时清理撞坏的限高架构件。如影响公路交通，应通知地方交警部门，设置警示标志，限速或封锁道路。原则上当天损坏当天修复，防止桥梁主体被撞。如被撞的限高防护架无法再用，当天不能恢复的，必须24 h派人看守，等修复后方可撤除看守。

如梁体被撞影响结构安全，要视被撞情况立即采取封锁或限速措施，同时安排桥梁抢修。抢修后，视现场情况确定放行列车条件。

8. 工务机械车故障处置程序

（1）司机应立即使用通信设备报告两端车站值班员、列车调度员及后续列车，并鸣示一长三短声的报警信号；副司机按规定采取防溜措施并及时报告段调度迅速请求救援，报告故障原因和停车位置；同时，在故障地点设置停车信号，如瞭望困难，遇降雾、暴风雨（雪）等恶劣天气或夜间，还应点燃火炬，防护标准按《铁路技术管理规程》执行。

（2）段调度接报告后要立即通知主管段长、技术调度科科长、设备科科长和主管工程师。主管段长应立即组织有关人员，携带必要的工具和配件，以最快的速度赶往现场。

（3）当工务机械车不妨碍邻线时，设置防护后，司机应立即进行故障排除。

（4）当工务机械车可能妨碍邻线时，司乘人员应按《铁路技术管理规程》；如在自动闭塞区间，还应对邻线来车方向轨道电路用连接铜线进行短路处理。

（5）对已请求救援的工务机械车，不得再行移动，并按规定对其进行防护。

（6）当故障排除后，司机立即使用无线通信设备通知两端站值班员、段调度，段调度员通知局列车、工务调度员。

（7）由司机做好线别、行别、公里位置、日期、时间、故障现象的记录。

6.6.6　有关要求

1. 加强日常管理

（1）明确各应急值抢修组的责任地段及人员组成，各负其责。

（2）各应急抢修组应配备高铁所有所有区间闭塞分区起讫里程表、区间封闭网作业门或安全通道里程表和平面交通示意图，并揭挂上墙。

（3）抢修机具要安排专人负责，定期进行机具的测试保养，材料随用随补，确保机具、材料状态良好。

（4）发生设备故障，工务段值班领导必须立即赶赴现场处理。凡发生断轨（含道岔内钢轨折断）、胀轨故障，工务处处长或值班处领导、工务段段长或值班副段长必须赶赴现场处理。

2. 加强防护工作，确保故障处理期间的人身安全

（1）抢修人员上线检查处理故障不需要跨越邻线时，必须在邻线限速 160 km/h 及以下、本线封锁的条件下方可上线；需要跨越邻线时，必须在本、临线均封锁的条件下方可上线。

（2）检查处理故障时，严禁两线间站人或存放机具材料。

（3）有关信号防护及标志的设置按有关规定执行。

3. 做好设备故障的统计、分析

（1）工务处及工务段要建立健全行车设备故障统计、分析、总结、报告制度，规范设备故障管理。

（2）设备故障统计应坚持及时、准确、真实、完整的原则，按设备故障类别、原因、责任等项目分别统计。

（3）每日设备故障件数的统计时间，由前一日 18：00 起至当日 18：00 止。填报故障发生时间时，以实际时间为准。

（4）工务处及工务段应按照铁路总公司专业部门统一制定的“行车设备故障登记簿”、“行车设备故障分析记录簿”的内容及格式如实填记，长期保存。

（5）工务处及工务各段应将设备故障分析情况纳入安全生产分析会或安全生产委员会会议，分析倾向性、关键性、前瞻性问题，研究制定防范措施。

4. 其他要求

（1）现场故障处理完毕后，要在当天天窗点内进行复查，发现问题及时处理。

（2）凡现场焊复的钢轨，焊复后要及时探伤，运行 10 日后再次进行焊缝探伤复核。

（3）工务段、桥工段高铁管理科、相关车间要建立故障检查处理台账，对每次发生的故障要详细登记。发生断轨故障时要对断缝断面拍照并保留断轨轨头标本。

（4）处理故障的放行列车速度按有关规定执行，特殊情况下，由现场负责人确定。

（5）工务段、桥工段要按照本办法，细化各类工务故障的应急处置方案。

6.7 电务系统行车设备应急抢险预案

6.7.1 总　　则

1. 编制目的

为进一步提高高速铁路在应对自然灾害、铁路交通事故等突发事件，以及电务行车设备故障等非正常情况下的应急能力，科学、规范、准确、迅速地有效处置，快速恢复信号、通信行车设备正常使用，最大限度减少对行车秩序的影响，确保高铁运输安全，特编制本预案。

2. 工作原则

（1）以人为本，安全第一。始终把确保人民群众的生命财产安全放在首位，提高非正常情况下的应急处置能力，减少设备故障造成的损失和影响，防范设备故障影响扩大化，严禁设备故障原因未彻底消除强行开通设备使用，提高信号、通信服务水平和质量。

（2）统一领导，分级管理。铁路局电务处在路局应急领导小组的统一领导下，负责督促指导电务段、通信段的信号、通信设备应急处置工作。电务段、通信段按照各自职责和权限，负责信号、通信设备应急处置工作。

（3）快速反应、妥善处置。建立畅通的信号、通信设备故障信息传递渠道及协调机制，确保故障信息迅速、准确传递，以及信号、通信的有机协调联动。建立故障应急处置值班制度，配备故障应急处置所需物资、器具，接到设备故障报告后，在规定时间内迅速出动，并严格按照规定程序进行故障处理。

3. 适用范围

本预案适用于铁路局管内高铁发生自然灾害、铁路交通事故，以及信号、通信故障等影响正常行车时的应急处置。

6.7.2 应急机构及职责

1. 铁路局应急机构

铁路局电务处成立高铁电务行车设备应急处置领导小组，负责组织领导局管内高铁电务行车设备应急处置工作。

（1）电务处应急处置领导小组组长由电务处处长担任，副组长由主管安全、信号、通信、技术、车载副处长担任，成员由处安全科、信号科、车载科、技术科、通信科、无线科、电务检测所等科所负责人组成。

（2）电务处应急处置领导小组下设办公室，办公室设在电务处安全科，负责领导小组的日常工作。铁路局电务调度及电务处值班人员，负责日常应急处置指挥工作。

（3）电务处应急处置领导小组统一领导和指挥信号、通信设备应急抢修工作。负责指导电务段、通信段制定信号、通信行车设备应急处置预案和各单项设备故障处理程序，及时启动应急预案；负责督办、落实铁路总公司和铁路局关于设备抢修应急处置的指示、命令，研究制定信号、通信设备应急抢修实施方案，并上报主管领导；组织指挥有关抢修人员迅速赶赴现场，指挥现场处理人员查找原因、抢修设备；做好应急处理中电务段、通信段及铁通公司之间的协调配合工作；根据险情等级及发展情况，决定是否向上级或兄弟单位、地方单位请求支援；负责联系有关产品、器材生产厂家派人赶赴事故现场，参加抢修工作或组织将所需产品器材运送到事故现场；负责将事故修复情况逐级报告有关领导部门，并做好与相关部门之间的协调工作；负责有关设备抢修、应急处置重大、紧急事项的决策。

2. 站段应急机构

电务段、通信段比照铁路局电务处高铁电务行车设备应急处置指挥机构的组成，成立由段长任组长的领导小组，统一领导和指挥管内设备应急抢修工作，办公室设在安调科。

电务段、通信段应急领导小组的具体职责：制定本单位应急抢修预案和各单项设备故障处理程序，及时启动应急预案；负责落实铁路局关于设备抢修应急处置的指示、命令，组织实施设备应急抢修方案；了解掌握事故概况和设备遭受损失情况，向上级报告抢修情况并与相关单位协调工作；负责现场设备应急抢修工作，组织有关抢修人员携带所需物资、材料赶赴事故现场，在做好现场保护、勘察，了解事故概况的同时，进行设备应急抢修工作；收集掌握管内安全情况和险情信息报告，负责信息的收集、整理和传递；负责联系有关产品、器材生产厂家派人赶赴事故现场，参加抢修工作或组织将所需产品器材运送到事故现场。

6.7.3 预防预警

（1）电务段、通信段加强对电务设备的检查整治，建立设备病害库；对需通过维修解决的问题，及时安排维修进行处理；需通过大修或更新改造解决的问题，要按照规定程序报请铁路局投资解决。

（2）按照《铁路安全管理条例》相关条款规定，坚决制止危害电务设备的行为。

（3）电务巡视检查人员和机车添乘务人员一旦发现电务设备故障险情，必须果断采取有效措施，确保行车安全，并及时上报。

（4）行车事故信息管理。电务处安全科按管理权限负责管内有关行车事故的收集、调查、处理、统计、分析、总结和报告，同时预测事故发展趋势，发布安全预警信息，制定相应预防措施。

6.7.4 应急响应

按照电务设备受损害严重程度和影响范围，应急响应级别原则上分为Ⅰ、Ⅱ、Ⅲ级。当达到本预案应急响应条件时，应分别启动本预案。

1. Ⅰ级应急响应

（1）Ⅰ级应急响应条件：出现下列条件之一，为Ⅰ级应急响应。

①发生铁路交通事故，造成电务设备不能正常使用，需要立即组织进行抢修。

②专运列车、重点列车发生电务设备故障耽误列车运行。

③信号设备故障发生 20 min，设备故障仍未恢复或现场仍未查明原因。

④通信电路非正常中断时间较长，影响 RBC/联锁、TCC/列控、TDCS/CTC、GSM-R、防灾系统、客服系统等正常运行。

⑤因倒塔、外力破坏引发光通信设施不能正常运行。

⑥GSM-R 网络塔（杆）倾倒、漏泄同轴电缆脱落，侵入限界，需要立即组织人员对设备进行抢修。

⑦相邻奇偶基站（BTS）、光纤直放站设备同时故障；主、备用 GRIS 设备同时故障，需要立即组织人员对设备进行抢修。

⑧其他原因造成信号、通信设备不能正常使用，需要立即组织人员进行抢修。

⑨上级决定需要启动Ⅰ级应急响应的其他行车事故。

（2）Ⅰ级应急响应行动：符合Ⅰ级响应条件时，应立即作出以下响应：

①Ⅰ级应急响应由局电务调度报请处长启动，或者由处长授权局电务调度启动。

②局电务调度接到事故报告后，立即将事故情况报电务处值班干部及处领导，并与

段调度保持联系，持续掌握设备抢修进展情况，敦促段立即赶赴现场指导处理。

③根据事故概况、影响情况及处理进展情况，当达到Ⅰ级响应条件时，电务处值班干部及应急处置领导小组成员，应根据处领导安排，立即组织人员赶赴现场帮助指导处理。同时由处领导负责向局值班领导报告。

④处应急领导小组应根据现场情况，制定或指导段制定抢修方案，并组织协调各单位完成抢修方案的实施。

⑤处应急领导小组应根据铁路总公司、铁路局相关要求，及时向铁路总公司、铁路局应急领导小组汇报情况。

2. Ⅱ级应急响应

（1） Ⅱ级应急响应条件：出现下列条件之一，为Ⅱ级应急响应。

①信号设备故障发生10 min，设备故障仍未恢复或现场仍未查明原因。

②GSM-R基站（BTS）和光纤直放站设备故障跨一个“天窗修”，GRIS故障发生6 h，仍未恢复或现场仍未查明原因。

③电务段、通信段决定需要启动Ⅱ级应急响应的其他信号故障。

（2） Ⅱ级应急响应行动：符合Ⅱ级响应条件时，应立即作出以下响应。

①Ⅱ级应急响应由电务段（通信段）调度报请电务段（通信段）长启动，或者由段长（安全副段长）授权段调度启动。

②段调度接到故障情况报告后，立即将故障情况报段值班干部及值班领导，并与高铁车间调度保持联系，持续掌握设备抢修进展情况，敦促车间立即赶赴现场指导处理。

③根据设备故障概况、影响情况及处理进展情况，当达到Ⅱ级响应条件时，段值班干部及应急处置领导小组成员，应根据段领导指示，立即启动Ⅱ级响应，组织人员赶赴现场帮助指导处理。同时由段调度向局电务调度报告。

④接到应急抢修命令的技术干部携带有关仪表、工具、材料赶赴现场抢修。

⑤段应急领导小组应根据现场情况，制定设备抢修方案，并组织车间、协调各单位完成抢修方案的实施。

⑥段调度对设备故障情况进行详细记录，并将故障概况、抢修经过、原因分析、采取措施等及时向局电务调度汇报。

3. Ⅲ级应急响应

（1） Ⅲ级应急响应条件：出现下列条件，为Ⅲ级应急响应。

电务段、通信段决定需要启动Ⅲ级应急响应的其他电务设备故障。

（2） Ⅲ级应急响应行动：符合Ⅲ级响应条件时，应立即作出以下响应。

①Ⅲ级应急响应由电务段（通信段）调度启动。

②段调度接到故障通知后，立即通知段值班干部，同时根据故障复杂程度、影响范围等情况，报告值班领导、安全科长。

③段调度了解车间干部到达现场情况和工区处理人员情况，并加强与故障工区和车间的联系，掌握现场处理故障的有关进展情况。

④接到故障通知的值班干部立即到调度盯台，电话指挥现场人员进行故障判断和故障处理。同时做好赶赴现场准备。

⑤车间值班干部接到故障通知 5 min 之内赶赴现场，参加故障处理和调查分析。遇到原因不明自动恢复的故障，车间干部要对设备进行全面检查并利用天窗点进行试验。

⑥故障修复后，车间值班干部分析故障原因，并报告段调度。必要时，车间以书面报告形式上报段调度，内容包括：故障概况、处理过程、原因分析、事故教训、采取措施、处理建议等。

⑦段调度对故障进行详细记录，了解有关“行车设备登记簿”登销记情况、器材情况、故障前设备维修情况、故障影响情况等。

6.7.5 信息传递

（1）发生铁路交通事故，造成电务设备故障时，故障信息的传递按照《电务系统铁路交通事故管理办法》执行。

（2）电务设备发生故障时，各工区（站）值班人员应在 5 min 之内报告车间调度，车间调度立即通知车间值班干部，并在 5 min 之内报告电务段（通信段）调度。

（3）段调度在接到故障报告后，应立即通知段应急领导小组及段值班干部、值班领导，并在 5 min 内向局电务调度报告。

（4）局电务调度接到故障报告后，应立即通知电务处应急领导小组及处值班干部，并根据处领导意见，及时向铁路总公司电务调度报告。

（5）故障处理过程中，局电务调度、段调度及车间调度应动态掌握故障处理情况，随时向电务处、电务段（通信段）领导报告。

（6）设备故障处理结束，恢复设备使用后，段应填写设备故障处理情况报告表，在故障恢复后 12 h 之内报局电务调度。遇特殊情况或上级要求时，应在规定时间内上报。

（7）设备故障处理情况报告及设备故障调查报告格式，按照《铁路局信号、通信设备故障调查处理办法实施细则》执行。

（8）应急结束。当现场设备抢修完毕，开通正常使用后，经现场负责人同意，按“谁启动、谁结束”的原则，宣布应急结束。

6.7.6 设备抢修

1. 电务设备故障处置基本流程

电务设备故障处置基本流程如图 6—2 所示。初步判断短时间内不能恢复，建议车站立即启用非正常接发列车办法。

2. 电务相关设备故障处理流程

高铁道岔、信号机、ZPW-2000A 轨道电路、设备箱盒、信号电缆、电源屏、计算机联锁抢修处理作业规程及相关设备故障处理流程，参照既有线《信号设备抢修处理作业规程》进行。

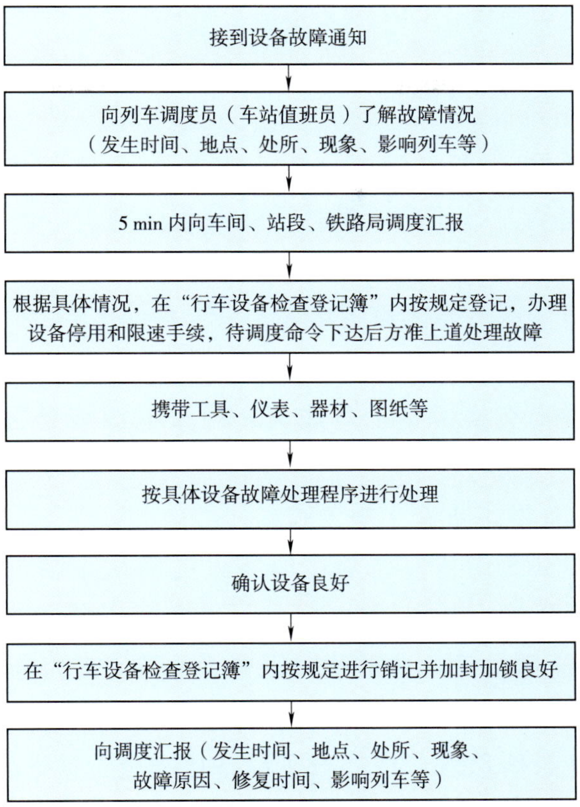

图 6—2　电务设备故障处置基本流程图

3. 相关处理办法

高铁列控设备及 CTC 调度集中系统设备应急抢修作业规程、指南包括《临时限速系统设备故障应急处置办法》、《RBC 设备系统异常处理措施》、《CTC 系统故障应急处理指南》、《列控中心设备开机程序及故障应急处置办法》。

(1) 临时限速系统设备故障应急处置办法

①电源模块故障。

故障现象：指示灯熄灭或异常。

处理措施：首先检查接线是否牢固，若正常则重启电源模块或取下故障电源模块重新插入。

②切换面板故障。

故障现象：切换面板上 A 机或 B 机故障灯点亮。

处理措施：重新启动异常系（包括 TM425 模块、TM427 模块），并检查设备间连接线是否正常。

③主控单元（TM425）故障。

故障现象：指示灯异常或熄灭。

处理措施：根据指示灯判断具体故障设备，检查设备之间的连线是否连接正确、牢固，重新启动主控模块。若故障现象是 TM425 模块的 ERROR 灯闪红，处理措施参见④。

④TSR 通信机故障。

故障现象：主控单元模块的 ERROR 灯闪红。

处理措施：检查 TSR 通信机系内连线是否正常，与主控单元模块间连线是否正常，重启故障系统。

注意：重启 TSR 通信机的时间间隔应不小于 6 s。如果频繁出现故障现象，请检查 TSR 通信机的散热风扇是否工作正常，散热网孔是否堵塞。

⑤TSRS 与外部设备连接故障。

故障现象：维护终端显示与外部设备中断。

处理措施：检查路由器和交换机是否工作正常，对应网口的指示灯是否熄灭，网线连接是否牢固。若路由器和交换机指示灯熄灭，检查电源线是否插好，并检查外部设备是否工作正常。

⑥TSRS 主、备系均有发生重新上电复位。

处理措施：在完成 TSRS 设备复位后，电务人员确认车站与调度台下达限速状态初始化操作，并在“行车设备检查登记簿”销记后，TSRS 设备方能正式投入运行。

⑦若 TSRS 与 CTC 通道故障，造成临时限速命令无法下达执行时，调度员应下达书面调度命令，司机按调度命令人工控制列车运行。设备恢复后，电务人员还应核对车站与调度台当前限速命令状态信息后，在“行车设备检查登记簿”销记。

⑧若 TSRS 发生故障或与其他设备连接中断时，各 TCC、RBC 仍可维持原限速信息内容，原现场施工项目可正常进行。电务人员应迅速赶往 TSRS 所在地，进行故障性质确认。若有新的限速需求且须下达的，可采用人工调度指挥限速方式。

⑨电务人员对限速状态初始确认的操作的完成情况可根据 TSRM 的界面显示情况进行确认。TSRM 将实时监测 TSRS 当前连接设备（不包括连接中断的设备）的初始化状态，只有当所有相连接的设备都初始化成功后，才能完成服务器初始化命令。

故障现象：初始化异常。

处理措施：检查是否有部分执行命令或临时限速服务器正在向列控刷新限速命令。若存在部分执行命令，将该部分执行命令重新执行或取消，然后重新下达初始化命令。

⑩电务人员可通过维护终端调阅历史记录信息，对命令的历史记录进行管理，可以选择时间段，不同设备之间的信息数据进行查询，电务人员还可以查询一段时间内的报警信息。

⑪在设备出现故障或异常时，现场人员要详细记录故障现象（包括模块指示灯状态）和采取的处理措施见表 6－12。

表 6－12　TSR 故障现象与处置措施

故障性质分类	TSR 系统外部	TSR 系统内部
电源掉电	电源屏供电	TSR 各单元通电
通道故障		检查 TSR 接线和网络交换机
主机停机		给 TSR 主机上电复位
业务逻辑错误	记录各外围系统的维护设备的当前时间	记录故障时间及现场状态；联系厂家技术人员解决

(2) RBC设备系统异常处理措施

无线闭塞中心(RBC)设备系统的故障类型及其故障现象、处理措施,见表6—13。

表6—13 RBC设备系统异常处理措施

硬件系统异常	故障现象	处理措施
RBC服务器掉电	①本地终端对应的RBC信息缺失,站场图呈粉红色; ②诊断终端上有告警; ③相应接口对端设备均有告警	①检查电源输入,电源开关是否正常; ②检查电源线接头、接地等是否有短路现象; ③查看RBC机柜内各电源模块是否正常工作; ④重新对系统进行上电
RBC安全核心部件故障	①排除逻辑的运算输出指示灯异常; ②诊断维护终端出现告警信息	①重启故障安全核心的电源开关; ②重启不能解决问题,则更换硬件板卡
RBC单系CC通信计算机故障	①联锁、TSRS、CTC出现单系通信告警; ②与MSC连接通道出现告警; ③当前建立连接的列车通信中断	①根据设备手册检查指示灯工作状态; ②断开电源开关5 s后,重新启动设备; ③故障不能恢复,更换硬件
RBC双系CC通信计算机故障	①与管辖内车站联锁通信中断,大屏红色显示; ②管辖范围内所有列车无法呼叫RBC; ③与CTC、TSRS通信中断; ④与MSC连接通道出现告警; ⑤相邻RBC无法进行交权	①根据设备手册检查指示灯工作状态; ②断开电源开关5 s后,重新启动设备; ③故障不能恢复,更换硬件
排除逻辑硬件故障	排除逻辑的状态指示灯异常	拔出排除逻辑模块,等待1 min后重新插入
单系通信交换机故障	单通道故障报警	①检查电源输入,空开开关,确保电源正常; ②软件应用程序出错,断开电源开关,等待5 s后重新启动; ③硬件板卡故障,断开电源,更换板卡并重新烧制应用程序拔出排除逻辑模块,等待1 min后重新插入
双系通信交换机故障	①与所有车站双系通信故障; ②与CTC、TSRS通信中断	①检查电源输入,电源开关,确保电源正常; ②软件应用程序出错,断开电源开关,等待5 s后重新启动; ③硬件板卡故障,断开电源,更换板卡并重新烧制应用程序

续上表

硬件系统异常	故障现象	处理措施
RBC 单系 ART 故障	①诊断维护终端会出现告警信息； ②通信自动切换到另外一系； ③与集中监测系统单系通信中断	①软件故障，则重新启动应用程序； ②硬件故障，通过电源开关重启系统，是否排除； ③故障仍然存在，则更换硬件
RBC 双系 ART 故障	①诊断维护终端出现告警信息； ②大屏显示粉红色； ③与集中监测系统通信中断	①检查电源，排除电源故障； ②软件故障，则重新启动应用程序； ③硬件故障，通过电源开关重启系统，是否排除； ④故障仍然存在，则更换硬件
OT 故障	大屏显示丢失	①应用程序故障，根据手册重启应用程序； ②若是计算机故障，重装计算机系统，并安装应用程序
单个 Secap 供电单元故障	设备故障告警，没有电源输出	①检查该电源模块的输入状态，如果输入有问题，继续检查电源屏是否正常工作； ②若电源输入正常，则检查电源模块的告警菜单，若是硬件故障，则切断输入电源，对设备进行更换
整个 Secap 供电单元故障	所有设备均出现告警，系统无法运行	检查电源屏的电源输出
与其他子系统接口异常	故障现象	处理措施
RBC 与单个车站联锁通信中断	屏幕显示该车站信息丢失，车站范围内轨道电路全部占用	①检查联锁通信机接口是否正常工作； ②检查安全网通信是否有异常
RBC 与管辖内车站联锁通信中断	①RBC 管辖内车站信息丢失，RBC 管辖内所有轨道电路全部占用； ②车站联锁显示双系通信告警	①判断是否 CC 双系故障； ②检查 RBC 与安全网之间的连接是否正常
所有 RBC 与联锁通信中断	①全线轨道区段显示占用； ②车站联锁显示双系通信告警	①RBC 通信机柜故障； ②控制中心内安全网路由器故障，参考安全网故障手册
某一 RBC 与 TSRS 通信中断	①区域内临时限速无法下达； ②无法对 RBC 进行初始化； ③管辖车站内侧线有 45 km 的限速	①检查通信计算机是否正常工作； ②通信计算机正常工作，检查通信计算机与通信交换机之间的网线连接

续上表

与其他子系统接口异常	故障现象	处理措施
所有 RBC 与 TSRS 通信中断	①全线临时限速无法下达； ②全线对 RBC 进行初始化； ③全线车站内侧线有 45 km 的限速	①检查通信计算机是否正常工作； ②通信计算机正常工作，检查通信计算机与通信交换机之间的网线连接； ③检查临时限速服务器的通信接口及程序是否正常工作
某一 RBC 与 CTC 通信中断	①该区域内列车信息和接口信息查询丢失； ②该区域内无法下达紧急停车信息和文本信息	①检查通信计算机是否正常工作； ②通信计算机正常工作，检查通信计算机与通信交换机之间的网线连接
所有 RBC 与 CTC 器通信中断	①全线列车信息和接口信息查询丢失； ②全线无法下达紧急停车信息和文本信息	①检查通信计算机是否正常工作； ②通信计算机正常工作，检查通信计算机与通信交换机之间的网线连接； ③检查 CTC 接口服务器的通信接口及程序是否正常工作
某一 RBC 与集中监测系统通信中断	集中监测无法获取该 RBC 设备的状态信息	①从 RBC 所属 ART 上进行 PING 操作，检查 IP 是否通信； ②若通信正常，则对系统之间连线进行检查，是否松动； ③重新启动 ART 服务或者计算机，进行恢复
所有 RBC 与集中监测系统通信中断	集中监测无法获取所有 RBC 设备的状态信息	①从 RBC 所属 ART 上进行 PING 操作，检查 IP 是否通信； ②若通信正常，则对系统之间连线进行检查，是否松动； ③重新启动 ART 服务或者计算机，进行恢复； ④重新启动集中监测采集终端，进行恢复
某一 RBC 与 GSM-R 通信中断	①通信计算机 NICC 板指示灯异常； ②RBC 管辖范围内所有列车均不能呼叫 RBC； ③与相邻 RBC 无法进行交权	①检查 RBC 上通信计算机的状态； ②联系有关通信段检查 RBC 与 MSC 之间的通道
所有 RBC 与 GSM-R 通信中断	①通信计算机 NICC 板指示灯异常； ②所有列车均不能呼叫 RBC	联系有关通信段检查通道以及 GSM-R 交换中心 MSC 状态

6

（3）CTC 系统故障应急处理指南

各级维护管理单位应建立和完善快速抢险长效机制。铁路局电务处负责日常故障处理和应急抢险的协调管理工作，负责拟定应急预案，定期组织开展抢险演练和技术交流活动，组建应急抢险队伍和事故抢险指挥中心。

①抢险队伍由各维护管理单位主管领导、工程技术人员、电子设备车间技术骨干及研制单位技术人员组成，并配备抢险必须的应急备品和工具仪表。抢险工作应注重练在平时，常抓不懈，培养锻炼出能够处理解决突发事件的过硬队伍。

②事故抢险指挥中心通常设于铁路局 CTC 中心，也可根据事故发生地点和施救效果，由铁路局电务处协商成立临时事故抢险指挥中心，指挥事故抢险工作。指挥中心根据事故性质确定应急抢险等级并组织实施，各维护单位和设备厂家必须顾全大局、服从指挥、共同协作尽快恢复系统正常使用。

③系统集成商在 CTC 中心设有远程登陆的传输设备，其设备平时处于断开状态，必须接入时需报请 CTC 中心技术负责人同意后，方能进行连接读取相关报警信息及日志记录，远程不得进行其他操作。远程登录所用计算机必须是专用计算机，在连入系统之前须进行查杀病毒。

④CTC 中心值班人员遇到下列情况时的处置措施：

a. 调度台工作站故障，应启用Ⅱ级应急响应，首先查看工作站与中心交换机双网状态是否正常，重启工作站是否有提示报警音，若是硬件故障不能立即修复时应更换备用工作站。

b. CTC 中心电源系统故障，应启用Ⅱ级应急响应，并立即通知电力维护单位处理。同时采取如下措施：

（a）若遇外电两路网断电，应尽可能停用非主要设备延长 UPS 电源供电时间；

（b）若转换屏输入转换部分故障，尽快确定故障位置，改为单路供电使用；

（c）若两路 UPS 电源故障，可改为直供方式供电。直供时应重点关注服务器的工作状态，避免出现反复突然断电情况。

c. 网络通道中断时，应立即通知电务段、通信段，安排技术员到 CTC 中心共同分析处理。同时通知相关单位赶赴故障地点。值班人员应利用网管系统，在现场工区的配合下作进一步的测试分析，在确定故障地点和范围后，通知相关技术人员，并指导其进行故障处理。

d. 网络安全设备故障造成通信中断，通过 PING 测试确认防火墙故障时，应立即甩开防火墙保持系统通信畅通。值班人员应立即通知有关技术人员对防火墙进行软、硬件检测和故障排查，修复后恢复其网内工作。

e. 无线 G 网故障或信息传递缺失重要信息时，中心值班人员应对与通信 GRIS 服务器相连的 G 网通道进行检测，查看实时握手信息等协议状态，并同时通知通信段调度或相关单位查找处理。

f. CTC 通信前置机、应用服务器、数据库等服务器故障时，应启用一级应急响应，若影响到设备正常使用时，立即登记停用 CTC 系统，并向主管部门汇报，通知有关技术人员。同时观察机器工作状态指示灯是否正常，程序运行状态是否正常：

（a）若判断设备故障，可进行主备机切换；

（b）若应用程序运行不良，可进行退出程序后从启程序操作；

（c）若设备故障，程序异常一时不能恢复时，立即通知有关厂家，要求提供技术支持，并速派技术人员前来处理。

⑤电务值班员遇到下列情况时的处置措施：

a. 车站 CTC 分机、终端等设备故障影响使用时，应立即登记停用，并报告本段调度。调度人员应速派有关技术人员带齐抢修备件赶赴处理。

b. 车站 CTC 网络故障影响使用时，应立即登记停用，并报告本段调度和 CTC 中心。调度和 CTC 中心值班人员分别通知有关单位，安排技术人员赶赴处理。

c. 车站 CTC 系统部分功能异常影响使用时，应立即报告本段调度和 CTC 中心，在调度或 CTC 值班人员的指导下处理故障，发生问题较为严重一时不能恢复时，应登记停用，电务段调度应速派安排技术人员赶赴处理。

（4）列控中心设备开机程序及故障应急处置办法

①开机前的准备和检查。使用前对列控中心设备“五确认”：

a. 确认列控中心设备是否有硬件和外观的损伤。

b. 确认列控中心机柜里设备部件配置是否完整。

c. 确认外部通信接口线缆连接可靠、设备接地良好。

d. 确认列控电源屏供电电压在正常范围内（AC220 V～AC240 V 50 Hz）。

e. 确认列控中心机柜零层各空开及电源机笼的电源模块开关处在断开状态（OFF）。如有上述任何条件不符，必须解决后才能通电使用。

②列控中心设备的开机步骤。系统冷机启动的加电顺序：

a. 系统从冷机（未加电）状态启动，应首先确认所有设备连接正确，接插件连接牢靠，切换箱钥匙处于自动位置。

b. 接通电源屏电源 AC220 V，确认电源屏输出 AC220 V 电压正确。

c. 将列控中心机柜零层（机柜下方）各空开闭合，接通维护终端电源。

d. 将电源模块的开关置于 ON 状态。

e. 检查主控机笼模块状态。主控机笼共有 8 个槽位，配置模块共 8 块，A、B 系各占 4 块。主控单元组件包括二取二主控制器 ICU、通信控制器 COMM、切换控制器 SCM。

f. 检查通信机笼模块状态。A、B 系通信机笼各有 10 个槽位，1 块 CTC 通信模块、1 块轨道电路通信模块、1 块联锁通信模块和若干 LEU 通信模块。

g. 检查 I/O 机笼模块状态。I/O 机笼共各 10 个槽位，配置采集模块 ICM 和驱动模块 OCM。模块正常运行后，其前面板的状态指示灯中运行灯（RUN）亮，故障灯（ERROR）灭。

③故障判断及处置方法：

a. 判断处理故障时，应尽量利用列控中心维护终端上显示的诊断信息，通过系统视频直接查看模块运行状态和列控中心与外设通信状态，在站场视图中，单击应答器图标可以在左侧的信息栏查看有源应答器的当前报文。当发现视图上有红色对象时，请检查相应的连接或模块，确认是否有异常情况发生。

b. 当列控中心设备中的某个单元或模块故障时，应先记录单元或模块的故障代码或状态显示，尝试按下面板上的 RESET 键复位，若故障未能消除，请及时更换备件。并从列控中心维护终端或集中监测设备中调取历史记录，发送给厂家进行故障分析。

④故障处理：

a. 列控 ICU 模块故障。

(a) A 系或 B 系异常停机，ICU 模块 ERROR 灯亮。

▶记录停机状态下该系 ICU、COMM、SCM 面板指示灯状态作为故障反馈资料。

▶复位故障 ICU 模块，如无法恢复正常，将故障 ICU 模块从机笼拔出，再重新装入，观察模块是否能恢复正常。

▶如不能正常运行，则需要更换该模块。

(b) 系内不同步，ICU 模块 SYNCH 灯灭。

▶在站场上无任何作业的情况下，关闭再重新开启本系电源模块开关或按下两块 ICU 模块面板上的 RESET 键。

▶如还能不能正常工作，请联系厂家处理。

注意：系内不同步，或备系外设链接完整度低于主系的情况下都不能进行手动切系的操作。

b. 采集/驱动模块故障。

采集模块和驱动模块 ERROR 灯亮，可能是模块内部错误、站地址错误或通道错误。

(a) 模块内部错误：先通过面板上的 RESET 键复位，故障不能消除的情况下更换备件。

(b) 通道错误，根据通道指示灯状态分析可能原因，检查通道外部连接情况。

▶32 路数字采集模块是双 CPU 工作方式，分别采集现场前、后接点的状态。当某一通道前接点指示灯（绿）和后接点指示灯（黄）同时灭时，表示该通道外部断路或者没有使用。

▶16 路动态输出模块是双 CPU 工作方式，进行二取二表决。当某一通道电压指示灯（绿）亮而电流指示灯（黄）灭时，表示该通道外部断线或空载。

c. 维护终端故障。

(a) 无法开机，面电源指示灯不亮，该机电源故障，需更换电源。

(b) 开机后，机器内发出“嘀、嘀…”间断的报警声，内存条或显卡接触不良，需打开机箱盖，重新拔插内存条及显卡即可恢复。

(c) 电源正常的情况下无法开机，也无报警声，可能是主板与机箱底板接触不良或主板故障，重新拔插主板若不能恢复，则先更换现场工控机配件，后联系厂家来处理。

d. 列控中心与轨道电路通信故障。

(a) ICU 模块运行正常，若轨道电路通信模块 ERROR 灯亮，按复位键，无效后更换备件。

(b) 若轨道电路通信模块 CAN 指示灯灭，表示 CAN 总线故障或无数据传输，再检查 DP 指示灯状态，如 DP 指示灯亮，可排除通信模块和 ICU 通信故障，请检查与轨道电路通信盘之间的连接。

e. 列控中心与联锁通信故障。

(a) ICU 模块运行正常，若联锁通信模块 ERROR 灯亮，按复位键，无效后更换备件。

(b) 以太网联锁通信模块通过双冗余以太网与联锁接口。若 TM493 面板上的 COMM 指示灯灭，再检查 DP 指示灯状态，如 DP 指示灯亮，可排除通信模块和 ICU 通信故障，请检查各个通道连接。

f. 列控中心与 CTC 通信故障。

(a) ICU 模块运行正常，若 CTC 通信模块 ERROR 灯亮，按复位键，无效后更换备件。

(b) 若列控中心和 CTC 之间相互收不到数据，检查 CTC 通信模块面板上的 RS422 指示灯，如果不亮，再检查 DP 指示灯状态，如 DP 指示灯亮，可排除通信模块和 ICU 通信故障，请检查各个通道连接。

g. 列控中心站间通信故障。

列控中心站间通过工业以太网连接，形成双环冗余的网络拓朴。各相邻车站交换机之间及车站中继交换机之间使用单模光纤连接，列控中心与本站交换机之间使用双绞线交叉连接。不同环网的边界站之间需设置三层交换机，三层交换机间通过冗余通道连接。检查交换机运行指示灯是否正常点亮，光纤端口指示灯是否正常闪烁，若交换机设备及光口连接未发现问题，联系施工单位检查站间的通信光纤（切勿将两个环网的光纤交叉连接）。

h. 列控中心和 LEU 间通信故障。

(a) ICU 模块运行正常，若 TM484 模块面板上 ERROR 灯亮，按复位键，无效后更换备件。

(b) 检查 TM493 模块面板上的 COMM 指示灯，如果不亮，再检查 DP 指示灯状态，如 DP 指示灯亮，可排除通信模块和 ICU 通信故障，检查列控中心与 LEU 之间的以太网双绞线物理连接。

(c) 检查室内 LEU 面板指示灯状态：正常运行情况下 A 系以太网指示灯 E1 和 B 系以太网指示灯 E2 闪烁，故障灯 ERR 灭。

i. 列控中心报文传输通道故障。

列控中心与应答器连接方式，如图 6－3 所示。

6

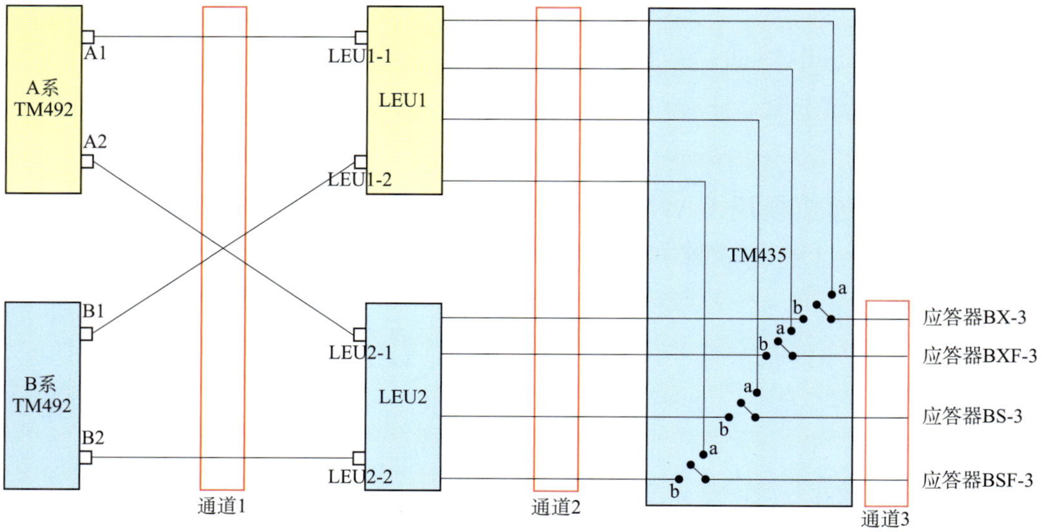

图 6—3　列控中心与应答器连接方式

(a) TM492 与 LEU 通信故障。

▶检查 LEU 接口板和 LEU 之间网线连接是否良好；

▶确认 TM492 模块和 LEU 设备状态是否正常。

(b) LEU 设备与 TM435 通信故障。

▶检查 LEU 和 TM435 模块之间连接状态是否良好；

▶查看 LEU 设备和 TM435 模块的完好性。

(c) TM435 通信模块和应答器通信故障。

▶检查 TM435 模块和应答器之间连线是否良好；

▶检查 TM435 模块和应答器电缆的完好性。

j. 其他通信故障。

(a) 列控中心与维护终端通信故障，检查主控机笼 A1NET1、A2NET1、B1NET1、B2NET1 接口和维护终端的以太网双绞线连接是否正常。

(b) 列控中心与微机监测间通信故障，检查维护终端 RJ45 接口和微机监测之间的以太网双绞线连接是否正常。

4. 高铁通信设备故障处理

高铁通信设备故障处理包括《通信线路应急预案》、《FAS 系统应急预案》、《传输系统应急预案》、《通信电源应急预案》、《数据网应急预案》、《电视电话会议系统应急预案》、《防灾安全监控系统应急预案》以及《GSM-R 系统应急预案》。

(1) 通信线路应急预案

根据高铁通信基站单网交织冗余覆盖设计，在铁路两侧分别敷设一根 32 芯光缆，在各车站机械室成端，相互成环保护，单根光缆中断不影响行车。单数基站引入 8 芯光缆由 32 芯骨干光缆 A 缆引出，偶数基站引入 8 芯光缆由 32 芯骨干光缆 B 缆（北侧）引出。

光纤直放站分别从高铁线路两侧不同径路引入2根8芯光缆，作为设备线路主备保护，中断一根引入光缆不影响行车。

信号中继站RBC、TCC通道所使用的光纤按照1+1光缆保护设计，分别从高铁线路两侧不同径路引入2根24芯光缆，作为信号中继站RBC、TCC通道主备保护，中断一根引入光缆不影响行车。

①基站引入8芯光缆全部中断。

a. 接到调度抢险通知后，该基站维护工区的抢险人员携带OTDR、光源光功率计、抢险工具立即赶赴现场，并由调度通知相应的光缆抢修车间，准备好抢险备品、工具、器材，赶赴现场。

b. 抢险人员到达基站后，2人在基站内用OTDR、光源光功率计判断光缆故障点，其余人员巡视光缆径路，找寻光缆径路上的异常地点。若故障点在网内，则在天窗点内入网进行查找，找到故障点后，根据天窗剩余时间进行光缆修复工作时长判断，天窗点不足时，第二天天窗点再进行，天窗点时间内能够修复的，立即进行修复。若故障点在网外，找到故障点后，立即进行修复。

c. 光缆纤芯修复顺序。

单数基站：32芯骨干光缆A缆上行方向5、6、7、8芯对应8芯引入光缆1、2、3、4芯；下行方向5、6、7、8芯对应8芯引入光缆5、6、7、8芯。

偶数基站：32芯骨干光缆B缆上行方向9、10、11、12芯对应8芯引入光缆1、2、3、4芯；下行方向9、10、11、12芯对应8芯引入光缆5、6、7、8芯。

d. 光缆修复后，现场人员根据技术资料，用OTDR在基站光纤收容盘测试8芯光缆，确认光纤接续良好。按光纤运用连接设备，由网管确认设备状态良好。

②基站引入8芯光纤单方向中断。

a. 接到调度抢险通知后，该基站维护工区抢险人员分成两组，一组携带OTDR、光源光功率计、抢险工具立即赶赴现场基站，另一组携带OTDR、光源光功率计、抢险工具赶赴对端基站。并由调度通知相应的光缆抢修车间，准备好抢险备品、工具、器材，赶赴现场。

b. 两组抢险人员到达基站后，分别在基站内用OTDR、光源光功率计测试备用光纤上行基站测试下行方向（7、8纤）、下行基站测试上行方向（3、4纤），测试备纤良好后，先由上行基站人员在收容盘把主用发光5口尾纤倒入7口，下行基站人员在收容盘把主用收光1口尾纤倒入3口，再先由上行基站人员在收容盘把主用收光6口尾纤倒入8口，下行基站人员在收容盘把主用发光2口尾纤倒入4口。抢通传输环通道。

c. 在基站内用OTDR、光源光功率计判断光纤故障点，其余人员巡视光缆径路，找寻光缆径路上的异常地点。若故障点在网内，则在天窗点内入网进行查找，找到故障点后，根据天窗剩余时间进行光缆修复工作时长判断，天窗点不足时，第二天天窗点再进行，天窗点时间内能够修复的，立即进行修复。若故障点在网外，找到故障点后，在天窗点进行修复。

d. 光缆纤芯修复顺序同①c.。

③光纤直放站引入光缆全部中断。

a. 接到调度抢险通知后，该基站维护工区抢险人员携带 OTDR、光源光功率计、抢险工具立即赶赴现场。并由调度通知相应的光缆抢修车间，准备好抢险备品、工具、器材，赶赴现场。

b. 抢险人员到达直放站（基站）后，2 人在直放站（基站）接头盒用 OTDR、光源光功率计判断光缆故障点，其余人员巡视光缆径路，找寻光缆径路上的异常地点。若故障点在网内，则在天窗点内入网进行查找，找到故障点后，根据天窗剩余时间进行光缆修复工作时长判断，天窗点不足时，第二天天窗点再进行，天窗点时间内能够修复的，立即进行修复。若故障点在网外，找到故障点后，立即进行修复。

c. 光缆纤芯修复顺序。先修复 A 缆一侧 8 芯光缆、再修复 B 缆一侧 8 芯光缆。

d. 光缆修复后，现场人员根据技术资料，用光源光功率计在光纤收容盘测试 2 根 8 芯光缆，确认光纤接续良好。按光纤运用连接设备，由网管确认设备状态良好。

④光纤直放站引入 8 芯光缆单根中断。

a. 接到调度抢险通知后，该基站维护工区抢险人员携带 OTDR、光源光功率计、抢险工具立即赶赴现场。并由调度通知相应的光缆抢修车间，准备好抢险备品、工具、器材，赶赴现场。

b. 抢险人员到达直放站（基站）后，2 人在直放站（基站）接头盒用 OTDR、光源光功率计判断光缆故障点，其余人员巡视光缆径路，找寻光缆径路上的异常地点。若故障点在网内，则在天窗点内入网进行查找，找到故障点后，根据天窗剩余时间进行光缆修复工作时长判断，天窗点不足时，第二天天窗点再进行，天窗点时间内能够修复的，立即进行修复。若故障点在网外，找到故障点后，在天窗点修复。

c. 光缆纤芯修复顺序。先修复 A 缆一侧 8 芯光缆、再修复 B 缆一侧 8 芯光缆。

d. 光缆修复后，现场人员根据技术资料，用光源光功率计在光纤收容盘测试 8 芯光缆，确认光纤接续良好。按光纤运用连接设备，由网管确认设备状态良好。

⑤信号中继站引入 2 根 24 芯光缆全部中断。

a. 接到调度抢险通知后，该中继站维护工区抢险人员携带 OTDR、光源光功率计、抢险工具立即赶赴现场，并由调度通知相应的光缆抢修车间，准备好 2 根 200 m 32 芯光缆、2 台光纤熔接机、4 个接头盒、抢险备品、工具、器材，赶赴现场。

b. 车站通信值班人员立即会同信号人员到运转室登记运统 46，停用设备。

c. 现场光缆抢通人员分为两组，一组在中继站进行抢修，另一组直接上道进行抢修。

d. 中继站抢险人员立即打开中继站光缆引入井，拉出预留引入光缆，保留好预留距离，直接切断光缆，进行光缆一对一熔接。同时 2 人负责布放抢险光缆至高铁就近一侧 32 芯骨干光缆处（信号中继站所在的一侧）。上道抢险人员接到抢险光缆，直接切断 32 芯骨干光缆，进行光缆熔接。

e. 光缆纤芯修复顺序，分别见表 6－14、表 6－15。

表 6－14 信号中继站引入 32 芯骨干光缆 A 缆

24 芯短段光缆芯数	32 芯光缆芯数（上行方向）	32 芯光缆芯数（下行方向）
蓝 1	白 21（TCC）	
蓝 2	白 22（TCC）	
蓝 3		白 21（TCC）
蓝 4		白 22（TCC）
橙 5	白 23（TCC）	
橙 6	白 24（TCC）	
橙 7		白 23（TCC）
橙 8		白 24（TCC）
绿 9	棕 13（电牵环）	
绿 10	棕 14（电牵环）	
绿 11		棕 13（电牵环）
绿 12		棕 14（电牵环）
棕 13	棕 15（电牵环）	
棕 14	棕 16（电牵环）	
棕 15		棕 15（电牵环）
棕 16		棕 16（电牵环）

表 6－15 信号中继站引入 32 芯骨干光缆 B 缆

24 芯短段光缆芯数	32 芯光缆芯数（上行方向）	32 芯光缆芯数（下行方向）
蓝 1	白 21（TCC）	
蓝 2	白 22（TCC）	
蓝 3		白 21（TCC）
蓝 4		白 22（TCC）
橙 5	白 23（TCC）	
橙 6	白 24（TCC）	
橙 7		白 23（TCC）
橙 8		白 24（TCC）
绿 9	灰 17（RBC）	

续上表

24 芯短段光缆芯数	32 芯光缆芯数（上行方向）	32 芯光缆芯数（下行方向）
绿 10	灰 18（RBC）	
绿 11	灰 19（RBC）	
绿 12	灰 20（RBC）	
棕 13		灰 17（RBC）
棕 14		灰 18（RBC）
棕 15		灰 19（RBC）
棕 16		灰 20（RBC）

f. 一根光缆修复后，由电务段 RBC 中心网管、传输网管确认设备状态良好。抢险人员撤离防护网，车站值班人员到运转室进行运统 46 销记，恢复设备使用。

g. 现场人员查找光缆故障点，进行开挖，在天窗点内正式熔接和恢复两条光缆。

⑥信号中继站引入 1 根 24 芯光缆全部中断或纤芯中断。

a. 接到调度抢险通知后，该中继站维护工区抢险人员携带 OTDR、光源光功率计、抢险工具立即赶赴现场。并由调度通知相应的光缆抢修车间，准备好 1 根 200 m32 芯光缆、2 台光纤熔接机、4 个接头盒、抢险备品、工具、器材，赶赴现场。

b. 在中继站内用 OTDR、光源光功率计判断光纤故障点，其余人员巡视光缆径路，找寻光缆径路上的异常地点。若故障点在网内，则在天窗点内入网进行查找，找到故障点后，根据天窗剩余时间进行光缆修复工作时长判断，天窗点不足时，第二天天窗点再进行，当天天窗点时间内能够修复的，立即进行修复。若故障点在网外，找到故障点后，在天窗点进行修复。

c. 光缆纤芯修复顺序同⑤e. 。

d. 光缆修复后，现场人员根据技术资料，用 OTDR 在中继站光纤收容盘测试光缆，确认光纤接续良好。按光纤运用连接设备，由电务段 RBC 中心网管、传输网管确认设备状态良好。

⑦主干 32 芯光缆中断或纤芯中断。

a. 接到调度抢险通知后，维护工区抢险人员携带 OTDR、光源光功率计、抢险工具立即赶赴中断点两侧相邻的车站机械室。并由调度通知相应的光缆抢修车间，准备好 1 根 200 m 32 芯光缆、2 台光纤熔接机、4 个接头盒、抢险备品、工具、器材，赶赴现场。

b. 在车站机械室内用 OTDR、光源光功率计判断光纤故障点，其余人员巡视光缆径路，找寻光缆径路上的异常地点。若故障点在网内，则在天窗点内入网进行查找，找到故障点后，根据天窗剩余时间进行光缆修复工作时长判断，天窗点不足时，第二天天窗点再进行，当天天窗点时间内能够修复的，立即进行修复。若故障点在网外，找到故障点后，在天窗点进行修复。

c. 光缆修复后，现场人员根据技术资料，用 OTDR 在车站机械室光纤收容盘测试光缆，确认光纤接续良好。按光纤运用连接设备，传输网管确认设备状态良好。

（2）FAS 系统应急预案

所谓 FAS 即固定用户接入交换机的英文 Fixed users Access Switching 的缩略语。FAS 习惯称为数字调度通信系统，即数调。它由车站 FAS、调度台、值班台、固定终端和网管终端构成。下面以郑西高铁为例，讲述 FAS 系统应急预案。

①系统概况。

郑西高铁 FAS 系统采用双中心组网方案，郑州 FAS 主系统与西安 FAS 主系统互为备份。郑州局管内 9 个车站组两个环（分别为 1 号环、2 号环），以郑州 FAS 主系统为主用中心，西安 FAS 主系统为备用中心；西安局管内 9 个车站，组两个环（分别为 3 号环、4 号环），以西安 FAS 主系统为主用中心，郑州 FAS 主系统为备用中心；双中心互联 HDLC 电路 2 条。

郑州主系统与 MSC 互联 4 条 30B＋D 电路；与佳讯应急中心设备互联 1 条 30B＋D 电路；与既有佳讯 6 号机互联 1 条 30B＋D 电路。

西安主系统与 MSC 互联 4 条 30B＋D 电路；与佳讯应急中心设备采用 Z 接口互联，4 条 FAS 用户线接入佳讯应急中心设备。

调度区段划分如下：五里堡—郑州西属既有郑州地区台管辖；荥阳南—临潼东属客专调度台管辖；窑村—西安属既有西安地区台管辖。郑州 FAS 主系统接有客专调度台、客专助理调度台、郑州地区台（既有调度区段）、电力调度台、牵引供电调度台、客服台、动车台。西安 FAS 主系统接有西安地区台（既有调度区段）。客专正线的行车由设在郑州的调度统一指挥。

②业务实现。

调度业务的实现：客专调度台、客专助理调度台、电力调度台、牵引供电调度台、客服台、动车台呼叫郑州局管内的沿线车站用户，呼叫由郑州 FAS 主系统通过数字环路由至车站 FAS 分系统；以上调度台呼叫西安局管内的车站用户，呼叫通过 HDLC 电路迂回至西安 FAS 主系统，再从西安主系统路由至车站 FAS 分系统。

调度、车站呼叫机车、GSM-R 手机：郑州的调度和管内车站呼叫机车时，呼叫直接从郑州 FAS 主系统路由至西安 MSC；西安的调度和管内车站呼叫机车时，呼叫直接从西安 FAS 主系统路由至西安 MSC。

机车、GSM-R 手机呼叫调度、车站：呼叫郑州局用户（7591××××），走 MSC 到郑州主系统的中继线；呼叫西安局用户（7551××××）走 MSC 到西安主系统的中继线。MSC 到郑州主系统的中继线与 MSC 到西安主系统的中继线互为备用。

③系统隐患。

a. 沿线分系统除 2M 调度台接口板、2B＋D 接口板外，关键板件均采用 1＋1 热备份方式；

b. 触摸屏调度台主机及触摸屏电源采用交流 220 V 供电，应确保工作电源可靠；

c. 沿线牵引变电所的专用电话都是通过 FAS 分系统与车站 OUN Z 接口对接，延伸至变电所；

d. 郑州到西安 MSC 的 4 条 2M 电路、双中心互联的 2 条 2M 电路全部由郑西 10G 提供。

④郑州、西安维护分工。

a. 各自确保管内数字环的站间 2M 电路正常；

b. 各自确保管内的 FAS 分系统工作正常；

c. 各自确保管内的 FAS 用户工作正常：车站触摸屏值班台及备用电话、键控值班台及备用电话、电力分机（电力配电所）、牵引变电所（经 OUN 延伸至变电所）等用户；

d. 各自确保 FAS 主系统与外部网络的中继线工作正常：西安中心、郑州中心分别与西安 MSC 互联 4 条 30B+D 电路；郑州中心与佳讯应急互联 1 条 30B+D 电路；郑州中心与既有佳讯主系统互联 1 条 30B+D 电路；

e. 共同确保双中心间互联的 2 条 HDLC 电路工作正常；

f. 共同确保数字环接入对方 FAS 主系统的 2M 电路正常；

g. 建立有效沟通渠道确保双方网管的数据同步；如郑州更新了郑州中心或管内车站数据，西安也应及时修改西安网管郑州中心或郑州管内的车站数据，反之亦然；并作好数据更新记录。

⑤应急预案。

a. 车站触摸屏值班台故障应急预案。车站触摸屏值班台都配有应急电话，触摸屏值班台一旦故障，可采用应急电话办理基本行车业务。触摸屏值班台工作正常时，应急电话摘机听忙音；故障时摘机听拨号音。FAS 系统内的重要用户和 GSM-R 移动用户均分配有唯一的 ISDN 号。可通过拨号方式呼叫调度、邻站和机车。机车司机车上人员的 ISDN 号向北京核心网机房查询。触摸屏调度台主要由 3 部分构成：主机、触摸屏、通话装置。

（a）主机故障时，必须使用应急电话或其他通信手段；

（b）触摸屏故障时，可临时用 VGA 显示器或液晶显示器替代触摸屏，借助 USB 接口鼠标实现触摸操作；

（c）通话装置有两套：麦克风/音响、手柄；麦克风/音响为主通道，手柄为辅通道。若主通道通话装置故障，可使用辅通道（手柄）。

b. 分系统瘫痪应急预案。一旦沿线某个车站 FAS 分系统瘫痪，可采用自动电话、GSM-R 手机与调度、邻站联系。若铁路自动电话网支持呼叫 GSM-R 用户，可用自动电话拨号呼叫机车，机车司机、运转车长等车上人员的 ISDN 号可向北京核心网机房查询。

c. FAS 主系统瘫痪应急预案。郑西高铁的行车指挥中心设在郑州调度所，与行车密切相关的郑西高铁调度台、郑西高铁助理调度台均采用双 2M 口触摸屏调度台，主备用 2M 口分别接入郑州 FAS 主系统、西安 FAS 主系统。若郑州主系统一旦瘫痪，而其他外部传输交换网络正常，基本行车业务不受任何影响。但接入郑州主系统的其他调度业务将中断，需采用其他通信方式与车站、列车上的人员联系。

通过铁路自动电话网与沿线车站、机车联系；联系机车时，无法使用功能号呼叫，需向北京核心网查询对应列车上机车司机、运转车长等车上人员的MSISDN号，通过ISDN号呼叫列车上的人员。FAS用户的ISDN号见表6－16。

通过GSM-R手机与沿线车站、列车上的人员联系。建议重要用户配备GSM-R手机，作为补充通信手段。

表6－16 郑西高铁FAS用户ISDN号码表

序号	用户名称	ISDN号
1	郑西高铁调度	75910022
2	郑西高铁助理调度	75910032
3	电力调度	75910013
4	牵引供电调度	75910023
5	郑州地区台	75910012
6	客服台	75910042
7	动车台	75910014
8	五里堡运转室	75910112
9	五里堡办公综合楼	75910113
10	郑州车站值班员	75910212
11	郑州车机联控	75910222
12	郑州西车站值班员	75910312
13	荥阳南车站值班员	75910412
14	巩义南车站值班员	75910512
15	洛阳龙门车站值班员	75910612
16	渑池南车站值班员	75910712
17	三门峡南车站值班员	75910812
18	灵宝西车站值班员	75910912
19	华山北车站值班员	75510512
20	渭南北车站值班员	75510612
21	临潼东车站值班员	75510712
22	西安北车站值班员	75510812

续上表

序号	用户名称	ISDN 号
23	西安北动车所值班员	75510912
24	窑村车站值班员	75510412
25	灞桥车站值班员	75510312
26	西安东车站值班员	75510212
27	西安车站值班员	75510112
28	西安地区台	75510012

(3) 传输系统应急预案

下面以郑西高铁为例，讲述传输系统应急预案。

①系统概述。

a. 传输网采用 MSTP 技术按骨干层、接入层两层网络设计。骨干层的主要职责是完成各主干节点间的各类业务连接/调度，同时作为整个网络与既有通信系统的互连层。接入层的主要职责是完成对接入节点业务的接入、汇聚和转接，将来自区间接入层的业务汇聚到骨干层。

b. 传输系统郑州—华山北（不含）间共有网元 190 个，其中有 6 个综合工区未建，实际开通网元 184 个。

c. 传输系统共有 10 G 设备 8 架，622 M 设备 172 架，155 M 设备 4 架。

d. 传输系统骨干层为链型网络 10G 设备间采用 1+1 四纤复用段保护方式，接入层为环型网络 622M 设备间采用两纤双向复用段保护方式。

e. 传输系统从郑州西站—华山北间共有 7 个奇数基站环，7 个偶数基站环，7 个电牵环。

f. 从郑州通信站—华山北间共有 30 个 G 网业务保护环。

g. 承载业务：GSM-R 业务、FAS、CTC、RBC、电力电牵 SCADA、防灾、会议、视频监控、环境监控、道岔融雪、综合信息网、旅客服务、公安信息网。

②应急处理方案。

a. 局调机械室 10 G 设备瘫痪。

五里堡会议、荥阳南会议、巩义南会议、洛阳龙门会议、渑池南会议、三门峡南会议、灵宝西会议，由郑州通信站在网管上将数据做到 622 M 传输设备端口上，再由局调机械室将 2 M 线调整到 622 M 端口上。

西安 GGSN—郑州 GRIS 铁 01，由郑州通信站在网管上将数据做到 622 M 传输设备端口上，再由局调机械室将 2 M 线调整到 622 M 端口上。

电务段信号—1 号中继站（微机监测 01）、电务段信号—巩义南（微机监测 01），由局调机械室与局传输室将电务段信号—巩义南（微机监测 01）同时倒入另一台光端机中，传输网管临时做通数据，再由局传输室与郑州车间倒入 8 M 光端机中。

b. 郑州通信站 10 G 瘫痪。

传输网管，郑州通信站将 10 G 上的网线接到 622 M 上，传输网管做数据将郑州通信站 622 M 设为网关网元。

荥阳南会议、巩义南会议、洛阳龙门会议、渑池南会议、三门峡南会议、灵宝西会议，由郑州通信站在网管上将局调的 10G 端口数据做到 622 M 传输设备端口上，再由局调机械室将 2 M 线调整到 622 M 端口上，经郑州车站 622 M、郑州西站 622 M、荥阳南 622 M 回到 10 G 通道上。

西安 GGSN—郑州 GRIS 铁 01，由局调机械室与局传输室倒入另一台光端机中，传输网管临时做通数据，再由局传输室转接到既有通道中。

荥阳南站 ONU01、巩义南 ONU01、洛阳南站 ONU01、渑池南站 ONU01、三门峡南 ONU01、灵宝西站 ONU01、荥阳南牵引变电所 ONU01、巩义南牵引变电所 ONU01、巩义南 10 kV 电力配电所 ONU01、西寨牵引变电所 ONU01、阌乡牵引变电所 ONU01、洛阳南 10 kV 电配所 ONU01、洛阳南牵引变电所 ONU01、盐镇牵引变电所 ONU01、高岩牵引变电所 ONU01，由传输网管将数据从郑州通信站 10 G 改到 622 M 端口上，经荥阳南 622 M 再回到荥阳南 10 G 通道中，郑州通信站将 2 M 线改到 622 M上。

GSM-R 基站网管服务器，由传输网管将数据从郑州通信站 10 G 改到 622 M 端口上，经荥阳南 622 M 再回到荥阳南 10 G 通道中，郑州通信站将 2 M 线改到 622 M 上。

c. 荥阳南 10G 瘫痪。

荥阳南会议，由传输网管将数据从郑州通信站 10 G 改到 622 M 通道上，再将荥阳南的端口改到 622 M 通道上，由郑西车间将荥阳南会议 2 M 线调整到 622 M 端口上。

巩义南会议、洛阳龙门会议、渑池南会议、三门峡南会议、灵宝西会议，由传输网管将数据从郑州通信站 10 G 改到 622 M 通道上，经巩义南 622 M 再回到巩义南 10 G 通道中。

荥阳南站 ONU01，由传输网管将数据从郑州通信站 10 G 改到 622 M 通道上，到荥阳南 622 M 的端口上，再由郑西车间将荥阳南站 ONU01 2 M 线调整到 622 M 端口上。

巩义南 ONU01、洛阳南站 ONU01、渑池南站 ONU01、三门峡南 ONU01、灵宝西站 ONU01、巩义南牵引变电所 ONU01、巩义南 10 kV 电力配电所 ONU01、西寨牵引变电所 ONU01、阌乡牵引变电所 ONU01、洛阳南 10 kV 电配所 ONU01、洛阳南牵引变电所 ONU01、盐镇牵引变电所 ONU01、高岩牵引变电所 ONU01，由传输网管将数据从郑州通信站 10 G 改到 622 M 端口上，经巩义南 622 M 再回到巩义南 10 G 通道中，郑州通信站将 2 M 线改到 622 M 端口上。

d. 巩义南 10 G 瘫痪。

巩义南会议，由传输网管将数据从荥阳南 10 G 改到 622 M 通道上，再将巩义南端口改到 622 M 的端口上，由郑西车间将 2 M 线调整到 622 M 端口上。

洛阳龙门会议、渑池南会议、三门峡南会议、灵宝西会议，由传输网管将数据从荥阳南 10 G 改到 622 M 通道上，经洛阳龙门 622 M 再回到洛阳龙门 10 G 通道中。

巩义南 ONU01，由传输网管将数据从荥阳南 10 G 改到 622 M 通道上，再将巩义南端口改到 622 M 的端口上，由郑西车间将 2 M 线调整到 622 M 端口上。

洛阳龙门站 ONU01、渑池南站 ONU01、三门峡南 ONU01、灵宝西站 ONU01、巩义南 10 kV 电力配电所 ONU01、西寨牵引变电所 ONU01、阌乡牵引变电所 ONU01、洛阳南 10 kV 电配所 ONU01、洛阳南牵引变电所 ONU01、盐镇牵引变电所 ONU01、高岩牵引变电所 ONU01，由传输网管将数据从荥阳南 10 G 改到 622 M 端口上，经洛阳龙门 622 M 再回到洛阳龙门 10 G 通道中。

e. 洛阳龙门 10G 瘫痪。

洛阳龙门会议，由传输网管将数据从巩义南 10 G 改到 622 M 通道上，再将洛阳龙门的端口改到 622 M 的端口上，再由郑西车间将 2 M 线调整到 622 M 端口上。

渑池南会议、三门峡南会议、灵宝西会议，由传输网管将数据从巩义南 10 G 改到 622 M 通道上，经渑池南 622 M 再回到渑池南 10 G 通道中。

洛阳龙门 ONU01，由传输网管将数据从巩义南 10 G 改到 622 M 通道上，到洛阳龙门 622 M 的端口上，再由郑西车间将 2 M 线调整到 622 M 端口上。

渑池南站 ONU01、三门峡南 ONU01、灵宝西站 ONU01、洛阳南 10 kV 电配所 ONU01、洛阳南牵引变电所 ONU01、盐镇牵引变电所 ONU01、西寨牵引变电所 ONU01、阌乡牵引变电所 ONU01、高岩牵引变电所 ONU01，由传输网管将数据从巩义南 10 G 改到 622 M 端口上，经洛阳龙门 622 M 再回到洛阳龙门 10 G 通道中。

f. 渑池南 10 G 瘫痪。

渑池南会议，由传输网管将数据从洛阳龙门 10 G 改到 622 M 通道上，再将渑池南的端口改到 622 M 的端口上，再由郑西车间将 2 M 线调整到 622 M 端口上。

三门峡南会议、灵宝西会议，由传输网管将数据从洛阳龙门 10 G 改到 622 M 通道上，经三门峡南 622 M 再回到三门峡南 10 G 通道中。

渑池南 ONU01，由传输网管将数据从洛阳龙门 10G 改到 622M 通道上，再将到渑池南的端口改到 622 M 的端口上，由郑西车间将 2 M 线调整到 622 M 端口上。

三门峡南 ONU01、灵宝西站 ONU01、西寨牵引变电所 ONU01、阌乡牵引变电所 ONU01、高岩牵引变电所 ONU01，由传输网管将数据从洛阳龙门 10 G 改到 622 M 端口上，经三门峡南 622 M 再回到三门峡南 10 G 通道中。

g. 三门峡南 10 G 瘫痪。

三门峡南会议，由传输网管将数据从渑池南 10 G 改到 622 M 通道上，再将三门峡南的端口改到 622 M 的端口上，由郑西车间将 2 M 线调整到 622 M 端口上。

灵宝西会议，由传输网管将数据从渑池南 10 G 改到 622 M 通道上，经灵宝西 622 M 再回到灵宝西 10 G 通道中。

三门峡南 ONU01，由传输网管将数据从渑池南 10 G 改到 622 M 通道上，再将三门峡的端口改到 622 M 的端口上，再由郑西车间将 2 M 线调整到 622 M 端口上。

灵宝西站 ONU01、西寨牵引变电所 ONU01、阌乡牵引变电所 ONU01，由传输网管将数据从渑池南 10 G 改到 622 M 端口上，经灵宝西 622 M 再回到灵宝西 10 G 通道中。

h. 灵宝西 10 G 瘫痪。

灵宝西会议，由传输网管将数据从三门峡南 10 G 改到 622 M 通道上，再将灵宝西的端口改到 622 M 的端口上，由郑西车间将 2 M 线调整到 622 M 端口上。

灵宝西 ONU01，由传输网管将数据从三门峡南 10 G 改到 622 M 通道上，再将到灵宝西的端口改到 622 M 的端口上，由郑西车间将 2 M 线调整到 622 M 端口上。

阌乡牵引变电所 ONU01，由传输网管将数据从三门峡南 10 G 改到 622 M 通道上，经灵宝西 622 M 软转到阌乡牵引变电所。

i. 单板故障。

主控板故障，在天窗点内更换备板，通知相关公司工程师到现场将数据写入。

影响业务的光板故障，车间（高铁备品备件均在车间）及时更换备板，网管联系中兴公司工程师到网管中心进行指导工作。

不影响业务的光板及其他有主备板的单板故障，车间（高铁备品备件均在车间）准备备板，在天窗点内更换，网管联系相关公司工程师到网管中心进行指导工作。

所有故障板应及时送回厂家维修。

③应急保障。

a. 物资保障。

（a）各相关单位都要将配备的传输系统应急备件进行专门的记录和管理，加强日常的维护和保养，以备随时紧急调用，不得挪作其他用途。

（b）各车间必须随时掌握管辖范围内的备件的使用情况及状态，在应急时根据存放地点可就近提取更换。

（c）要根据现场情况及时做好相关备件的调配、管理和维护工作，确保在紧急情况下能随取随有，随取随用。

（d）提供备件台账并根据变动情况及时更新。

（e）保障小组在实施过程中保证各相关部门间的通信联络、后勤保障和备件、物资供给及运输等工作。

b. 图纸资料。必须配备以下技术资料：

（a）传输系统应急预案和备用电路、备用设备倒代措施。

（b）传输系统备用设备、备板、备件台账（包括备用设备、板的型号、数量、存放地点等内容）。

（c）传输系统的网络图。

（d）本单位人员、相关单位、部门及上级领导等详细联系方式。

（4）通信电源应急预案

下面以郑西高铁为例，讲述通信电源应急预案。

①系统概述。

a. 郑西高铁通信电源有开关电源和UPS电源两类，采用的都是深圳爱默生公司的产品，开关电源有PS 48600－3和PS 48120两种。

b. 郑西高铁有8个车站机械室用的是PS 48600-3型开关电源，容量是600 Ah，为传输、接入、数据、FAS、GSM-R等设备提供48 V直流电源。这8个车站使用UPS为视频监控提供经220 V交流电源。

c. 郑西高铁有130个基站用的是PS48120型开关电源，容量是120 Ah，为传输、接入、数据、FAS等系统提供48 V直流电源。这130个基站的UPS为视频监控提供经220 V交流电源。车站机械室和基站都配备有蓄电池组以防止交流市电一、二路全部停电后设备的正常供电。

d. 郑西高铁沿线交流供电为两路市电供电方式，每一个车站和GSM-R基站都设有交流箱式变压器（以下简称箱变），箱变内部设有高压自动切换装置，由箱变变换出来的低压供电分一、二路到车站机械室或基站。当两路市电其中一路中断时，高压自动切换装置自动切换到第二路，仍然可以保证到基站的两路低压交流电。当箱变到基站（机械室）有一路交流电源线发生故障，基站（机械室）的高频开关电源会切换到另一路电源上供电。

e. 当发生两路市电都中断、箱变到基站（机械室）两路线都中断、箱变本身故障导致无输出等这三种情况之一时，通信机械室或基站（机械室）交流电将中断，通信设备将转为蓄电池供电。

f. 开关电源故障也可能导致无整流输出，这时也转为蓄电池供电。

g. 各机械室和基站的蓄电池组可以保证为设备连续供电3 h以上。

h. 郑西高铁通信电源由郑州综合车间综合机械室值班人员通过郑西动力环境监控系统网管实时进行监控。

②应急处理方案。

a. 某站开关电源两路交流电都停电时，车间接到通知后应立即准备发电机，听候段调度命令，随时准备出发前往基站或车站。

b. 某站开关电源两路交流电都停电长时间不能恢复，车间应急抢险队携带发电机到达现场，迅速用携带的发电机发电，为开关电源供电。

c. 某站开关电源故障导致没有整流输出，车间接到通知后立即携带一套应急电源赶到现场，排除开关电源故障，如当时不能恢复，则用应急电源抢通。

d. 某站设备电源全部中断，车间接到通知后立即携带一套应急电源赶到现场排除开关电源故障，如当时不能恢复，则用应急电源抢通。

③保障措施。

a. 物资保障。

(a) 各相关单位都要将配备的通信电源应急备件进行专门的记录和管理，加强日常的维护和保养，以备随时紧急调用，不得挪作其他用途。

(b) 各车间必须随时掌握管辖范围内的备件的使用情况及状态，在应急时根据存放地点可就近提取更换。

（c）要根据现场情况及时做好相关备件的调配、管理和维护工作，确保在紧急情况下能随取随有，随取随用。

（d）提供备件台账并根据变动情况及时更新。

（e）保障小组在实施过程中保证各相关部门间的通信联络、后勤保障和备件、物资供给及运输等工作。

b. 图纸资料。必须配备以下技术资料：

（a）通信电源应急预案、备用设备倒代措施。

（b）通信电源备用设备、备板、备件台账（包括备用设备、板的型号、数量、存放地点等内容）。

（c）通信电源的系统图。

（d）本单位人员、相关单位及上级领导等详细联系方式。

（5）数据网应急预案

下面以郑西高铁为例，讲述数据网应急预案。

①系统概述。

a. 郑西数据网是一个郑西铁路内部专用的数据网络。该网络基于 TCP/IP 技术，在物理上和国际互联网隔绝，用于实现高铁系统中远程监视系统、监测系统、铁路信息系统、运输指挥管理系统、行车安全监测系统等不同系统的接入，为高速铁路信息化建设提供通道承载服务。

b. 目前管内的高铁数据网接入的业务有环境监控系统和旅客服务系统。

c. 设备分布：管内所使用的路由器为华为公司 NE 系列的 80E、40E、20E 路由器和 S3352P 交换机。数据网络主要覆盖郑州铁路局和管内郑西高铁沿线的郑州、荥阳、巩义、洛阳南、渑池、三门峡、灵宝七个站点。网络的汇聚设备及网管放置在郑州局综合机械室内，为整个数据网络提供业务汇聚和网络的远程监控与管理服务。

d. 网络组成：郑西高铁沿线郑州、荥阳、巩义、洛阳南、渑池、三门峡、灵宝七个站点路由器通过 POS155 接口相互连接，并分别在郑州站、洛阳南、渑池和灵宝四个站点开通有至郑州局综合机械室汇聚设备的直通路由，将管内数据网络划分为 2 个环网。

e. 承载业务：

（a）铁路综合视频监控系统。针对铁路运输生产、行车安全、应急救援指挥、客运组织、治安防范等不同需要，在不同场所、不同线路，针对不同监控对象设置摄像机、照明设备、网络设备、传输设备、存储设备以及监控/浏览终端等设备，完成对监控对象的图像信息进行采集、存储、查询、分析处理等功能的综合系统。

（b）客服信息系统。针对各个站点旅客对高铁各项服务信息的查询，包括站点票务查询、车次信息查询等。

②应急处理方案。

a. 全网瘫痪。当全网瘫痪时，网管人员要及时通知车间调度和段调度，并结合传输网管判断是否为传输系统故障导致核心层至四个站点的直通通道中断所造成的。若判断为传输系统问题，则转到《高铁传输系统应急预案》，若非传输通道问题则进行下述操作。

当判断为非传输通道造成的全网瘫痪时（可能出现的原因是核心网络设备故障、全网拥塞、受攻击宕机或网络病毒等），应迅速与华为工程师取得联系，接受华为工程师的技术支持，并要求其尽快赶赴网管所在地。

（a）核心层路由器判断。全网瘫痪时应首先对两台汇聚层的路由器进行判断。通过网管并结合设备的运行状态判断两台汇聚层路由器正常与否。若一时无法判断则通过以下方法进行处理：断开汇聚层路由器 1 上所连接的直连通道，查看网络是否恢复，以此来判断汇聚层 80E 路由器 2 是否良好；若不恢复，连接好汇聚层 80E 路由器 1 上所连接的直连通道，断开汇聚层 80E 路由器 2 上所连接的直连通道，以同样方法对汇聚层 80E 路由器 1 的好坏进行判断。

（b）全网路由器中毒瘫痪判断。车间技术人员到达较近具有直达郑州的路由器所在的机房登录路由器查看路由器的配置是否正常。同时与网管加强联系，对网络的瘫痪原因进行初步判断。

（c）两台核心路由器均故障。当两台核心路由器均故障时，可能是由于受到不明情况的网络攻击或病毒所导致。可采取以下应急处理方法进行恢复：

▶断开两台汇聚路由器上的所有直连通道。

▶备份出路由器的日志文件。

▶对两台路由器进行软重启或直接对路由器进行掉电重启的操作，看是否恢复正常。

▶若上述无效，则利用网管或笔记本终端对路由器的配置文件、版本文件（日常备份的相关文件）进行恢复操作。

▶查看设备运行正常后，调看备份出的日志文件，查看是否有异常记录，尤其是与数据网络设备有关的异常记录。若无异常则进行直连路由恢复。

汇聚路由器 1 恢复郑州站、渑池南的直连通道，汇聚路由器 2 的直连通道暂不恢复（两汇聚路由器之间的互联不恢复）进行业务恢复性试验。（此举为避免网络环中的病毒在此传染网络）用此方法也可对路局环中的情况进行判断。

若发现异常则通知车间人员现场断开该异常路由器，对该路由器进行重启或恢复版本和配置文件等操作。同时，网管可在现场断开异常路由器后如上述所示恢复直连路由进行查看网络的正常性。

▶若业务正常再逐步恢复其他直连通道，待异常路由器处理好之后纳入环中进行业务观察。

（d）单台核心路由器故障。

▶若判断为某台核心路由器故障所导致，则全部断开该路由器上的直连路由，恢复网络业务，再对该路由器进行处理；

▶备份出该故障路由器的日志文件（用于故障处理过程中以及处理过后的分析之用）；

▶对路由器进行软重启或直接对路由器进行掉电重启的操作，看是否恢复正常；

▶若上述无效，则利用网管或笔记本终端对路由器的配置文件、版本文件（日常备份的相关文件）进行恢复操作。

（e）由于病毒原因导致全网路由器故障。

▶若判断为由于病毒原因导致全网数据设备故障，则在汇聚层路由器恢复之后暂不连接直连路由；

▶车间人员在现场断开路由器设备的所有直连路由，备份出日志文件后对路由器进行重启；

▶若路由器重启无效则对路由器的版本、配置文件进行恢复处理并观察设备运行情况；

▶在汇聚路由器和本站的现场路由器处理完毕后，两路由器只恢复本站至汇聚路由器的直连路由；

▶只恢复本站现场接入路由器的环境监控业务，确认是否良好；

▶按上述步骤逐站检查和处理网路中的所有接入路由器，并在设备正常后恢复直连路由，接入环境监控业务进行业务确认。

（f）进行网络恢复时需执行以下操作。汇聚层路由器故障或全网设备因病毒等原因全部故障时，在恢复网络连接时为慎重起见，只恢复1台汇聚路由器上相关的直连路由。

由于路由器操作系统的特殊性，并鉴于环境监控系统均是由通信段自行维护的，设备进入病毒的可能性相对客服系统较低，因此在数据网络恢复后进行业务确认时，在确认环境监控系统正常无毒后，先只对环境监控系统进行恢复。

最后联系相关单位对客服系统进行全面检查后，逐站恢复客服系统。

b. 某站数据网设备故障影响该站所有业务。当某站数据网设备故障影响所有业务时，网管人员要及时通知本车间调度和段调度。同时要对网管告警情况进行查看并进行初步判断，即为数据网设备故障还是传输系统故障。

若判断为传输系统问题，则转到《高铁传输系统应急预案》；

若现场人员判断为电源问题时，则转到《高铁电源系统应急预案》；

若为数据网设备故障则应判断出故障设备的种类（即交换机故障还是路由器故障）以及设备中故障的板件。

在对故障进行初步判断后，网管人员要及时通知相关车间故障情况。相关车间调度应及时组织人员携带所需的维护终端与备品备件到达现场。

（a）交换机故障。现场人员及时对交换机进行更换，并恢复交换机的配置文件。若现场一时无法恢复交换机的相关配置时，则需要配置好交换机的管理地址，由网管人员恢复该站点交换机的配置文件，恢复该站业务。

（b）路由器整机故障。现场登录路由器，对日志文件进行备份后重启路由器，看是否能够恢复；

对于重启后不能恢复正常的，对路由器的版本、配置文件进行恢复，并查看路由器

6

是否恢复正常。

对于设备硬件故障不能恢复的，车间可使用临时路由器，通过传输通道接入临站交换机，网管人员开通临站传输通道，将故障站点的视频监控业务临时接入临站交换机中。其中临时路由器线路侧端口使用临站环控业务 IP 地址段中的地址，本地业务侧端口设置本地环控 IP 地址，抢通环控业务。然后抓紧联系厂家对设备进行更换处理并恢复系统原状。

（c）路由器接口板故障。车间技术人员立即携带备用板件对故障的接口板进行更换，恢复业务。

c. 数据网中某个业务系统中断。当出现某个业务整系统故障时，网管人员应判断出是业务汇集处通道故障还是网络数据问题。

（a）业务汇集处通道故障。若业务汇集处通道故障应及时通知相关车间对通道进行处理，对于不能及时处理的，网管应及时开通或指定相关备用通道进行倒代恢复。若属端口故障，网管应及时更改数据，对路由器或交换机的故障端口进行调整解决。

（b）业务数据或路由问题导致业务中断。若判断为网络数据问题导致的业务中断，网管应从上至下进行所影响业务的连通性试验，及时查找数据或路由问题，并与之前备份的数据进行核对，查找数据问题，需要时及时联系厂家技术人员，对问题路由进行查找，恢复正确数据。

若为路由问题，可临时调整相关路由参数值，强制路由恢复正常路径，保证业务的正常后再对具体数据和路由问题进行查找。

d. 某站数据网设备中某一端口故障。若某站点内某一端口故障影响对应的个别业务终端，网管人员应对故障端口进行调整，并指挥现场人员进行物理连接的调整，恢复业务。

e. 数据网设备板件故障但不影响业务正常使用。网管及时通知车间人员赶赴现场，利用天窗点时间对故障隐患进行处理和克服，恢复设备正常状态。

③应急保障。

a. 物资保障。

（a）各相关单位都要将配备的数据网应急备板、备件和备用设备进行专门的记录和管理，加强日常的维护和保养，以备随时紧急调用，不得挪作其他用途。

（b）各单位必须随时掌握管辖范围内的备品备件的使用情况及状态，在应急时根据存放地点可就近提取更换。

（c）要根据现场情况及时做好相关备品备件的调配、管理和维护工作，确保在紧急情况下能随取随有，随取随用。

（d）提供品备件台账并根据变动情况及时更新。

（e）保障小组在实施过程中保证各相关部门间的通信联络、后勤保障和备件、物资供给及运输等工作。

b. 图纸资料。必须配备以下技术资料：

（a）高铁数据网应急预案和备用电路、备用设备倒代措施。

（b）数据网备用设备、备板、备件台账（包括备用设备、板的型号、数量、存放地点等内容）。

（c）数据网的网络图、管内各车站数据网设备的详细连接径图和端口运用台账以及相关 IP 地址使用台账、各站相关设备的备份数据等。

（d）本单位人员、相关单位、部门及上级领导等详细联系方式。

（6）电视电话会议系统应急预案

下面以郑西高铁为例，讲述电视电话会议系统应急预案。

①系统概述。本系统在综合通信车间局会议机械室设 8900MCU，主会场在铁路局二号楼三层，下设五里堡动车所会议、荥阳南会议、巩义南会议、洛阳龙门会议、渑池南会议、三门峡南会议、灵宝西会议、郑西背靠背汇接终端（通过西安局转接渭南北、华山北、西安站），全网采用 T502 终端。

②应急处理方案。

a. 电路故障处理参照《高铁传输系统应急预案》。

b. 设备故障。

（a）综合通信车间局会议机械室牵头负责指挥、协调抢险各单位的人员进行故障处理，在会议系统发生故障后的 2 min 内利用网管判断出电路故障或设备故障，并立即通知车间、传输室进行处理，同时通知技术科主管工程师以及车间、段调度。

（b）电视电话会议终端故障由高铁通信车间人员负责牵头处理，如需调用设备所在地车间的设备，在接到调度通知后各通信车间要全力配合，在到通知后 10 min 内出发，使用最快的交通工具，赶赴到会议室后立即更换、恢复。

c. 常见故障处理。

（a）视频故障。无任何图像黑屏，检查总电源是否打开，电视打开是否设置在 S-VEDIO 上，主控机是否打开，电视后部连线是否脱落。

能看到本室图像，看不到铁路局图像，显示拨号失败，则检查主控机后部 2 M 线，并联系会议工区共同处理。

能看到远端图像，看不到本室内图像，则检查摄像头电源是否打开，连线是否松动或脱落。

能看到画面，但有严重的断续或马赛克图像，则可能是 2 M 不好，有误码。迅速通知车间人员以及局会议机械室。

（b）音频故障。不能听到局端声音，检查功放电源是否打开，功放的部位器是否打开，检查 T502 终端的设置是否静音。

局端反映不能听到本会场讲话，检查话筒是否亮灯，观察调音台该路是否有音量输入的 LCD 灯指示。检查 T502 终端是否设置为哑音。

③应急保障。

a. 物资保障。

(a) 各相关单位都要将配备的电视电话会议系统应急备件进行专门的记录和管理，加强日常的维护和保养，以备随时紧急调用，不得挪作其他用途。

(b) 各单位必须随时掌握管辖范围内的备件的使用情况及状态，在应急时根据存放地点可就近提取更换。

(c) 要根据现场情况及时做好相关备件的调配、管理和维护工作，确保在紧急情况下能随取随有，随取随用。

(d) 提供备件台账并根据变动情况及时更新。

(e) 保障小组在实施过程中保证各相关部门间的通信联络、后勤保障和备件、物资供给及运输等工作。

b. 图纸资料。必须配备以下技术资料：

(a) 高铁电视电话会议系统应急预案、备用设备倒代措施。

(b) 电视电话会议系统备用设备、备板、备件台账（包括备用设备、板的型号、数量、存放地点等内容）。

(c) 电视电话会议系统的网络图。

(d) 本单位人员、相关单位及上级领导等详细联系方式。

(7) 防灾安全监控系统应急预案

下面以郑西高铁为例，讲述防灾安全监控系统应急预案。

①系统概述。郑西高铁防灾安全监控系统由风、雨现场监测设备，异物侵限现场监控设备，GSM-R 基站（含车站）监控单元，洛阳南站、华山北站综合维修段监控数据处理设备，郑州局调度所设备以及传输网络等组成。防灾安全监控系统牵头单位是工务单位（部门）。通信预案应遵照《郑州铁路局防灾安全监控系统应急预案》的要求。

②应急处理方案。

a. 应急预案的分级。

(a) 一级预案（满足下列条件之一者）：

▶洛阳龙门站防灾监控数据处理设备通道故障；

▶路局工务调度、郑西行调台、洛阳工务段调度防灾监控终端通道故障；

▶通道或设备原因全线 GSM-R 基站（车站）内监控单元无法使用。

(b) 二级预案（满足下列条件之一者）：

▶通道或设备原因造成部分 GSM-R 基站（车站）内监控单元无法使用；

▶电源故障。

(c) 三级预案（满足下列条件之一者）：

▶GSM-R 基站（车站）内监控单元传输端口主备中断一侧；

▶GSM-R 基站（车站）内监控单元设备主备故障一侧。

b. 应急响应行动。

(a) Ⅰ级响应行动。启动Ⅰ级应急预案时，高铁风、雨防灾系统已无法正常运行。通信维护人员接到故障通知后，应立即进行故障处理或配合相关单位进行故障处理，并立即通知通信主管领导和相关技术负责人。

(b) Ⅱ级响应行动。启动Ⅱ级应急预案时，已影响高铁防灾安全监控系统一处或数处监测点的大风预警监测业务。通信设备维护人员接到故障通知后，应通过网管配合对故障设备进行及时修复，并通知通信主管领导和相关技术负责人。

(c) Ⅲ级响应行动。启动Ⅲ级应急预案时，尚未对高铁防灾安全监控系统的正常运行构成影响。通信设备维护人员接到故障通知后，应通过网管配合对故障设备进行及时修复，并立即向段调度汇报并通知相关技术负责人。

c. 故障处理流程。发生高铁防灾安全监控系统故障影响高铁行车时，通信调度或相关部门接到故障通知后，应立即行动，及时进行故障处理或配合相关单位进行故障处理。并根据影响情况启动相应级别的通信故障应急处理预案。郑西车间和郑州综合车间相关人员接到故障通知后，应首先与现场或工务网管之间联系，了解现场的准确信息，便于分析判断故障，作出初步判断后，携带相应的工具和设备备品，由业务熟悉人员或厂家技术人员赶赴现场进行处理或配合处理。故障处理过程中应详细记录，做到处理故障时间清、原因清、地点清、影响范围清、处理过程清。

d. 故障恢复。

(a) 系统硬件故障。如果是监控单元或某单板死机，应在厂家技术人员或相关技术主管的指导下，进行关电重启，确认所有业务正常后，上报通信调度；如果重启后故障仍然不能排除，则需要更换设备硬件，此时要通知车间技术管理人员、车间主任、通信调度、上级主管部门，故障处理人员应准备好工具和防灾设备的备品备件。在厂家技术人员或相关技术主管的指挥下，更换对应单板或设备。

(b) 传输通道故障。若为传输通道故障，则立即与分传网管进行联系，在网管的指挥下进行业务处理，逐步分析判断故障点，在判断出故障区段并短时间内无法解决的情况下，在10 min内由综合车间传输网管、高铁相关工区根据电路故障区段完成对重要电路、业务的倒代，及时恢复防灾安全监控系统的正常使用。倒代顺序按照：先高层网业务，后普通；先抢通系统性电路，后支路（通道）；先高次群，后低次群的原则进行。电路倒代完毕后，对通道故障进行处理。具体电路故障参照《郑西高铁传输系统应急预案》。

③应急保障。

a. 物资保障。

(a) 各相关单位都要将配备的防灾系统应急备件进行专门的记录和管理，加强日常的维护和保养，以备随时紧急调用，不得挪作其他用途。

(b) 各单位必须随时掌握管辖范围内的备件的使用情况及状态，在应急时根据存放地点可就近提取更换。

(c) 要根据现场情况及时做好相关备件的调配、管理和维护工作，确保在紧急情况下能随取随有，随取随用。

(d) 提供备件台账并根据变动情况及时更新。

（e）保障小组在实施过程中保证各相关部门间的通信联络、后勤保障和备件、物资供给及运输等工作。

b. 图纸资料。必须配备以下技术资料：

（a）高铁防灾系统应急预案、备用设备倒代措施。

（b）防灾系统备用设备、备板、备件台账（包括备用设备、板的型号、数量、存放地点等内容）。

（c）防灾系统的网络图。

（d）本单位人员、相关单位及上级领导等详细联系方式。

（8）GSM-R 系统应急预案

下面以郑西高铁为例，讲述 GSM-R 系统应急预案。

①网络描述。

a. 郑西高铁 GSM-R 网络无线子系统的核心设备安装在西安铁路局调度楼 GSM-R 核心机房内。设备包括基站控制器 BSC、编码及速率适配单元 TCU，均为单机配置，设备整体故障宕机或重要单板故障，将会造成郑西 GSM-R 网络整体瘫痪。

b. 郑西高铁区间无线覆盖方式采用单网交织覆盖，区间 162 个 GSM-R 基站采用环形组网方式，奇数基站或偶数基站分别组环。采用这种环形组网方式，确保单个基站故障或者单个环（奇数环或偶数环）故障不会对业务造成影响。其中，郑州通信段管内共有 121 个基站、48 个近端机、129 个远端机、铁塔 151 座、漏缆 78.9 km。

c. 设备连接关系：BSC 与区间基站通过 88 条 E1 连接，每个基站通过 2 个 E1 连接到 BSC。郑州电务段 5 台 RBC 与西安核心网 MSC 交换机通过传输 10 个 E1 连接。郑州电务段 CTC 通过光纤与郑州 GRIS 服务器连接，GRIS 通过 1 个传输 E1 与西安通信 GGSN 连接，通过 1 个传输 FE 与西安 IP 网连接。

②应急预案分级。

a. 一级预案。

（a）RBC 与 MSC 之间的 E1 通道中的一个或多个中断；

（b）沿线 BTS 基站出现连续 2 站及以上同时退服；

（c）沿线直放站出现连续 2 站及以上同时退服；

（d）GRIS 服务器由于软、硬件故障引起设备瘫痪，GRIS 服务器与 CTC、SGSN、IP 网通道中断。

b. 二级预案。

（a）单个基站或基站环（奇数环或偶数环）退服；

（b）单个直放站退服；

（c）基站重要模块故障。

c. 三级预案。

其他不属于一、二级应急预案的故障。

③应急预案响应。

a. Ⅰ级预案响应。启动Ⅰ级应急预案，即已经影响到无线系统全部区间或部分区间的通信业务正常使用，首先应立即通知通信段调度，并迅速联系厂家技术支持恢复重要业务，以避免造成重大行车事故。

（a）RBC与MSC之间的E1通道中一个或多个中断。

故障现象：从接口监测网管或从传输网管上观测到RBC-MSC之间的E1链路告警；

影响范围：郑西线全线或单个RBC管辖范围内C3列控业务中断；

处理办法：根据网管告警及软件环回判断故障原因及故障位置。

▶传输故障：按照郑西高铁传输应急预案处理传输通道故障。

▶非传输故障：迅速联系西安通信段核心网机房和郑州通信段RBC机房，共同查找故障原因，以保证尽快恢复业务。

（b）沿线BTS基站出现连续2个以上（包括2个）同时退服。

故障现象：OMC-R网管上观察到连续2个以上（包括2个）同时退服；

故障影响：故障区间可能出现所有GSM-R业务中断；

处理办法：根据网管告警内容迅速判断出故障是传输故障、连续基站同时软硬件故障还是电源故障。

▶传输故障：如果是传输故障引起的，则网管上“PCM circuit”目标会出现“PCM”类型告警，根据告警具体内容定位故障电路，在上报段调度的同时联系车间确认传输故障原因，定位故障地点，若是传输通道故障则启动传输应急预案进行故障抢修；若是区间基站2M头松动，通知车间派人加以紧固。

▶基站软硬件故障：

硬件故障：查询网管，定位故障板卡，通知段调度和车间到现场进行故障板卡更换。

软件故障：如果基站由于软件故障造成退服，联系西安通信段核心网机房在OMC-R网管对故障基站进行锁放操作，重新加载基站的数据。

▶电源故障：迅速从网管判断是否为BTS电源模块故障，若是电源模块故障，立即联系车间对掉电基站进行电源模块更换。

如果不是电源模块故障，联系车间前往故障现场查看空开是否正常，如不正常将空开打开并检查跳闸原因或更换空开，检查接线端子。

如果是基站全部掉电，立即组织抢修电源故障。

（c）沿线直放站出现连续2个以上（包括2个）同时退服。

故障现象：直放站网管上观察到连续2个以上（包括2个）同时退服。

故障影响：故障区间可能出现所有GSM-R业务中断。

处理办法：根据网管告警内容迅速判断出故障是通道故障、连续直放站同时硬件故障还是电源故障。

▶通道故障：如果是通道故障引起的，则网管上会出现光模块告警，根据告警具体内容定位故障通道，在上报段调度的同时联系车间确认传输故障原因，定位故障地点，若是传输通道故障则启动传输应急预案进行故障抢修。

▶直放站硬件故障：查询网管，定位故障板卡，通知段调度和车间到现场进行故障板卡更换。

▶电源故障：迅速从网管判断是否直放站电源模块故障，若是电源模块故障，立即联系车间对直放站进行整机更换。

如果不是电源模块故障，联系车间前往故障现场查看空开是否正常，如不正常将空开打开并检查跳闸原因或更换空开，检查接线端子。

（d）GRIS 服务器由于软、硬件故障引起设备瘫痪，GRIS 服务器与 CTC、SGSN、IP 网通道中断。

故障现象：GRIS 宕机，GRIS 网管上查询不到 GRIS 服务器状态，或者 GRIS 到 CTC、SGSN、IP 网通道中断。

影响范围：GPRS 业务全部中断，包括调度命令传送、进路预告传送、无线车次号传送。

应急措施：

▶硬件故障：先判断宕机是否为硬件故障引起（主备服务器同时故障才会造成 GRIS 退服），则通过网管诊断出发生故障的服务器迅速更换，以保证尽快恢复业务。

▶软件故障：首先将 GRIS 设备进行重启，如果故障未恢复，检查 GRIS 配置文件，如损坏使用备份的 GHOST 数据进行数据恢复。

▶GRIS 到 CTC、SGSN、IP 网通道故障：则启动传输应急预案进行故障抢修。

b. Ⅱ级预案响应。启动Ⅱ级应急预案，说明故障还未影响到无线系统通信业务正常使用，但设备处于危险状态，首先应立即通知段调度，加强值班巡视，避免故障升级，在天窗修期间要点处理故障，消除安全隐患。

（a）单个基站或基站环（奇数环或偶数环）退服。

故障现象：BSC 网管上观察到单个基站或单个基站环（奇数环或偶数环）退服。

影响范围：不影响业务。

处理办法：故障发生后，迅速从网管判断故障原因是传输故障、基站自身软硬件故障还是电源故障。

▶传输故障：如果是传输故障引起的，则网管上“PCM circuit”目标会出现告警，根据告警定位故障电路，在上报段调度的同时联系车间确认传输故障原因，定位故障地点；若是传输通道故障则启动传输应急预案；若是区间基站 2M 头松动，通知车间派人加以紧固。

▶基站软硬件故障：

硬件故障：查询网管，定位故障板卡，通知段调度和车间到现场进行故障板卡更换，同时联系西安通信核心网机房将故障基站锁闭；待更换故障模块后，联系西安通信核心网机房解锁基站。

软件故障：如果基站由于软件故障造成退服，联系西安通信段核心网机房在OMC-R 网管对故障基站进行锁放操作，使基站数据重新加载。

▶电源故障：迅速从网管判断是否 BTS 电源模块故障，是的话立即联系车间对掉电基站进行电源模块更换。

如果不是电源模块故障，联系车间前往故障现场查看空开是否正常，如不正常将空开打开并检查跳闸原因或更换空开，检查接线端子。

如果是基站全部掉电，立即组织抢修电源故障。

（b）单个直放站退服。

故障现象：直放站网管上观察到单个直放站退服。

处理办法：根据网管告警内容迅速判断出故障是通道故障、直放站硬件故障还是电源故障。

▶通道故障：如果是通道故障引起的，则网管上会出现光模块告警，根据告警具体内容定位故障通道，在上报段调度的同时联系车间确认通道故障原因，定位故障地点，若是传输通道故障则启动传输应急预案进行故障抢修。

▶直放站硬件故障：查询网管，定位故障板卡，通知段调度和车间到现场进行故障板卡更换或整机更换。

▶电源故障：迅速从网管判断是否直放站电源模块故障，若是电源模块故障，立即联系车间对直放站进行整机更换。

如果不是电源模块故障，联系车间前往故障现场查看空开是否正常，如不正常将空开打开并检查跳闸原因或更换空开，检查接线端子。

（c）基站重要模块故障。

故障现象：BSC 网管上观察到单个基站重要模块故障（重要模块指 RICAM、DDM、RM 模块）。

处理办法：根据网管告警内容迅速定位故障模块，到现场进行故障板卡更换，同时联系西安通信核心网机房将故障基站锁闭；待更换故障模块后，联系西安通信核心网机房解锁基站。

c. Ⅲ级预案响应。启动Ⅲ级应急预案，相关机械室（网管）、工程师进行查找分析，通信段根据维修天窗修计划时间，尽快安排组织处理。

④应急保障。

a. 物资保障。

（a）各相关单位都要将配备的 G 网系统应急备件进行专门的记录和管理，加强日常的维护和保养，以备随时紧急调用，不得挪作其他用途。

（b）必须随时掌握管辖范围内的备件的使用情况及状态，在应急时根据存放地点可就近提取更换。

（c）保障小组在实施过程中保证各相关部门间的通信联络、后勤保障和备件、物资供给及运输等工作。

b. 图纸资料。必须配备以下技术资料：

（a）G 网系统应急预案和备用电路、备用设备倒代措施。

（b）G 网系统备用设备、备板、备件台账（包括备用设备、板的型号、数量、存放地点等内容）。

（c）G 网系统的网络图。

（d）本单位人员、相关单位及上级领导等详细联系方式。

6.7.7 后期处置

（1）设备抢修完毕、开通使用后，电务段（通信段）应在24 h内，安排技术干部对设备恢复后运用状态进行连续监控。

（2）对因设备抢险应急处理而消耗的应急备品及其他物资，要尽快完成补充配置。

（3）电务段、通信段安全科、车间要组织召开事故（故障）总结分析会，分析教训，总结经验，提出整改预防措施，必要时发布专题安全通报。电务处安排人员参加段总结分析会。

（4）铁路局电务处安全科负责电务设备故障的调查处理，查明故障原因，提出整改预防要求和定性定责处理意见。调查结果应在48 h之内报电务处领导，并通过安全监督管理系统报局安监室。

6.7.8 保障措施

1. 物资保障

（1）电务段、通信段根据现场设备实际统一规划，按车间、工区（值班点）、车站，分等级配置必要的抢修仪器、仪表、工具、器材。各车间要配备笔记本电脑（配置无线上网卡）、摄像机和数码相机（应具有夜摄功能），要配备电缆故障智能测试仪、电缆故障定位仪、电缆接续器和照明设备和其他抢修材料，并存放在规定的位置，建立检查管理制度和备品明细台账，每月进行检查。段每季度定期进行检查，电务处每年结合春秋季设备检查进行抽查。

（2）电务段、通信段调度要安装应急抢修专用电话，并根据管内设备分布的实际，配备应急抢修用无线对讲电话等应急抢修通信工具，确保应急抢修通信指挥畅通。

（3）高铁应急抢修以GSM-R手持终端作为第一联络通信工具，同时配备应急抢修用无线对讲电话、信号专用有线对讲电话等作为应急抢修备用通信工具，确保应急抢修通信指挥畅通。

（4）为满足应急抢修工作的需要，电务段、通信段应根据实际建立以下完备的技术资料（既有线与高铁资料分别归档）：

①段管内设备示意图。

②段应急抢修组织机构表。

③段应急抢修通信联系电话表。

④电务系统各级干部值班表。

⑤段应急抢修物质、器材储备明细表。

⑥相关设备产品集成商、生产厂商的联系电话表。

⑦到达管内设备处所交通路线图和时限指南表（标明疏散口）。

2. 技术支持和通信信息保障

（1）各级抢险人员的家庭住址、联系电话、联络方式要有详细记录，保证24 h联络畅通，分别报电务处、段、车间调度备案，做到随叫随到。其中干部手机保持24 h开机。抢险人员联系方式变更、人员变化时要及时报各级调度备案。

（2）通信段（电务段）负责在事故现场及时装设抢险电话，根据需要可设多部，并由车务、通信专人值守，保证设备良好、信息传递及时。必要时，应在事故现场安装扩音，动、静像传输设备。具体按《铁路突发事件应急通信保障预案》等有关规定执行。

（3）电务处、电务段、通信段应建立相关设备产品制造工厂的应急联系制度。当需要技术支持时，应及时拨打有关设备生产厂商和系统集成单位热线服务电话获取支持信息，必要时要求设备生产厂商和系统集成单位派员到现场进行分析处理。

（4）电务处、电务段、通信段应建立高铁电务技术专家库，分别注明技术专家组成员的详细情况和联系方式，设备发生故障后，依靠自身技术力量无法判断处理时，立即联系高铁技术专家指导处理，必要时请技术专家赶赴现场指导处理。

（5）电务处、电务段、通信段、负责高铁的车间要建立高铁技术干部值班制度，保证每日24 h有人在岗值班，及时处置应急情况。

3. 交通保障

（1）各级抢修队应配备客货两用抢修汽车，车况要保证状态良好。高铁抢修交通工具原则上使用轨道车，使用要求按轨道车管理使用有关办法执行。除轨道车外，还应配备客货两用抢修汽车。

（2）电务段、通信段、车间要绘制设备抢修汽车行使路线图，动态掌握行驶路线是否畅通，抢修队出动时应走最近、最快的路线。

（3）在高铁上需要上道进行故障处理时，值班工区（值班点）人员应确认上道的疏散口位置，并以最快的方式到达。人员到达疏散口后，立即通知段调度向调度所请求封闭，待得到准确的线路封锁通知后方能上线检查，确认故障后及时处理。

4. 安全措施保障

（1）电务设备发生故障后，电务各级部门严格执行有关规章制度，积极配合运输部门，采取有效措施，确保非正常情况下接发列车安全。

（2）当发生机车车辆脱轨、冲突、颠覆事故，造成电务设备损坏、中断使用时，电务维修人员应会同车站值班员记录设备状态，派人监控事故现场，不得擅自触动设备，并立即向上级报告。

（3）接到设备故障通知，电务值班人员应向列车调度员（车站值班员）了解故障情况（故障现象，发生时间、地点等），通过室内测试和监测分析初步判断故障原因，做好故障处理准备工作。同时，将故障情况向上级汇报。

（4）电务设备发生故障，电务值班人员应积极修复。对不能立即修复的故障，值班人员应在“行车设备检查登记簿”内登记停用设备，经列车调度员（车站值班员）签认后，电务维修人员方可进行故障处理。

（5）电务维修人员在检查试验中，要严格按故障处理程序进行，避免操作不当导致故障范围扩大。

（6）故障处理、试验完好后，办理销记手续，交付使用。

6.7.9 培训和演练

（1）按照分级管理的原则，电务处和电务段（通信段）两级应急管理机构要将电务技术业务知识培训纳入培训计划，对电务维修及技术管理人员进行定期的专业技术业务知识及应急处置能力培训，提高应急处置能力。

（2）从事高铁信号、通信维修养护及技术管理工作的人员，必须经铁路局组织的高铁技术业务知识培训，并通过执证上岗考试后，方可上岗工作。

（3）电务处、电务段、通信段要有计划地定期组织设备应急处置演练。根据需要，可开展部门、单位间的工作交流，提高应急处置实战能力。Ⅰ级应急抢修演练每年由电务处组织各电务段、通信段分别进行一次；Ⅱ级应急抢修演练每半年由各电务段、通信段组织管内各车间分别进行一次；Ⅲ级应急抢修演练每季度由各车间组织管内各工区分别进行一次；通信应急演练由电务处组织通信段，铁通公司参加，每半年进行一次。

6.7.10 附　　则

（1）本预案由铁路局电务处应急领导小组办公室制定，根据情况变化进行修订，各段要根据本办法，认真制定本段行车设备应急抢险预案，细化应急响应范围、措施，以及行车设备应急抢修作业规程及相关设备故障处理流程，注重实用性和操作性。

（2）本预案由铁路局电务处应急领导小组办公室负责解释。

（3）本预案自发布之日起实施。

6.8 牵引供电故障应急预案

6.8.1 总　　则

1. 编制目的

为确保高速铁路的安全运行，最大限度地减少牵引供电故障损失和对运输的干扰，特制定本预案。

2. 编制依据

依据《铁路交通事故调查处理规则》（部令30号）、《关于印发〈铁路行车设备故障调查处理办法〉的通知》（铁办〔2007〕168号）、《关于印发〈铁路客运专线技术管理办法（试行）〉的通知》（300～350 km/h部分）（铁科技〔2009〕212号）、《关于发布〈高速铁路调度暂行规则〉的通知》（铁运〔2010〕253号）、《关于印发〈电气化铁路接触网故障抢修规则〉的通知》（铁运〔2009〕39号）、《关于发布〈高速铁路接触网运行检修暂行规程〉的通知》（铁运〔2011〕10号）编制本预案。

3. 基本原则

（1）分级负责，统一指挥。牵引供电故障抢修实行铁路局、供电段逐级负责制。根据故障破坏程度和影响范围的不同，由相应各级部门组织协调辖区范围内的牵引供电故障抢修应急工作。故障抢修工作必须服从高铁电调的统一指挥。抢修方案由高铁电调批准实施。牵引供电故障抢修可不开工作票，但必须有高铁电调的命令。

（2）接触网抢修要遵循“先通后复”和“先通一线”的基本原则，以最快的速度先行供电、疏通线路，及早恢复设备正常的技术状态。必要时可采取变更供电方式（如迂回供电、越区供电、直供电）、降弓通过或设置无网区等措施，尽可能缩短停电、中断行车时间，随后要尽快安排时间处理遗留工作，使接触网及早恢复正常技术状态。抢修方案还应遵循“先重点，后一般”的原则，首先使接触网脱离接地，尽快恢复送电，待列车离开故障供电单元后，再对故障地点进行恢复。抢修方案的制定既要考虑压缩故障停时，又要考虑以后正式修复的条件。

（3）接触网抢修作业方式根据故障现场需要，可采取V形停电作业或垂直停电作业方式。电调在发布V形停电作业命令前应撤除相关馈线断路器重合闸。

（4）接触网抢修处理方式可分为一次性恢复和分次恢复两种。

①一次性恢复。对故障影响不大，恢复用时不长应采取一次性恢复到正常技术状态。

②分次恢复。对于故障破坏严重，影响范围大，难以恢复到接触网正常技术状态的，宜采用分次恢复方式，分次恢复有以下几种情况：

a. 对故障临时处理后，采取降弓运行的方式，速度不超过160 km/h；降弓运行时间原则上不超过24 h。

b. 对故障临时处理后，设备恢复基本状态，可按200 km/h速度运行。

c. 故障区段接触网设备经处理具备恢复正常技术速度的条件并经部综合检测车确认后，由供电段登记恢复常速。

（5）抢修作业车出动转线和运行中，邻线限速160 km/h及以下。抢修中故障区段邻线限速160 km/h及以下；或根据供电段限速请求、登记运统46后限速。

（6）故障抢修中，现场抢修指挥人员要指定专人负责与高铁电调保持联系，随时汇报故障抢修进展情况，并及时传达上级领导对抢修的有关要求。

（7）所有铁路职工及相关人员，发现接触网或其他供电设备故障和异状，应立即向有关部门（列车调度员、高铁电调、就近车站或供电段）报告。

（8）因供电设备故障需列车限速来不及发布限速命令、设置列控限速时，列车调度员可电话通知司机限速运行。

4. 适用范围

本预案适用于铁路局管内高速铁路（客专）牵引供电设备故障（事故）预防、抢修和事故救援配合工作。

在高速铁路上运行的电力机车遇接触网或机车本身故障时按照本预案执行。

6.8.2　应急机构及其职责

（1）铁路局、供电段、车间均应成立故障抢修应急领导小组，负责组织制定本级和审查下一级制定的故障抢修预案并检查落实，故障发生时启动应急响应，组织、协调故障抢修工作，宣布应急结束，组织善后处理工作，做好总结上报。

(2) 铁路局成立高速铁路牵引供电故障抢修应急领导小组。

组　长：主管供电副局长。

副组长：供电、运输处处长，调度所主任。

组　员：供电处、调度所相关人员。

领导小组下设办公室，设在供电处安全科。

供电处应掌握管内高铁牵引供电的安全运行状况，负责制定铁路局牵引供电故障抢修应急预案，对高铁电调和供电段故障抢修工作进行检查、指导。调度所高铁电调负责组织局管内牵引供电故障的抢修应急工作，协调跨局、段牵引供电故障抢修及行车有关事宜。高铁电调应掌握管内抢修车列、作业车存放地点和运行状态，当存放地点和运行状况发生变化时，供电段应及时通知高铁电调。

(3) 各供电段成立高铁牵引供电故障抢修应急领导小组。

供电段应详细掌握管内高铁牵引供电设备运行状况，完善段管内牵引供电设备故障抢修预案并报铁路局，完善并落实段、车间、班组三级抢修管理制度，定期组织人员培训和开展故障抢修演练，对抢修工作全过程控制。

6.8.3　应急响应

1. 应急响应标准

牵引供电故障分为三级响应：

(1) Ⅰ级应急响应：发生接触网断线、倒杆、塌网等严重影响行车的故障；因供电设备故障影响专运和重点列车运行；牵引变电所全所停电造成接触网停电时间超过30 min；接触网设备故障不能满足动车组降弓惰行运行条件。

(2) Ⅱ级应急响应：弓网故障；接触网跳闸重合失败；牵引变电所主变故障跳闸、开关越级跳闸；接触网停电时间超过 10 min 或对行车造成较大影响。

(3) Ⅲ级应急响应：接触网跳闸；因供电其他原因影响行车时。

2. 应急响应启动

故障发生后，高铁电调应立即组织供电段查明故障点、破坏及影响范围，提出抢通处理方案、线路使用要求，并告知列车调度员，与列车调度员协商确定抢修方案实施事宜。

(1) 发生Ⅰ级响应标准的供电故障或路局启动其他Ⅰ级应急响应需供电配合时，供电段和高铁电调应在第一时间内向局牵引供电故障抢修应急领导小组报告。局牵引供电故障抢修应急领导小组召集有关人员以最快速度赶赴高铁电调台或故障现场指挥故障抢修。供电段启动相应级别的故障抢修预案，并注意做好后勤保障工作。

(2) 发生Ⅱ、Ⅲ级响应标准的供电故障或路局启动其他相应级别应急响应需供电配合时，供电段应启动相应级别的故障抢修预案。Ⅱ级响应报供电处。

(3) 牵引供电设备发生故障后，高铁电调要按《牵引供电事故（故障）速报》（表

6—17）中的内容收集故障抢修信息，及时上报有关内容，必要时附图说明。

表 6—17 牵引供电事故（故障）速报表

单位： 日期： 年 月 日 现场天气：

<table>
<tr><td rowspan="9">故障信息</td><td>变电所</td><td></td><td>跳闸开关</td><td></td><td>供电臂</td><td></td></tr>
<tr><td>支柱号（公里标）</td><td colspan="5"></td></tr>
<tr><td>汇 报 人</td><td colspan="3"></td><td>联系电话</td><td></td></tr>
<tr><td>汇报内容</td><td colspan="5"></td></tr>
<tr><td>发现时间</td><td colspan="3"></td><td>通知工区时间</td><td></td></tr>
<tr><td>通知行调时间</td><td colspan="3"></td><td>通知生调时间</td><td></td></tr>
<tr><td>停电区段</td><td colspan="5"></td></tr>
<tr><td>影响范围</td><td colspan="5"></td></tr>
<tr><td>故障地点</td><td colspan="5"></td></tr>
<tr><td rowspan="3">机车信息</td><td>司 机</td><td></td><td>机车归属</td><td></td><td>机型、车号</td><td></td></tr>
<tr><td>机车位置</td><td colspan="2"></td><td>车次</td><td></td><td></td></tr>
<tr><td>故障现象</td><td colspan="5"></td></tr>
<tr><td rowspan="7">故障抢修</td><td>抢修指挥</td><td colspan="2"></td><td colspan="2">抢修车辆</td><td></td></tr>
<tr><td>抢修工区</td><td colspan="2"></td><td colspan="2">工区出动人数</td><td></td></tr>
<tr><td>工区出动时间</td><td colspan="2"></td><td colspan="2">要令人及联系电话</td><td></td></tr>
<tr><td>工区到达时间</td><td colspan="2"></td><td colspan="2">汇报人及联系电话</td><td></td></tr>
<tr><td>段领导到达时间</td><td colspan="2"></td><td colspan="2">现场领导</td><td></td></tr>
<tr><td>故障现场概况</td><td colspan="5"></td></tr>
<tr><td>抢修方案</td><td colspan="5"></td></tr>
<tr><td rowspan="7">故障结束</td><td>停电时间</td><td colspan="5"></td></tr>
<tr><td>抢修时间</td><td colspan="5"></td></tr>
<tr><td>影响车次</td><td colspan="5"></td></tr>
<tr><td>恢复供电时间</td><td colspan="5"></td></tr>
<tr><td>故障原因</td><td colspan="5"></td></tr>
<tr><td>降弓地点</td><td colspan="5"></td></tr>
<tr><td>遗留问题</td><td colspan="5"></td></tr>
<tr><td rowspan="2">设备运行信息</td><td>设备故障前检修日期及参数</td><td colspan="3"></td><td>检修人</td><td></td></tr>
<tr><td>故障零部件生产厂家</td><td colspan="3"></td><td>投运日期</td><td></td></tr>
</table>

(4) 铁路局供电处、高铁电调应备有局牵引供电故障抢修应急领导小组有关人员和供电段副段长及以上人员固定、移动电话号码。段生产调度应有局牵引供电故障抢修应急领导小组有关人员、段故障抢修应急领导小组及有关人员的固定、移动电话号码。

6.8.4 应急处理

1. 处理措施

牵引变电所馈线断路器跳闸重合失败后，高铁电调应立即组织撤除该馈线的自动重合闸装置，待故障处理完毕、恢复正常供电后再投入该自动重合闸装置。

2. 故障判断

故障发生后，高铁电调应立即根据故障的显示情况、保护动作类型及各方面信息、反映，判断故障性质，协调行车组织有关事宜，组织调动抢修队伍。当判定发生永久性接地故障后，高铁电调要立即通知列车调度员，对事故地段的供电臂发布接触网停电限制行车命令。

(1) 永久性接地判断。变电所断路器跳闸，重合闸和强送均不成功，可能由于接触网、正馈线或供电线断线接地、绝缘子击穿、隔离开关处于接地状态下的分段绝缘器击穿、隔离开关引线脱落或断线、较严重的弓网故障、动车组列车故障、电缆故障、避雷器击穿、外界施工等。高铁电调要根据故标显示状况，有重点地通过列车调度员、车站询问列车乘务员等，以便进一步判断确定。

(2) 断续接地判断。变电所断路器跳闸重合成功，过一段时间又跳闸，可能是接触网或动车组绝缘部件闪络，树木与接触网放电、接触网与接地部分距离不够，接触网断线但未落地，弓网故障等。

(3) 短时接地判断。变电所跳闸后重合成功，一般是绝缘部件瞬时闪络、电击人或动物等。

3. 故障点的查找

(1) 查找的原则。接触网故障查找应以故标指示为依据，向两侧扩大查寻。要按照高铁电调的指令，参考车务、车辆、机务、工务、电务、公安等人员反映的情况，结合天气、温度、运行环境等因素有重点地组织查找。

(2) 查找的方法。动车组正常运行中发生接触网停电时，司机应立即停车并降受电弓，向列车调度员报告停车原因和地点。列车调度员应立即向高铁电调了解接触网运行状况，并将接触网运行状况通知司机。在没有接到列车调度员可以升弓的通知前，不得进行升弓操作。

列车调度员在接到接触网异常的报告后，要立即通知高铁电调、动车调度和司机，积极配合对故障处所进行判断和处置。

当故障跳闸重合失败后，在没有相应供电臂有关故障信息的情况下，为排除故障供电臂内动车组原因的故障跳闸，高铁电调应通过列车调度员通知所在供电臂上的动车组降下受电弓，并进行一次强送电。同时，随车机械师应对受电弓等相关设备进行检查。

强送失败后，一般不允许再次强送，应在查明原因并处理后方准再次送电。

当变电所发生近端短路（故标指示在 3 km 范围内）跳闸重合失败后，若跳闸区段供电臂末端有分区所（亭）并联断路器，不得用故障供电臂上的变电所断路器强送电，应用同方向另一供电臂通过分区所（亭）的并联断路器向故障供电臂强送电。

4. 动车组故障排除

任何情况下，在排除动车组故障引起接触网跳闸原因时，由高铁电调组织逐列给跳闸供电臂内的动车组试送电。在该接触网供电臂停电情况下，由高铁电调请求，列车调度员通知其中一列动车组升弓；升弓后，动车组随车机械师查看受电弓及车顶设备电气状态，无明显异常时，报告动车组列车司机，由司机报告列车调度员可以送电；送电成功后再依次在接触网停电情况下对每列动车组按上述程序升弓、检查、送电，逐一进行故障排查，直至最后一列。

确定故障动车组后，禁止该动车组再升弓并尽快采取救援措施。

当给距变电所 3 km 以内动车组试送电时，若跳闸区段供电臂末端有分区所（亭）并联断路器，应用同方向另一供电臂通过分区所（亭）的并联断路器向故障供电臂内的动车组送电，按上述方法逐台进行。

若按上述办法仍寻查不到故障点，可采取打开电分段开关的办法试送电查寻。试送电要在确认查寻人员撤离线路保证人身安全的前提下进行。

在高铁运行的电力机车应按照以上要求办理。

5. 各部门协同配合

在发生供电设备故障时，供电、运输、车辆、机务等部门要密切配合。为尽快查找故障地点，供电段可通过驻台联络员向列车调度员口头申请登乘本线或邻线动车组列车司机室查看接触网设备，列车调度员接到请求后通知动车组列车司机允许供电段人员登乘司机室。经供电段书面请求，列车调度员可安排动车组列车临时停点以便供电人员在就近车站登乘司机室检查。

6. 抢修指挥

接触网故障抢修工作必须服从高铁电调的统一指挥，按高铁电调批准的抢修方案进行。抢修组设现场指挥一人。当故障发生在一个工区的管辖范围内，由工区值班抢修组长担任现场指挥；当故障跨工区且在一个车间范围内时，由车间故障抢修领导小组或由其指定人员担任现场指挥；当故障跨车间或段抢修车列出动到达故障现场时，由段抢修领导小组成员或由其指定人员担任现场指挥；当故障范围跨供电段时，原则上按先期到达故障现场的抢修组负责指挥，后期赶到的抢修人员应服从指挥。当抢修告一段落时，将抢修现场指挥权移交设备管辖段。

任何情况下，当抢修现场指挥变更时，必须经高铁电调同意。离任现场指挥要向新任现场指挥交清故障现场的详细情况，包括参加故障抢修的人员、机具、材料，抢修方案，抢修进度、时间要求和已采取的安全措施等，并立即将新的故障抢修现场指挥姓名、安全等级告知高铁电调及参加故障抢修工作的全体人员。

7. 抢修方案

(1) 找到故障点后，查寻人员应立即报告现场抢修指挥人员，说明故障的位置、性质、破坏范围等情况。

(2) 现场抢修指挥应立即对现场破坏范围等情况核查清楚，提出临时处理和彻底恢复两个建议方案及所需要的时间、线路使用要求报高铁电调。

(3) 高铁电调要根据故障类型、破坏范围等情况及抢修组提报的建议方案，结合故障区段行车状况和运输要求，尽快确定抢修实施方案，确定的抢修方案一经实施，原则上不再改变。

(4) 接触网故障抢修车辆迅速进入故障现场。

当故障现场有列车停留时，高铁电调应命令故障点两侧的供电工区同时出动，接近或到达故障现场实施抢修，亦可通过邻线运行到达故障现场。

当故障线路有车辆占用时，应尽量利用接触网作业车在邻线处理。当邻线也有车辆占用或邻线间距较大，轨道作业车抢修条件不能满足时，在具备条件的情况下，列车调度员应尽快安排将故障线路车辆离开故障线路，为接触网抢修作业创造条件。

8. 重点事项

制定抢修方案和实施抢修中需要强调的重点事项如下：

(1) 抢修方案应突出“先通后复，先通一线”的原则。为保证快速抢通，允许接触网满足最低技术条件开通运行。如直线区段可间隔定位，链型悬挂可减少吊弦安装数量，两锚段可临时并接，结构高度可适当降低，定位方式可简化为单定位、单拉手等。在开通、疏通列车后再申请天窗停电，尽快处理使设备达到运行技术标准。

(2) 采取硬锚的方式临时恢复接触悬挂设备时，必须考虑到温度变化对接触网安全运行状态的影响。

(3) 接触线、承力索、供电线、正馈线等主导电回路线索断线采取临时紧起送电方案抢修时，必须加装分流线，分流线截面不得小于被连接导电线索截面。

9. 故障抢修需要设置降弓区段

(1) 需设置降弓区段时，应向高铁电调报告标志位置，高铁电调报列车调度员同意后，现场抢修人员按高铁电调的命令或通知，设置升降弓标志。

(2) 降弓距离应满足列车惰行运行要求。高铁电调应加强与列车调度员的联系，组织供电段使故障设备尽快恢复正常运行，降弓时间一般不宜超过 24 h。

(3) 降弓区段导线、零部件、工具等距离钢轨顶面高度不得低于 5 150 mm。

(4) 动车组降弓距离：在需降弓地段的来车方向 490 m 位置设“降”标，在需降弓地段列车离去方向 400 m 位置设“升”标，如图 6—4 所示。

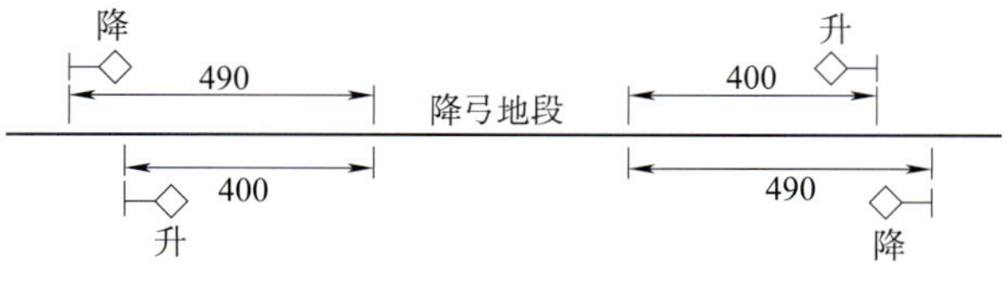

图 6—4 降弓地段标志设置示意图（单位：m）

10. 关键部位及相关设备严格把关

接触网修复过程中，对关键部位及相关设备要严格把关。尤其注意对接触网主导电回路、绝缘间隙、受电弓动态包络线检查，确认符合供电、行车条件后方准申请送电，送电后要观察1～2趟列车，确认运行正常后抢修组方准撤离故障现场。

11. 限速设置

抢修完毕后，若接触网设备不能恢复到满足正常行车速度时，由供电段在高铁调度台（非常站控模式下在车站）登记运统46，提出限速申请，由列车调度员下发限速调度命令。供电段按规定设置限速标志。

6.8.5　接触网常见故障抢修预案

1. 接触线断线

当发生导线断线时，首先应查明断线确切位置，断口两侧的损坏情况，断线波及的范围等情况。

(1) 断口两侧无较大损伤、变形时，可以直接紧线对接。导线严重损伤在一个跨距以内，必须更换一段导线，这时可在地面上先做好一个接头，将新旧线紧起后作另一个接头。也可视具体情况，将接触网脱离接地，采取降弓通过的方法，先行送电通车。

(2) 站场侧线断线，可先将线索紧起，保证咽喉区行车，送电先开通正线。站场正线或区间断线，可将线索紧起，采取降弓通过的办法送电通车。

(3) 利用紧线方式送电时，必须加装分流短接线，严禁仅利用受力工具导通电流回路。

(4) 导线断线处理后，必须将该锚段全部巡视一遍，特别是中心锚结、线岔、补偿装置、锚段关节等设备，是否可以通车，同时应考虑气温变化时对设备的影响。

当导线接头额定工作荷重不能满足导线张力需要时，应减少坠坨数量。

2. 承力索断线

承力索断线可用紧线工具将承力索紧起后安装分流短接线即送电通车，必要时降弓通过。

承力索断线抢修后，应对整锚段进行巡视测量，特别要注意中心锚结、线岔、绝缘锚段关节等处是否达到要求。

3. 支柱倾倒

若满足降弓通过条件时，可制作拉线加固钢柱基础，先降弓通过，正式恢复时重新整立钢柱；若不能满足降弓通过条件时，将承力索、接触线从线夹中脱离，拆除钢柱，立抢修支柱或利用附近建筑物等挑起悬挂，降弓通过，正式恢复时重新整立钢柱。

4. 供电线断线

(1) 供电线断线时，优先考虑甩掉故障的供电线或将供电线脱离接地，越区或迂回供电。

（2）供电线断线后，不能实行越区或迂回供电时，则必须将供电线接通。

（3）供电电缆故障，分为以下四种情况：

①变电所馈线电缆故障。打开所内对应断路器、隔离开关及对应上网隔离开关，甩开故障电缆，闭合上、下行联络隔离开关供电方式供电，同时调整保护定值，限制列车对数。

②分区所馈线电缆故障。打开所内对应断路器、隔离开关及对应上网隔离开关，甩开故障电缆，开环运行。

③变电所上下行馈线电缆同时故障。打开所内对应断路器、隔离开关及对应上网隔离开关，甩开故障电缆，采取相邻变电所越区供电方式供电，同时调整保护定值。

④AT 所馈线电缆故障。打开所内对应断路器、隔离开关及对应上网隔开，甩开故障电缆。

5. 正馈线故障

（1）当发生正馈线故障范围较小且位置已确认时，除可采取直接恢复正馈线故障设备方案外，也可采用以下临时方案：

①将故障锚段正馈线撤除运行。在有故障的正馈线锚段末端下锚处，分别断开该锚段与相邻锚段正馈线对向下锚间的连接线，使该锚段正馈线撤出运行。

②恢复送电。恢复送电时，该供电臂 AT 所、分区所自耦变压器投入运行。

此种情况下，动车组可正常运行。

（2）当发生正馈线大范围故障或不能确认正馈线故障位置，需甩开正馈线改为直接供电方式运行时：

①正馈线上网前设有单极隔离开关时，在故障供电臂停电条件下断开该单极隔离开关。

正馈线上网前未设单极隔离开关，但设有架空线与电缆过渡支柱时，可在故障供电臂停电条件下断开过渡支柱处正馈线连接线；当牵引变电所正馈线采用电缆直接上网时，可在停电条件下拆除故障供电臂正馈线上网点处开关引线。

②断开故障供电臂范围的 AT 所、分区所内相应断路器、隔离开关及相应上网隔离开关（若不是处理电缆故障，可不断开上网隔离开关）；同时，确认牵引变电所出口处上下行并联开关处于分位。

③恢复送电。恢复送电时，只对故障供电臂接触悬挂送电，故障供电臂供电方式改为直接供电方式。

6. 隔离开关故障

（1）常开开关故障时，可将引线甩掉送电。

（2）常闭开关故障时，拆除引线将电分段短接后送电。

7. 分段绝缘器故障

分段绝缘器故障可视情况降弓通过或停电调整更换。

8. 绝缘子故障

（1）绝缘子表面因脏污等原因引起闪络，擦拭后送电。

（2）绝缘子内部击穿和严重破损的，必须更换。

9. 补偿绳断线

补偿绳断线的，一般可将相应线索紧起后临时做硬锚，根据需要可申请降弓或限速通过。

10. 关节式电分相故障

（1）当分相关节处发生打碰弓等不影响供电的故障时，采取机车降弓通过的办法，机车可临时降弓通过。

（2）当发生断线、倒杆等故障，应尽快争取恢复一组绝缘锚段关节，设置机车降弓区域后送电。

11. 接触网设备大面积损坏

接触网设备大面积损坏，不能满足动车组降弓惰行条件时，要利用开闭所、分区亭、站场两端锚段关节，采取越区或迂回供电等措施最大限度减小停电范围，满足列车降弓运行条件。否则，可采取整区间接触网停电，依靠内燃机车牵引方式尽快恢复重点列车运行。

12. 弹性吊索故障

抢修时间充足时可一次性恢复弹性吊索；若时间紧迫则可拆除弹性吊索，影响行车时可降速或降弓运行。

13. 弓网故障

（1）受电弓在接触线上，承力索、接触线未断。采取安全措施后，根椐现场情况处理接触网设备，协助处理故障的受电弓（必须绑扎牢靠），送电后换弓运行，疏通线路后再安排彻底恢复接触网。

（2）受电弓在接触线上，承力索或接触线断线。采取安全措施后，根椐现场情况，协助处理故障的受电弓，现场可以进行承力索或接触线接续时，做好接触网接头，恢复供电。若现场破坏严重，必须线路空闲才能恢复接触网的，协调列车调度员腾空线路，线路空闲后抢修接触网。

14. 隧道内接触网故障

在垂直天窗下进行抢修，抢修时应尽快使接触网脱离接地，满足降弓通过要求，临时恢复送电。

（1）当吊柱发生严重损坏或脱落等故障时，先拆除腕臂，然后在固定吊柱的埋入件悬挂硅橡胶绝缘子对接触网进行抬高，保证接触线高度不低于该区段规定最小值，送电降弓通过。

（2）当埋入件无法利用时，要将相邻两侧的悬挂抬高，保证接触线高度不低于该区段规定最小值，曲线处要保证与邻线的电气安全距离，送电降弓通过。

15. 其他故障

接触网零部件脱落或损坏，影响受电弓正常运行但不影响送电的情况下可降弓通过，否则需进行处理。

6.8.6 接触网故障时轨道车出动及行车组织

1. 接触网抢修作业车出动

(1) 接触网跳闸重合失败时，高铁电调应立即通知列车调度员将接触网抢修作业车由停留地点转入邻近车站到发线。

(2) 抢修作业车出动按原铁道部运输局《关于印发〈铁路救援列车管理办法〉的通知》(运装机运〔2008〕82号) 办理。列车调度员接到高铁电调的通知后下发出动命令，将接触网抢修作业车由停留地点转到邻近车站到发线。

抢修作业车由停留地点外出转线不再办理运统46登记。抢修作业车接到出动命令后按规定将抢修作业车转至车站到发线。

2. 接触网跳闸重合成功时限速

(1) 接触网跳闸重合成功时，高铁电调应立即向列车调度员报告可能发生故障的区段，故障区段可按照故标指示地点前后3 km确定。

(2) 列车调度员接到接触网跳闸重合成功的报告后，应立即向本线（跳闸供电臂所在行别站区）及邻线后续首趟列车发布在故障区段限速160 km/h的调度命令，设置列控限速，并通知列车司机注意行车。列车司机应注意观察故障区段接触网状况，并向列车调度员汇报，若发现接触网异常影响本列车运行时应立即停车。

(3) 后续首趟列车若未发现接触网异常，后续其他列车正常运行。

3. 接触网跳闸重合失败强送电成功

(1) 接触网跳闸重合失败后（所亭故障除外），高铁电调应立即向列车调度员报告可能发生故障的区段，故障区段可按照故标指示地点前后3 km确定。

(2) 列车调度员接到接触网跳闸重合失败的报告后，应采取以下措施：

①列车调度员必须立即扣停列车，不得再向本线（跳闸供电臂所在行别站区）放行列车，并通知已进入本线的列车司机立即停车、降弓，同时应向邻线后续首趟列车发布故障区段160 km/h限速调度命令、设置列控限速，并通知邻线后续列车司机注意运行。

本线列车停车、降弓后，列车调度员应通知高铁电调，高铁电调组织进行1次强送电。若强送电成功，列车调度员通知故障供电臂内列车司机及随车机械师，配合高铁电调按照动车组故障排除的程序排除故障动车。确认动车无故障后，列车调度员向已进入故障区段的列车和后续首趟通过故障区段的列车发布在故障区段160 km/h限速调度命令，设置列控限速。

②列车司机应注意观察接触网设备状态并报告列车调度员，发现异常影响本列车运行时应立即停车。若本线后续首趟通过故障区段的列车和邻线后续首趟列车司机汇报无异常，本线和邻线后续列车分别恢复正常运行。

③接触网跳闸重合失败后，高铁电调应立即通知供电人员对故障设备进行现场检查，

发现异常及时处理。

4. 接触网跳闸重合失败且强送电失败

列车调度员与高铁电调应立即组织救援及故障抢修。列车调度员向邻线后续首趟列车发布故障区段 160 km/h 限速调度命令、设置列控限速，并通知邻线后续列车司机注意运行。列车司机应注意观察接触网设备状态并报告列车调度员，发现异常影响本列车运行时应立即停车。若邻线后续首趟列车司机汇报邻线无异常，邻线后续列车可恢复正常运行。

故障抢修结束后，列车调度员根据供电段在运统 46 登记的内容恢复本线行车。

6.8.7 暴风雨雪雾恶劣天气接触网安全措施

（1）恶劣天气的判断标准。

是否大风、暴雨天气：根据天气预报或高铁防灾安全监控系统报警信息（系统故障时根据工务部门提供的 7 级以上大风天气通知）。

是否大雾天气：由动车组司机根据能见度是否小于 200 m 判定并报告列车调度员。

中雪、大雪、暴雪界定标准：以气象部门公布或工务部门观测为准。

（2）列车调度员和工务部门应将高铁防灾安全监控系统报警信息、列车司机报告的沿线天气信息及时向供电段驻台联络员通报，供电段相关部门和驻台联络员应及时收集天气信息，遇到恶劣天气时做好随时启动恶劣天气应急预案的准备。

（3）遇雨雪雾冰恶劣天气时，为防止出现接触网停电后无法送电的情况发生，供电段可在距离当天维修天窗开始 3 h 前向列车调度员申请停止停电作业，列车调度员接到申请后通知高铁电调和其他需停电作业的单位。

（4）供电部门应掌握接触网导线结冰情况，加强对隧道口、上承桥梁、拱形明洞等处所结冰情况的观测，需要列车限速时，应立即向列车调度员提出限速申请，并在调度所高铁台“行车设备检查登记簿”（运统 46）内登记，写明结冰情况，提出限速要求，列车调度员应及时发布限速调度命令，并按规定设置列控限速。

（5）遇接触网导线结冰时，供电部门可根据接触网导线结冰情况，在高铁调度台“行车设备检查登记簿”内登记动车、单机热滑融冰申请，可停止天窗停电作业，在天窗时间内开行动车、单机，进行热滑融冰。

①如需开行内燃机车牵引电力机车上线除冰时，由供电部门在高铁调度台“行车设备检查登记簿”登记申请，写明除冰区段（包括站内股道）、邻线限速等。

②列车调度员根据供电部门的登记申请安排热滑融冰、除冰列车上线除冰。

③如高铁车站多条股道接触网需要除冰而不能一次完成时，列车调度员应根据列车运行情况及车站办理客运业务的情况，合理安排除冰股道，指示有关车站对上下行各固定一条到发线办理接发列车。

④对结冰较厚并导致受电弓无法取流的区段，采用人工除冰。除冰时，用铲刀、木

锤等工具刮除冰块，不可敲打接触线，避免接触线产生硬弯。

⑤车站侧线是结冰较厚的区段，工区要及时除冰，防止机车升弓取流时烧断导线。

(6) 冻雨天气下，抢修人员应直接乘轨道作业车赶往故障区段、巡视查找故障点。若区间有列车阻隔，应采取反向行车或改乘其他交通工具，迅速将抢修人员及机具材料送达故障地点，查明情况，迅速抢通。

若故障区段上下行均被阻隔，调度应通知相临工区的抢修待令人员乘轨道车直接出动进行抢修，本工区人员到达现场后加入到抢修组织中。

(7) 接触网结冰受电弓取流不畅时，司机应先采取减速措施，按限速 160 km/h 及以下运行，并及时向列车调度员汇报；列车调度员通知高铁电调，高铁电调及时通知供电段；供电段及时查明情况，按规定提出限速申请，列车调度员及时发布限速调度命令，并按规定设置列控限速。

(8) 遇有冰雪、冻雨天气时，供电部门应根据情况向调度所提出机车上线除冰请求准备，调度所通知郑州机务段在规定地点安排一台内燃机车和一台装有铜基粉末冶金滑板受电弓的电力机车连挂好待命，做好内燃机车牵引电力机车上线除冰准备；供电部门同时做好接触网作业车随时上线除冰的准备。

(9) 开行除冰列车组织除冰时，供电部门要登乘除冰车，负责除冰作业组织指挥，监控除冰效果并巡视供电设备。

(10) 除冰列车进行除冰作业后，供电部门确认具备列车运行条件后，在高铁调度台“行车设备检查登记簿”(运统 46) 内销记，列车调度员根据请求发布调度命令，恢复列车运行。

(11) 隧道、上承桥梁、拱形明洞等距受电弓动态包络线 400 mm 以内和接触网附近有可能短接电地安全距离的结冰均应清除，可采用接触网作业车人工打冰。

(12) 供电段要根据降雨量报警信息，应及时进行雨中、雨后检查，特别要加强对重点区段和设备的检查，检查人员在天窗时间外不得进入防护栅栏内，必要时应封锁线路并设好防护后再检查。发现影响行车安全时，根据现场情况及时采取降速、封锁措施，并将检查情况报告相关部门。需开行轨道车检查时，列车调度员应及时安排轨道车开行。

(13) 雨、雪、雾等恶劣天气下应急抢修。

①环境温度较低天气发生雨、雪、雾情况下，同一牵引变电所供电范围内发生连续两次及以上跳闸时，变电所要立即将跳闸情况、天气情况向高铁电调、生产调度报告，必要时由网工区确认天气情况。段生产调度接到报告后，填写“恶劣天气撤除重合闸申请书”(表 6—18)，并立即向段值班领导报告，段值班领导签认后，电传高铁电调，高铁电调于撤除断路器重合闸前告知列车调度员。

表 6－18　恶劣天气撤除重合闸申请书

<table>
<tr><td>

恶劣天气撤除重合闸申请书

编号：

高铁电调：

_____年_____月_____日____时____分—____时____分，因_______（雾、雪和气温较低降雨等）恶劣天气，____________牵引变电所已发生__________次跳闸，为防止接触网断线故障发生，请求撤除______________区段接触网供电重合闸。

申请人（段生产调度）：____________　　申请时间：_____时_____分

供电段值班领导：

批准人（高铁电调）：__________　　批准时间：_____时_____分

列车调度员：

</td></tr>
</table>

②遇上述天气情况下发生接触网跳闸时，高铁电调要立即告知列车调度员，列车调度员通知在该供电臂内所有动车全部降下受电弓，确认全部动车降弓后，该供电臂首先强送一次，如强送不成功，立即通知接触网工区查找故障抢修；如强送成功，确认接触网无故障后，该供电臂再次停电，在接触网无电状态下，按下述程序办理：

通知其中一台动车升弓后，合闸送电，确认无故障后，再次停电，并通知另一台动车升弓再次送电确认，直至确认故障动车。故障动车不得自行升弓，等待救援。

③遇暴雨、暴雪、大雾、较低温度降雨等恶劣天气情况下，动车运行中发生接触网跳闸故障后，高铁电调要立即通知有关接触网工区，做好抢修准备，并与列车调度员密切配合，迅速对故障处所进行判断和处置。

④天气转好时，按照上述程序，填报“恶劣天气结束恢复重合闸申请书”（表6—19），申请恢复投入有关馈线断路器重合闸功能，并由高铁电调于投入断路器重合闸后告知列车调度员。

表 6—19 恶劣天气结束恢复重合闸申请书格式

恶劣天气结束恢复重合闸申请书

编号：

高铁电调：

因（雾、雪和气温较低降雨等）恶劣天气结束，请求投入________________________

____________区段接触网供电重合闸。

申请人（段生产调度）：________　　申请时间：____时____分

供电段领导：

批准人（高铁电调）：

列车调度员：

重合闸功能恢复时间：____时____分

（14）强风天气应急抢修。强风天气下，发生接触悬挂舞动时，可根据频率及振幅大小采取限速措施，必要时动车组（电力机车）停止运行，采取内燃机车牵引的摆渡措施。

①接到接触网晃动报告后，接触网专业技术人员及抢修作业人员要按《关于印发电气化铁路接触网故障抢修规则的通知》（铁运〔2009〕39号）要求，迅速赶赴现场查明情况，并严密注视灾情和列车运行状态，及时、准确向高铁电调报告现场情况。

②当接触网上下晃动量不超过200 mm或水平晃动量不超过150 mm时，可采取动车组（电力机车）限速45 km/h通过晃动区断，并现场观察弓网运行情况。

③当接触网上下晃动量大于200 mm或左右晃动量大于150 mm时，应适时采取降弓通过晃动区段。当晃动区段过长，无法采取降弓通过时，应采用内燃机车摆渡方案组织行车。

④因接触网晃动，导致接触网有明显缺陷，无法保证受电弓安全运行时，应立即停电进行处理。

6.8.8　动车组停在分相区内应急预案

（1）动车组停在接触网分相区后，司机应停车降弓并向列车调度员报告停车位置。列车调度员通知高铁电调，由高铁电调确定是否可利用闭合分相网上远动开关实施救援。

（2）当高铁电调确定可以利用闭合分相网上远动开关实施救援时，列车调度员命令该动车组离去方向供电臂内的所有动车组停车降弓并办理离去方向供电臂接触网停电行车限制措施后通知高铁电调。高铁电调对离去方向供电臂接触网停电（并联供电时需先解环，再停电），并通过闭合分相开关实现向离去方向供电臂接触网送电后通知列车调度员。列车调度员接到通知，命令分相区内动车组司机升弓受电开车。

（3）司机升弓受电开车驶出分相区后报告列车调度员，列车调度员通知高铁电调。高铁电调断开网上分相开关，并恢复离去方向供电臂的正常供电方式后通知列车调度员。列车调度员通知离去方向供电臂单元的动车组升弓运行，解除离去方向供电臂接触网停电行车限制措施。

①当离去方向供电臂范围内含有车站时，应上、下行供电臂同时停电后再通过闭合分相开关实现向离去方向供电臂接触网送电。

②通过闭合分相开关实现向离去方向供电臂接触网送电时，需要时由高铁电调调整相应馈线保护定值。

③当远动系统不正常时，可组织当地操作。

（4）当高铁电调确认不能采用闭合网上开关救援、通过换弓无法正常取流时，应尽量组织内燃机车救援。

①若采用电力机车从动车组前端进行救援时，动车组司机应首先判定动车组前方有电区起始点（方法是：从合电标到动车组前端方向430 m范围内为有电），若满足电力机车在动车组前端升弓取流条件时，列车司机向列车调度员或车站应急值守人员报告“电

力机车可以从动车组前端救援”。

②采用电力机车从动车组后端进行救援时，动车组司机应首先判定动车组后端与反向合电标之间有电区起始点（方法是：从反向合电标开始向动车组后端方向430 m范围内为有电），若满足电力机车在动车组后端升弓取流条件时，列车司机向列车调度员或车站应急值守人员报告“电力机车可以从动车组后端救援”。

③采用电力机车救援时，被救动车组在分相区应降下受电弓。动车组换弓自救时，必须确保只有一台受电弓升起，即先降后升。

④无法采用电力机车救援时，应组织启动其他救援方式，如内燃机车等。

6.8.9 常见牵引变电所故障抢修预案

1. 变电所全所失压停电故障

当变电所全所进线失压造成牵引变电所全所停电时，值班人员应根据仪表的指示，继电保护、自动装置动作情况，断路器的位置信号等，及时判断是否全所失压停电。如果是双路进线全部失压，变电所值班员要立即向高铁供电调度汇报，高铁供电调度要及时组织邻所越区供电，保证重要列车的运行，同时向地方电力调度了解故障原因和预期恢复供电时间，并报告行车调度。

2. 牵引变压器故障

（1）一般规定

当发现主变有下列情况时，值班员应向高铁供电调度汇报，并立即申请停止运行：

①内部声响很大，且不均匀，或有爆裂声。

②油枕、瓦斯继电器、防爆筒喷油或压力继有信号显示。

③大量漏油，造成油面很低或无油面。

④冷却装置完好而油温异常，并迅速不断上升。

⑤油色变化过甚，油内出现炭质。

⑥套管引线接头处严重过热，有烧损情况。

⑦套管有严重破损及放电现象。

⑧重瓦斯保护动作而未出口或开关未动。

⑨过流保护动作而开关未动。

⑩差动保护动作而开关未动。

上述故障发生后，应在高铁供电调度的指挥下进行故障处理。

（2）瓦斯保护动作

高铁供电调度通知相关供电段对变压器进行检查，由供电段写出事故经过和调查报告报供电处。

①当轻瓦斯动作时，应检查：

a. 变压器油面是否降低。

b. 检查瓦斯继电器中是否有气体，若有气体，按本项③进行检查判断。

c. 检查二次回路是否有故障及瓦斯继电器本体是否有故障。

d. 及时将检查处理情况汇报高铁供电调度，生产调度。

②当重瓦斯动作跳闸时，在未查明保护动作原因并确认变压器状态正常前，不得投入运行，其动作原因可分为：

a. 变压器内部故障。

b. 油面下降或上升太快。

c. 二次回路故障。

d. 主变检修或补油后大量空气进入。

③在瓦斯保护动作后，若瓦斯继内有气体，应用排水集气法收集瓦斯继中的气体，并据下列现象判断：

a. 气体为黄色，不易燃，为木质故障。

b. 气体为淡灰色有强烈臭味可燃，为纸质故障。

c. 气体为灰色或黑色易燃，为油质故障。

d. 气体为无色、无味不可燃时，为空气侵入。

如判断为变压器内部故障后，化验人员应马上赶到现场采集气体，取油样进行化验分析，判断故障原因。段主管领导和技术人员，根据化验结果和各项检查结果进行分析，判断事故原因，决定处理意见。

（3）差动保护动作

①当差动保护动作时，高铁供电调度应立即通知相关供电段，对故障情况进行认真调查，由供电段写出事故调查报告报供电处。

②差动保护动作后，在未查明原因之前或未接到主管技术人员的通知时，不得将主变合闸受电。

③应进行下列检查工作：

a. 仔细检查差动保护范围内的各电气设备的外观有无异常，主变油位，油温是否正常，瓦斯继电器有无气体。

b. 主变两侧母线有无短路迹象。

c. 差动保护二次回路有无故障。

d. 及时将检查情况向高铁供电调度，生产调度汇报。

e. 主管技术人员根据初步检查情况，组织有关部门人员及时赶到现场进行必要的检查试验。

（a）主变有问题时，应做绝缘电阻、变比、直阻、介质损失角、泄漏电流的试验项目，并取油样、气样化验。

（b）对 220 kV 断路器出现故障时，应对其进行绝缘电阻，泄漏电流的试验，对断路器 SF6 气体进行微水测量，2×27.5 SF6 气体绝缘开关柜出现故障时，进行绝缘电阻检查，必要时，进行交流耐压试验。

f. 主管技术人员根据试验结果进行分析，判断事故原因，决定处理意见，如未发现异常，主变各种保护传动正常，设备完好，经主管段长同意，报供电处批准，可试投入运行；如继续故障跳闸，在未查明原因和处理之前，绝对不能再使主变受电。

（4）低压启动过电流保护

①低压启动过流保护是主变和馈线的后备保护，当保护动作后，应做好记录，在未查明原因之前，不得投入运行。

②当220 kV侧过电流保护动作时，检修人员应检查：

a. 主变一、二次侧设备有无短路点。

b. 对主变进行详细外观检查，判断差动、瓦斯保护有无拒动，瓦斯继电器中是否有气体存在。

c. 主变二次断路器有无异常。

d. 了解馈线列车情况，区间有无短路处。

当上述检查未发现异常时，检查二次回路。

在未查明原因之前不得将主变投入运行，检修人员应记好有关记录，写出书面报告。

③当主变低压侧过电流保护动作时，检修人员应检查：

a. 馈线断路器有无异常，区间有无短路处。

b. 检查保护回路，当确认保护回路故障，专业人员处理前又没有备用断路器时，征得电调同意，可将27.5 kV母线过流保护撤除运行；在保护撤除运行期间，派专人对主变及27.5 kV断路器进行监视。

如果检查设备未发现问题，在确认馈线断路器在断开位置后，可将主变27.5 kV断路器进行空载投入，运行10 min未见异常可正式向馈线送电。

（5）过负荷保护

过负荷保护动作后，应进行以下工作：

①停止音响信号，记录负荷值（各馈线电流及主变一次电流值），记录时间。

②了解线路列车运行情况。

③加强设备监视。

（6）主变过热保护

主变过热保护动作，应做好下列工作：

①停止音响信号；通知检修车间到现场检查。

②检查主变冷却系统是否正常。

③检查过热原因，监视变压器温度变化，如果温度继续上升要向供电调度汇报采取措施。

3. 开关设备故障

断路器常见故障主要有断路器拒绝合闸、断路器拒绝分闸、气压过低和一次电气连接处温度过高或放电。临时处置方法如下：

当断路器拒合（包括重合闸）时，高铁供电调度应根据具体情况采取切换运行方式，将故障GIS柜退出运行或组织越区供电等方式，将影响减少到最低程度。

断路器拒绝分闸应先用手动使断路器分闸，再查清原因，作相应处理。

主变一次、二次侧断路器拒绝合闸应先切换运行方式，再查清原因，作相应处理。

GIS 柜气压过低或内部过热严重放电时，可将故障 GIS 柜退出，并通知相应供电段到现场立即检查。

4. 互感器和仪表故障

(1) 当互感器的油位过高或过低时，应及时向高铁供电调度和段生产调度汇报，由供电段派检修人员进行充放油处理。

(2) 当互感器的二次测量回路发生故障，不能对运行设备进行监视时，值班人员应及时查找原因，电流互感器一般在停电后，才能检查二次回路，以免开路产生高压，伤害人员和设备。

①互感器二次回路有无断线，各连接部位有无接触不良处。

②如判定属于仪表本身问题，汇报高铁供电调度、段生产调度派检修人员处理。

③检查电压互感器时，必要时取下二次保险或断开二次 MCCB，防止压互二次短路，电流互感器二次不能开路。

④如发生互感器一次侧绝缘有损伤、放电、严重漏油、溢油、看不见油位、内部音响异常时立即通知高铁供电调度、段生产调度。

a. 当互感器有爆炸着火时，应立即撤除运行，而后向高铁供电调度汇报，并做好记录及事故经过报告。

b. 当电压互感器一次熔断器熔断时，查明原因进行更换可试合一次，再次熔断，未查明原因前，不准投入运行。

5. 避雷器、隔离开关损坏

(1) 可将故障设备进行隔离暂时撤除运行，事后再进行处理。隔离开关损坏可暂时采取短封措施，事后再进行处理。

(2) 在误合隔离开关时，即使在合闸时发生电弧，也不准拉开；当误分隔离开关时，触头发生电弧应立即合上，如刀闸已全部分开，则不准将开关再合上，立即报告高铁供电调度进行必要的倒闸。

6.8.10 列车事故配合救援处置预案

(1) 当高铁电调得知发生列车颠覆、冲突脱线等需接触网配合起复时，应迅速通知有关人员赶赴现场配合起复。

(2) 接触网配合起复时可不开工作票，但接触网所有的停送电必须取得高铁电调命令。

(3) 配合救援的供电抢修负责人应服从故障救援总指挥人的指挥。

(4) 因配合需要，接触网需临时送电时，必须在故障救援总指挥人的统一指挥下由供电段向高铁电调消除命令后进行。当再次停电作业时，仍须按停电程序重新办理停电手续，不得简化。

（5）一般情况下，不允许改变涉及故障现场的供电运行方式。因救援或运输特别需要，需调整供电方式且又涉及故障现场时，高铁电调应与现场抢修人员联系，在征得事故救援总指挥同意并采取相应措施后方可执行。

（6）在配合故障救援中，应尽量减少接触网的拆改工作量，力争故障救援工作结束，以最快速度达到送电开通条件。

（7）需要接触网停电的救援工作完毕，应取得故障救援总指挥的同意后，方可向高铁电调消除停电作业命令，再向接触网送电。

6.8.11 安全规定

（1）接触网设备抢修应采用作业车、利用垂直天窗进行。如遇故障抢修必须采用V形停电作业时，其邻线通过列车应限速160 km/h及以下。高铁电调在发布停电作业命令前应撤除相关馈线重合闸。

（2）在隧道、桥梁等特殊区段及雨、雪、雾或风力在5级及以上特殊天气故障抢修时，应利用垂直停电作业。遇有雷电（在作业地点可看见闪电或可听到雷声）进行故障抢修时，应利用垂直停电作业，并增设接地线、加强监护。

6.8.12 信息传递

（1）高铁电调作为供电故障处理、抢修的组织指挥者，应在第一时间内掌握设备故障概况，及时向抢修应急领导小组汇报设备故障概况，影响行车范围，抢修人员、车辆分布及到达情况，现场制定的抢修方案等。

（2）牵引供电故障发生后，高铁电调应立即判明故障影响范围和程度，向列车调度员报告，同时通知相应的工区组织人员迅速出动。

（3）抢修人员达到现场后，根据现场设备破坏情况，结合当地的线路条件迅速制定抢修、处理方案，并及时向高铁电调汇报。故障抢修过程中，抢修组必须指定专人与高铁电调保持不间断的联系，及时汇报现场情况及抢修进度，传递有关信息。

（4）故障抢修中可采用调度电话、GSM-R手持机、铁路固定电话、公网移动电话、对讲机和无线列调电话等通信工具，无论使用何种通信工具，必须保证其时刻处于良好状态。

6.8.13 后期处置

（1）临时抢通的接触网设备，高铁电调应尽快联系停电点，由供电段组织人力尽早恢复到正常运行状态。

（2）妥善保存故障及抢修工作的原始资料。

高铁电调对故障处理过程中的通话应全过程录音，待故障分析后保存1个月方可消除。

供电故障发生至恢复行车后，故障抢修组要安排人员对故障现场的原始物证、修复情况及相关记录，进行收集、拍照（有条件时录像），绘制现场示意图并妥善保存，为故障原因分析和责任处理提供依据。

对典型故障的照片、报告、损坏的线索头、零部件等残骸供电段应长期保存。

（3）供电段对每件故障除按《铁路交通事故调查处理规则》（部令30号）和《关于印发〈铁路行车设备故障调查处理办法〉的通知》（铁办〔2007〕168号）的要求认真分析原因，制定防范措施。除逐级上报外，还要总结抢修工作中的经验教训。设备故障调查分析报告包括以下内容：

①故障概况及抢修过程。

②设备损坏情况及波及范围。

③原因分析。

④经验教训。

⑤改进措施。

⑥必要的图纸、图片资料及其他需要说明的事项。

上述资料应单独建档存放。

6.8.14 保障措施

（1）供电段、车间、工区必须根据管内设备特点、分布情况、沿线交通状况和运行环境，健全完善辖区内设备抢修预案。供电段、车间、工区应备有管内设备沿线交通图。

（2）交通工具。

①各供电工区配备的汽车、轨道作业车辆必须保证车况良好，值班司乘人员必须状态良好，坚守岗位。各类车辆在检修、审验等需离开值班工区岗位时，应安排相应车辆顶岗值班。高铁电调和段生产调度必须随时掌握抢修车列和各供电工区交通工具的停放地点、整备情况。交班时交接，接班后复查，以保证故障情况下及时出动。

②各供电段段部至少保证有一辆抢修指挥车，做到车况良好，司机在岗待命。

（3）抢修工、机具和材料。

①各供电段应参照《关于印发电气化铁路接触网故障抢修规则的通知》（铁运〔2009〕39）号及《关于发布〈高速铁路接触网运行检修暂行规程〉的通知》（铁运〔2011〕10号）的规定，结合管内设备运行特点，制定段、车间、工区、抢修车列、轨道作业车的抢修工机具和材料储备定额并按定额配齐，消耗后及时补充。

②各段应制定完善的抢修工机具和材料的管理办法，明确管理职责。抢修工机具和材料应有专人保管，按规定定期检查试验，保证随时处于良好状态；大型材料要存放在便于拿取的地方；能够配套的部件尽量组装成套。

③各供电工区应配备足够的通讯工具及通信网络，指定专人维护保管，并时刻保持良好的状态。

（4）抢修值班。

①供电段：随时保证1名段领导和1名安全或技术人员值班。

②车间：随时保证1名车间主任（或书记、副主任）和一名安全或技术人员值班。

③供电工区：必须保持一个接触网作业组的人员在工区值班。组长由工长或安全等级不低于四级的人员担任，组内人员明确分工。故障抢修出动时间要求白天15 min，夜间20 min每台接触网作业车2名司乘人员（必须确保至少有1名司机）24 h值班待发，确保轨道车随时出动抢修。

抢修值班人员宿舍应有取暖、降温设施。

遇有大风、雨、雪、雾等恶劣天气，应视情况增加值班人员，相关工机具、材料装车，人员集中待命。

④接触网抢修车列：接触网抢修车列由1台恒张力放线车、1台轨道吊车、2台平板车、2台综合检修作业车组成，停放于易出动的指定地点。供电段要加强对抢修车列的管理、维护，按规定配齐操作人员，通信设备和抢修工具材料，按高铁电调的通知迅速出动。供电段应制定抢修车列的管理办法并报供电处核备。

（5）人员培训与抢修演练。

①人员培训。供电段要加强对抢修队伍的日常演练，开展故障预想，使每个人都能掌握各类故障的抢修方法。发生故障时做到信息传递快、到达现场快、方案制定快、工具材料齐、恢复处理快、消点开通快。每半年组织各级抢修领导小组成员、工区抢修组组长进行一次轮训，讲解故障抢修知识，学习有关规章命令，分析典型案例，总结经验教训，研究制定改进措施，不断提高组织、指挥故障抢修的能力。

机务、车辆段以及其他相关站段，要根据本预案要求制定本单位相应的应急预案，加强对司机、随车机械师等相关人员培训，确保供电故障应急抢修配合的顺利实施。

②抢修演练。各工区应充分利用工余时间，发挥技术骨干传、帮、带的作用，经常进行各类故障抢修方法的训练，每季组织一次故障抢修出动演习（包括按时集合、整装出动和携带的工具、材料等）。

车间每半年组织管内各工区进行一次故障抢修演习。

供电段主管段长对上述规定的工作应经常督促检查。对在学习、竞赛中取得优异成绩者，要给予表扬和奖励。

6.8.15 奖励与处罚

（1）各级故障抢修应急机构或抢修领导小组对在执行抢修救援任务时组织严密，指挥得当，防护得力，完成任务出色者给予表彰奖励。对拒不执行抢修命令或者不按批准的抢修方案组织实施，造成抢修工作贻误的给予处罚。

（2）所有铁路职工及相关人员，发现接触网或其他供电设备故障和异状，应立即报告列车调度员、高铁电调、就近车站或供电段（就近车间、工区），并尽可能详细说明故障范围和损坏情况，车站、供电段接到报告后应立即报告列车调度员和高铁电调，列车调度员和高铁电调应及时采取防范措施。对于发现供电设备故障和异状防止故障、事故发生的有功人员，给予表彰奖励。

6.9　高速铁路电力故障应急处置预案

6.9.1　总　　则

1. 编写目的

为确保高铁重要负荷供电，在发生配电所电源停电、贯通线跳闸等故障后，应本着“先通后复”、“先通一路”的原则，首先查找和切除故障点，恢复信号、通信等重要负荷供电，维持正常运输秩序，然后利用“天窗”进行处理修复，特制定本预案。

2. 试用范围

本预案适用于高速铁路突然发生的电力系统设备故障，根据所发生事故特点进行应急处置。

6.9.2　组织领导

（1）铁路局成立高速铁路电力故障抢修应急领导小组。

组　长：主管供电副局长。

副组长：供电处、运输处处长，调度所主任。

组　员：供电处、调度所相关人员。

供电处应掌握管内高铁电力设备安全运行状况，负责制定铁路局电力故障抢修应急预案，对局高铁电调和供电段故障抢修工作进行检查、指导。

调度所负责组织局管内电力故障的应急抢修工作，协调跨局、段电力故障抢修有关事宜。高铁电调是高铁电力故障抢修的直接组织指挥者，所有参与抢修的人员必须在高铁电调的指挥下实施抢修工作。

（2）供电段应成立高铁电力故障抢修领导小组，组长由段长担任，组员由技术、安全、物资、后勤、生产（电力）调度等部门人员组成。其所辖供电车间也须成立相应的故障抢修组织。各级故障抢修组织要加强领导，教育抢修人员牢固树立一切为运输服务的思想和常备不懈的观念，不断提高人员素质和抢修能力。

（3）供电段抢修领导小组要建立值班制度，完善信息反馈与传递网络。发生故障后要立即了解情况，按故障性质、损坏情况，及时赶赴现场立即组织抢修。

6.9.3　基本原则

（1）分级负责、统一指挥的原则。电力故障抢修实行铁路局、供电段逐级负责制。根据故障破坏程度和影响范围的不同，由相应各级部门组织协调辖区范围内的电力故障抢修应急工作。故障抢修工作必须服从高铁电调的统一指挥。

（2）先通后复、先通一路的原则。当贯通线两条回路均故障跳闸、信号（通信）等重要负荷两路电源全部中断时，应集中力量首先处理恢复其中易于恢复的一路电源，或采取临时措施，确保信号等重要负荷供电，然后再处理另一路电源，进行彻底恢复。

6.9.4 抢修管理

(1) 高铁电调负责查处并隔离故障区段，对现场抢修工作实行统一指挥，所有参加抢修的职工均须服从指挥、全力以赴。高铁电调可以根据实际需要，指定若干抢修小组分头完成一定范围的抢修工作。各抢修小组在完成指定的工作任务后，应分别向高铁电调汇报现场抢修作业情况。

(2) 故障情况下需紧急切倒运行方式时，高铁电调可先行倒闸，再向局供电处汇报，并通知局调度所电务调度，供电段生产调度等。

(3) 供电段应制定高铁电力贯通线、变配电所的故障抢修预案，抢修预案应具有针对性，以先行恢复通信、信号等与行车直接相关的设备供电为第一原则。根据预想的故障类型、地点，明确抢修的人员组织、机具材料、通信方式和交通工具。供电段要组织人员培训和定期演练，提高非正常情况下的应急处理能力。

(4) 现场抢修班组必须具有独立的抢修能力，班组负责人即为现场抢修负责人。班组要设专人昼夜值班，夜间及节假日必须保持足够的抢修力量。作业人员有明确的分工，备齐抢修作业的设备、工器具、材料，所有作业人员必须听从高铁电调的统一指挥。

(5) 抢修人员到达现场后，应首先将故障影响范围、设备损坏情况、初步原因等尽快通过各种方式报告高铁电调，并提出抢修方案的建议。高铁电调根据实际情况，审核抢修方案后，下令实施抢修。

(6) 当供电段管辖范围内多个工区联合抢修时，先到达的班组现场抢修负责人即为事故抢修现场的指挥人。变更现场工作指挥人需事先征得高铁电调的同意。

(7) 供电段各班组接到高铁电调抢修命令后，立即召集人员，按抢修预案备好工具、材料、车辆。做到白天 10 min、夜间 15 min 内出动，不得延误。

(8) 发生设备故障时，高铁电调应及时、准确判断故障位置，利用远动装置，迅速切除故障点，及时恢复供电。

(9) 当贯通线路跳闸后，高铁电调应首先判断跳闸原因，如为失压跳闸，可迅速合上备供所该贯通线路断路器恢复供电；如为故障跳闸，应判断故障位置后，切除故障区段（断开相邻两个箱变与故障电缆相连的开关），由上行配电所送电至故障区段的上行侧箱变；由下行配电所送电至故障区段的下行侧箱变。

(10) 当变配电所或电力贯通线出现故障时，高铁电调应首先通过远动操作，判断故障范围。在远动设备故障或其他原因导致无法实现远方操作时，由高铁电调下令改为当地操作。现场人员按倒闸作业标准程序进行故障处理，操作完成后及时向高铁电调汇报。

(11) 发生永久性故障或接到电力故障信息后，高铁电调应立即查看相关箱变高、低压开关技术参数，根据技术参数变化情况判断故障区段，利用远动操作将故障区段迅速切除，临时恢复供电。

(12) 故障区段切除后，高铁电调应立即通知供电段相关班组，通知下达出动命令，到现场进行设备故障查找。

(13) 供电段接到故障通知后，应迅速组织人员，携带抢修用工具材料，赶赴指定位置。

(14) 当涉及跨两个供电段的供电臂停电时，高铁电调应首先通过远动操作打开分界点开关，相邻变配电所试送电一次，以区分故障区间，并恢复非故障区间的供电。

(15) 电源线故障由高铁电调负责联系地方供电部门，按相关规定进行倒闸，确定故障区段，然后组织处理。

(16) 线路故障的处理，在高铁电调远动操作隔离故障区段后，下令班组检查处理，班组人员发现故障点以后，应立即向高铁电调汇报，在采取安全措施后方可进行故障处理工作。

(17) 因通道或远动装置故障，高铁电调不能操作时，由高铁电调下令许可，改为当地操作；若出现变配电所或远动箱变内设备故障、运行参数不能正常上传高铁电调等情况时，供电段应服从高铁电调的统一指挥，及时指派专业技术人员赴现场检查处理。

(18) 电力设备故障处理结束后，现场抢修工作要令人及时向高铁电调汇报，确认设备技术状态具备送电条件，人员、机具、材料全部撤至安全地带后，方可撤除安全措施，通知高铁电调送电，同时注意观察送电后设备运行状态，待正常后方可撤离现场。

(19) 畅通信息渠道。段抢修人员到达现场后、撤离现场前，要派专人与高铁电调时刻保持联系，随时了解抢修进度，传达上级有关指示。

6.9.5　应急处置

1. 配电所电源停电的处理

(1) 配电所两路电源同时停电。两路电源同时停电故障发生后，高铁电调值班人员应通过SCADA系统查询该所主送的一级贯通和综合贯通是否存在失压跳闸动作，备供所是否备投成功。如备供所未成功备投，高铁电调值班人员应远动操作或指令备供配电所值班员，投入相关贯通回路，恢复对重要负荷的可靠供电。

高铁电调值班人员应尽快与相关电业局联系，了解停电原因，如是地方变电站原因，督促电业局尽快恢复供电；如是电源线路设备原因，通知供电段进行故障处理。

如遇相邻两配电所同时全所停电，由高铁电调值班人员负责进行跨所越区供电。

(2) 配电所一路电源停电。配电所一路电源停电故障发生后，高铁电调值班人员应通过SCADA系统查询该所主送的一级贯通或综合贯通是否失压跳闸动作，备供所是否备投成功。如备供所未成功备投，高铁电调值班人员应远动操作或指令备供配电所值班员，投入相关贯通回路，恢复对重要负荷的可靠供电。然后，投入本所母联开关，由未停电的电源对全所供电，恢复对相关贯通回路的备用。若母联投入单电源供电运行，出现定值过小、不能满足供电要求时，需切除部分非行车设备负荷，确保行车设备供电。

高铁电调值班人员应尽快与相关电业局联系，了解停电原因，如果是地方变电站原因，督促电业局尽快恢复供电；如果是电源线路设备原因，通知供电段进行故障处理。

2. 一级（或综合）贯通线路跳闸故障的处理

当贯通线路跳闸后，高铁电调应首先判断跳闸原因，根据跳闸原因分类进行处理。

（1）发生失压跳闸。如备供所备投成功，保持该运行状态，待天窗时间在电源来电的情况下将贯通回路调整为正常运行方式；如备供所备投不成功，由高铁电调值班人员远动操作或指令备供配电所值班员，投入相关贯通回路，恢复贯通线路供电，待天窗时间在电源来电的情况下将贯通回路调整为正常运行方式。

（2）发生过流或速断故障跳闸。应判断故障位置后，切除故障区段（断开相邻两个箱变与故障电缆相连的开关），由上行配电所送电至故障区段的上行侧箱变；由下行配电所送电至故障区段的下行侧箱变，恢复非故障区段通信基站、信号中继站等负荷正常供电，然后通知供电段天窗时间进行故障处理修复。

3. 跨所越区送电程序

当相邻两配电所电源均全所停电时，应启动跨所越区供电方案。如甲、乙、丙、丁为自东向西相邻四个配电所（站），当乙、丙两所出现全所停电异常情况，乙丙两站间一级和综合贯通线路停电，而甲乙两所供电正常时，由甲所通过乙所向乙丙区间的一级贯通线路供电；由丁所通过丙所向乙丙区间的综合贯通线路供电。

具体操作程序如下：

（1）乙所的倒闸操作

①断开一级贯通调压器柜断路器。

②断开一级贯通调压器柜三工位开关。

③断开一级贯通母互柜三工位开关。

④解除一级贯通东馈出柜失压保护及备自投保护。

⑤合上（或确认）一级贯通东馈出柜三工位开关。

⑥合上一级贯通东馈出柜断路器。

⑦检查一级贯通母互三相电压是否正常。

⑧合上（或确认）一级贯通西馈出柜三工位开关。

⑨合上一级贯通西馈出柜断路器。

⑩检查一级贯通东、西馈出柜负荷电流情况。

（2）丙所的倒闸操作

①断开综合贯通调压器柜断路器。

②断开综合贯通调压器柜三工位开关。

③断开综合贯通母互柜三工位开关。

④解除综合贯通西馈出柜失压保护及备自投保护。

⑤合上（或确认）综合贯通西馈出柜三工位开关。

⑥合上综合贯通西馈出柜断路器。

⑦检查综合贯通母互三相电压是否正常。

⑧合上（或确认）综合贯通东馈出柜三工位开关。

⑨合上综合贯通东馈出柜断路器。

⑩检查综合贯通西、东馈出柜负荷电流情况。

4. 箱变低压侧故障的处理

电力贯通线远动箱变低压侧故障发生后，由高铁电调远动试送一次，试送不成功，通知供电段要点处理。

5. 箱变两路电源同时停电故障的处理

发生电力贯通线远动箱变两路电源同时停电、且停电时间超过半小时故障后，由高铁电调组织供电段启用发电机向通信、信号等重要负荷供电。

6.10　高速铁路机务行车应急处置预案

6.10.1　总　　则

1. 编写目的

为了最大限度的降低高铁因各种原因引起机务故障带来的经济财产损失和人员伤亡后果，争取在最短的时间内恢复动车的正常运行。特制定本应急预案。

2. 试用范围

本预案适用于铁路局管内高速铁路动车组因各种原因突然发生机务故障，从而影响正常、安全行车的突发性事故的应急处理。

6.10.2　动车组遇恶劣天气运行

(1) 遇恶劣天气时，司机应加强与车站和列车调度员的联系，确保列车运行安全。天气转好时，应及时报告列车调度员，恢复正常行车。

(2) 遇降雾、暴风雨雪等恶劣天气时，司机须立即报告列车调度员，并严格执行有关规定，严格掌握列车运行速度。在地面信号点灯控制下，动车组司机无法确认地面信号显示状态时，应向列车调度员报告，列车调度员根据CTC/TDCS系统设备显示告知列车运行前方信号显示状态信息。

(3) 列车通过防洪危险地点时，司机要加强瞭望，并随时采取必要的安全措施。发现线路塌方、道床冲空等危及行车安全的突发情况时，司机应立即采取停车措施，并通知列车调度员或邻近车站，按退行有关规定迅速将列车退行至安全地段。遇有邻线来车时，立即鸣示警示信号。

(4) 暴风雨天气行车，当洪水漫到路肩时，司机必须降速运行，在得到列车调度员发布的限速运行调度命令后，列车应按有关规定限速运行；遇有落石、倒树等障碍物危及行车安全时，司机应立即停车，排除障碍并确认安全无误后，方可继续运行。

(5) 动车组列车运行中，司机发现积水高于轨面时，应立即停车，并报告列车调度员，确认水面位置，当积水未超过轨面100 mm时，司机以随时能够停车速度（最高不超过20 km/h）通过积水地段。列车停车位置的积水超过轨面100 mm时，司机应按随车机械师要求降弓，停止供电，并向列车调度员报告，请求救援。

（6）遇降雪天，道床积雪、接触网结冰受电弓取流不畅时，司机应先采取减速措施，按规定限速运行，并及时向列车调度员汇报。执行冰雪天气的限速标准：

①降雪天气，当运行区段降中雪或积雪覆盖轨枕板或道砟面时，无砟轨道区段限速250 km/h及以下，有砟轨道区段限速200 km/h及以下；当运行区段降大雪、暴雪时，无砟轨道区段限速200 km/h及以下，有砟轨道区段限速160 km/h及以下。当无砟轨道区段轨枕板积雪厚度10 cm以上时，限速200 km/h及以下；有砟轨道区段道砟面积雪厚度5 cm以上时，限速160 km/h及以下。

②接触网导线结冰受电弓取流不畅时，限速160 km/h及以下。

③动车组车底结冰需要列车限速时，无砟轨道区段限速250 km/h及以下，有砟轨道区段限速200 km/h及以下。

（7）遇雪崩、积雪崩塌等情况危及行车安全时，司机应立即采取停车措施。有可能影响邻线时，应立即通知邻线动车组列车及列车调度员。停车后，动车组司机（单班单司机除外）、随车机械师应对现场进行检查，会同列车长提出具体处置方案并报告列车调度员。

（8）随车机械师发现动车组车底结冰及动车组被击打需要列车限速时，应立即通知司机，司机根据随车机械师的限速要求运行，并向列车调度员报告，列车调度员不再发布限速调度命令，列车调度员须提示后续列车随车机械师注意运行状态。

（9）动车组列车运行途中，遇大风天气，司机根据情况控制列车运行速度，并报告列车调度员。接到大风限速命令后，须立即确认限速地点，并根据列车调度员发布的限速运行的调度命令运行。动车组列车遇大风行车限速的规定如下：在环境风风速不大于15 m/s时，可以正常速度运行；风速不大于20 m/s时，运行速度不大于300 km/h；风速不大于25 m/s时，运行速度不大于200 km/h；风速不大于30 m/s时，运行速度不大于120 km/h；风速大于30 m/s时，严禁动车组列车进入风区。动车组列车通过站台，当风速不大于15 m/s时，速度不得超过80 km/h；当风速超过15 m/s时，动车组运行速度不得超过45 km/h，并注意运行。

（10）雾天行车，列控车载设备正常时，列车按列控车载设备的显示运行，进出车站、桥梁、隧道时应加强鸣笛。遇地面信号、联锁等设备发生故障，采用目视行车时，司机应加强与列车调度员（应急值守人员）联系，控制速度，以遇到阻碍能随时停车的速度运行。列控车载设备故障隔离运行时，列车必须按站间区间掌握，进出车站、桥梁、隧道时应加强鸣笛，结合行车资料提前确认分相地点，通过分相地段时，应加强瞭望确认，根据运行速度及时采取断电措施。

6.10.3 动车组由区间返回（退行）

（1）动车组在区间被迫停车后须返回后方站时，司机必须确认动车组列车至后方站间已空闲的调度命令。司机根据调度命令，在动车组列车（折返）运行方向前端操作，将列控车载设备转为隔离模式返回，运行速度不得超过40 km/h。

（2）动车组列车不得已情况下必须在区间退行时，列车调度员须扣停后续列车，并确保退行距离内的闭塞分区空闲。随车机械师或指派的胜任人员应站在列车尾部司机室注视运行前方，发现危及行车或人身安全时，应立即通知司机停车。司机接到列车调度员准许退行的通知后，选择隔离模式退行，退行速度不得超过15 km/h。

6.10.4 动车组区间被迫停车请求救援

（1）动车组在区间被迫停车不能继续运行时，司机应立即使用机车综合无线通信设备或GSM-R手持终端通知列车调度员、两端站及随车机械师，报告停车位置、停车原因，并请求救援。在无动力的情况下，有停放制动装置的由司机实施停放制动（在超过20‰的坡道地段通知随车机械师设置防溜），无停放制动装置的动车组应指派随车机械师做好防溜工作。随车机械师、客运乘务组均应听从动车组列车司机指挥，处理有关行车、列车防护和事故救援等事宜。

（2）动车组在车站或区间无动力停留时，有停放制动装置的动车组，由司机负责将动车组处于停放制动状态；无停放制动装置的动车组或在20‰以上的区间无动力停留时，由司机通知随车机械师进行防溜，防溜时应使用止轮器固定牢靠。

（3）列车调度员接到动车组在区间被迫停车的救援请求后，应立即组织开展救援工作，确定救援方案并通知被救援动车组司机。已请求救援的动车组不得再行移动。

（4）需下车处理时，司机须与列车调度员联系，列车调度员发布邻线列车限速160 km/h及以下的调度命令，限速位置按停车列车位置前后各1 km确定；需组织旅客疏散时，必须扣停邻线列车。司机在接到列车调度员已发布相关调度命令的口头指示后，通知有关作业人员办理。

（5）被救援动车组司机应立即指派随车机械师（或胜任人员）从救援列车开来方向距列车头部不少于300 m处设置防护，救援列车开来方向不明时，应分别从列车前后两方面距列车头部不少于300 m处设置防护。

（6）采取单机救援时，单机行车安全装备应具备进入客专的条件。救援单机在接近被救援动车组2 km时，以在瞭望距离内能够随时停车的速度运行，最高不超过20 km/h，在防护人员处或压上响墩停车后，与被救援动车组司机联系确认后进行作业。随车机械师负责安装过渡车钩、专用风管（随乘司机及胜任人员协助）后，指挥救援列车进行连挂作业，并确认连挂状态。连挂后，救援列车司机确认机车制动主管的压力定压至600 kPa，按规定进行简略试验，被救援动车组司机将列控设备转为隔离模式。被救援动车组具备升弓条件的，司机接到随车机械师升弓通知后，升弓前必须与救援列车司机保持联系，防止发生弓网事故。与被救援动车组司机联系确认防溜已撤除、列车具备开车条件后，报告（两端车站值班员）列车调度员。开车前，由随车机械师与列车长分别确认动车组设备技术状态和旅客情况，车门关闭状态良好具备发车条件后向动车组司机汇报，动车组司机通知救援机车司机开车。救援机车司机按照列车调度发布的有关限速要求、运行条件及运行车次启动列车运行至前方站。救援机车司机在救援作业过程中，要严格遵守有关限速等规定，与动车组司机保持联系，运行速度不得超过 120 km/h，并尽可能避免实施紧急制动。

（7）利用动车组担当救援时的作业办法：在故障动车组前部救援时，救援动车组按隔离模式进入区间，最高不超过 40 km/h，在接近被救援列车 2 km 时，以在瞭望距离内能够随时停车的速度运行，最高不超过 20 km/h，在距被救援列车不少于 300 m 处停车，与被救援列车联系确认后进行作业。在故障动车组尾部救援时，救援动车组按完全监控模式进入区间，在行车许可终点停车，与被救援列车联系确认后，按目视行车模式进入前方闭塞分区，以在瞭望距离内能够随时停车的速度运行，最高不超过 20 km/h，在距被救援列车不少于 300 m 处一度停车（行车许可终点距被救援列车不足 300 m 时除外）后进行作业。开车前，被救援动车组由随车机械师与列车长分别确认动车组设备技术状态和旅客情况，车门关闭状态良好具备发车条件后向动车组司机汇报，动车组司机通知担当救援任务的司机开车。

6.10.5　动车组设备故障

（1）动车组列车运行中出现故障，司机应根据车载信息监控装置的提示，按规定处理；需要由随车机械师处理时，司机应通知随车机械师。经处置确认无法正常运行时，司机应根据车载信息监控装置的提示和随车机械师的要求，选择维持运行或停车等方式，并报告列车调度员。

（2）遇通风口冒烟时，司机根据情况立即停车或及时报告列车调度员安排在最近前方向站停车检查防尘网有无异物。

（3）当轴承温度超过温度报警时，立即停车请求处理，并用机车综合无线通信设备呼叫两端站或列车调度员，报告停车原因和停车位置。随车机械师下车检查故障车轴，根据实测轴温和检查情况向司机报告，司机根据随车机械师的要求向列车调度员提出限速运行请求，列车调度员根据司机请求，发布限速运行命令。

（4）根据随车机械师要求，对轮对踏面缺陷停车检查时，司机应及时转报列车调度员，要求前方站停车检查。轮对踏面缺损超出限度时，根据机械师请求，报告列车调度员发布限速运行命令。

（5）当得到轮对因齿轮箱、连接轴卡滞造成抱死运行的报告时，司机应立即停车，并指派随车机械师下车检查处理，无法消除抱死故障时，及时请求救援。

（6）运行中走行部、风挡连接部有异声、异味、异状需要停车检查时，随车机械师根据具体情况向司机报告，并提出停车请求。司机根据随车机械师报告的故障情况立即停车并报告列车调度员。经停车检查确认无碍或应急处理后方可继续运行。

（7）动车组运行中出现常用制动失效问题，要立即采取紧急制动停车措施。

（8）基础制动装置故障抱死车轮不缓解时，司机应立即停车，用机车综合无线通信设备呼叫两端站、追踪列车、列车调度员，报告停车原因和停车位置。随车机械师下车检查处理，切除本车制动运行。

（9）动车组制动系统故障切除25%制动力时，限速160 km/h运行；切除50%制动力时，限速120 km/h运行。在动车组列车经18号道岔侧线停车的情况下，动车组制动系统故障切除25%制动力时，限速65 km/h运行；切除50%制动力时，限速55 km/h运行。

（10）空气弹簧故障时，限速160 km/h。CRH2型动车组发生空气弹簧泄漏、爆裂或切除时，限速120 km/h。

（11）车窗玻璃破损导致车厢密封失效时，限速160 km/h。

6.10.6　接触网设备故障

（1）在运行中发现接触网定位器、防风拉线、电连接脱落、网上挂有其他异物或悬挂状态异常，不影响列车运行时，必须立即断开主断路器、降下受电弓，待受电弓越过故障地点、升弓标志或升弓手信号后，再升起受电弓，使用机车综合无线通信设备报告列车调度员或车站值班员。

（2）遇接触网故障影响列车运行时，应立即停车并及时降弓，迅速使用机车综合无线通信设备呼叫两端站、追踪列车、列车调度员，报告停车原因、停车位置和故障接触网的区间、杆号以及故障概况，按列车调度员指示办理。

（3）动车组列车在运行途中，因不明原因需要更换受电弓运行时，司机应减速至200 km/h以下更换，并向列车调度员汇报情况及故障地点。

6.10.7　被迫停在接触网电分相无电区时

（1）动车组被迫停在接触网电分相无电区时，司机应立即降弓，就地制动，不准退行，并报告列车调度员停车原因和停车位置。

（2）运行中采用后弓运行的动车组列车，停车后采取换弓操作。单组运行的动车组换前弓，双组重联或大编制动车组升运行方向最前弓。如可正常受电取流时，司机向列车调度员汇报后可继续运行。

（3）确认更换受电弓无法继续运行时，立即请求救援。司机应查明动车组前方无电区的长度，前部距离能满足担当救援任务的电力机车在列车前方升弓取流的条件时，报告车站值班员或列车调度员“电力机车可以从前部救援”，否则报告“电力机车只能从尾部救援”。对有停放制动装置的动车组由司机实施停放制动；无停放制动装置的动车组或在超过20‰的坡道地段，司机应通知随车机械师进行防溜，随车机械师按规定使用止轮器牢靠固定。

（4）救援方式按列车调度员指示办理。司机应指派胜任人员从救援机车开来方向距离列车不少于300 m处进行防护。

（5）从尾部救援时，动车组司机应与救援机车司机加强联系，商定起车办法，动车组出无电区后，被救援的动车组司机应及时升弓取流，并通知救援机车司机，按列车调度员指示办理。

6.10.8 列控车载设备故障

（1）列控车载设备显示动车组限速运行但无法判明故障原因时，司机应报告列车调度员（车站值班员），并按列控车载设备显示的速度值继续运行。

（2）动车组列车运行中遇列控车载设备故障并导致列车停车后，司机应报告列车调度员，并通知随车机械师。司机转换冗余切换开关启动冗余设备或将列控车载设备断电30 s后重新启动，若设备恢复正常，继续运行。

（3）装备LKJ的动车组列车因列控车载设备故障，不能恢复正常运行时，司机应报告列车调度员，列车调度员发布改按LKJ方式运行的调度命令，动车组列车按LKJ方式运行。

（4）列车按LKJ方式行车时，行车凭证为机车信号。遇机车信号或LKJ故障时，司机应报告列车调度员，列车调度员确认该列车至前方站无车占用后通知司机，列车以不超过20 km/h的速度运行至进站信号机，按其显示运行。

（5）未装备LKJ的动车组列车因列控车载设备故障，不能恢复正常运行时，司机应报告列车调度员，列车调度员确认该列车至前方站无车占用后，发布调度命令，司机根据调度命令将列控车载设备转入隔离模式，以不超过40 km/h的速度运行至进站信号机，按其显示运行。

6.10.9 级间转换失败

在CTCS-3级区段与CTCS-2级区段级间自动转换失败时，司机应立即报告列车调度员或车站值班员，并按下述规定办理：

（1）由CTCS-3级向CTCS-2级转换失败时，停车后手动转换。

（2）由CTCS-2级向CTCS-3级转换失败时，维持CTCS-2级方式继续运行。

6.11 高速铁路动车组脱轨事故救援起复预案

6.11.1 事故应急救援基本原则

事故应急救援应根据现场具体情况，因地制宜，在确保救援安全的前提下，按照尽快确保线路开通的原则，采取相应的救援实施方案。

6.11.2 事故应急救援相关资料

在进行高铁动车组脱轨事故救援起复方案制定时，需要重点准备进行救援路段的相关信息资料，包括高铁桥梁、隧道信息表。

6.11.3 救援列车出动方案

救援列车的出动方案介绍如下：

1. 机务段救援列车

(1) 遇高铁发生事故需救援列车出动时，应按局调度所发布的调度命令，安排机务段高铁应急救援内燃机车，将救援列车全列牵引至事故救援地点前方车站，并按照指挥部要求的运输方式，将救援列车起重机及救援工作人员送至指定地点。

(2) 编组：10 辆（由南向西：起重机＋臂架平车＋工具车＋发电车＋餐车＋宿营车＋指挥车＋材备车＋臂架平车＋起重机），换长：22.4，总重 668.5 t。

(3) 经路：机务段救援列车专用线→沿线高铁车站→事故地点。

2. 执行标准

救援列车出动时，应严格按照《救援列车管理办法》（运装机运〔2008〕82）执行；CRH 系列救援专用机具全部上车，人员齐备，并携带救援预案。

3. 救援汽车走行线路

遇高铁发生脱线事故，机务段救援列车应组织人员携带救援机具，乘坐汽车赶赴事故地点临近高铁车站待命，根据事故救援现场指挥部安排，换乘轨道车至事故现场进行救援。

6.11.4　救援起复方法

高铁线路接触网下、隧道内、桥梁上动车组脱轨事故救援，应“以人为本、快速出动，救人为先、起复为后”。起复原则为以拉复为主，顶复、吊复为辅，救援列车起重机是否允许在高铁高架桥上作业，由事故现场救援指挥部研究决定。根据调度命令，须由救援列车进入高铁线路进行救援时，救援列车进入高铁线路，或者救援列车利用应急救援汽车开进事故临近高铁车站待命，根据需要由现场指挥部安排将救援设备及人员换乘轨道车，进入事故现场进行救援起复。

1. 拉复起复法

(1) 适用范围：动车组转向架轮对脱轨后距基本轨较近，且车辆未颠覆，线路基本条件良好时，应选择拉复法进行起复作业。

(2) 必备工具：组合式复轨器 1 对；逼近式复轨器一组；30 t 千斤顶 2 个；套钩 1 对；ϕ50 mm×15 m 钢丝绳 1 根（或 20T×15 m 尼龙绳 1 根）；动车组过渡车钩 1 个；700 mm×700 mm×2 mm 铁垫板 4 块；40 t 以上气垫 2 个；棘轮套筒扳手 2 套。

(3) 起复方法。

第一步：将影响起复的车辆两侧裙板及有可能妨碍作业的零部件拆下。

第二步：空隙足够时利用千斤顶（空隙不够时利用气垫或气垫与千斤顶结合使用）将动车组的落地部分顶起，填充石砟或钢垫板至满足安置复轨器需要的高度。

第三步：在脱轨轮反方向安置组合式复轨器，拆除千斤顶或气垫，利用动车组动力或其他动力进行拉复（图 6—5、图 6—6），拉复前应注意排障器、扫石器、各感应器是否影响救援，必要时拆除。

当动车组在道岔和辙岔心等处所脱轨时，脱轨情况符合拉复允许条件时，可利用辙

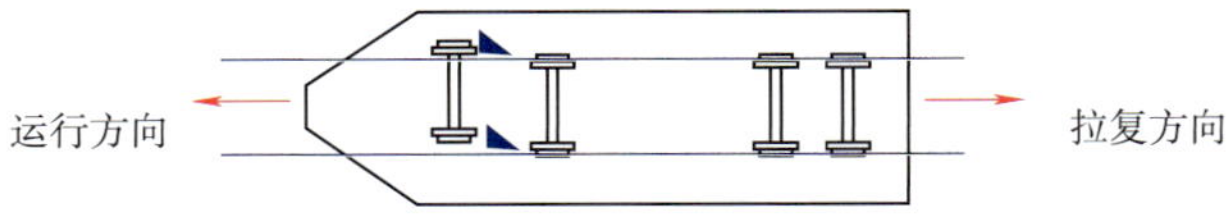

图 6—5　第一车轮脱轨拉复示意图

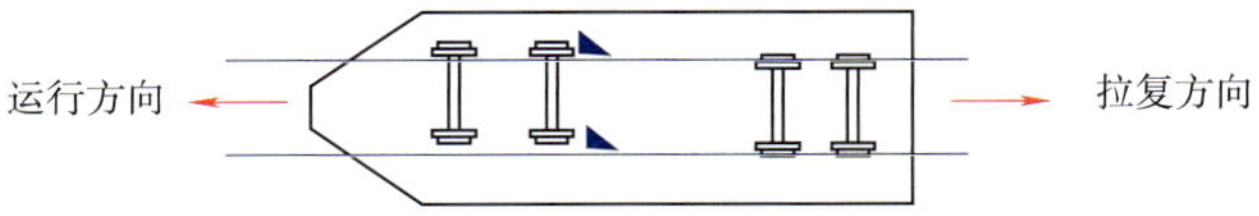

图 6—6　第一转向架脱线拉复示意图

岔心间隔铁或道岔复轨器拉复（图 6—7）。但起复过程中所挤道岔必须处在自由位，以防车轮复轨后挤坏道岔。

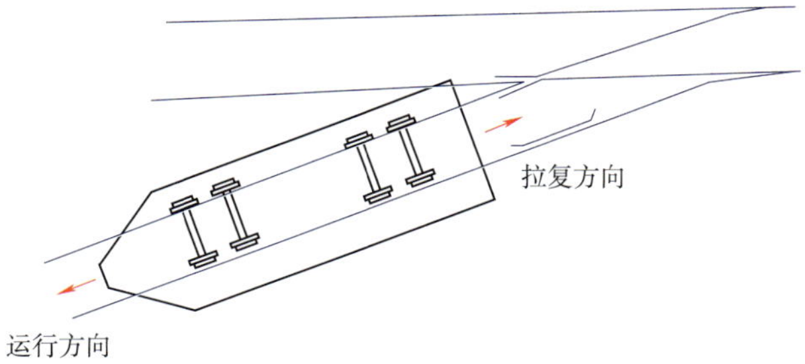

图 6—7　利用辙岔心间隔铁拉复

第四步：复轨后，拆卸组合式复轨器。

2. 顶复起复法

（1）适用范围：在不适用拉复法作业，脱轨距离大于 260 mm，且车辆未颠覆、线路基本条件良好时。

（2）必备工具：液压起复设备一套或单缸便携式复轨器 2 个，30 t 千斤顶 2 个；不少于 700 mm×700 mm×2 mm 铁垫板 4 块；40 t 以上气垫 2 个；捆绑用索具 2 套；棘轮套筒扳手 2 套。

（3）起复方法。

第一步：一般应将事故车辆与其他车辆按程序进行解编分离，拆下影响起复的动车组两侧裙板和零部件。

第二步：利用索具将转向架与轮对、转向架与车体间捆绑牢固。

第三步：利用千斤顶或气垫将动车组落地部件顶起，满足液压起复设备或单缸便携式复轨器安置高度，按规定要求摆放液压起复设备或单缸便携式复轨器（图 6—8）。

图 6—8　利用千斤顶或气垫顶复

第四步：将千斤顶或气垫撤除，进行顶复作业。

第五步：当脱线车轮距基本轨距离比较远时，可采用多次分步横移复轨。

第六步：复轨后，拆卸顶复设备，清除石砟或钢垫板。在进行顶复作业时应随时注意起复车辆状态，如有发生倾倒的危险时，应立即停止作业，将起复车辆扶正后再进行作业。

3. 吊复起复法

（1）适用范围：当动车组发生轮对脱轨距离较大、转向架散架，不能实施拉复、顶复作业时，应尽快采取吊复法处理，确保以最短的时间开通线路。

（2）必备工具：撑杆 2 根；20 T×6 m 迪尼玛吊绳（双头圈）4 根；20 T×4 m 迪尼玛吊绳（双头圈）4 根；20 T×2 m 迪尼玛吊绳（双头圈）4 根；0.8 m 长枕木 8 根；棘轮套筒扳手 2 套及常用工具、扳手；动车组专用吊销 1 组，专用索具 1 套；客货通用型简易台车 2 套；40 t 以上气垫 2 个。

（3）起复方法。

①动车组车辆轮对脱轨距离较远且车辆未颠覆时。

a. 单端吊复法（图 6—9）。

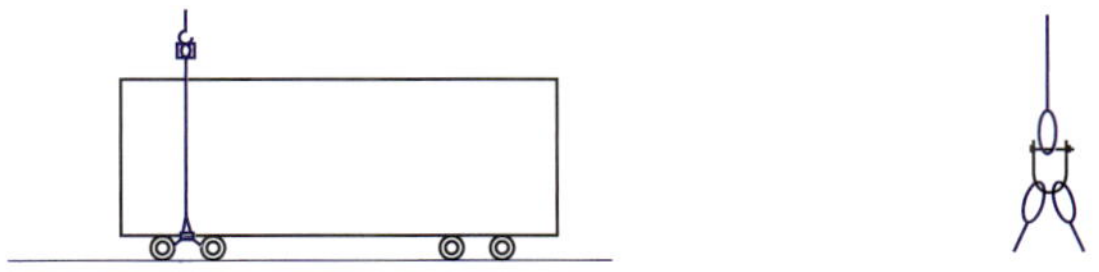

（1）吊复示意图　　（2）U形环与吊绳连接方法

图 6—9　采用四角吊复转向架法本线单端吊复

第一步：将事故车辆与其他车辆按程序进行解编分离。

第二步：将影响起复的动车组车辆两侧裙板和零部件拆下。

第三步：救援轨道起重机在本线或邻线适当位置定位、打好支腿（桥梁上须为本线作业，禁止打支腿）。

第四步：装好单端撑杆、专用吊销，挂好 20 T×4 m、20 T×6 m 迪尼玛吊绳各 2 根。

第五步：利用动车组专用索具将转向架与轮对、转向架与车体间捆绑牢固。

第六步：试吊后，进行吊复复轨作业。

b. 整体吊复法（图 6—10）。

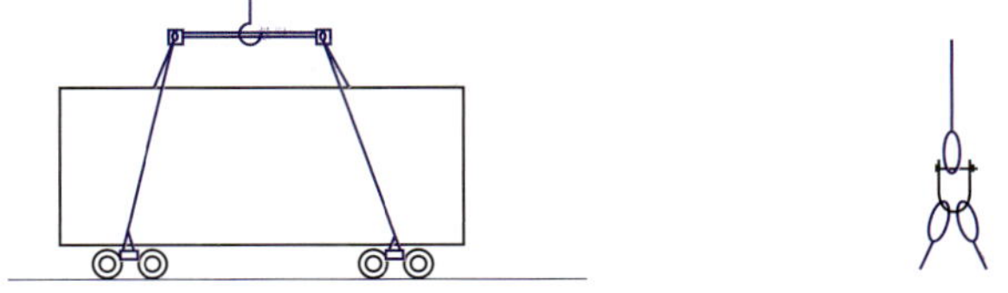

（1）吊复示意图　　（2）U形环与吊绳连接方法

图 6—10　采用四角吊复转向架法整体吊复

第一步：将事故车辆与其他车辆按程序进行解编分离。

第二步：将影响起复的动车组车辆两侧裙板和零部件拆下。

第三步：救援轨道起重机在本线或邻线适当位置定位、打好支腿（桥梁上须为本线作业，禁止打支腿）。

第四步：利用动车组专用索具分别将 2 个转向架与轮对、转向架与车体间捆绑牢固。

第五步：装好撑杆 2 根、专用吊销，挂好 20 T×4 m、20 T×6 m 迪尼玛吊绳各 4 根。

第六步：试吊后，进行吊复复轨作业。

②动车组转向架破损时，应采用更换转向架的方法。

a. 单端更换转向架作业。

第一步：将事故车辆与其他车辆按程序进行解编分离。

第二步：将影响起复的动车组车辆两侧裙板和零部件拆下。

第三步：救援轨道起重机在本线或邻线适当位置定位、打好支腿（桥梁上须为本线作业，禁止打支腿）。本线定位时，注意预留组装简易台车的位置。

第四步：装好撑杆、专用吊销，挂好 20 T×4 m、20 T×6 m 迪尼玛吊绳各 2 根。

第五步：将事故车体单端吊起，放置于枕木垛上。

第六步：用起重机将破损转向架清理出线路，在线路上组装简易台车。

第七步：单端吊起车体，与简易台车安装好。

b. 双端更换转向架作业。

运用整体吊复法将动车组车体吊起，放置于枕木垛上，用起重机将破损转向架清理出线路，在线路上组装简易台车，吊起车体，与简易台车安装好。

③动车组破损严重，无法修复时的起复方法。

采用吊移法或拉翻法，将事故车辆移出或翻出限界外，开通线路。

4. 利用大吨位汽车吊进行起复救援

需使用大吨位汽车吊进行起复救援时，由现场指挥部指定责任部门进行联系，租赁的汽车吊吨位不小于 300 t，确保最快时间到位。使用汽车吊进行救援作业，救援列车须有专人配合，并进行作业安全盯控，保证作业安全。

6.12 CRH 型动车组运行途中车辆设备故障处置办法

6.12.1 总　　则

本方案适用于动车组运行途中发生车辆设备故障后的应急处置。

1. 信息传递

（1）动车组运行中发生设备故障时，动车组司机、随车机械师应按照有关规定进行处理，选择维持运行、限速运行或停车等方式。

（2）动车组运行中出现车辆设备故障时，随车机械师与司机之间及时沟通和联系，了解故障初步信息，同时按照有关规定逐级上报。处理故障过程中，随车机械师应迅速处置，如不明确处理方法，随车机械师应向所属动车所技术支持平台请示处理方法、接受技术支持。

（3）动车组车辆设备故障途中应急处理实行单线指挥。动车组运行途中发生车辆设备故障时，所属动车所调度与随车机械师通话。应急处置过程机械师不能准确判断与处置时，应及时与所属动车所技术支持平台联系，请求协助故障查找与处置。

2. 动车组运行途中停车防溜规定

动车组在车站或区间无动力停留时，有停放制动装置的动车组，由司机负责将动车组置于停放制动状态；无停放制动装置的动车组，由司机通知随车机械师进行防溜，防溜时应使用止轮器牢靠固定。

6.12.2　动车组车辆设备故障处置方案

动车组列车运行中出现设备故障时，司机应按车载信息监控装置的提示，按规定及时处理；需要由随车机械师处理时，司机应通知随车机械师。经处置确认无法正常运行时，司机应按车载信息监控装置的提示和随车机械师的要求，选择维持运行或停车等方式，并报告列车调度员。

1. 动车组车辆设备故障无法修复时救援规定

（1）动车组故障无法及时修复时，应及时启用热备动车组或机车救援。特殊情况下，重联动车组可以采用换端重联自救方式及动车组解编单组运行方式进行处置；动车组列车操纵端故障可以采取整列换向自救方式进行处置；遇最前端司机室不能正常操纵，而最后端司机室操纵正常，双司机值乘或有具备乘务知识的机务干部添乘，前后端司机室通信设备作用良好及天气良好时，准许凭调度命令改为最后端司机室操纵维持运行，列车按站间闭塞行车，列车最高运行速度不得大于 120 km/h，前端司机或添乘干部用车内通信系统指挥后端司机操纵。

（2）利用机车进行救援。

①动车组由符合上线要求救援机车连挂运行时，列车管压力采用 600 kPa。

②动车组司机应了解救援机车开来方向，通知随车机械师在救援列车开来方向安装过渡车钩、专用风管并对动车组风管阀门的开关状态进行确认，司机进行配合。具备升弓供电条件时，允许动车组升弓供电。

③动车组救援时具体操作按铁路总公司关于各型动车组救援作业办法执行。CRH3C 型动车组使用机车救援时限速 80 km/h，CRH2A、CRH2C、CRH380A、CRH380AL、CRH380BL、CRH5A 型动车组使用机车救援时限速 120 km/h。

（3）利用动车组进行救援。按照铁路总公司《关于印发〈动车组相互救援作业办法〉的通知》（运装客车〔2011〕392 号）相关规定执行。

2. 动车组在运行途中发生车辆设备故障时应急处理规定

（1）动车组运行途中停车需要随车机械师下车检查处理时，由司机负责与列车调度员联系，司机接到列车调度员邻线列车限速 160 km/h 及以下的调度命令已发布，准许下车处理的指示后，通知随车机械师，双方互相签认后，随车机械师穿戴好防护用具，从列车运行方向左侧下车检查、确认。司机、随车机械师保持密切联络，因故障处理需要邻线停车时，及时通知司机，由司机向列车调度员报告。随车机械师检查处理完毕立即上车，通知司机检查处理结果，司机立即向列车调度员报告。

（2）动车组牵引系统故障但动力未完全丢失时，可切除相应故障车辆或动力单元，利用剩余动力按照《CRH 型动车组途中故障应急处理手册》规定维持运行，并使用列车无线调度通信设备报告列车调度员或车站值班员，列车调度员不再下达有关限速运行的调度命令。

（3）动车组受电弓故障。

①8 辆编组动车组一架受电弓故障，经随车机械师检查确认不影响运行时，可更换另一架受电弓受流，正常运行；随车机械师检查确认受电弓故障有可能影响运行安全时，应按规定对故障受电弓进行捆绑处理。8 辆编组动车组两个受电弓均无法升弓受流时，按规定请求救援。

②重联动车组（长编组动车组比照此方法），正常升两列车后弓运行，如后弓出现故障，可换为前弓维持运行，并切除后弓，并尽快在始发、终到站更换热备动车组；如重联动车组中一组两个受电弓均出现故障，可采用另一组车单弓维持运行至前方站后，停车处理；两列动车组均无法升弓受流时，请求救援。

③动车组运行途中，司机接到受电弓挂有异物影响行车的通知时，立即停车降弓，向列车调度员报告，请求接触网停电、申请邻线列车限速 160 km/h 及以下运行。司机接到接触网已停电的调度命令及邻线列车限速 160 km/h 及以下的调度命令已发布，准许下车处理的指示后，升弓并与随车机械师共同确认无网压，合接地装置放电，然后通知随车机械师下车作业。随车机械师在确认接触网停电及动车组放电完毕后，下车用高压绝缘棒在非会车侧清除受电弓异物，如无法清除时，按规定作业程序登车顶清除异物，并检查受电弓情况。受电弓如有损伤，随车机械师在司机手账上签认后通知司机将受损受电弓切除，换弓运行。

（4）主断路器故障。

①单个主断路器故障，切除后维持运行。因主断路器切除后产生的动车组限速，司机应使用列车无线调度通信设备或铁路数字移动通信系统报告列车调度员，列车调度员不再下达有关限速运行的调度命令。

②全列主断路器故障根据车载信息系统的提示处理，网压过电压时汇报所属调度区段列车调度员处理。

（5）途中发生网侧高压电缆故障，司机应通知随车机械师下车检查高压电缆有无烧损痕迹。若外观无异状则分动力单元检查、判断故障处所。发现故障后切除故障动车组单元，按规定向列车调度员申请限速运行。若故障单元不能切除、全列车不能安全供电运行，由司机向列车调度员申请救援。

（6）网络通信故障。网络通信故障造成动车组通信丢失或牵引力丢失，由司机通知随车机械师进行牵引设备复位处理，复位无效、列车能维持运行时，由随车机械师按照限速规定提出限速申请，司机向列车调度员汇报。必要时运行至前方站停车，由司机和随车机械师断电降弓，实施系统重启或大复位处理。

（7）制动系统故障。基础制动装置故障致使车轮抱死不缓解时，列车运行按照《CRH 型动车组途中故障应急处理手册》规定执行。

①个别车辆制动故障，随车机械师下车检查处理，切除本车制动维持运行。

②全列车制动不缓解，司机或随车机械师按照故障应急手册或车载信息系统的提示处理。

（8）车门故障。动车组到站停稳后，遇自动开关门装置故障时，司机应及时通知列车长、随车机械师，改为手动开关门或隔离运行。如站台侧车门不能集控开关时，由司机向列车调度员报告，列车调度员发布前方办客站改变接车股道的调度命令。

（9）轴温故障。当轴承温度超过规定的报警温度时，立即停车处理，司机应用列车无线调度通信设备或铁路数字移动通信系统呼叫两端站（遇集控站直接报告列车调度员）或列车调度员，报告停车原因和停车位置。随车机械师下车检查故障车轴并用红外线点温计进行点温，并与邻近正常车轴轴温相比较，根据实测轴温和检查情况向司机报告，司机应转报列车调度员。

①随车机械师确认实际轴温正常，为轴温报警装置误报警时，通知司机，维持正常运行，途中停站，随车机械师要跟踪该轴轴温。

②随车机械师确认实际轴温异常，应根据相关规定向司机提出限速要求。

（10）空气弹簧故障。当动车组空气弹簧发生故障时，列车限速 160 km/h 运行。

（11）车窗破损故障。动车组车窗玻璃破损导致车厢密封失效时，列车限速 160 km/h 运行；当车窗玻璃外层破损但内层完好时，列车限速 250 km/h 运行。车窗、车门等玻璃破损时列车长按规定拍发电报。

（12）司机室玻璃破损故障。司机室玻璃外层破损但内层完好时，动车组限速 250 km/h运行；如内、外层玻璃全部破损，动车组限速 80 km/h 运行。

（13）异物击打。动车组运行途中遭异物击打时，司机必须立即停车，随车机械师在邻线列车限速后下车检查。动车组头罩损坏开裂、不能正常闭合时，列车限速 160 km/h 运行；走行部部件损坏时，由随车机械师根据受损程度提出限速请求。

（14）风挡故障。动车组运行时发生风挡外翻、鼓起、倾斜故障时，随车机械师立即通知司机停车，并下车检查处理，确认不影响行车安全时方可继续运行。

（15）冰雪天气。冰雪天气应急处置按照《关于重新公布郑西高铁暴风雨雪雾恶劣天气安全措施的通知》（郑铁总〔2011〕145 号）执行。

（16）轮对踏面缺陷故障。随车机械师判断动车组存在轮对踏面缺陷故障时，应立即报告司机要求停车检查，司机应及时转报列车调度员。随车机械师根据轮对踏面缺陷情况，提出限速要求，司机报告车站或列车调度员。

（17）轮对抱死故障。当得到轮对因齿轮箱、联轴节卡滞造成抱死运行的报告时，司机立即停车，并指派随车机械师下车检查处理，无法消除抱死故障时，及时请求救援，并按规定设置防护，协助随车机械师须按规定拆解、捆绑卡滞部位，避免救援时擦伤车轮。

（18）动车组运行中发生异音、异状。

①动车组运行中异音应急处理措施。列车工作人员发现或接到反映车辆下部有拖、拉、击打声、上下振动声、连续摩擦声等异音的通知时，应立即采取措施停车，由司机向列车调度员申请办理邻线列车限速运行。随车机械师在确认邻线列车限速运行已实施后，按规定程序下车检查。

②动车组运行中异状应急处理措施。遇有车辆突发剧烈上、下跳动，车体剧烈摆动，连接处明显下垂，走行部有剧烈连续的摩擦震动声等异状时，列车工作人员应立即采取措施停车。随车机械师在确认邻线列车限速运行已实施后，按规定程序下车检查确认车辆损伤情况。如故障暂不能修复，在不影响行车安全的情况下，随车机械师临时应急处理并在司机手账上签认后监护、限速运行，必要时预报前方车站协助处理。

（19）动车组火情。动车组运行途中，乘务人员发现车厢空调通风口、配电柜、客室内其他设备设施等冒烟、起火、烧焦，橡胶、塑胶熔化等产生的异味时，应立即按压相应车厢火灾报警按钮，并通知随车机械师和司机，司机应立即停车，并向列车调度员汇报。随车机械师接到通知后及时赶到相应车厢关闭空调、通风系统或设备设施电源，并将设备状况通知列车长和司机。停车后，随车机械师应对车辆设备进行检查，准确判断，果断处理，确认不影响行车安全时，通知司机尽快开车。

（20）因动车组设备故障导致全列空调无法使用时，按照《旅客列车空调失效应急处置实施细则》有关规定执行。

（21）遇接触网停电时，随车机械师要巡视检查各车应急照明、蓄电池电压情况，停车超过 20 min 时开启应急通风系统或在列车长的组织下指导客运人员开门通风。若应急通风蓄电池低压保护，应急通风装置停止工作，无法保证车内通风时，随车机械师向列车长报告，由列车长组织安装防护网、打开车门通风。

6.13 突发公共卫生事件应急处置预案

6.13.1 总　　则

1. 编制目的

落实《国家突发公共卫生事件应急预案》、《铁路突发公共卫生事件应急预案》，有效预防、及时控制和消除铁路局高速铁路（包括高速列车及车站）突发公共卫生事件及其危害，规范各类高速铁路突发公共卫生事件的应急处理工作，最大程度地减少突发公共卫生事件对公众健康造成的危害，保障广大旅客、铁路职工的身心健康与生命安全。

2. 编制依据

依据《中华人民共和国突发事件应对法》、《中华人民共和国传染病防治法》、《中华人民共和国食品安全法》、《中华人民共和国职业病防治法》、《突发公共卫生事件应急条例》、《国内交通卫生检疫条例》、《公共场所卫生管理条例》、《生活饮用水卫生管理办法》、《国家突发公共卫生事件应急预案》、《全国救灾防病预案》、《铁路突发公共卫生事件应急处理办法》等，制定本预案。

3. 适用范围

本预案适用于铁路局管内高速铁路突然发生的重大传染病、群体性不明原因疾病，造成或者可能造成社会公众身心健康严重损害，并有可能借铁路传播的疾病，以及局管内高速铁路发生的食物中毒、急性职业中毒、生活饮用水污染、公共场所危害健康事故、突发行车事故或恶劣天气造成旅客身体伤害等突发公共卫生事件的应急处理工作。

4. 工作原则

(1) 预防为主，常备不懈。提高铁路局对高速铁路突发公共卫生事件的防范意识，落实各项防范措施，做好人员、技术、物资和设备的应急储备工作。

(2) 统一领导，分级负责。铁路局突发事件应急处理领导小组负责铁路局高速铁路突发公共卫生事件应急处理的统一领导和指挥，各有关部门按照预案规定，在各自的职责范围内做好突发公共卫生事件应急处理的有关工作。

(3) 联防联控，协同处置。畅通和地方卫生行政部门、各食品安全监管部门、职业卫生监管部门和医疗卫生机构等的信息沟通渠道，充分利用地方医疗卫生资源，协助做好医疗救援工作，最大程度地减少人员伤亡。

(4) 依靠科学，加强合作。突发公共卫生事件应急工作要充分尊重和依靠科学，要重视开展防范和处理突发公共卫生事件的科研和培训，为突发公共卫生事件应急处理提供科技保障。各有关部门和单位要通力合作、资源共享，有效应对突发公共卫生事件。

6.13.2 应急组织体系及职责

1. 应急指挥机构

突发公共卫生事件应急处理领导小组的组成和职责：铁路局成立高速铁路突发公共卫生事件应急处理领导小组（以下简称高铁应急处理领导小组）。组长由主管卫生工作的总会计师担任，副组长由局卫生主管部门的主要负责人担任，成员由局劳卫、客运、运输、高铁、计划、财务、安监、机务、公安、宣传、纪检等部门的有关同志组成。高铁应急处理领导小组负责局管内高速铁路突发公共卫生事件应急处理的协调和指挥，做出处理决策，决定要采取的措施。

2. 日常管理机构

铁路局设立高铁应急处理领导小组办公室，负责全局范围内高速铁路突发公共卫生事件应急处理的日常管理工作。高铁应急处理领导小组办公室设在劳卫处。

高铁应急处理领导小组办公室的组成：

高铁应急处理领导小组办公室主任由劳卫处处长担任，副主任由劳卫处主管卫生的副处长担任，成员由局劳卫、客运、运输、高铁、计划、财务、安监、机务、公安、宣传、纪检等部门的有关同志组成。

3. 应急处理专业技术机构

铁路疾病预防控制所、铁路卫生监督所是铁路局高速铁路突发公共卫生事件应急处理的专业技术机构。应急处理专业技术机构要结合本单位职责开展专业技术人员处理突发公共卫生事件能力培训，提高快速应对能力和技术水平，在发生突发公共卫生事件时，要服从铁路局应急管理部门的统一指挥和安排，开展应急处理工作。

4. 部门协作

(1) 在高铁应急处理领导小组领导下，各相关部门按照职责分工负责，并相互配合、协调开展工作。

(2) 卫生部门：负责应急领导小组的日常工作，组织协调控制、处理突发公共卫生事件；对突发事件应急处理提供技术咨询，指导相关单位预防和控制疫情在铁路职工和家属中传播；及时组织协调医疗卫生单位进行医疗救护和现场救援。

(3) 高铁办、运输、客运、货运、机务部门：负责组织各项卫生防控措施在运输单位的落实；防止和控制疫情借铁路交通工具传播；协助卫生部门做好突发公共卫生事件的调查处理；保证突发事件处理过程中的人员、医疗救护器械与药品和相关物资的运输。

(4) 公安部门：负责维护突发事件现场的治安秩序，为抢救、隔离、运送病人提供安全保障；协助卫生部门对拒绝按规定隔离处置的传染病患者和接触者依法强制执行；打击利用突发事件扰乱秩序的违法犯罪行为，维护稳定，保证铁路运输安全。

(5) 安全监察部门：负责组织职业危害事件的现场勘察、事故原因及定性分析。

(6) 宣传部门：负责组织新闻报道和对外发布新闻等；组织做好铁路职工、家属和旅客的宣传教育工作。

(7) 计划、财务部门：负责突发事件应急处理项目的审批和款源落实，按规定分别在营业外、基建、更新改造、大修及其他有关经费项下列支。环保部门负责造成突发公共卫生事件的环境污染违法行为的调查处置工作。

(8) 纪检部门：负责对铁路干部职工在造成突发公共卫生事件以及应急处理工作中失职、渎职等违纪违法行为进行调查，并追究相关责任人的责任。

6.13.3 突发公共卫生事件的报告

1. 责任报告单位和责任报告人

高速铁路各铁路局管内突发公共卫生事件发生或发现单位及其上级业务主管部门、铁路疾病预防控制所、卫生监督所为铁路突发公共卫生事件的责任报告单位。突发公共卫生事件责任报告单位要按照有关规定及时、准确地报告突发公共卫生事件及其处置情况。

发生事故单位负责人（或突发公共卫生事件联络员）和有关单位、部门工作人员、执行职务的卫生人员为铁路突发公共卫生事件的责任报告人。

2. 报告时限和内容

发生或发现事故的单位应当在2h内以电话、传真等方式向铁路疾病预防控制所、卫生监督所和上级业务主管部门报告；接报的疾病预防控制所、卫生监督所和上级业务主管部门应尽快进行现场调查确认，确认后立即报告上级卫生主管部门。

首报内容：应包括事故发生的时间、地点、单位、危害程度、伤亡人数、以及事故报告单位、报告时间、联系人、联系方式、事故发生原因的初步判断和已采取措施等，如有可能要报告事故发生的简要经过。

续报内容：既要报告新发生的情况，也要对初次报告的情况进行补充和修正，包括事故的发展与变化、处置进程、事故的诊断和原因或可能因素、势态评估、控制措施、控制情况、请求事项和工作建议等内容。

终报内容：包括事故鉴定结论，分析事故原因和影响因素，提出对今后类似事故的防范和处置建议。

6.13.4 突发公共卫生事件的应急处置

（1）当高速铁路管内车站和旅客列车发生10人以上或出现1人以上死亡的食物中毒事件、不明原因疾病发生10人以上或出现死亡病例的事件、发生30人以上或出现死亡的饮用水污染事件和铁路局应急管理部门认定的突发公共卫生事件时，要采取边报告、边调查、边处理、边抢救、边核实的方式，以有效措施控制事态发展。

（2）发生突发公共卫生事件时，按照《铁路局突发公共卫生事件应急预案》规定，做出相应级别应急反应。同时，要遵循突发公共卫生事件发生发展的客观规律，结合实际情况和预防控制工作的需要，及时调整预警和反应级别，以有效控制事件。

（3）高铁发生突发公共卫生事件时，由列车长（站长）负责，组成由卫生、客运、公安人员参加的列车（车站）应急处理小组，统一领导应急处理工作。

（4）应急救援工作必须在确保现场救援人员安全的情况下实施，参与救援处置、现场指挥和事故调查处理的人员，必须佩戴具有明显标识，并符合安全防护要求的口罩、防护服、防护靴等卫生防护用品。旅客的卫生安全防护按相应技术规范要求进行。需要疏散旅客时，要确定疏散指挥人员，选定疏散路线和方式，确定疏散地点，要告知旅客疏散的原因、方式和注意事项，取得旅客的配合，有效组织疏散工作，公安人员维护现场秩序。

6.13.5 突发公共卫生事件处理程序

1. 旅客列车上发生需按甲类传染病进行处理、控制的传染病的应急处理程序

（1）列车长应根据情况将病人或疑似病人就近隔离，并按规定程序上报段值班室和前方站疾病控制机构；同时组织病人救治工作；将病人在留验站或前方站下交，并将病人及密切接触者登记资料一并交卫生人员或客运人员。同时控制病人原所在车厢旅客的流动。

（2）接到报告的疾控所，应立即安排专业人员添乘列车，指导疫情处理。

（3）对密切接触者进行登记（内容包括姓名、性别、年龄、住址、身份证号码、联系方式等），控制车厢旅客流动，同时要联系其到达站的疾病控制机构按照规定处理。

（4）根据病种情况，采取列车通风等防治措施；对病人污染的车厢、隔离场所及可能污染的范围进行消毒，污染的废弃物要收集后集中存放，按照规定进行处理。列车到达目的地后，由所在地铁路疾控所对全列车进行终末消毒。

（5）对密切接触病人的乘务人员，由疾控所安排进行医学观察。

（6）根据疫情情况，可采取干部、医务人员添乘列车、站车消毒、旅客健康申报卡、旅客体温检测、乘务人员健康管理、开展交通检疫等应急处理措施，防止疫病借铁路交通传播。

高铁车站发生甲类传染病或国务院、卫生部宣布的需按甲类传染病进行处理、控制的传染病时，按照当地政府的应急处理程序进行处置。

2. 列车发生食物中毒事件的应急处理程序

（1）立即向单位值班室、前方车站和辖区铁路疾控所报告。

（2）积极组织对中毒人员进行救治，登记病人基本情况并做好下交准备。

（3）立即停止食品生产经营，封闭并保护食品生产经营场所；封存保留造成食物中毒或者可能导致食物中毒的食品及其原料。

（4）疾控所组成调查小组进行现场卫生学和流行病学调查，填写《食物中毒事故个案调查登记表》和《食物中毒事故调查报告表》，明确中毒原因、中毒人员、中毒餐次和中毒食品，确定责任认定，并完成食物中毒事故调查报告。

（5）由卫生监督所根据现场卫生学调查情况采取行政控制措施，并根据食物中毒事故调查报告进行行政处罚。

（6）在卫生人员的指导下，由发生食物中毒的单位对食品生产经营场所进行卫生学处理。

高铁车站发生食物中毒时，参照以上要求进行应急处置。

3. 列车发生事故造成人员伤亡的应急处理程序

（1）事发地单位要立即按照本单位应急预案中确定的医疗救护方式（或120急救中心）联系地方医疗机构，并组织列车或车站红十字救护员按照规定和应急培训要求开展紧急处置。

（2）在地方医疗机构医务人员到来之前，红十字救护员立即携带药箱到达现场，并对伤病员及时实施初步救护，在实行紧急救护时应将有关情况告知患者及同行者，同时通过广播向旅客中的医务工作者求助。

（3）红十字救护员要配合协助地方医疗急救人员开展紧急医疗救护和现场疾病疫情处置，登记伤病员的姓名、性别、年龄、身份证号码、联系方式、转送医院等基本信息。

（4）路局劳卫处根据路局应急领导小组指示，及时协调地方卫生部门开展医疗救护工作，并组织卫生防疫机构开展卫生防疫等方面工作。根据事发地现场需要，协调相关医疗专家和医疗卫生小分队进入现场，实施对伤病员的救护。

(5) 铁路疾控所和卫生监督所应按职责分工，做好事故现场消毒、疾病防治、健康教育、食品和饮水安全、环境卫生、病媒防治等卫生防病和卫生保障工作。

4. 其他突发公共卫生事件应急处理程序

按照《铁路局突发公共卫生事件应急处理预案》中相应处理预案和方案进行。

6.13.6 突发公共卫生事件应急响应的结束

1. 结束条件

突发公共卫生事件防控结束后，事件隐患或相关危险因素消除，或末例传染病病例发生后经过最长潜伏期无新的病例出现，劳卫处应组织专家进行分析论证，对防控的各项指标进行核实，达到解除条件时，按照《铁路局突发事件应急结束宣布格式》填写，提出终止应急反应的建议，报路局应急管理办公室批准后实施，宣布应急响应结束。

2. 工作总结及资料归档

(1) 铁路疾控所和卫生监督所在突发公共卫生事件处理完毕后，对事件的发生和处置情况进行总结。

①突发事件的基本情况、危害程度和范围，流行病学调查、卫生学调查、检验、监督检查情况，做出的鉴定、结论。

②采取的措施及效果、分析其原因和影响因素、提出今后对类似事件的防范和处置建议等。

③根据事件性质和调查取证情况，依据相关法律法规，提出对事件责任单位和个人进行行政和刑事处罚处理意见。

(2) 铁路疾控所和卫生监督所在突发公共卫生事件处理完毕后，对事件的发生和处置有关资料及时归档。

①应急组织形式及成员名单。

②调查处理方案。

③调查及检验、诊断记录和结果。

④控制措施及效果评价。

⑤总结及其他调查结案材料。

6.14 火灾事故应急处置预案

6.14.1 总　　则

1. 编制目的

为提高铁路局动车组列车在高铁发生火灾爆炸时的应急处置能力，最大限度减少人员伤亡和事故损失，结合高铁特点，特制定本预案。

2. 编制依据

依据原铁道部《关于印发〈动车组消防安全管理暂行规定〉的通知》（铁办〔2007〕83号）和《铁路局火灾事故应急预案》编制本预案。

6.14.2 动车组运行中发生火灾的处置

1. 应急处置原则

动车组火灾事故应急处置，应按照“统一指挥、快速反映、正确处置、站车协同、尽快开车”的原则进行处置。

（1）统一指挥。动车组在运行中发生火灾，由列车长统一指挥，组织列车乘务人员疏散旅客，扑灭火灾；动车组在车站发生火灾或起火列车进站后，火灾扑救工作由车站站长组织指挥；公安消防队到达后，由公安消防队统一指挥。

（2）快速反应。动车组火灾报警器报警或乘务人员、旅客报警时，列车长、乘警、客运乘务人员和随车机械师要立即携带灭火器赶到报警车厢，确认火情，迅速扑救。

（3）正确处置。

①乘务人员发现动车组列车发生火灾时，应立即向列车长、司机报告。司机接到起火确认信息后，应立即将火灾情况向列车调度员报告，列车调度员通知邻近车站、后续列车和邻线列车。

②在确认火灾的情况下，立即组织旅客向邻车疏散，同时用灭火器扑救（宜先用水型灭火器），如有旅客被火围困或受伤，应立即使其脱离险境；起火车厢旅客疏散完毕后，乘务人员要关闭通道阻火门。在扑救火灾时，注意保护现场。乘警要采取多种措施维护现场秩序，视情况需要设置警戒区，灭火后禁止无关人员进入现场（对持机要证件，抢救机要文件的人员除外），不得擅自移动火场中的任何物品，对火灾痕迹和物证，应采取有效措施，妥善保护。

③车内电气设备、旅客行李物品发生火情或车厢内冒烟（无明火）不危及本列车安全时，列车长要指定专人密切监视起火、冒烟部位，列车可按规定限速运行至就近车站处置。

④当车厢内发生爆炸燃烧，火势迅速蔓延危及本列车安全时，列车长迅速通知司机停车，停车位置应注意避开桥梁、隧道，尽量停在桥隧应急逃生通道处。迫不得已时，可按下停车按钮紧急停车。列车长、司机迅速报告调度员，调度员迅速通知后续列车，封锁邻线区间。

⑤停车后，迅速将旅客疏散到安全地带。列车停在复线时，打开运行方向左侧车门，禁止旅客在有线路一侧下车。

⑥当因车内电器发生火灾，列车长、机械师、乘警应立即赶赴现场，查明原因，视情况通知司机切断总电源。

⑦重联动车组列车需要分解时，司机、机械师负责对着火重联车组进行分解隔离，将起火车组分离至少50 m以外，以切断火源，防止火势蔓延。

⑧列车分解后，机械师、司机按《铁路技术管理规程》要求设置防护，对分解车组采取防溜措施。

(4) 站车协同。发生火灾的动车组牵引到车站时，列车乘务组要接受车站统一指挥，协同配合，做好火灾扑救和善后处理工作。

(5) 尽快开车。火灾扑灭后，列车长、随车机械师共同检查车辆状况，确认安全后，报告列车调度员尽快开车。

2. 事故报告内容

动车组列车发生火灾事故，按《铁路交通事故调查处理规则》规定报告。应急情况下的主要报告内容应有：

(1) 事故发生的时间、地点、区间（线名、公里、米、停车位置）、线路条件、事故相关单位和人员。

(2) 发生事故列车车次、动车组型号、编号、火灾部位、所属段别、牵引辆数、运行速度。

(3) 事故概况及原因的初步判断。

(4) 人员伤亡情况及动车组损坏情况。

(5) 是否需要救护车、消防车。

3. 应急处置分工

(1) 列车长作为总负责人，负责全面指挥和组织协调工作：

①全面指挥，组织灭火扑救；

②组织其他工作人员迅速从列车两侧将灭火器集中至起火现场扑救；

③组织工作人员疏散旅客，抢救伤员，防止发生混乱；

④发动和组织旅客开展自救互救；

⑤向司机报告人员伤亡情况和是否需要救护车。

(2) 司机采取紧急停车措施，负责协助机械师重联分离、设置防护，做好事故报告和调度命令传达工作。

(3) 乘警负责现场警卫、疏散旅客、调查取证工作：

①维护列车秩序，保护现场；

②情况紧急时，发动和组织旅客正确逃生；

③在扑救火灾、疏散旅客的同时，积极抢救伤员；

④了解事故详细情况，做好调查询问笔录，搜集相关证据；

⑤向司机报告火灾原因的初步判断和是否需要消防车。

(4) 机械师负责列车重联分离、设置防护、救援等工作：

①在列车长指挥下，迅速切断着火设备的电源；

②在司机指挥下设置防护；

③正确指导乘务人员和旅客利用车门紧急开关开门和从逃生窗逃生；

④向司机报告动车组损坏情况。

（5）列车员及其他乘务人员（含餐饮、保洁人员）按事先分工安排，负责灭火、信息传递、疏散旅客、关闭阻火门、维护稳定车内秩序，保护现场：

①听从列车长指挥，迅速参加扑救；

②在未停车前将旅客疏散到安全车厢，有阻火门的，应当关闭阻火门，迅速封锁车厢，防止旅客在列车运行中跳车发生意外事故；

③列车广播要向旅客做好有序撤离、自助互助宣传，稳定旅客情绪，以免发生混乱；

④本着“以人为本、救人为先”的原则，积极抢救伤员；

⑤组织旅客正确利用车门和逃生窗逃生；

⑥积极向公安机关提供线索，协助搞好现场调查，尽快查明事故原因。

6.14.3 在车站发生火灾或接入起火动车组的处置

（1）车站接报后，站长应立即启动火灾爆炸应急处置预案，组织车站工作人员做好灭火、抢救伤员，引导救援部门灭火的准备工作并及时向上级部门报告。根据上级指示做好扑救、疏散等工作。同时，要及时向当地“119”电话报警，请求当地政府支援。

（2）协助扑救，疏散旅客、抢救伤员。动车组列车到达后，站长应组织车站工作人员将疏散下来的旅客安置到候车室和安全地带。救援部门未到达时，站长应组织人员实施灭火，抢救伤员。

必要时，车站派出所应封闭现场，设置警戒线，阻止未经批准人员进入现场录音、摄像、拍照、采访。

（3）灭火后，车站应积极配合有关部门继续抢救伤员，处理伤员的善后事宜。积极做好旅客办理改签、退票等事宜。

6.14.4 旅客伤亡人数统计

列车长或站长要认真了解伤员人数及伤害程度，登记旅客姓名、性别、年龄、单位、地址、车票、身份证号码、其他证件及随身携带物品损失情况，并做成详细记录，为车站处置善后事宜提供依据。

6.15 房建设备突发事件应急处置预案

6.15.1 总　　则

（1）高铁房建设备是确保高铁行车安全的重要基础设施。为加强和规范高铁房建设备突发事件应急管理工作，最大限度地减少突发事件造成的损失，保证行车和人身安全，特制定本办法。

（2）房建设备突发事件主要包括：

①站台帽石、吸音板脱落侵入限界；

②站房及风雨棚上的吊顶装饰板、墙砖、附属悬挂吊挂配件脱落；

③冰冻雨雪天气屋面、风雨棚积雪超过设计荷载危及行车及人身安全；

④暴风雨雪等恶劣天气造成行车房屋突然严重漏雨或严重损坏；

⑤房建设备照明线路出现故障造成大面积断电；

⑥防护设施严重损坏或坍塌危及行车安全；

⑦不可预测外力（如地震等）造成房屋严重损坏，影响行车和人身安全等。

（3）铁路局房建单位负责高铁房建设备的管理工作，必须加强对房建设备的管理和维修，确保房建设备使用安全，车站、工务、电务、供电等部门要密切配合，共同做好应急管理工作，维护房建设备设施的完好合用。

6.15.2 管理机构及职责

为加强房建设备突发事件应急管理工作，铁路局成立由房地产处处长任组长，副处长任副组长的房建设备突发事件应急管理领导小组。其主要职责是在路局领导下负责高铁房建设备应急管理、处置和突发事件的抢险协调组织工作。领导小组下设办公室，办公室设在房地产处技术科，负责做好应急管理的日常工作。

房建单位及各房建设备使用单位也要成立以第一管理者为组长的突发事件应急管理工作机构，具体负责高铁房建设备突发应急事件的组织、处置及抢险救援工作。

房建设备使用单位在房建设备突发事件的处置过程中负责协助房建单位进行应急处置，尽最大可能减少损失。

6.15.3 日常管理

（1）房建单位及房建设备使用单位要结合日常管理工作，分析排查房建设备应急处置重点项目，建立健全应急管理台账资料，绘制平面示意图，标明重点房建设备（如站台、风雨棚、站房）的相应位置、高度、形状及监测点位置，同时建立电子台账，设专人管理，定期核对、分析、修改、补充，做到台账与实物相符，为管理工作奠定基础。

（2）房建单位除按照房建设备管理规定的周期进行巡检外，遇到特殊灾害天气（暴雨、暴风、冰冻雨雪天气等），要增加值班力量，各站区负责高铁房建设备管理的人员要全部到岗到位。同时加强对房建设备的巡回检查，对重点房建设备进行重点检查，做好安全监控。检查监控责任要落实到人，并做好特殊灾害天气前、中、后的巡检监控记录。如发现房建设备安全隐患或影响安全的病害，要立即组织采取措施进行处理，并在第一时间向上级主管部门进行汇报，必要时及时启动应急预案进行处置。

（3）做好站台、风雨棚日常检查及限界管理工作。

①有客运站台的车站，车站（车务段）、工务（桥工）段、建筑段要共同建立统一的站台限界台账。

②房建部门和工务部门对客运站台、风雨棚每年进行不少于1次的联合检查，并做好检查记录。发现限界变化但仍能符合要求时，双方确认后修改站台、风雨棚限界台账，

并通知车站；发现限界不符合要求时，须及时通知车站，并在“行车设备检查登记簿”内登记，采取有效措施，车务应急值守人员应及时向列车调度员汇报。房建部门和工务部门共同分析原因，若站台、风雨棚本身结构变形造成侵限，由房建部门及时整改；若线路设备等施工原因造成侵限，由工务部门及时整改。

③工务部门对邻靠客运站台的线路进行起拨道作业时，要在施工前会同房建部门确认限界现状，制订施工过程中防止侵限的措施。施工完毕后，房建和工务部门人员须共同对站台、风雨棚限界进行测量、复核，做好记录。

（4）房建单位要针对高铁房建设备特点和可能发生的突发情况制定切实可行的细化应急预案。

（5）各房建单位要对有关人员定期进行抢修救援知识的培训，提高救援业务技能和应急处置能力，并根据实际情况，适时组织演练，提高整体应急处置能力。

（6）房建单位要组织应急抢险队伍，储备应急处理常用材料，配备必要的登高作业、交通运输车辆和作业工具等抢险设备，以及望远镜、夜视镜、限界测量尺等必要的日常检查设备，并保证抢险渠道畅通，联络通信畅通，一旦出现房建设备突发事件，迅速启动应急预案。

（7）房建单位应根据设备及机构设置情况配齐足够数量的房建维修人员，不得随意调整。当发生突发事件时，及时采取临时措施，掌握情况，降低危害，及时与应急抢险负责人沟通联系。

6.15.4 应急处置

（1）房建单位及车站等各使用单位要随时掌握天气变化情况，遇有暴风雨雪等恶劣天气，提前做好各项准备，随时准备启动应急预案，落实各项应急措施，并加大对重点设备的检查监控力度，确保房建设备安全。

（2）房建设备突发事件的报告。当突发其他房建设备突发应急事件后，首先发现的房建维修人员（或车站人员）要立即报告房建单位应急领导小组及单位主管领导。房建单位应急领导小组接到报告后应立即组织抢修，并将情况及时报告路局房建设备突发事件应急领导小组。当发生站台、雨棚侵入限界、雨棚屋面板、吊顶板脱落、站房、雨棚装饰物脱落等影响行车安全的突发事件时，房建单位应立即通知车站应急值守人员，在车站“行车设备检查登记簿”内登记影响范围、封锁、限速等内容，并通过应急值守人员向列车调度员报告，确保应急处置中的行车安全。

（3）房建设备突发事件的应急处置。房建单位应急领导小组成员接到报告后，要组织得力人员在第一时间赶赴现场，按照应急预案进行指挥处置，组织开展应急处置工作；车站等房建设备使用单位要积极做好协助配合工作，会同房建单位尽快进行处置，尽最大可能减少损失。

（4）当发生涉及旅客人身安全的突发事件时，应及时通知车站，由车站做好旅客疏散工作。

（5）应急抢修要按照“先通车，后修复”的原则，及时组织人员进行抢险，先确保设备满足行车安全条件，把对行车影响降到最低。通车后在不影响行车的前提下对设备进行修复，同时报告上级有关部门，确保行车安全。

（6）房建设备抢修施工时，要严格执行铁路局的有关安全规定，严禁违章作业；房建单位领导必须盯控现场，全面负责现场协调、指挥、抢险工作，确保行车设备及人员安全。

（7）应急状态的解除。房建设备突发事件处置完毕后，房建单位应急领导小组要立即向铁路局应急领导小组办公室（调度所）报告，经铁路局应急领导小组批准后，解除应急状态；影响行车的应急事件要在消除影响后通知车站，由车站报告铁路局应急领导小组，及时恢复正常行车。

（8）调查总结。安全监察室、事发地铁路办事处及有关部门，按照有关规定和程序，组织对事故的性质、原因、责任和处置进行调查、总结，并提出防范和改进措施，形成书面报告，由房建单位应急领导小组办公室汇总后报铁路局房建设备突发事件应急管理领导小组。

（9）奖励与责任追究。对实施本应急预案行动中表现突出的单位和个人，由各级应急领导小组做出决定，给予表彰和奖励。对于玩忽职守、严重失职的责任人，根据国家有关法律法规的规定，按照管理权限，给予行政处罚，构成犯罪的，依法追究刑事责任。

6.16　事故救援与抢修规则

（1）铁路局应配备符合要求的事故救援列车、应急通信设备及与动车组相适应的救援设备，并处于整备待发状态，其工具备品应保持齐全，作用良好。

（2）高铁沿线某些车站设站区救援队。

（3）动车组由符合上线要求救援机车连挂运行时，列车制动主管压力采用 600 kPa。

（4）动车组被救援时，过渡车钩、专用风管的连接和分解由随车机械师负责，司机配合。具备升弓供电条件时，允许动车组升弓供电。

（5）动车组故障需要救援的补充规定：

动车组在区间被迫停车不能继续运行时，司机应立即使用机车综合无线通信设备（CIR）或 GSM-R 手持终端通知列车调度员，报告停车位置、停车原因等，请求救援并采取防溜措施。

列车调度员接到动车组在区间被迫停车的救援请求后，并组织开展救援工作，确定救援方案并通知被救援动车组司机。已请求救援的动车组不得再行移动。

（6）利用动车组进行救援办法：

在故障动车组前部救援时，救援动车组按隔离模式进入区间，在接近被救援动车组列车 2 km 时，以在瞭望距离内能够随时停车的速度运行，最高不超过 20 km/h，在距被救援动车组列车不少于 300 m 处停车，与被救援动车组列车联系确认后进行作业。

在故障动车组尾部救援时，救援动车组按完全监控模式进入区间，在行车许可终点停车，与被救援动车组列车联系确认后，按目视行车模式进入前方闭塞分区，以在瞭望距离内能够随时停车的速度运行，最高速度不超过 20 km/h，在距被救援动车组列车不少于 300 m 处一度停车（行车许可终点距被救援动车组列车不足 300 m 时除外）后进行作业。

（7）处理设备故障需出抢修作业车时，由设备管理部门提出申请，调度所值班主任批准。列车调度员向轨道车司机发布准许运行的调度命令（内容包括运行区段、停车地点及安全注意事项），抢修作业车进入处理故障的区间后不得放行后续列车。抢修作业车在收到出动的调度命令后，白天应在 15 min 内、夜间在 20 min 内出动。

（8）遇设备故障等特殊情况，需在天窗外且线间距不足 6.5 m 地段上道作业时，列车调度员在作业区域邻线相应位置设置最高运行速度不超过 160 km/h 的临时限速后，方可同意上道作业。

6.17 网络与信息安全事故应急处置办法

高速铁路各信息系统是运输生产、经营管理的重要支撑手段，发生各种突发事件时要有相应的备用设备和应急手段，并能及时对系统和数据进行恢复。各系统、单位要保留必要的、传统的运输生产指挥、管理方法，并经常进行演练，以应付各种突发事件的发生，把对高速铁路运输生产的影响减少到最低程度。

针对自然灾害（地震、洪水等）、战争及不可预测的灾难情况，各单位、各部门要在铁路总公司、铁路局的统一部署下，制定和落实灾备方案，做好系统和数据的灾难备份。同时，各系统要做好原始基础数据的日常备份工作，为系统数据恢复提供保证。

1. 病毒入侵处置

各信息系统要根据上级统一部署制定完备的系统漏洞补丁升级策略以及病毒防护方案，并制定专人负责，采取技术手段实时进行监控。一旦发生大规模病毒入侵引起系统瘫痪，要从物理上与外部隔断，内部及时对系统进行快速处置、恢复，防止数据丢失。

2. 非法入侵处置

高速铁路各个关键部位要安装入侵监测系统（IDS）和防火墙，对于各级重要资源的访问要严格权限管理，同时实时监测对重要系统的访问行为。一旦发生非法入侵，相应系统要关闭网关，阻断非法攻击，实行内部封闭运行，确保系统和信息安全，同时根据访问来源地址和端口，迅速追踪访问者，以确定攻击的性质。

3. 系统故障处置

各系统、各单位要负责管辖范围内的 7×24 h 网络和系统监控。完善各项管理办法，针对系统硬件故障、操作失误等各类情况引起的系统故障，制定具体的、便于操作的应急处置工作流程，并确保责任人员对此流程的熟悉，落实责任人员及必要的通信、交通工具，力争做到反应迅速、恢复及时、影响最小。

4. 停电事故处置

各系统主机房及重要生产岗位要配备两路以上电源供电，可以不间断地进行电源切换。配置相应的不间断电源设备（UPS），确保在断电情况下的数据备份。各系统要制订完备的数据备份方案，并制作成执行脚本，同时对这些脚本的操作形成书面形式的执行流程。

5. 火灾事故处置

各系统、各单位机房要指定专人负责消防事宜，配备符合机房防火要求的防火设施，制定相应的管理办法，并对机房工作人员进行培训、演练，确保能够及时快速处置火险、火情。并按照火灾事故应急预案处理。

6. 网络通道故障处置

高速铁路各站到铁路局及站内的通道故障，由站段值班员协调相关通信运营商处理，并报铁路局系统值班员。电务通信部门要确保铁路网络通道的畅通，遇网络突发事件，要及时通报相关的电务调度，并及时切换到备用通道。

6.18　破坏性地震应急预案

6.18.1　总　　则

1. 编制目的

为提高铁路部门地震后的应急反应能力，高效、有序地开展铁路抗震救灾工作，最大程度减轻地震灾害损失，特制订本预案。

2. 编制依据

《中华人民共和国防震减灾法》、《地震预报管理条例》、《破坏性地震应急条例》和《国家破坏性地震应急预案》。

3. 工作原则

（1）统一领导原则：铁路地震应急工作实行政府领导、统一管理的原则。铁路局的地震应急工作在所在地省（自治区、直辖市）人民政府和铁路总公司的领导下进行。

（2）分级负责原则：铁路地震应急工作实行铁路总公司、铁路局逐级负责制。根据地震破坏程度和范围的不同，由相应责任单位组织协调辖区各铁路单位的地震应急工作。

（3）紧急处置原则：各级铁路运输单位在地震应急期有权采取紧急处置措施，以保障抢险和运输工作的顺利进行，减少地震灾害损失。

（4）抗震救灾与其他抢险救灾工作相结合的原则：铁路抗震救灾工作应结合自身的特点，与行车事故抢险、防洪抢险及战备方案等相结合。

（5）地震灾害信息迅速收集与速报原则：铁路遭受破坏性地震后，有关单位应迅速对灾情进行调查，把发生地震的时间、地点、震情、灾情、抢险情况、援助情况和预计抢通的时间逐级上报至铁路局。

(6) 铁路抗震救灾自救工作和社会救灾工作相结合的原则：在遭遇破坏性地震时，铁路方面在做好自身抗震救灾工作的同时，应优先安排运力为社会的抗震救灾工作提供运输保障。有关地方人民政府应根据铁路的灾情和救援请求，协助铁路做好伤员、灾民的救治和安置工作，维护铁路灾区的运输和社会治安秩序，向铁路提供必要的救灾物资支援，帮助铁路及时开展抗震救灾工作，迅速恢复铁路运输。

4. 适用范围

本预案适用于高速铁路遭受破坏性地震时的应急处置。

6.18.2 应急机构及其主要职责

铁路局设立抗震救灾应急领导小组，负责组织领导全局的抗震救灾工作，下设立抗震救灾应急领导小组办公室。铁路有关站（段）可组成以站（段）长为组长的站区抗震救灾领导小组。

1. 铁路局抗震救灾应急领导小组及办公室组成

组长：铁路局主管副局长。

组员：办公室负责人、安监室负责人、运输处负责人、客运处负责人、货运处负责人、机务处负责人、车辆处负责人、工务处负责人、电务处负责人、劳卫处负责人、计统处负责人、财务处负责人、建设处负责人、物资处负责人、房生处负责人、人武部负责人、调度所负责人、公安局负责人和宣传部负责人。

铁路局抗震救灾应急领导小组办公室设在工务处（以下简称抗震办）。

主任：工务处分管负责人。

副主任：工务处路桥科科长。

成员：运输、机务、车辆、电务、工务有关人员。

2. 铁路局抗震救灾应急领导小组和办公室主要职责

(1) 铁路局抗震救灾应急领导小组主要职责

遭受特大破坏性地震时，在国务院和铁路总公司抗震救灾应急领导小组的领导下开展局管内抗震救灾工作。遭受一般及严重破坏性地震，在所在地省（直辖市）人民政府抗震救灾应急领导小组和铁路总公司抗震救灾应急领导小组的领导下开展局管内抗震救灾工作。

(2) 抗震办主要职责

①负责与铁路局应急管理办公室、应急救援指挥中心及铁路总公司抗震救灾领导小组办公室的协调、联系，落实路局抗震救灾领导小组的指示。

②迅速了解、收集和汇总受灾地区的震情、灾情和铁路运输情况，及时向铁路局抗震救灾应急领导小组、铁路局应急管理办公室和铁路总公司抗震救灾应急领导小组办公

室报告。

③按铁路局抗震救灾应急领导小组要求，及时传达部署指挥铁路局抗震救灾抢险工作，向站段下达各项命令和有关通知，组织快速评估和审查铁路系统震害损失，收集、汇总相关应急工作情况。

④按铁路局抗震救灾应急领导小组要求及时组织信息反馈和信息交流，编制内部抢险信息简报；负责处理日常事务，办理应急领导小组交办的其他各项任务。

⑤负责提出完善本预案的意见、建议，并提出预案修订的建议方案；指导站段编制、修订同类预案。

⑥负责制定本预案演练计划，并协调预案演练工作；指导站段开展相关预案演练工作。

（3）站段抗震救灾指挥领导小组组成

各站段比照铁路局抗震救灾应急领导小组的组成，健全和完善各级抗震救灾组织机构和职责。

6.18.3　预防预警和信息报送

1. 预防预警

（1）铁路局及各基层站段要做好制定和完善破坏性地震应急预案工作，做到组织落实、责任明确、工作到位、应急有序、有备无患。

（2）新建、改建、扩建工程必须按国家有关规定和抗震设计规范要求进行抗震设防，不符合抗震设防标准的工程不得建设。

（3）凡在国家规定抗震设防区内未经抗震设防的铁路工程设施和设备，应按抗震鉴定标准和加固技术规定进行加固，以达到应有的抗震能力。

（4）铁路局各级宣传教育部门应采取专业培训与群众教育相结合、集中宣传与日常宣传相结合的方式，进行抗震减灾有关知识的宣传，以提高职工和家属的地震应急能力。

2. 信息报送

（1）信息报送内容

信息报送内容包括：破坏性地震发生的时间、地点、震级、灾情、处置情况、抢险方案和预计抢通时间。灾情包括线路、桥梁、隧道、涵渠、信号、通信、电力、接触网、机车车辆、房屋建筑物等设备损害的程度，影响列车的车次，人员伤亡情况等。

抗震救灾应急响应结束7天内，由抗震救灾领导小组办公室提出评估报告，经抗震救灾领导小组组长审定后，报路局应急管理办公室。

（2）信息报送时限

①正线在2h以内，重要干线在1h以内；

②站线在4h小时以内；

③造成特大损失的特别严重破坏性地震和严重破坏性地震抢险情况，每4h向路局抗震救灾应急领导小组汇报1次。

(3) 信息报送程序

破坏性地震信息原则上按照站段、铁路局、铁路总公司三级逐级上报。遇特殊情况时，基层站段可以直接向铁路总公司抗震救灾应急领导小组及其办公室越级报告。各级铁路抗震救灾应急领导小组同时将震情、灾情报相关人民政府的抗震救灾应急领导小组。

6.18.4 临震应急响应

铁路局在接到省、直辖市人民政府发布破坏性地震临震预报后，即进入临震应急期。

(1) 迅速启动抗震救灾应急程序，各级领导及工作人员迅速到岗。

(2) 根据震情发展和铁路运输设备抗震能力，发出避震通知，组织避震疏散工作，关闭公共娱乐及公共场所，疏散非必须坚守岗位的运输生产人员。

(3) 对运输要害部位、重要设备、不停岗场所采取相应的临时性避震、抗震和保卫措施。

(4) 对工程抢险、消防、医疗救护、汽车运输、应急通信等关键部门的人员紧急集结，对相应的物资、机械设备、车辆、器具、药品等进行紧急集中和检查，并实行紧急值班制度。

(5) 对严重影响铁路运输安全的生命线工程和次生灾害源采取紧急防护措施。

(6) 部署各专业应急保障方案和抢险方案，督促和检查各专业抢险救灾的各项准备工作。

(7) 进行避震和抗震救灾知识的宣传，平息地震谣传，保障社会稳定。

6.18.5 应急响应

1. 应急响应标准

破坏性地震应急响应按地震震级及其对铁路运输设备造成的破坏程度和救灾规模，分为Ⅰ级（特大破坏性地震）应急响应、Ⅱ级（严重破坏性地震）应急响应、Ⅲ级（一般破坏性地震）应急响应和Ⅳ级（轻微破坏性地震）应急响应。各级应急响应的判别条件及其启动单位见表6—20。

2. 应急响应行动

(1) Ⅰ、Ⅱ、Ⅲ和Ⅳ级应急响应启动

Ⅰ级应急响应由铁路总公司报请国务院，由国务院或国务院授权铁路总公司启动；Ⅱ级应急响应由铁路总公司负责启动；Ⅲ级和Ⅳ级应急响应由铁路局负责启动。

表 6－20　各级应急响应的差别条件及其启动单位

响应等级	判别条件（符合所列条件之一）	启动单位
Ⅰ级	1. 在铁路辖区或临近地区（约 50 km 内）发生大于或等于 7.0 级地震； 2. 造成铁路和旅客死亡 30 人及以上； 3. 铁路繁忙干线运输设备遭受破坏，中断行车，经抢修在 48 h 内无法恢复通车； 4. 铁路直接经济损失 1 亿元及以上； 5. 铁路运输枢纽和重要机构所在地发生国家规定的特大破坏性地震，也视为造成铁路特大破坏性地震	国务院或国务院授权铁路总公司
Ⅱ级	1. 在铁路辖区或临近地区（约 50 km 内）发生大于或等于 6.0 级地震，小于 7.0 级地震； 2. 造成铁路和旅客死亡 10 人及以上 30 人以下； 3. 铁路繁忙干线运输设备遭受破坏，中断行车，经抢修在 24 h 内无法恢复通车； 4. 铁路直接经济损失在 5 000 万～10 000 万元之间； 5. 铁路运输枢纽和重要机构所在地发生国家规定的严重破坏性地震，也视为造成铁路严重破坏性地震	铁路总公司
Ⅲ级	1. 在铁路辖区或临近地区（约 50 km 内）发生小于 6.0 级以下地震； 2. 造成铁路和旅客死亡 3 人及以上 10 人以下； 3. 铁路繁忙干线运输设备遭受破坏，中断行车，经抢修在 12 h 内无法恢复通车； 4. 铁路直接经济损失在 1 000 万～5 000 万元之间； 5. 铁路运输枢纽和重要机构所在地发生国家规定的一般破坏性地震，也视为造成铁路一般破坏性地震	铁路局
Ⅳ级	1. 造成铁路人员和旅客死亡 3 人以下； 2. 铁路繁忙干线运输设备遭受损坏，中断正线行车，1 h 内无法恢复行车； 3. 铁路直接经济损失在 1 000 万以下； 4. 铁路运输枢纽和重要机构所在地发生国家规定的轻微破坏性地震，也视为造成铁路轻微破坏性地震； 5. 需出动救援列车； 6. 接报信息符合行车大事故条件之一	铁路局

（2）Ⅰ级铁路局应急响应

①发生铁路特大破坏性地震后，迅速了解震情、灾情及抢险运输情况，确定铁路运输受灾范围和应急规模，将受灾情况及时报告铁路总公司和所在地省、市人民政府，必要时报请铁路总公司对铁路运输重要区段采取特别管制措施。

②铁路局在国务院和铁路总公司抗震救灾应急领导小组的领导下，全面负责铁路系

统的抗震救灾工作。执行国务院有关指示，贯彻落实铁路总公司的各项要求和下达的任务。

③震区铁路局各部门和单位立即进入应急状态，各级值班人员立即就位，各级专业抢险队伍组建待命，紧急集中所有运输车辆、抢险抢修机械设备、工具器材、物资、材料、通信工具和其他备品进入紧急待命状态，除运输生产岗位以外的其他部门和单位应立即限产或停产，做好支援抗震救灾和抢险运输的一切准备，其他人员迅速避震疏散。

④铁路局主要领导率路局抗震救灾应急领导小组有关成员立即赶赴现场开展救援、控制灾情及组织抢险；成立抢险现场指挥部，研究抢险方案。现场开通与铁路总公司应急指挥机构等单位的通信联系通道，随时汇报灾情和抢险方案、进展。

抢险现场指挥部下设：抢险方案组（工务处负责）、运输指挥组（运输处负责）、通信保障组（电务处负责）、安全指导组（安监室负责）、治安保卫组（公安局负责）、卫生防疫组（劳卫处负责）、施工技术组（工务、电务、建设处负责）、后勤保障组（办公室负责）等。

⑤铁路局主管运输副局长组织指挥运输部门对旅客列车尽快安排折返、迂回或安排其他交通工具疏散旅客；组织抢险人员、材料、机具优先运输。

⑥根据铁路总公司专家及国务院其他部门对抢险方案咨询意见，实施抢险工作。

⑦请求中国人民解放军或武装警察部队以及当地政府或厂矿企业支援抗震抢险，请求铁路总公司协调其他铁路局在人员、材料、机械等方面支援的相关事宜。

⑧铁路局抗震救灾应急领导小组负责在本局及外局的人员、材料、机具安排；及时与运输部门联系，做好组织协调工作，保障抢险人员材料及时运输到位。及时掌握灾情、抢险进展，编制抗震抢险简报。

⑨铁路局各业务部门依据各自职责和抗震救灾领导小组命令迅速开展各项应急工作，掌握各专业设备的震害损失、震害范围，落实抢险措施。若有人员伤亡的，通知医疗单位赶赴现场，以救治伤员为最高准则。

a. 工程抢险。迅速调集专业队伍，对破坏的线路、桥梁、信号、电力、给水、房屋等设备进行抢修。首先保障铁路枢纽及干线的畅通，对受损的设备及时进行检测和鉴定，对关键设备和区段要实行昼夜监测，分别按临时应急抢修、恢复作业抢修、单线通车抢修及迂回通车抢修方案进行抢险，对震害抢通区段和危及行车安全的区段要加强监护。

b. 运输保障。按先干线后支线、先抢通后恢复的原则，尽快恢复正常的运输秩序。首先要保障抢险运输的调度指挥和站场抢险组织工作，在运输上要先保证抢险救援人员、物资的运输和灾民的疏散。铁路局运输部门应根据运输设备受灾和恢复情况、救援运输的要求及时向抗震救灾应急领导小组报告紧急运输组织方案，保证运输信息畅通。

c. 机务车辆。主要保障救援列车、救援车辆的使用和抢险运输机车牵引的组织应急工作，及时组织抢险、抢修和请求救援，根据线路、牵引供电、机车车辆情况和救援运输的要求，及时向指挥部提报应急交路方案、机车应急供油（电）方案和机车车辆抢修、整备调整方案，组织、调整机车车辆乘务人员进行抢险运输应急工作。

d. 医疗救护与卫生防疫。迅速协调组织急救队伍赴灾区抢救伤员，协助灾区采取有效措施做好灾区防疫工作。

e. 旅客安置。调配救济物品，保障旅客的基本生活，做好旅客的转移与安置工作。

f. 维护社会治安。铁路公安局要协助灾区加强治安管理和安全保卫工作，预防和打击各种违法犯罪活动，维护社会治安，保证抢险救灾工作顺利进行。

g. 稳定社会秩序。做好抗震救灾宣传工作，平息地震谣传或误传。对受灾职工家属进行慰问。

h. 次生灾害防御。对易发生次生灾害（火灾、爆炸、污染）的地点和设施，采取紧急处置措施，加强监视、控制，防止灾害扩展。

（3）Ⅱ级铁路局应急响应

①发生铁路严重破坏性地震后，迅速了解震情、灾情及抢险运输情况，确定铁路运输受灾范围和应急规模，将受灾情况及时报告铁路总公司和所在地人民政府，必要时报请铁路总公司对铁路运输重要区段采取特别管制措施。

②铁路局在铁路总公司抗震救灾应急领导小组的领导下，全面负责铁路系统的抗震救灾工作。执行、落实铁路总公司的各项要求和下达的任务。

③震区铁路局各部门和单位立即进入应急状态，各级值班人员立即就位，各级专业抢险队伍组建待命，紧急集中所有运输车辆、抢险抢修机械设备、工具器材、物资、材料、通信工具和其他备品进入紧急待命状态，除运输生产岗位以外的其他部门和单位应立即限产或停产，做好支援抗震救灾和抢险运输的一切准备，其他人员迅速避震疏散。

④铁路局主要领导率路局抗震救灾应急领导小组有关成员立即赶赴现场开展救援、控制灾情及组织抢险；成立抢险现场指挥部，研究抢险方案。现场开通与铁路总公司应急指挥机构等单位的通信联系通道，随时汇报灾情和抢险方案、进展。

抢险现场指挥部下设：抢险方案组（工务处负责）、运输指挥组（运输处负责）、通信保障组（电务处负责）、安全指导组（安监室负责）、治安保卫组（公安局负责）、卫生防疫组（劳卫处负责）、施工技术组（工务、电务、建设处负责）、后勤保障组（办公室负责）等。

⑤铁路局主管运输副局长组织指挥运输部门对旅客列车尽快安排折返、迂回或安排其他交通工具疏散旅客；组织抢险人员、材料、机具优先运输。

⑥根据铁路总公司专家对抢险方案咨询意见，实施抢险工作。

⑦请求中国人民解放军或武装警察部队以及当地政府或厂矿企业支援抗震抢险，请求铁路总公司协调其他铁路局在人员、材料、机械等方面的支援的相关事宜。

⑧铁路局抗震救灾应急领导小组负责在本局及外局的人员、材料、机具安排；及时与运输部门联系，做好组织协调工作，保障抢险人员材料及时运输到位。及时掌握情、抢险进展，编制抗震抢险简报。

⑨铁路局各业务部门依据各自职责和抗震救灾应急领导小组命令迅速开展各项应急

工作，掌握各专业设备的震害损失、震害范围，落实抢险措施。若有人员伤亡的，医疗单位也应同时到达现场，以救治伤员为最高准则。

a. 工程抢险。迅速调集专业队伍，对破坏的线路、桥梁、信号、电力、给水、房屋等设备进行抢修。首先保障铁路枢纽及干线的畅通，对受损的设备及时进行检测和鉴定，对关键设备和区段要实行昼夜监测，分别按临时应急抢修、恢复作业抢修、单线通车抢修及迂回通车抢修方案进行抢险，对震害抢通区段和危及行车安全的区段要加强监护。

b. 运输保障。按先干线后支线、先抢通后恢复的原则，尽快恢复正常的运输秩序。首先要保障抢险运输的调度指挥和站场抢险组织工作，在运输上要先保证抢险救援人员、物资的运输和灾民的疏散。铁路局运输部门应根据运输设备受灾和恢复情况、救援运输的要求及时向抗震救灾应急领导小组报告紧急运输组织方案，保证运输信息畅通。

c. 机务车辆。主要保障救援列车、救援车辆的使用和抢险运输机车牵引的组织应急工作，及时组织抢险、抢修和请求救援，根据线路、牵引供电、机车车辆情况和救援运输的要求，及时向指挥部提报应急交路方案、机车应急供油（电）方案和机车车辆抢修、整备调整方案，组织、调整机车车辆乘务人员进行抢险运输应急工作。

d. 医疗救护与卫生防疫。迅速协调组织急救队伍赴灾区抢救伤员，协助灾区采取有效措施做好灾区防疫工作。

e. 旅客安置。调配救济物品，保障旅客的基本生活，做好旅客的转移与安置工作。

f. 维护社会治安。铁路公安局要协助灾区加强治安管理和安全保卫工作，预防和打击各种违法犯罪活动，维护社会治安，保证抢险救灾工作顺利进行。

g. 稳定社会秩序。做好抗震救灾宣传工作，平息地震谣传或误传。对受灾职工家属进行慰问。

h. 次生灾害防御。对易发生次生灾害（火灾、爆炸、污染）的地点和设施，采取紧急处置措施，加强监视、控制，防止灾害扩展。

（4）Ⅲ级应急响应

①当出现符合Ⅲ级应急响应条件时，铁路局抗震办向铁路局抗震救灾领导小组组长汇报，由铁路局抗震救灾应急领导小组组长决定启动Ⅲ级应急响应，并立即向铁路总公司抗震救灾应急领导小组、铁路局应急管理办公室汇报震情、灾情等。

启动和结束应急响应的命令、通知，抄送铁路局应急管理办公室、应急救援指挥中心及应急领导小组成员单位。

②迅速了解震情、灾情及抢险运输情况，确定铁路运输受灾范围和应急规模，将受灾情况及时报告铁路总公司和所在地人民政府。

③铁路局主管副局长率路局抗震救灾应急领导小组有关成员立即赶赴现场开展救援、控制灾情及组织抢险；成立抢险现场指挥部，研究制定抢险方案。现场开通与铁路总公司应急指挥机构等单位的通信联系通道，随时汇报害情和抢险方案、进展。

抢险现场指挥部下设：抢险方案组（工务处负责）、运输指挥组（运输处负责）、通信保障组（电务处负责）、安全指导组（安监室负责）、治安保卫组（公安局负责）、卫生防疫组（劳卫处负责）、施工技术组（工务、电务、建设处负责）、后勤保障组（办公室负责）等。

④铁路局主管运输副局长组织指挥运输部门对旅客列车尽快安排折返、迂回或安排其他交通工具疏散旅客；组织抢险人员、材料、机具优先运输。

⑤铁路局抗震办根据抢险方案在全局范围内组织人员、材料、机具等；及时与运输部门联系，做好组织协调工作，保障抢险人员材料及时运输到位。

⑥对于抢修技术复杂、施工困难、工期较长的，根据铁路局抗震救灾专家对抢险方案咨询意见，实施抢险工作。

⑦现场临时指挥部可根据需要，请当地政府或厂矿企业支援抗震抢险。必要时，请求中国人民解放军或武装警察部队支援抗震抢险。

⑧铁路局抗震办及时掌握灾情、抢险进展，编制抗震抢险简报。

⑨灾害发生后，工务、车务、机务、供电段等单位应立即赶赴现场，组织抢险；若有人员伤亡的，医疗单位也应同时到达现场，以救治伤员为最高准则。

a. 工程抢险。迅速调集专业队伍，对破坏的线路、桥梁、信号、电力、给水、房屋等设备进行抢修。首先保障铁路枢纽及干线的畅通，对受损的设备及时进行检测和鉴定，对关键设备和区段要实行昼夜监测，分别按临时应急抢修、恢复作业抢修、单线通车抢修及迂回通车抢修方案进行抢险，对震害抢通区段和危及行车安全的区段要加强监护。

b. 运输保障。按先干线后支线、先抢通后恢复的原则，尽快恢复正常的运输秩序。首先要保障抢险运输的调度指挥和站场抢险组织工作，在运输上要先保证抢险救援人员、物资的运输和灾民的疏散。铁路局运输部门应根据运输设备受灾和恢复情况、救援运输的要求及时向抗震救灾应急领导小组报告紧急运输组织方案，保证运输信息畅通。

c. 机务车辆。主要保障救援列车、救援车辆的使用和抢险运输机车牵引的组织应急工作，及时组织抢险、抢修和请求救援，根据线路、牵引供电、机车车辆情况和救援运输的要求，及时向指挥部提报应急交路方案、机车应急供油（电）方案和机车车辆抢修、整备调整方案，组织、调整机车车辆乘务人员进行抢险运输应急工作。

d. 医疗救护与卫生防疫。迅速协调组织急救队伍赴灾区抢救伤员，协助灾区采取有效措施做好灾区防疫工作。

e. 旅客安置。调配救济物品，保障旅客的基本生活，做好旅客的转移与安置工作。

f. 维护社会治安。铁路公安局要协助灾区加强治安管理和安全保卫工作，预防和打击各种违法犯罪活动，维护社会治安，保证抢险救灾工作顺利进行。

g. 稳定社会秩序。做好抗震救灾宣传工作，平息地震谣传或误传。对受灾职工家属进行慰问。

h. 次生灾害防御。对易发生次生灾害（火灾、爆炸、污染）的地点和设施，采取紧急处置措施，加强监视、控制，防止灾害扩展。

（5）Ⅳ级应急响应

①当出现符合Ⅳ级应急响应条件时，铁路局抗震办向抗震救灾应急领导小组组长汇

报，由铁路局抗震救灾应急领导小组组长决定启动Ⅳ级应急响应，并立即向铁路总公司抗震救灾应急领导小组和铁路局应急管理办公室汇报灾情等。

启动和结束应急响应的命令、通知，抄送铁路局应急管理办公室、应急救援指挥中心及应急领导小组成员单位。

②迅速了解震情、灾情及抢险运输情况，确定铁路运输受灾范围和应急规模，将受灾情况及时报告铁路总公司和所在地人民政府。

③铁路局主管副局长或工务处处长率路局抗震救灾应急领导小组有关成员立即赶赴现场开展救援、控制灾情及组织抢险；成立抢险现场指挥部，研究制定抢险方案。随时汇报雨情、水情、灾情和抢险方案、进展。

抢险现场指挥部下设：抢险方案组（工务处负责）、运输指挥组（运输处负责）、通信保障组（电务处负责）、安全指导组（安监室负责）、治安保卫组（公安局负责）、卫生防疫组（劳卫处负责）、施工技术组（工务、电务、建设处负责）、后勤保障组（办公室负责）等。

④铁路局主管运输副局长或运输处处长组织指挥运输部门对旅客列车尽快安排折返、迂回或安排其他交通工具疏散旅客；组织抢险人员、材料、机具优先运输。

⑤铁路局抗震办根据抢险方案在全局范围内组织人员、材料、机具等；及时与运输部门联系，做好组织协调工作，保障抢险人员材料及时运输到位。

⑥铁路局抗震办及时掌握灾情、抢险进展，编制抗震抢险简报。

⑦灾害发生后，工务、车务、机务、供电段等单位应及时上传灾害信息并立即赶赴现场，组织抢险；若有人员伤亡的，通知医疗单位赶赴现场，以救治伤员为最高准则。

a. 工程抢险。迅速调集专业队伍，对破坏的线路、桥梁、信号、电力、给水、房屋等设备进行抢修。首先保障铁路枢纽及干线的畅通，对受损的设备及时进行检测和鉴定，对关键设备和区段要实行昼夜监测，分别按临时应急抢修、恢复作业抢修、单线通车抢修及迂回通车抢修方案进行抢险，对震害抢通区段和危及行车安全的区段要加强监护。

b. 运输保障。按先干线后支线、先抢通后恢复的原则，尽快恢复正常的运输秩序。首先要保障抢险运输的调度指挥和站场抢险组织工作，在运输上要先保证抢险救援人员、物资的运输和灾民的疏散。铁路局运输部门应根据运输设备受灾和恢复情况、救援运输的要求及时向抗震救灾应急领导小组报告紧急运输组织方案，保证运输信息畅通。

c. 机务车辆。主要保障救援列车、救援车辆的使用和抢险运输机车牵引的组织应急工作，及时组织抢险、抢修和请求救援，根据线路、牵引供电、机车车辆情况和救援运输的要求，及时向指挥部提报应急交路方案、机车应急供油（电）方案和机车车辆抢修、整备调整方案，组织、调整机车车辆乘务人员进行抢险运输应急工作。

d. 医疗救护与卫生防疫。迅速协调组织急救队伍赴灾区抢救伤员，协助灾区采取有效措施做好灾区防疫工作。

e. 旅客安置。调配救济物品，保障旅客的基本生活，做好旅客的转移与安置工作。

f. 维护社会治安。铁路公安局要协助灾区加强治安管理和安全保卫工作，预防和打击各种违法犯罪活动，维护社会治安，保证抢险救灾工作顺利进行。

g. 次生灾害防御。对易发生次生灾害（火灾、爆炸、污染）的地点和设施，采取紧急处置措施，加强监视、控制，防止灾害扩展。

3. 新闻发布

坚持实事求是、适度、及时和全面的原则，统一由铁路局党委宣传部负责新闻发布。

4. 应急结束

铁路破坏性地震应急结束遵循“谁启动，谁结束”的原则，由铁路局抗震救灾应急领导小组组长宣布Ⅲ、Ⅳ级应急响应结束。

6.18.6 后期处置

1. 善后处置

铁路局负责组织破坏性地震善后处置工作，铁路总公司抗震救灾应急领导小组办公室协调有关工作。

对伤亡人员的善后处置，根据国家现行有关法律法规和有关规定进行。

2. 保险

发生铁路破坏性地震时，灾害发生地的铁路企业应通知有关保险机构及时赶赴灾害现场开展伤亡人员及财产的保险理赔工作。

6.18.7 保障措施

1. 通信与信息保障

各级应急指挥处理人员应通过各类有效、可使用的通信工具建立可靠的通信联系，要加强设备维护，确保通信畅通，保证信息的有效传递。启动应急通信系统时，由电务调度通知铁通公司启动。

2. 救援装备和应急队伍保障

铁路总公司根据铁路救援体系建设规划，协调、检查、督促铁路应急救援基地建设和救援队伍建设，保证应急状态的调用。

铁路局根据实际情况制定相应的应急救援保障体系，确定机构、人员，明确灾害现场可供使用的应急设备类型、数量、性能和存放位置，同时制定备用措施。

3. 医疗卫生保障

各铁路单位在制订应急预案时，应按照地方卫生行政部门确定的承担铁路破坏性地震医疗卫生防疫机构名录，明确不同地区、不同线路发生破坏性地震时医疗卫生机构地址、联系方式，并制订应急处置行动方案，确保应急处置及时有效。

4. 治安保障

铁路公安部门应急预案中，要明确规定事故现场的治安保障负责人，铁路及当地公安机关要安排足够的警力做好应急期间各阶段、各场所的治安保障工作。必要时，请求武警、部队及时支援。

5. 资金保障

发生铁路破坏性地震时，灾害发生地的铁路企业财会部门要采取得力措施，确保灾害应急处置的资金需求。

6. 社会动员保障

根据地震破坏的程度，动员足够的社会力量，建立相应的机制，保障破坏性地震应急处置的需要。

6.18.8 宣传、培训和演练

1. 公众信息交流

铁路局应利用电视、广播、报刊等新闻媒体，广泛宣传铁路破坏性地震的预防、避险、避灾、自救、互救的常识。

2. 培训

铁路局应组织有关人员定期进行地震救援知识的学习，开展相关地震救援技能训练，提高抗震救灾的能力。

3. 演练

铁路局应有计划的按应急救援要求进行演习和演练，提高整体应急处置能力。

6.18.9 奖励和处罚

1. 奖励

在破坏性地震应急工作中有下列事迹之一的，由其所在单位、上级机关给予表彰奖励。

(1) 出色完成破坏性地震应急任务的；

(2) 保护国家、集体和公民的财产或者抢救人员有功的；

(3) 及时排除险情，防止灾害扩大，成绩显著的；

(4) 对地震应急工作提出重大建议，实施效果显著的；

(5) 因震情、灾情信息传递及时而减轻灾害损失的；

(6) 及时供应用于应急救灾的物资和工具或者节约经费开支，成绩显著的；

(7) 有其他特殊贡献的。

2. 处罚

有下列行为之一的，对负有直接责任的主管人员和其他直接责任人员依法给予行政处分；属于违反治安管理行为的，依照治安管理处罚条例的规定给予处罚；构成犯罪的，依法追究刑事责任。

(1) 不按照本预案制定破坏性地震应急预案的；

(2) 不按照破坏性地震应急预案的规定和抗震救灾应急领导小组的要求实施破坏性地震应急预案的；

(3) 违抗抗震救灾应急领导小组命令，拒不承担地震应急任务的；

（4）阻挠抗震救灾应急领导小组紧急调用物资、人员或者占用场地的；

（5）贪污、挪用、盗窃地震应急经费或者物资的；

（6）有特定责任的工作人员在临震或震后应急期不坚守岗位、不及时掌握震情、灾情，临阵脱逃或者玩忽职守的；

（7）在临震应急期或者震后应急期哄抢国家、集体或者公民财产的；

（8）阻碍抗震救灾人员执行公务或者进行破坏活动的；

（9）不按照规定和实际情况报告灾情的；

（10）散布谣言，扰乱社会秩序，影响破坏性地震应急工作的；

（11）有对破坏性地震应急工作造成危害的其他行为的。

6.18.10　术　　语

（1）地震应急：是指为了减轻地震灾害而采取的不同于正常工作秩序的紧急救灾和抢险行动。

（2）破坏性地震：是指造成人员伤亡和经济损失，使灾区丧失或者部分丧失自我恢复能力，需要国家采取对抗行动的地震事件。

（3）生命线工程：是指对社会生活、生产有重大影响的交通、通信、供水、供电、供气、输油等工程系统。

（4）次生灾害：是指因地震而引发水灾、火灾、爆炸等灾害，有毒物质的扩散、放射性物质的逸散、疫病蔓延等。

6.18.11　附　　则

1. 相关要求

各运输站段、国家铁路控股的合资铁路公司应参照本预案，结合实际情况，制定和修订本单位的应急预案，并报铁路局抗震救灾应急领导小组办公室备案。

2. 预案管理与更新

应急预案制定后，原则上每 2 年进行一次修订，遇特殊情况可随时修订。本预案修订后，报铁路总公司备案，并抄送有关部门和单位。

6.19　高铁值班员应急处置预案

6.19.1　非正常处置手册

1. 进站信号机不能正常开放

（1）故障处理

由列车调度员通知车务应急值守人员，如由车务应急值守人员先发现时应立即报告列车调度员。

（2）进路准备

①在分散自律模式下由列车调度员准备列车进路。

②在盯控人员到岗转为非常站控模式后，车务应急值守人员根据列车调度员指示准备列车进路，在进路准备妥当后向列车调度员汇报。

（3）闭塞方式

闭塞方式采用自动闭塞。

（4）行车凭证

①在分散自律模式下由列车调度员开放引导信号；在盯控人员到岗转为常站控模式后，车务应急值守人员根据列车调度员指示。

a. 使用鼠标右键点击【进站信号机】按钮，弹出选项栏，选择【开放引导信号】；

b. 点击【开放引导信号】选项，弹出密码框，根据提示输入密码；

c. 密码输入正确后引导信号开放。

②遇引导信号不能开放时，列车以调度命令作为行车凭证。

（5）注意事项

①发现故障及时向列车调度员报告。

②在接车进路准备妥当后，必须与盯控人员进行双人确认无误后方可向列车调度员汇报。

③根据调度命令确认该次列车的控车模式，如果该次列车按 LKJ 控车、隔离模式控车、机车信号故障、LKJ 故障时信号机应处于“点灯”状态。

④信号开放后应确认信号的显示是否正确并监视列车运行。

2. 进站信号机内方第一轨道区段红光带接车（无岔区段）

（1）故障处理

由列车调度员通知车务应急值守人员，如由车务应急值守人员先发现时应立即报告列车调度员。

（2）进路准备

①在分散自律模式下由列车调度员准备列车进路。

②在盯控人员到岗转为非常站控模式后，车务应急值守人员根据列车调度员指示准备列车进路，在进路准备妥当后向列车调度员汇报。

（3）闭塞方式

闭塞方式采用自动闭塞。

（4）行车凭证

①在分散自律模式下由列车调度员开放引导信号；在盯控人员到岗转为常站控模式后，车务应急值守人员根据列车调度员指示。

a. 使用鼠标右键点击【进站信号机】按钮，弹出选项栏，选择【开放引导信号】；

b. 点击【开放引导信号】选项，弹出密码框，根据提示输入密码；

c. 密码输入正确后引导信号开放。

②遇引导信号不能开放时，列车以调度命令作为行车凭证。

（5）注意事项

①发现故障及时向列车调度员报告，并通知公安部门。

②在接车进路准备妥当后，必须与盯控人员进行双人确认无误后方可向列车调度员汇报。

③根据调度命令确认该次列车的控车模式，如果该次列车按 LKJ 控车、隔离模式控车、机车信号故障、LKJ 故障时信号机应处于“点灯”状态。

④当处于非常站控模式下，开放信号前，车务应急值守人员必须通过列车调度员确认公务部门对红光带区段达到列车放行条件的销记以及其他设备管理单位对故障的使用是否有限制条件（各设备管理单位人员在调度所“行车设备检测登记簿”登记抢修申请后，列车调度员根据设备维护单位提出的列车运行限制条件，组织行车）。

⑤在开放信号时，如果不能确认列车头部已越过进站信号机，应使用鼠标在 10 s 之内重复点击【进站信号机】按钮；直至列车头部越过故障区段后方可松开，否则引导信号将关闭。

⑥信号开放后应确认信号的显示是否正确并监视列车运行。

3. 接车股道红光带

（1）故障处理

由列车调度员通知车务应急值守人员，如由车务应急值守人员先发现时应立即报告列车调度员。

（2）进路准备

①在分散自律模式下由列车调度员准备列车进路。

②在盯控人员到岗转为非常站控模式后，车务应急值守人员根据列车调度员指示准备列车进路，在进路准备妥当后向列车调度员汇报。

（3）闭塞方式

闭塞方式采用自动闭塞。

（4）行车凭证

①在分散自律模式下由列车调度员开放引导信号；在盯控人员到岗转为常站控模式后，车务应急值守人员根据列车调度员指示。

a. 使用鼠标右键点击【进站信号机】按钮，弹出选项栏，选择【开放引导信号】；

b. 点击【开放引导信号】选项，弹出密码框，根据提示输入密码；

c. 密码输入正确后引导信号开放。

②遇引导信号不能开放时，列车以调度命令作为行车凭证。

（5）注意事项

①发现故障及时向列车调度员报告，并通知公安部门。

②在接车进路准备妥当后，必须与盯控人员进行双人确认无误后方可向列车调度员汇报。

③当处于非常站控模式下，开放信号前，车务应急值守人员必须通过列车调度员确认公务部门对红光带区段达到列车放行条件的销记以及其他设备管理单位对故障的使用

是否有限制条件（各设备管理单位人员在调度所“行车设备检测登记簿”内登记抢修申请后，列车调度员根据设备维护单位提出的列车运行限制条件，组织行车）。

④根据调度命令确认该次列车的控车模式，如果该次列车按 LKJ 控车、隔离模式控车、机车信号故障、LKJ 故障时信号机应处于“点灯”状态。

⑤信号开放后应确认信号的显示是否正确并监视列车运行。

4. 进站信号机内方道岔区段红光带（道岔在所需位置）

（1）故障处理

由列车调度员通知车务应急值守人员，如由车务应急值守人员先发现时应立即报告列车调度员。

（2）进路准备

①在盯控人员到岗转为非常站控模式后，对能在 ADX 计算机联锁终端上进行单操单锁的道岔车务应急值守人员提前单操单锁。

②列车调度员指示现场准备进路时：

a. 车务应急值守人员立即通知行车负责人派盯控人员到岗、通知车主负责人，由车主负责人组织可调动人员协助车务应急值守人员携带备品。取用转辙机手摇把（取用时按相关规定进行轨道登记）、开闭器钥匙、勾锁器钥匙、GSM-R 设备（出务前应与列车调度员进行通话试验确保设备正常）、带有反光标志的黄背心和照明装置（夜间）由车务应急值守人员负责；道岔勾锁器、顶锁器由车务应急值守人员指挥。

b. 现场作业人员上道前应得到本线封锁、邻线限速 160 km/h 的调度命令并在 CTC 显示终端上进行核对，确认无误并得到列车调度员统一后方可上道。

c. 车务应急值守人员带领客运人员携带备品上道至故障地点。车务应急值守人员负责携带转辙机手摇把、开闭器钥匙、勾锁器钥匙、GSM-R 设备、照明装置（夜间）；客运负责携带道岔勾锁器、顶锁器。

d. 车务应急值守人员在盯控人员到岗后，与盯控人员共同进行人工准备进路作业，车务应急值守人员在记录准备完毕和道岔加锁好后，应与盯控人员再次确认进路开通位置和加锁状态，再次确认完毕、现场作业人员已全部返回安全地点后方可向列车调度员汇报，请求取消本线封锁、邻线限速的调度命令。

（3）闭塞方式

闭塞方式采用自动闭塞。

（4）行车凭证

①在分散自律模式下由列车调度员开放引导信号；在盯控人员到岗转为常站控模式后，车务应急值守人员根据列车调度员指示。

a. 使用鼠标右键点击【进站信号机】按钮，弹出选项栏，选择【开放引导信号】；

b. 点击【开放引导信号】选项，弹出密码框，根据提示输入密码；

c. 密码输入正确后引导信号开放。

②遇引导信号不能开放时，列车以调度命令作为行车凭证。

（5）注意事项

①发现故障及时向列车调度员报告，并通知公安部门。

②所有上道作业人员必须穿带有反光标志的黄背心；车务应急值守人员必须在盯控人员到岗后方可进行人工准备进路作业，在进路准备完毕进行确认时必须与盯控人员进行双人确认无误后方可向列车调度员汇报。

③当处于非常站控模式下，开放信号前，车务应急值守人员必须通过列车调度员确认公务部门对红光带区段达到列车放行条件的销记以及其他设备管理单位对故障的使用是否有限制条件（各设备管理单位人员在调度所“行车设备检测登记簿”内登记抢修申请后，列车调度员根据设备维护单位提出的列车运行限制条件，组织行车）。

④根据调度命令确认该次列车的控车模式，如果该次列车按 LKJ 控车、隔离模式控车、机车信号故障、LKJ 故障时信号机应处于“点灯”状态。

⑤信号开放后应确认信号的显示是否正确并监视列车运行。

⑥取用勾锁器时应认真确认故障道岔型号（是否带可动心轨）、道岔组数，根据故障情况取用足够数量的勾锁器、顶锁器（带可动心轨道岔一组须取用 2 勾 1 顶，无可动心轨道岔取用 1 勾 1 顶）。

5. 进站信号机内方道岔区段红光带（道岔不在所需位置）、道岔失去表示接车

（1）故障处理

由列车调度员通知车务应急值守人员，如由车务应急值守人员先发现时应立即报告列车调度员。

（2）进路准备

①在盯控人员到岗转为非常站控模式后，对能在 ADX 计算机联锁终端上进行单操单锁的道岔车务应急值守人员提前单操单锁。

②列车调度员指示现场准备进路时：

a. 车务应急值守人员立即通知行车负责人派盯控人员到岗、通知车主负责人，由车主负责人组织可调动人员协助车务应急值守人员携带备品。取用转辙机手摇把（取用时按相关规定进行轨道登记）、开闭器钥匙、勾锁器钥匙、GSM-R 设备（出务前应与列车调度员进行通话试验确保设备正常）、带有反光标志的黄背心和照明装置（夜间）由车务应急值守人员负责；道岔勾锁器、顶锁器由车务应急值守人员指挥。

b. 现场作业人员上道前应得到本线封锁、邻线限速 160 km/h 的调度命令并在 CTC 显示终端上进行核对，确认无误并得到列车调度员统一后方可上道。

c. 车务应急值守人员带领客运人员携带备品上道至故障地点。车务应急值守人员负责携带转辙机手摇把、开闭器钥匙、勾锁器钥匙、GSM-R 设备、照明装置（夜间）；客运负责携带道岔勾锁器、顶锁器。

d. 车务应急值守人员在盯控人员到岗后，与盯控人员共同进行人工准备进路作业，车务应急值守人员在记录准备完毕和道岔加锁好后，应与盯控人员再次确认进路开通位置和加锁状态，再次确认完毕、现场作业人员已全部返回安全地点后方可向列车调度员

汇报，请求取消本线封锁、邻线限速的调度命令。

（3）闭塞方式

闭塞方式采用自动闭塞。

（4）行车凭证

行车凭证为调度命令。

①发现故障及时向列车调度员报告，并通知公安部门。

②所有上道作业人员必须穿带有反光标志的黄背心；车务应急值守人员必须在盯控人员到岗后方可进行人工准备进路作业，在进路准备完毕进行确认时必须与盯控人员进行双人确认无误后方可向列车调度员汇报。

③根据调度命令确认该次列车的控车模式，如果该次列车按 LKJ 控车、隔离模式控车、机车信号故障、LKJ 故障时信号机应处于“点灯”状态。

④取用勾锁器时应认真确认故障道岔型号（是否带可动心轨）、道岔组数，根据故障情况取用足够数量的勾锁器、顶锁器（带可动心轨道岔一组须取用 2 勾 1 顶，无可动心轨道岔取用 1 勾 1 顶）。

⑤当处于非常站控模式下，开放信号前，车务应急值守人员必须通过列车调度员确认公务部门对红光带区段达到列车放行条件的销记以及其他设备管理单位对故障的使用是否有限制条件（各设备管理单位人员在调度所“行车设备检测登记簿”内登记抢修申请后，列车调度员根据设备维护单位提出的列车运行限制条件，组织行车）。

6. 站内信号设备电源停电或轨道电路停车接车

（1）故障处理

①可调动人员协助车务应急值守人员携带设备。取用转辙机手摇把（取用时按《行规》第七条规定登记）、开闭器钥匙、勾锁器钥匙、GSM-R 设备（出务前应与列车调度员进行通话试验确保设备正常）、带有反光标志的黄背心和照明装置（夜间）由车务应急值守人员负责；道岔勾锁器、顶锁器由车务应急值守人员负责取用，客运负责携带。现场作业由车务应急值守人员单一指挥，参与现场作业的所有人员必须服从指挥。

②现场作业人员上道前应得到本道封锁、邻线限速 160 km/h 的调度命令并在 CTC 显示终端上进行核对，确认无误并得到列车调度员同意后方可上道。

③车务应急值守人员带领客运人员携带备品上道至故障地点。车务应急值守人员携带转辙机手摇把、开闭器钥匙、勾锁器钥匙、GSM-R 设备、照明装置（夜间）；客运负责携带道岔勾锁器、顶锁器。

④车务应急值守人员在盯控人员到岗后，与盯控人员共同进行人工进路准备作业，车务应急值守人员在进路准备完毕和道岔加锁好后，应与盯控人员再次确认进路开通位置和加锁状态，再次确认完毕、现场作业人员已全部返回安全地点后方可向列车调度员汇报，请求取消本线封锁、邻线限速的调度命令。

（2）闭塞方式

闭塞方式采用电话闭塞。

（3）行车凭证

行车凭证为调度命令。

（4）注意事项

①发现故障及时向列车调度员报告。

②所有上道作业人员必须穿带有反光标志的黄背心；车务应急值守人员必须在盯控人员到岗后方可进行人工准备进路作业，在进路准备完毕进行确认时必须与盯控人员进行双人确认无误后方可向列车调度员汇报。

③根据调度命令确认该次列车的控车模式。若列车按 LKJ 控车、隔离模式控车、机车信号故障、LKJ 故障时信号机应处于“点灯”状态。

④取用勾锁器时应认真确认故障道岔型号（是否带可动芯轨）、道岔组数，根据故障情况取用足够数量的勾锁器、顶锁器。

⑤当处于非常站控模式时，且按电话闭塞法行车时应规定执行车机联控。

7. 出站信号机不能正常开放

（1）故障处理

由列车调度员通知车务应急值守人员，如由车务应急值守人员先发现时应立即报告列车调度员。

（2）进路准备

①在分散自律模式下由列车调度员准备列车进路；在盯控人员到岗转为非常站控模式后，车务应急值守人员根据列车调度员指示开放引导信号。

a. 使用鼠标右键点击【出站信号机】按钮，弹出选项栏，选择【开放引导信号】；

b. 点击【开放引导信号】选项，弹出密码框，根据提示输入密码；

c. 密码输入正确后引导信号开放。

②遇出站引导信号不能开放时，列车以调度命令作为行车凭证。

（3）注意事项

①发现故障及时向列车调度员报告。

②在发车进路准备妥当后，必须与盯控人员进行双人确认无误后方可向列车调度员汇报。

③根据调度命令确认该次列车的控车模式。如果该次列车按 LKJ 控车时信号机应处于“点灯”状态。

④信号开放后应确认信号的显示是否正确并监视列车运行。

8. 发车进路轨道电路区段红光带（无岔区段）

（1）故障处理

由列车调度员通知车务应急值守人员，如由车务应急值守人员先发现时应立即报告列车调度员。

（2）进路准备

在分散自律模式下由列车调度员准备列车进路；在盯控人员到岗转为非常站控模式后，车务应急值守人员根据列车调度员指示准备发车进路，在进路准备妥当后向列车调度员汇报。

（3）闭塞方式

闭塞方式采用自动闭塞。

（4）行车凭证

①在分散自律模式下由列车调度员准备列车进路；在盯控人员到岗转为非常站控模式后，车务应急值守人员根据列车调度员指示开放引导信号。

a. 使用鼠标右键点击【出站信号机】按钮，弹出选项栏，选择【开放引导信号】；

b. 点击【开放引导信号】选项，弹出密码框，根据提示输入密码；

c. 密码输入正确后引导信号开放。

②遇出站引导信号不能开放时，列车以调度命令作为行车凭证。

（5）注意事项

①发现故障及时向列车调度员报告。

②在发车进路准备妥当后，必须与盯控人员进行双人确认无误后方可向列车调度员汇报。

③根据调度命令确认该次列车的控车模式。如果该次列车按 LKJ 控车时信号机应处于“点灯”状态。

④在处于非常站控模式下开放信号前，车务应急值守人员必须通过列车调度员确认工务部门对红光带区段达到列车放行条件的销记以及其他设备管理单位对故障设备的使用是否有限制条件（各设备管理单位人员在调度所“行车设备检查登记簿”登记抢修申请后，列车调度员根据设备维护单位提出的列车运行限制条件，组织行车）。

⑤信号开放后应确认信号的显示是否正确并监视列车运行。

9. 发车进路道岔区段红光带（道岔在所需位置）

（1）故障处理

由列车调度员通知车务应急值守人员，如由车务应急值守人员先发现时应立即报告列车调度员。

（2）进路准备

①在盯护人员到岗转为非常站控模式后，对能在 ADX 计算机连锁终端上进行单操单锁的道岔车务应急值守人员应提前单操单锁。

②列车调度员指示现场准备进路时：

a. 车务应急值守人员立即通知行车负责人派盯控人员到岗、通知车站负责人，由车站负责人组织可调动人员协助车务应急值守人员携带备品。取用转辙机手摇把（取用时按相关规定登记）、开闭器钥匙、勾锁器钥匙、GSM-R 设备（出务前应与列车调度员进行通话试验确保设备正常）、带有反光标志的黄背心和照明设备（夜间）由车务应急值守人员负责；道岔勾锁器、顶锁器由车务应急值守人员负责取用，客运负责携带，现场作业由车务应急值守人员单一指挥，参与现场作业的所有人员必须服从车务应急值守人员的指挥。

b. 现场作业人员上道前应得到本道封锁、邻线限速 160 km/h 的调度命令并在 CTC 显示终端上进行核对，确认无误并得到列车调度员同意后方可上道。

c. 车务应急值守人员带领客运人员携带备品上道至故障地点。车务应急值守人员携带转辙机手摇把、开闭器钥匙、勾锁器钥匙、GSM-R 设备、照明装置（夜间）；客运负责携带道岔勾锁器、顶锁器。

d. 车务应急值守人员在盯控人员到岗后，与盯控人员共同进行人工进路准备作业，车务应急值守人员在进路准备完毕和道岔加锁好后，应与盯控人员再次确认进路开通位置和加锁状态，再次确认完毕、现场作业人员已全部返回安全地点后方可向列车调度员汇报，请求取消本线封锁、邻线限速的调度命令。

（3）闭塞方式

闭塞方式采用电话闭塞。

（4）行车凭证

①在分散自律模式下由列车调度员开放引导信号；在盯控人员到岗转为非常站控模式后，车务应急值守人员根据列车调度员指示开放引导信号。

a. 使用鼠标右键点击【出站信号机】按钮，弹出选项栏，选择【开放引导信号】；

b. 点击【开放引导信号】选项，弹出密码框，根据提示输入密码；

c. 密码输入正确后引导信号开放。

②遇出站信号不能开放时，列车以调度命令为行车凭证。

（5）注意事项

①发现故障及时向列车调度员报告，并通知公安部门。

②所有上道作业人员必须穿带有反光标志的黄色背心；车务应急值守人员必须在盯控人员到岗后方可进行人工准备进路作业，在进路准备完毕进行确认时必须与盯控人员进行双人确认无误后方可向列车调度员汇报。

③根据调度命令确认该次列车的控车模式。如果列车按 LKJ 控车时信号应处于“点灯”状态。

④在处于非常站控模式下，开放信号前，车务应急值守人员必须通过列车调度员确认工务部门对红光带勾锁器、顶锁器（带可动心轨道岔一组需取用 2 勾 1 顶无可动心轨道岔取用 1 勾 1 顶）。

⑤信号开放后确认信号显示是否正确并监视列车运行。

10. 发车进路道岔区段红光带（道岔不在所需位置）、道岔失去表示发车

（1）故障处理

由列车调度员通知车务应急值守人员，如由列车务应急值守人员先发现时应立即通知列车调度员。

（2）进路准备

①在盯护人员到岗转为非常站控模式后，对能在 ADX 计算机连锁终端上进行单操单锁的道岔车务应急值守人员应提前单操单锁。

②列车调度员指示现场准备进路时：

a. 车务应急值守人员立即通知行车负责人派盯控人员到岗、通知车站负责人，由车站负责人组织可调动人员协助车务应急值守人员携带备品。取用转辙机手摇把（取用时按相关规定登记）、开闭器钥匙、勾锁器钥匙、GSM-R 设备（出务前应与列车调度员进行通话试验确保设备正常）、带有反光标志的黄背心和照明设备（夜间）由车务应急值守人员负责；道岔勾锁器、顶锁器由车务应急值守人员负责取用，客运负责携带，现场作业由车务应急值守人员单一指挥，参与现场作业的所有人员必须服从车务应急值守人员的指挥。

b. 现场作业人员上道前应得到本道封锁、邻线限速 160 km/h 的调度命令并在 CTC 显示终端上进行核对，确认无误并得到列车调度员同意后方可上道。

c. 车务应急值守人员带领客运人员携带备品上道至故障地点。车务应急值守人员携带转辙机手摇把、开闭器钥匙、勾锁器钥匙、GSM-R 设备、照明装置（夜间）；客运负责携带道岔勾锁器、顶锁器。

d. 车务应急值守人员在盯控人员到岗后，与盯控人员共同进行人工进路准备作业，车务应急值守人员在进路准备完毕和道岔加锁好后，应与盯控人员再次确认进路开通位置和加锁状态，再次确认完毕、现场作业人员已全部返回安全地点后方可向列车调度员汇报，请求取消本线封锁、邻线限速的调度命令。

（3）闭塞方式

闭塞方式采用电话闭塞。

（4）行车凭证

①在分散自律模式下由列车调度员开放引导信号；在盯控人员到岗转为非常站控模式后，车务应急值守人员根据列车调度员指示开放引导信号。

a. 使用鼠标右键点击【出站信号机】按钮，弹出选项栏，选择【开放引导信号】；

b. 点击【开放引导信号】选项，弹出密码框，根据提示输入密码；

c. 密码输入正确后引导信号开放。

②遇出站信号不能开放时，列车以调度命令为行车凭证。

（5）注意事项

①发现故障及时向列车调度员报告，并通知公安部门。

②所有上道作业人员必须穿带有反光标志的黄色背心；车务应急值守人员必须在盯控人员到岗后方可进行人工准备进路作业，在进路准备完毕进行确认时必须与盯控人员进行双人确认无误后方可向列车调度员汇报。

③根据调度命令确认该次列车的控车模式。如果列车按 LKJ 控车时信号应处于“点灯”状态。

④在处于非常站控模式下，开放信号前，车务应急值守人员必须通过列车调度员确认工务部门对红光带勾锁器、顶锁器（带可动心轨道岔一组需取用 2 勾 1 顶无可动心轨道岔取用 1 勾 1 顶）。

⑤信号开放后确认信号显示是否正确并监视列车运行。

11. 站内信号设备电源停电或轨道电路停电发车

(1) 故障处理

由列车调度员通知车务应急值守人员，如由车务应急值守人员先发现时应立即通知列车调度员。

(2) 进路准备

①车务应急值守人员立即通知行车负责人派盯控人员到岗、通知车站负责人，由车站负责人组织可调动人员协助车务应急值守人员携带备品。取用转辙机手摇把（取用时按相关规定登记)、开闭器钥匙、勾锁器钥匙、GSM-R 设备（出务前应与列车调度员进行通话试验确保设备正常)、带有反光标志的黄背心和照明设备（夜间）由车务应急值守人员负责；道岔勾锁器、顶锁器由车务应急值守人员负责取用，客运负责携带，现场作业由车务应急值守人员单一指挥，参与现场作业的所有人员必须服从车务应急值守人员的指挥。

②现场作业人员上道前应得到本道封锁、邻线限速 160 km/h 的调度命令并在 CTC 显示终端上进行核对，确认无误并得到列车调度员同意后方可上道。

③车务应急值守人员带领客运人员携带备品上道至故障地点。车务应急值守人员携带转辙机手摇把、开闭器钥匙、勾锁器钥匙、GSM-R 设备、照明装置（夜间)；客运负责携带道岔勾锁器、顶锁器。

④车务应急值守人员在盯控人员到岗后，与盯控人员共同进行人工进路准备作业，车务应急值守人员在进路准备完毕和道岔加锁好后，应与盯控人员再次确认进路开通位置和加锁状态，再次确认完毕、现场作业人员已全部返回安全地点后方可向列车调度员汇报，请求取消本线封锁、邻线限速的调度命令。

(3) 闭塞方式

闭塞方式采用电话闭塞。

(4) 行车凭证

行车凭证为调度命令。

(5) 注意事项

①发现故障及时向列车调度员报告，并通知公安部门。

②所有上道作业人员必须穿带有反光标志的黄色背心；车务应急值守人员必须在盯控人员到岗后方可进行人工准备进路作业，在进路准备完毕进行确认时必须与盯控人员进行双人确认无误后方可向列车调度员汇报。

③根据调度命令确认该次列车的控车模式。如果列车按 LKJ 控车时信号应处于“点灯”状态。

④在处于非常站控模式下，开放信号前，车务应急值守人员必须通过列车调度员确认工务部门对红光带勾锁器、顶锁器（带可动心轨道岔一组需取用 2 勾 1 顶无可动心轨道岔取用 1 勾 1 顶)。

⑤信号开放后确认信号显示是否正确并监视列车运行。

12. 第一离去区段红光带发车

(1) 故障处理

由列车调度员通知车务应急值守人员，如由车务应急值守人员先发现时应立即通知列车调度员。

(2) 进路准备

在分散自律模式下，由列车调度员准备列车进路；在盯控人员到岗后转为非常站控模式后，车务应急值守人员根据列车调度员的指示准备发车进路，在进路准备妥当后向列车调度员汇报。

(3) 闭塞方式

闭塞方式采用电话闭塞。

(4) 行车凭证

行车凭证为调度命令。

(5) 注意事项

①发现故障及时向列车调度员报告，并通知公安部门。

②如红光带有列车占用时，车务应急值守人员同时通过 CTC（ADX）显示终端、列车司机、列车调度员等确认列车已整段越过故障区段。在发车进路准备妥当后，车务应急值守人员必须与盯控人员进行双确认无误后方可向列车调度员汇报，同时向列车调度员建议该区间按自动站间闭塞法办理行车并按其指示办理。

③当处于非常站控模式时，车务应急值守人员必须通过列车调度员确认工务部门对红光带区段达到列车放行条件的销记以及其他设备管理单位对故障区段行车的限制条件（各设备管理单位人员在调度所“行车设备检查登记簿”内登记抢修申请后，列车调度员根据设备维护单位提出的列车运行限制条件，组织行车）。

④根据命令确认该次列车的控车模式。如果列车按 LKJ 控车时信号应处于“点灯”状态。

13. 区间一个闭塞分区红光带（第一离去区段红光带除外）

(1) 故障处理

由列车调度员通知车务应急值守人员，如由车务应急值守人员先发现时应立即通知列车调度员。

(2) 进路准备

在分散自律模式下，由列车调度员准备列车进路；在盯控人员到岗后转为非常站控模式后，车务应急值守人员根据列车调度员的指示准备发车进路，在进路准备妥当后向列车调度员汇报。

(3) 闭塞方式

闭塞方式采用自动闭塞。

(4) 行车凭证

出站信号显示的允许运行信号。

（5）注意事项

①当处于非常站控模式时，车务应急值守人员必须通过列车调度员确认工务部门对红光带区段达到列车放行条件的销记以及其他设备管理单位对故障区段行车的限制条件（各设备管理单位人员在调度所“行车设备检查登记簿”内登记抢修申请后，列车调度员根据设备维护单位提出的列车运行限制条件，组织行车）；同时向列车调度员建议该区间按自动站间闭塞法办理行车并按其指示办理。

②如红光带区段有列车占用且原因不明时，车务应急值守人员应立即呼叫后续列车停车并不得再向该区间开放列车（救援列车除外），宁可错停，不可错放，保证列车运行的绝对安全。同时将现场情况报告列车调度员，并通知公安部门，待原因查明后按列车调度员指示办理。

14. 区间两个及以上闭塞分区轨道电路故障时发出列车（含第一、二离去区段）

（1）故障处理

由列车调度员通知车务应急值守人员，如由车务应急值守人员先发现时应立即通知列车调度员。

（2）进路准备

在分散自律模式下，由列车调度员准备列车进路；在盯控人员到岗后转为非常站控模式后，车务应急值守人员根据列车调度员的指示准备发车进路，在进路准备妥当后向列车调度员汇报。

（3）闭塞方式

闭塞方式采用自动闭塞。

（4）行车凭证

行车凭证为调度命令。

（5）注意事项

①当处于非常站控模式时，车务应急值守人员必须通过列车调度员确认工务部门对红光带区段达到列车放行条件的销记以及其他设备管理单位对故障区段行车的限制条件（各设备管理单位人员在调度所“行车设备检查登记簿”内登记抢修申请后，列车调度员根据设备维护单位提出的列车运行限制条件，组织行车）。

②若区间有列车运行还未到达故障区段时，车务应急值守人员必须立即呼叫司机停车，同时报告列车调度员，当设备管理单位确认红光带区段达到列车放行条件后，车务应急值守人员按规定通知司机。车务应急值守人员不得再向该区间发出续行列车，必须确认前次列车到达前方区控站后再停止基本闭塞法改用电话闭塞法办理行车。

③当处于非常站控模式时，且按电话闭塞法行车时应规定执行车机联控。

④根据命令确认该次列车的控车模式。如果列车按 LKJ 控车时信号应处于“点灯”状态。

⑤在发车进路准备妥当后，必须与盯控人员进行双人确认无误后方可向列车调度员

汇报。

15. 反方向发出列车

反方向发出列车操作步骤见表 6—21。

表 6—21　反方向发出列车操作步骤

序号	具体操作步骤
第一步	根据调度命令正确操作“允许改方”按钮，改变列车运行方向
第二步	发车站选择“允许改方”按钮
第三步	根据密码框提示输入密码
第四步	在区间空闲情况下（区间监督表示灯熄灭），接车表示灯（黄色）熄灭，发车表示灯（绿色）点亮

（1）进路准备

正常排列反方向列车进路。

（2）闭塞方式

闭塞方式采用自动站间闭塞。

（3）行车凭证

反方向出站信号机显示的进行信号。

（4）注意事项

①在接到允许列车反方向运行的调度命令后，应立即与列车调度员核对命令内容。

②当处于非常站控模式时，应通过列车调度员确认反向办理站至运行前方首个有配线车站间无车占用；运行前方首个有配线车站，需有空线接车并且不得向反向办理站办理列车出发。

③在发车进路准备妥当后，必须与盯控人员进行双人确认无误后方可向列车调度员汇报。

16. 区间红光带反方向发出列车

（1）进路准备

正常排列反方向列车进路。

（2）闭塞方式

闭塞方式采用电话闭塞。

（3）行车凭证

行车凭证为调度命令。

（4）注意事项

①在接到允许列车反方向运行的调度命令后，应立即与列车调度员核对命令内容。

②当处于非常站控模式时，应通过列车调度员确认反向办理站至运行前方首个有配线车站间无车占用；运行前方首个有配线车站，需有空线接车并且不得向反向办理站办

理列车出发。

③于非常站控模式时，车务应急值守人员必须通过列车调度员确认工务部门对红光带区段达到列车放行条件的销记以及其他设备管理单位对故障区段行车的限制条件（各设备管理单位人员在调度所“行车设备检查登记簿”内登记抢修申请后，列车调度员根据设备维护单位提出的列车运行限制条件，组织行车）。

④当处于非常站控模式下，且按电话闭塞法行车时应规定执行车机联控。

⑤在发车进路准备妥当后，必须与盯控人员进行双人确认无误后方可向列车调度员汇报。

17. 签收列控限速调度命令

（1）在列控限速调度命令下达后，车务应急值守人员应与列车调度员核对列控限速调度命令内容，并在CTC显示终端上确认该限速区段限速设置的执行情况。执行成功的显示“黄色稳定光带”，未执行成功的则无显示。

（2）在列控限速命令下达后，车务应急值守人员如发现CTC显示终端上该限速区段无显示时，应立即报告列车调度员，并通知执行该限速命令的其他车站进行共同确认。

（3）车务应急人员应根据调度命令内容（命令号、线别、限速起止公里数、限速值）在CTC显示终端上进行核对。核对方法为：把鼠标移至限速区域的黄色光带处，按其显示进行核对，如发现CTC显示终端上的数据与调度命令内容不符，应及时报告列车调度员，并通知执行该限速命令的其他车站进行共同确认。

（4）取消限速命令时，车务应急值守人员在签收取消限速的调度命令后，应确认CTC显示终端上黄色限速光带已消失，如黄色限速方框没有消失，应立即报告列车调度员，通知执行该限速命令的其他车站进行共同确认。

18. 分路不良区段确认空闲作业

（1）操作步骤

分路不良区段确认空闲作业操作步骤见表6－22。

表6－22　分路不良区段确认空闲作业操作步骤

操作步骤	操作内容
第一步	根据列车调度员指示确认分路不良区段空闲
第二步	使用鼠标左键选择“控制命令”菜单下的“确认空闲”子菜单
第三步	点击“确认空闲”后，弹出对话框，并按对话框提示正确输入密码两次
第四步	密码正确后点击需确认的道岔区段或股道（须在30 s内点击“控制命令”菜单下的“执行操作”子菜单，否则操作失败）
第五步	道岔区段或股道确认空闲后，闪烁的淡紫色线条显示为稳定的淡紫色线条

（2）注意事项

①非常站控模式下车务应急值守人员不得在未确认分路不良区段空闲前排列进路。

②动车组列车由司机保证列车的完整性。当动车组列车越过该分路不良区段进入到第二个正常闭塞分区后方可视为该分路不良区段空闲。

③单机、轨道车或自轮运转设备，由司机与列车调度员（车务应急值守人员）进行车机联控，确认其已越过该分路不良区段或已进入接车股道警冲标内方。

如根据列车调度员指示需现场确认分路不良区段时，车务应急值守人员到现场确认时，应按人员上道作业重点注意事项执行。

19. 区间红光带使用总辅助按钮改方及“双接”现象处理

（1）故障处理

由列车调度员通知车务应急值守人员，如由车务应急值守人员先发现时应立即报告列车调度员。

（2）操作步骤

①车务应急值守人员在使用总辅助按钮前，必须通过列车调度员确认工务部门对红光带区段达到列车放行条件的销记以及确认其他设备管理单位对故障区段行车的限制条件；车务应急值守人员须执行“三确认”（确认区间空间，确认接车站有空线，确认接车站未向此区间办理列车出发）后，方可使用总辅助按钮进行改方。

②本站欲改为发车站，则由车务应急管理人员点击【总辅助】按钮使之处于按下状态有效后（绿底红字），再点击【发车辅助】按钮，其辅助办理表示灯亮灯，表示本站正在进行辅助办理，同时接车站车务应急值守人员在接到发车站通知后应立即点击【总辅助】按钮和【接车辅助】按钮，并确认改方成功（此时发车站的发车表示灯亮，接车表示灯灭，表示改方成功）。

③本站欲改为接车站，则等对方站点击【发车辅助】按钮后，由车务应急值守人员点击【总辅助】按钮使之处于按下状态有效后（绿底红字），再点击【接车辅助】按钮，其辅助办理表示灯亮灯，表示本站正在进行辅助办理。接车表示灯亮，发车表示灯灭，表示本站已改变成了接车站。

④接车站车务应急值守人员点击【接车辅助】按钮前，发车站使用鼠标在15 s之内重复点击【发车辅助】按钮，确认改方成功后方可停止点击。

6.19.2　应急处置

1. 车站TDCS/CTC设备故障或与调度中心通信中断

（1）车站TDCS/CTC设备实时信息中断、调度命令、阶段计划无法下达或两套车务终端均无法操作时，列车调度员或车站值班员应立即通知信号维护人员处理；列车调度员立即通知故障CTC车站转入非常站控模式，列车调度员对故障车站采取人工作业、电话指挥方式。

（2）车站TDCS/CTC设备单套车务终端无法操作时，车站值班员使用作用良好的车务终端继续进行相关操作，并立即通知信号维护人员处理。

2. CTC进路排列功能故障或与实际不符

列车调度员或车站值班员发现CTC设备进路自动排列功能故障或实际不符时，应立即通知已接近的列车停车，同时转入非常站控模式，由车站值班员使用连锁操纵终端（或联控控制台）重新办理进路。

3. 调度所及车站CTC设备均不能正常显示列车占用状态

列车调度员或车站值班员应立即通知已进入区间的列车司机立即停车，通知电务部门进行处理。CTC设备不能正常显示列车占用状态故障暂时无法恢复，具备放行列车条件时，通知列车司机逐列恢复运行（指示后列每列车恢复运行前必须确认前列已完整到达前方站），司机按信号显示行车，逐列运行至前方站。

4. CTC区间列车占用丢失报警或列车调度员（车站值班员）发现及得到区间列车占用丢失信息

列车调度员或车站值班员应立即通知已进入区间的后续列车和占用丢失的列车司机立即停车，联系占用丢失的列车司机，询问列车位置和现场情况，并通知电务部门进行处理。列车占用丢失故障暂时无法恢复，占用丢失的列车运行无异常，具备放行列车条件时，对已进入区间的占用丢失的列车和后续列车，列车调度员确认列车至前方站间区间空闲后，通知列车司机逐列恢复运行（指示后列每列车恢复运行前必须确认前列已完整到达前方站），司机按信号显示行车，逐列运行至前方站。

5. 列车调度员或车站值班员发现及得到区间闭塞分区非列车占用红光带或区间通过信号机故障信息

列车调度员应立即通知区间内已进入故障地点及后续的列车司机立即停车，通知电务部门、工务部门进行处理。闭塞分区非列车占用红光带或区间通过信号机故障暂时无法恢复，具备放行列车条件时，待故障地点（发生两处以上故障时，为前进方向第一故障点）前的列车运行至前方站，对区间内已进入故障地点及后续的列车，列车调度员确认列车至前方站间区间空闲后，通知列车司机故障闭塞分区（区间通过信号机故障时为该信号机防护的闭塞分区）起止里程和防护该闭塞分区的通过信号机号码，逐列恢复运行至前方站（指示后列每列车恢复运行前必须确认前列已完整到达前方站）。列车司机在该闭塞分区通过信号机（区间信号标志牌）前停车等信号机显示（列控车载设备显示）运行，司机应加强瞭望，在停车等候的同时，必须与列车调度员联系，如确认前方闭塞分区内有列车时，不得进入。

如接到司机或设备部门发现断轨等危及行车安全情况的汇报时，列车调度员应立即通知区间内有关列车司机立即停车。

6. 遇CTC站内股道列车占用丢失报警或列车调度员（CTC分散自律控制模式下的车站操作时为车站值班员）发现及得到站内列车占用丢失信息

应立即停止使用该故障区段，联系司机询问列车位置及现场情况，通知电务部门处理。经设备部门检查处理后，按照设备部门登记的行车条件组织行车。

7. CTCS-2级区段车站接、发车进路上道岔失去表示

使用引导信号不得使用引导总锁闭方式开放以引导信号接入（发出）动车组。

8. 闭塞设备发生故障

当基本闭塞设备发生故障时，必须停止基本闭塞法改按电话闭塞法行车。

9. 区间通过信号机故障

动车组在区间运行、列控车载设备显示停车信号时，列车必须立即停车，司机应使用列车无线调度通信设备通知随车机械师。列车停车等候 2 min，列控车载设备仍未收到允许运行的信号时，司机将列控车载设备转入目视行车模式，列车以遇到阻碍能随时停车的速度继续运行，最高速度不超过 20 km/h，直到列控车载设备收到允许运行信号，按列控车载设备显示运行。在停车等候的同时，必须与列车调度员或车站值班员联系，如确认前方闭塞分组内有列车时，不得进入。

10. CIR 故障不能通话

（1）司机不能使用机车综合无线通信设备时，应立即使用 GSM-R 手持终端（备用 450 M 手持终端）报告列车调度员或车站值班员，列车调度员或车站值班员应立即通知通信部门。

（2）动车组在车站站台紧急停车后，在车站移动的范围为自客运营业站开车后至列车尾部过出站信号机前。

11. CIR 故障不能通话，GSM-R 手持终端（备用 450 M 手持终端）均不能通话

（1）司机应使用列车长或随车机械师配备的 GSM-R 手持终端（450 M 手持终端）进行通话，继续按列车调度员的指示运行。

（2）如更换 GSM-R 手持终端（450 M 手持终端）后仍然不能通话，司机按信号运行至前方站停车，通过车站工作人员及时报告列车调度员或车站值班员，有条件时可更换良好的 GSM-R 手持终端（450 M 手持终端）并将更换情况或 GSM-R 号码报告给列车调度员，然后按列车调度员的指示办理。

（3）如更换车站的 GSM-R 手持终端（450 M 手持终端）后仍不能通话，司机应通过车站人员向列车调度员报告，待更换良好的通信设备后按规定行车。

12. 车站 FAS 调度系统值班员台设备故障

车站 FAS 调度设备值班员操作台故障时，车站值班员（应急值守人员）应启用备用分机进行通信联络，也可使用专网自动电话或 GSM-R 手持终端进行通信联络。

13. 车站 FAS 调度系统设备故障

车站 FAS 调度设备系统设备发生故障时，车站值班员（应急值守人员）可使用专网自动电话或 GSM-R 手持终端进行通信联络。

14. 动车组综合无线通信设备（CIR）故障

（1）影响动车组（机车）车次号、进路预告和调度命令无线传送业务，通信人员应及时在调度所的“行车设备检查登记簿”内登记停用。列车调度员应立即通知各有关车站、司机和通信部门，并不得使用无线调度命令传送系统向司机下达调度命令。

（2）调度员可通过司机 GSM-R 手持终端口头向司机下达调度命令，确认司机复诵无误后执行；在其他区段由车站值班员按相关规定向司机转达调度命令。

15. 调度中心 TDCS/CTC 系统设备故障

通知相关 CTC 车站转入非常站控模式，列车调度员对管辖车站采取人工作业、电话指挥方式。

16. 机车综合无线通信设备（CIR）不能正常接收接车进路预告信息

司机应立即报告列车调度员或车站值班员，列车调度员或车站值班员通知信号和通信部门处理。

17. 调度所 FAS 调度系统设备故障

当调度所高速铁路 FAS 调度设备出现系统故障时，通信段立即组织修复处置。在故障处理期间，列车调度员应使用专网自动电话呼叫机车及车站值班员（车务应急值守人员），保障故障期间运输通信不受影响。

18. 200 km/h 及以上线路及客运专线人员上道

（1）上道处理设备故障或现场准备进路时，现场人员须通过驻调度所（车站）联络员在调度所（车站）按规定登记，确认本线封锁、邻线限速 160 km/h 及以下的调度命令下发并执行成功后（须在邻线作业时，还应封所邻线），方可上道处理。

（2）上道人员处理完毕，撤至安全地点后通过联络员向列车调度员或车站值班员（车务应急值守人员）汇报。列车调度员得到作业人员都已撤至安全地点的汇报后，方可解除封锁、取消限速。

（3）需要对相关区段限速时，如线路允许速度或列车的最高运行速度低于需要的限速值时，可不发相关限速调度命令。

19. 利用动车组列车运送人员处理故障

（1）设备管理部门向车站值班员（含车务应急值守人员）申请利用动车组列车运送人员处理故障时，须报告清楚所属单位、搭乘理由、负责人及职名、搭乘人数、上下车地点。

（2）车站值班员（含车务应急值守人员）立即报告列车调度员、列车调度员经值班主任（副主任）同意后下达调度命令，命令内容须注明上下车地点，车站值班员（含车务应急值守人员）立即交设备管理单位。

20. 动车组超员

车站值班员（含车务应急值守人员）接到司机报告动车组超员报告后，在没有得到司机超员情况消除的报告时，不得开放出站信号。

21. 办理客运业务的动车组被迫接入低站台（无站台）线路

（1）因故无法接入靠高站台的线路时，列车调度员必须报告值班主任，经值班主任准许后，列车调度员与车站共同确定接车轨道，并要求车站做好准备，在动车组到达车站 15 min 前由列车调度员或车站值班员通知司机。

（2）办理客运业务的动车组被迫接入低站台（无站台）线路时，确定接车线时应能保证旅客站内行走时需跨越的线路尽量空闲（有空挡），避免人员翻越车辆或钻车，并且跨越股道数相对最少。需横越线路有列车占用时，应尽量组织腾空线路或留出空挡。

（3）组织旅客往返乘降地点及旅客乘降其间，列车调度员或车站值班员不得办理有关线路上的接发列车或调度作业。

（4）旅客、工作人员及应急踏梯全部到达安全地点后，车站到场指挥的站长（值班干部）通知车站值班员（车站值班员转报列车调度员），列车调度员（车站值班员）方可办理有关线路上的接发列车或调度作业。

22. 动车组因故障组织旅客换乘

（1）车站换乘时，应尽量安排两列车底在同一站台面作业。

（2）旅客换乘期间，列车调度员或车站值班员不得办理有关线路上的接发列车或调度作业。旅客全部换乘完毕，车站车长向车站值班员报告（车站值班员转报列车调度员）后，列车调度员或车站值班员方可办理有关线路上的接发列车或调度作业。

23. 动车组救援

（1）车站值班员（含车务应急值守人员）接到动车组司机报告，动车组途中发生故障，区间被迫停车，请求救援时，应了解清楚停车原因和停车位置，并拦停后续列车，同时向列车调度员报告。车站值班员（含车务应急值守人员）应按照列车调度员布置的救援方案、调度命令，放行救援机车进入区间救援。

（2）如需停电作业，必须按规定办理停电手续。

（3）救援开车。在区间救援时由动车组司机确认已具备发车条件后，通知救援车司机自行开车；在车站救援时，由动车组司机确认列车具备发车条件后，通知车站由车站按规定发车。

（4）故障动车组处理后可继续运行时，由动车组调度员根据动车组司机的请求，发布取消动车组救援的调度命令。

（5）动车组接入救援终到站后，过渡车钩的撤除工作由随车机械师通过司机请求，由救援终到站的车站安排人员协助随车机械师进行。

24. 动车组由区间返回

动车组在区间被迫停车后须返回后方站时，车站值班员（含车务应急值守人员）必须确认动车组返回进路已空闲，并向列车调度员汇报，根据调度命令组织动车组由区间返回。运行速度不得超过 20 km/h。

25. 动车组区间退行

列车调度员须扣停后续列车，并确保退行距离内的闭塞分区空闲。司机须得到列车调度员的准许后方可退行。动车组退行速度不得超过 15 km/h。

如退行前胜任人员或随车机械师携带无线通信设备到达最后端司机室并不能与司机进行正常的通话联系确保安全时，司机应及时向列车调度员或车站值班员报告，动车组不得退行，应采取换端至运行前端操纵方式将动车组移动到适当地点停车。

区间退行后需继续向前运行时，按以下方式处置：

LKJ 控车时，司机联系列车调度员或车站值班员确认前方区间空闲后，动车组按 LKJ 调车模式运行至前方站。

26. 运行途中晃车

(1) 运行途中列车司机发现晃车时，应立即减速运行并报告列车调度员或车站值班员（车务应急值守人员），车站值班员（车务应急值守人员）立即报告列车调度员，按列车调度员的指示办理。

(2) 列车调度员向后续列车发布限速调度命令，后续列车通过晃车地点立即向列车调度员或车站值班员（车务应急值守人员）汇报运行情况。限速位置按自己汇报的晃车地点前后各加 1 km 确定。

(3) 工务添乘人员发现严重晃车可能危及行车安全时，不得安排后续列车通过严重晃车地点，按规定封锁区间。

(4) 在非常站控模式下，车站值班员（车务应急值守人员）在得到上述但未得到封锁区间的调度命令时也不得向该区间放行后续列车，如区间有接近该区段的列车时应立即拦停列车，报告列车调度员，按列车调度员的指示放行列车。

27. 线路积水

接司机报告积水高于轨面时，立即报告列车调度员，列车调度员及时采取应急措施，下达相关调度命令。司机以随时能够停车速度（最高不超过 40 km/h）通过积水地段。列车调度员或车站值班员立即通知已进入区间的后续列车停车（避免停在隧道内），并禁止向该区间放行列车。

28. 恶劣天气行车

(1) 因冰雪天气由设备管理单位登记限速申请时，客运专线在调度所登销记，登记内容包括限速里程和限速值等；既有线在相关车站进行登销记，登记内容包括限速里程和限速值等，车站值班员（含车务应急值守人员）应立即报告列车调度员。

(2) 列车调度员来不及发布限速调度命令时，可先口头指示通知（或通过车站值班员（含车务应急值守人员）转达）司机限速，司机应立即按通知的限速要求运行。

(3) 行车凭证为列控车载设备显示的允许运行信号或机车信号的列车，遇恶劣天气时，列车调度员不发布相关调度命令。

(4) 遇降雾、暴风雪冰冻等恶劣天气，在地面信号作为行车凭证且显示距离不足 200 m时，列车调度员及时发布调度命令，改按天气恶劣难以辨认信号的办法行车。

29. 列车运行中碰撞异物影响行车安全

司机应立即采取停车措施，并向列车调度员报告碰撞异物地点、碰撞异物情况及停车地点。列车调度员立即通知本线已进入区间的后续列车停车，不再向该区间放行后续列车。需下车检查时，列车调度员根据司机请求及时发布邻线列车限速调度命令。

(1) 经检查列车可以继续运行时，恢复运行（动车组列车按随车机械师的要求运行），司机向列车调度员报告检查情况。如检查发现异常情况，列车调度员向本线后续首列发布口头指示限速 160 km/h 运行，限速位置按碰撞异物地点前后各加 2 km 确定，列车调度员在得到司机在通过限速地点无异常的报告后，组织本线后续列车恢复正常运行；异常情况时，列车调度员根据司机报告，扣停后续列车或组织后续列车限速运行，及时通知有关部门按规定上道检查处理。

(2) 异物侵入邻线行车安全时，列车调度员接到司机报告后，应立即通知邻线尚未通过该地点的列车停车，不再向邻线该区间放行后续列车，并通知有关部门按规定上道检查处理。

(3) 碰撞异物情况不明，不能确定是否影响邻线，列车调度员接到司机报告后，应立即向邻线尚未经过该地点的首列发布口头指示限速 160 km/h 运行，限速位置按碰撞异物地点前后各加 2 km 确定。

司机在通过限速地点后立即向列车调度员报告，列车调度员在得到司机无异常的报告后，组织邻线后续列车正常运行，有异常情况时，列车调度员根据司机报告，扣停后续列车或组织后续列车限速运行，及时通知有关部门按规定上道检查处理。

30. 动车组运行中碰撞障碍物影响行车安全或撞人

(1) 司机应立即采取停车措施，并报告列车调度员或车站值班员，通知随车机械师。

(2) 经检查确认可以继续运行时，司机按随车机械师签字要求常速或限速运行，并报告列车调度员或车站值班员；若不能继续运行时应及时请求救援，并按规定进行防护。

(3) 列车调度员或车站值班员接到碰撞障碍物和撞人的报告后，应立即通知邻近车站和公安派出所派员到现场处置。

(4) 发生重大路外伤亡造成动车组紧急停车时，司机应立即报告列车调度员或就近车站值班员。

31. 动车组因故停于分相区

动车组被迫停在接触网分相区时，司机应及时报告列车调度员或车站值班员。

(1) 因故停于分相区内时，如前弓可受流时，动车组司机及时向列车调度员或车站值班员汇报，采取换弓运行方式维持继续运行，如前弓不可受流时，请求救援。

(2) 因故停于分相前无法闯分相时，动车组司机应立即报告列车调度员或车站值班员，可采取退行闯过电分相。列车调度员应根据司机报告的现场情况，在确认动车组后方相关闭塞分区空闲、具备退行条件时组织动车组退行。

(3) 因故停在具有越区供电的关节式分相内时，可采取向接触网无电区送电方式，动车组升弓受流后继续运行。向接触网无电区送电前，供电调度须通过列车调度员或车站值班员确认列车（向无电区供电的供电臂内的所有列车和无电区内的动车组）全部降弓。

(4) 因故停于分相内需使用机车救援时，应尽量组织内燃机车在列车运行前进方向担当救援。使用电力机车救援时，动车组司机应查明动车组前方无电区的长度（前方无电区长度的判断方法是动车组前端距“合”电标的距离减去 30 m)，前部距离能满足执行救援任务的电力机车在列车前方升弓受流的条件时，动车组司机报告列车调度员或车站值班员“电力机车可以从前部救援”，否则报告“电力机车只能从尾部救援”。从尾部救援时，动车组司机应换端至动车组尾部司机室，并与救援机司机保持联系。救援机车动车组救援之后方车站后，动车组司机升弓受流恢复运行。

32. 动车组运行中车辆发生异音

列车工作人员发现或接到反映车辆下部有异音的通知时，由司机向列车调度员或车站值班员报告，按规定通知随车机械师下车检查。如故障暂不能修复，但不影响行车安全时，监护、限速运行，必要时预报前方车站协助处理，如故障影响行车安全且不能修复时，司机向列车调度员报告并请求救援。

33. 动车组玻璃破损

（1）动车组在站台上发现车窗玻璃破损时必须立即处置，处置完毕后方可开车。车站值班员接到动车组车窗玻璃破损时必须立即处置通知后应立即报告列车调度员、车站站长、调度计划统计室。

（2）动车组操纵端司机室前玻璃单层裂纹不影响操作时，可以按正常速度继续运行。动车组操纵端司机室前窗玻璃因破损导致车厢密封失效或因密封不良导致漏风是，经司机和随车机械师确认后，司机向列车调度员或车站值班员汇报。需发布调度命令时，由列车调度员向本列发布限速 160 km/h 运行的调度命令，司机按命令运行。

34. 遇有车辆突发异状

立即采取紧急停车措施。由司机向列车调度员或车站值班员报告，按规定通知随车机械师下车检查。如故障暂不能修复，在不影响行车安全的情况下，监护、限速运行，必要时预报前方车站协助处理。在限速运行过程中，如有异常应立即采取紧急停车措施并向列车调度员报告请求救援。

35. 动车组运行途中，LKJ 故障

（1）在 CTCS-0 级区段运行，自动闭塞区段，前方站更换动车组或采取救援（遇前方车次一区间内设置有 CTCS-0 级向 CTCS-2 级得级间转换点时，可以不超过 20 km/h 的速度运行至级间转换点后，按列控车载设备显示运行）；其他闭塞区段前方站停车向列车调度员报告，得到维持运行的调度命令后，方可继续运行，运行中要严格按地面显示行车，适当降低速度，防止列车超速。

（2）CTCS-2 级区段，按列控车载设备方式行车时，应按列控车载设备方式继续运行至 CTCS-2 级与 CTCS-0 级得分界处停车，机车乘务员应将 LKJ 装置关闭，凭调度命令按地面信号显示不以超过 20 km/h 的速度运行至前方停车，按（1）办理。

（3）CTCS-2 级区段，按 LKJ 方式行车时，机车乘务员应根据调度命令将 LKJ 关闭，以不超过 20 km/h 的速度运行至前方站停车，按（1）办理。

36. 列控地面设备故障

（1）车站列控中心、LEU 故障，在 TDCS/CTC 车务终端报警时，列车调度员或车站值班员应立即通知信号维护人员。若信号维护人员确认设备不能及时恢复时，应立即报告列车调度员，由列车调度员下达“列控地面设备故障”调度命令，列车在进站信号机外方停车，将列控车载设备转入隔离模式后按 LKJ 方式运行；若由故障车站发车时，在发车前转为 LKJ 方式并将列控车载设备转为隔离模式。

（2）设置有源应答器的 CTCS-2 级区段车站进站端应答器（组）（含电缆）故障，动车组司机发现 DMI 上显示“应答器数据异常”和“应答器信息缺失”本文信息后，应立即通知列车调度员或车站值班员。故障期间，列车调度员应通知后续动车组，以不高于 4 km/h通过车站或转 LKJ 方式运行。

（3）设置有源应答器的 CTCS-2 级区段车站出站端应答器（组）（含电缆）故障时，动车组司机发现 DMI 上显示“应答器数据异常”和“应答器信息缺失”文本信息后，应立即通知列车调度员或车站值班员。故障期间，列车调度员应通知有到线发车的列车司机，在发车前转 LKJ 方式并将列控车载设备转为隔离模式，待列车运行进入下一设备正常的车站后，在按规定恢复列控车载设备方式运行。

（4）设置有源答应器的 CTCS-2 级区段车站进、出站端答应器（组）（含电缆）皆故障时，动车组司机发现 DMI 上显示“答应器数据异常”和“答应器信息缺失”文本信息后，应立即报告列车调度员或车站值班员，按（1）规定执行。

（5）动车组在区间运行时（区间中继站除外），司机发现 DMI 上连续收到两条“应答器信息缺失”文本信息时，应立即报告列车调度员或车站值班员，并按照列控车载设备显示的允许信号继续运行；列车调度员或车站值班员接到报告后通知信号维护人员进行处理。

（6）区间中继站列控中心、LEU 故障，在相应车站的 TDCS/CTC 车务终端报警时，列车调度员或车站值班员应立即通知信号维护人员。若信号维护人员确认设备不能及时恢复时，应立即报告列车调度员采取以下措施：

动车组已进入故障区间时，由列车调度员下达“列控地面设备故障”调度命令（调度命令中需明确防护区间中继站有源应答器（组）所在闭塞分区的通过信号机编号，通过信号机编号由电务部门登记时注明），司机根据调度命令在指定的通过信号机外方停车后转为 LKJ 方式运行并将列控车载设备隔离，待列车运行进入前方设备正常的车站后，在按规定转回列控车载设备方式运行；动车组未进入故障区间时，由列车调度员下达“列控地面设备故障”调度命令，在进入区间前停车转为 LKJ 方式运行，待列车运行进入前方设备正常的车站后再按规定转为列控车载设备方式运行。

（7）区间中继站有源应答器（组）（含电缆）故障，动车组司机发现 DMI 上显示“应答器数据异常”和“应答器信息缺失”文本信息后，应立即报告临近车站值班员和列车调度员，按（6）规定执行。

（8）临时限速服务器（以下简称 TSRS）故障，在 TDCS/CTC 操作终端报警时，列车调度员或车站值班员应立即通知信号维护人员处理。如果又尚未设置或未成功执行（含本部分执行）的临时限速，列车调度员应及时通知司机按调度命令限速运行。

（9）列控地面设备故障，如果有尚未设置或未成功执行（含部分执行）的临时限速以及按 LKJ 方式运行时，列车调度员应及时通知司机按调度命令限速运行。

37. 车站电码化故障

遇车站电码化故障或其他原因，造成动车组在进站、出站、进路信号机前收不到允许行车的信息时，应立即停车。动车组停车后，司机向列车调度员或车站值班员报告，按允许进入站内或区间（闭塞分区）的调度命令转入目视行车模式运行；当列控车载设备受到允许运行的信号时，按列控车载设备显示运行。

38. 出站（发车进路）信号机故障

在CTCS-2级区段，出站（发车进路）信号机故障时，列车调度员或车站值班员应按规定向动车组交递行车凭证。

39. 列控车载设备故障

(1) 动车组运行中遇列控车载设备且触发制动停车时，司机报告列车调度员或车站值班员，列车调度员根据设备恢复情况下达相应调度命令。

(2) 在CTCS-0级区段与CTCS-2级区段自动级间转换失败时，司机应立即报告调度员或车站值班员。

(3) 列车越过出站口应答器组后，列控车载设备未进入完全监控模式。司机应立即向列车调度员或车站值班员报告，得到准许转LKJ运行的调度命令后，停车动手转换到LKJ控车模式行车，到下一车站停车后手动换到CTCS-2级运行。

40. 动车组雨刮器故障

(1) 动车组雨刮器故障未影响司机瞭望时，运行至本次终点站，随车机械师进行处理。

(2) 动车组雨刮器故障影响司机瞭望时，司机应及时通知随车机械师并报告列车调度员或车站值班员，列车调度员应安排列车在前方站停车，由随车机械师组织修复。影响司机瞭望时，司机应适当降低速度运行；无法瞭望时，司机应及时报告列车调度员或车站值班员，以不超过30 km/h速度运行至前方站停车。

41. 装备LKJ的动车组列车因列控车载设备故障，不能恢复正常运行时

司机应报告列车调度预案，根据调度命令改按LKJ方式形成。

动车组列车按LKJ方式行车，在区间内运行遇机车信号或LKJ故障时，司机应报告列车调度员，列车调度员不再向该区间放行后续列车，并通知已进入区间的后续列车立即停车，确认该列车至前方站区间空闲后通知司机，列车按地面信号显示以不超过4 km/h的速度运行至前方站。该列车到达前方站后，列车调度员方可通知后续列车恢复运行。

42. 动车组运行途中，机车信号故障

司机报告列车调度员或车站值班员。接到继续运行至前方站内停车的调度命令后，以不超过20 km/h的速度运行至前方站停车，更换动车组或采取救援方式运行。

43. 车站接触网断线

车站、公安派出所发现或接到接触网断线报告时，车站工作人员、公安民警要迅速在导线断线地点周围设置警戒区，确保人员远离断线地点10 m以外。同时及时通知设备管理部门，设备管理部门应立即进行处置，必要时封锁有关线路。

44. 动车组车站站台紧急停车

(1) 紧急停车后，动车组司机要及时向列车调度员或车站值班员停车报告原因。

（2）动车组在站启动的范围为客运营业站开车后至列车尾部过出站信号机前。

45. 动车组发生旅客坠车

动车组运行中发生旅客在区间坠车时，在不影响动车组安全的情况下，不停车处理，司机应立即报告列车调度员或车站值班员，列车调度员安排就近车站和公安派人寻找。

46. 动车组牵引系统故障

动车组牵引系统故障但动力未完全丢失时，应利用自身动力维持运行，司机使用列车无线调度通信设备报告列车调度员或车站值班员，车站值班员接到通知后应立即报告列车调度员、车站站长、调度计划统计室。

47. 动车组受电弓故障

动车组运行中，司机发现受电弓突然降弓时，应向列车调度员或值班员报告，车站值班员接通知应立即报告列车调度员、车站站长、调度计划统计室。

48. 受电弓挂有异物

动车组运行途中，司机接到受电弓挂有异物影响行车的通知时，立即停车降弓，向列车调度员或车站值班员报告，请求下车处理。车站值班员接通知后应立即报告列车调度员、车站站长、调度计划统计室。

49. 主断路器故障

全列主断路器故障无法闭合时，及时向列车调度员或车站值班员汇报，列车调度员或车站值班员通知供电部门。

50. 网侧高压电缆故障

发现故障后切除故障动车组单元，按规定向列车调度员或车站值班员报告。若故障单元不能切除、全列车不能安全供电运行，由司机向列车调度员或车站值班员申请救援。车站值班员接通知后应立即报告列车调度员、车站站长、调度计划统计室。

51. 轴温超温警报

当动车组轴承温度超温报警时，司机向列车调度员或车站值班员报告，按照限速表相关要求限速运行。

52. 通风口冒烟

司机接到通风口冒烟的报告时，应立即使列车停于安全地点，向列车调度员或车站值班员汇报。车站值班员接通知后应立即报告列车调度员、车站站长、调度计划统计室。

53. 动车组列车因空调不能使用开门限速运行

（1）司机应立即报告列车调度员或车站值班员，车站值班员接通知后应立即报告列车调度员、车站站长、调度计划统计室。

（2）司机接到报告后可选择合适地点（车站）停车并同时向列车调度员或通过车站值班员汇报，列车调度员应立即下达准许开门限速运行的调度命令。

（3）动车组列车空调无法使用，采取救援或自动运行至客运业务办理车站，旅客乘降原则上在车站站台进行。

54. 站内到发线或其渡线轨道电路出现分路不良

应立即停止使用，并通知电务、工务部门进行处理。

55. 踏面缺陷检查

根据随车机械师要求，对轮对踏面缺陷停车检查时，司机应及时转报列车调度员或车站值班员，要求前方站停车检查。随车机械师根据轮对面缺损情况，按照规定向司机签注限速要求，司机报告车站值班员或列车调度员。需发布命令时，列车调度员向本列发布限速命令。

56. 动车组运行途中烟火警报

发生烟火警报、火情时，司机应通知列车调度员或车站值班员，车站值班员接通知后应立即报告列车调度员、车站站长、调度计划统计室。

57. 区间换乘热备动车组

在隧道内换乘时，由设备管理单位或部门操作开启隧道内的应急照明装置，隧道内的应急照明装置应实施远动开关。

58. 动车组列车运行中出现故障或接到危及行车安全通知

（1）动车组列车运行中出现故障时，经处置确认无法恢复正常运行时，报告列车调度员或车站值班员。

（2）动车组运行途中接到危及行车安全的通知时，司机应立即采取停车措施，并报告列车调度员或车站值班员，待危及行车安全情况消除后，方可恢复正常运行。

（3）车站值班员接通知后应立即报告列车调度员、车站站长、调度计划统计室。

59. 动车组列车发生火灾、爆炸

（1）在确认爆炸或火情后，司机应立即向列车调度员或车站值班员报告，车站值班员接通知后应立即报告列车调度员、车站站长、调度计划统计室。

（2）报告内容包括：火灾发生的年、月、日、时、分；发生的地点（线别、区间、公里、米、机车停车位置）；列车车次、种类、动车组型号、所属段别、牵引辆数、总重、计长，关系人名；火灾概况及原因的初步判断；人员伤亡情况及动车组损坏情况；是否需要救护车、救援列车和向地方消防部门报警等。报告内容适时补报。

（3）列车调度员接到司机请求向地面疏散的报告后，必须立即扣停邻线、后续列车，及时了解信息，做好救援准备。

60. 动车组脱轨

车站值班员接到报告后立即扣停后续列车和邻线列车，通知已进入区间的后续列车和邻线列车停车。司机要指挥列车长、随车机械师等做好事故救援工作。司机报告内容：

（1）事故发生的年、月、日、时、分。

（2）发生的地点（线路名称、行别、区间、公里、米、停车位置）。

（3）列车车次、型号、编组、总重、计长及关系人名。

（4）人员伤亡情况及动车组、线路损坏情况。

（5）事故概况及初步原因判断。

（6）应当立即报告其他情况。

61. 非正常接发列车

非正常接发列车信息通报程序如下：

（1）CTC区段车站的分散自律模式下，行车设备发生故障时，车务应急值守人员接列车调度员（助理调度员）通知，车务应急值守人员对故障现象进行确认并记录。

CTC区段车站在非常站控模式下，行车设备发生故障时，车务应急值守人员立即报告列车调度员，列车调度员立即通知相关设备管理单位，根据车务应急值守人员的报告及时登记，列车调度员要通过CTC终端确认并与车务应急值守人员核对登记内容与故障现象一致。

（2）通知邻站（有人值守）车站设备故障。

（3）通知本站负责人、车站调度计划统计室、行车负责人。

62. 冰雪凝冻

冰雪凝冻应急响应的启动条件如下：

（1）按铁路局要求启动冰雪应急预案时。

（2）遇大（暴）雪和凝冻天气时，根据现场情况报告，应急处置领导小组发出启示指示时。

①遇下大雪天气出现积雪时。

②各站应在室外露天设置一温度计，在车站值班主任或应急值守人员每日0:30、第一趟确认列车开行前2h分两次巡视，发现温度计低于0℃并伴有雨、雪结冰时。

6.20 高铁线路沿线地方救援能力分析

6.20.1 强化高铁沿线救援能力的重要性

在进行高铁事故救援之前进行高铁沿线的地方救援能力统计是实施救援行动的前提，只有充分把握了铁路沿线的救援能力现状，才能从全局角度出发实施应急救援。以“7.23”特别重大交通事故的救援为例，其救援过程体现了复合性和综合性，以及跨行业的协同联动性。

1. 复合性和综合性

所谓的复合性，是指高铁事故救援既是一个专业领域、也有大量非专业内容，既有专业队伍和专业装备、也有普通手段和基本方法，往往既涉及政府、铁路运输企业、公益救援主体又涉及商业救援主体，既有本地人和亲属的参与、也有外来机构和组织的配合，这种救援系统的高度复合性特点实际上是由突发事件的特点、发生发展的阶段所决定的。

（1）对于一般的、刚刚发生、情况还没有蔓延和恶化的事件（如因旅客吸烟行为导致的起火），往往旅客、列车乘务员就能够胜任救援任务，他们往往是基于应急、救援精神利用自己的体力、发挥自己的智慧、及时救人、控制事态、减少损失就行，并不需要什么特殊技能。

（2）事态发展到一定程度（如车厢内发生爆炸燃烧造成人身伤害），往往需要比较专业的救援，即只有了解一些基本救援知识、掌握了一些基本救援技能、善于运用一些救援工具进行的有一定难度的救援，如简单的包扎、迅速止血、人工呼吸、骨头正位、破拆等，这里既需要救援者掌握一定的医学知识，也需要掌握一定的救援常识。

（3）若火灾事件再向纵深发展，并开始在车厢迅速漫延，则需要更专业的救援，主要是在一般人无法实施救援的情况下，运用特种装备和工具、采取特殊方式和方法、由消防部门按照专业救援要求实施的救援。

以上三种救援虽然在灾害事故的发展中其主导作用不同，但应该是混合的、彼此可接受可融合的，或者说是可复合的或必然复合的。总体上看，紧急救援首先是要有救援意识，掌握一般规律，懂救援、有救援知识和技能与不懂救援、缺乏救援知识和技能的救援效果大不一样，只有有了大量的专业救援机构、救援人员、救援装备才能实施真正的紧急救援，才能切实达到救援的目的。

2. 跨行业的协同联动性

不同类型高铁事故发生往往千差万别，虽然其中有比较统一的规律性可以把握，但由于具体地点、环境、人员状况、形成原因等不同，以致形成了特殊的、需要不同人员、技能、知识协同作战的交叉学科领域，而且作为新事物，高铁救援往往没有前例参照，这就需要根据具体情况制定创新性、科学性的救援方案，协调地方各种资源，按照实际情况开展救援。因此，高铁事故救援必须形成统一指挥、反应灵敏、功能齐全、协调有序、运转高效的应急管理机制和决策指挥机构，对救援力量统一调度、统一安排、统一使用，实现紧张、有序、高效救援的目标。

3. 应急救援装备、产品、技能的高科技化趋势

高铁线路多为高架桥（如沪杭高铁就有百分之八十七为高架桥），其原因包括：

（1）保证减小和最大程度的降低高铁路基的沉降，保证高平顺性；

（2）不影响重要的地面交通，减少各种交叉干扰；

（3）保证全封闭，保证安全性，同时为了保持速度；

（4）节约土地，减少土地占用；

（5）减少对沿线城镇的切割；

（6）减少环境污染，保护野生动物的迁徙路线不被截断；

（7）减少噪声污染。

在这种特点下，高铁应急救援与既有铁路有明显的不同。针对一些非传统灾难事故，如果没有相应的先进的、针对高铁特点的救援列车、高臂消防车、救援装备和技术作保障，恐怕难以真正有效地完成救援任务。

从整体来看，我国目前高铁沿线救援队伍的装备水平也随着科技的发展而日渐提高，如救援列车的配置、直升机的调用、生命探测仪的运用、高臂消防车的使用、大吨位吊

车及救援车的投放、GPS及GIS技术的综合运用等，都是救援装备高科技化的重要标志。与此同时，救援技能也得以迅速提升，不仅专业救援人员的救援技能在迅速提高，而且政府救援人员、社会志愿者队伍的救援技能也在不断进步，另外大量书籍的出版发行、培训机构的诞生和发展都是提高救援技能的重要基础和标志。

4. 加强高铁沿线应急演练

针对高铁线路的高架桥、隧道等特点，加强高铁沿线各种应急救援力量的联席和演练。要充分整合本地区各种社会救援资源，积极向当地政府汇报，以政府名义建立社会应对高铁事故的应急救援联动机制，明确各种灭火应急救援力量的职责、任务分工及调动方式，要建立社会力量的应急救援网络系统，对本地高铁沿线的社会救援资源做好详细统计，对政府办、应急办、安监局、卫生局、消防、公安、高铁车站、人员、装备、车辆类型、大型机械装备、医院及联络人、联络方式作详细备案。同时，要明确调度方式，落实调集人员，对现场指挥程序要做出明确规定，平时加强联系。对于高速铁路沿线区域的救援定期开展协同演练，确保一旦发生情况，可以随时调动。

6.20.2 构建基于保险理念的高铁沿线紧急救援

结合国内外高铁事故救援的案例分析可得，高铁事故救援效率不高主要归因于及时性不够，救援质量不高。前者的主要问题无非是救援队伍到达慢，未能在最短最快的时间赶到现场、最佳时间实施救援。而慢的原因：一是应急机制不健全、未形成有效的高铁沿线救援体系，即联系不到最近、最好的救援队伍，不能及时完成呼救；二是交通缓慢，救援机构及人员得到呼救信息后及时出动了，但由于至高铁事故地点的道路不畅、车辆性能差、路途遥远等交通方面的原因，使救援机构及人员难以及时赶到现场。而救援质量实际上涉及救援人员的专业性、救援装备的齐全性和科技化程度、救援管理的科学性，我们的救援人员因为大都未经过专业训练、救援装备较为落后、组织管理不甚严密，因此救援质量低就是难免的了。具体分析如下：

（1）从被救援者的高铁旅客和工作人员角度来看，救援再及时、补偿数额再大也不如不发生事故好，救援队伍再及时也没有自己救自己方便及时，而搞好高铁安全风险管理，做好事故预防是减少高铁事故发生的关键。

（2）从经济学的角度来看，作为救援机构，只有在收取费用之后没有救援任务、或救援任务较少时才有利可图，而减少事故灾难发生的最好方法是做好预测，搞好预防，不出或少出事故。

（3）作为铁路运输企业来说，其要提高效益就必须降低成本、减少赔付或赔偿，而及时、高效的救援是减少赔偿的最有效手段之一，从而也是降低综合救援成本、提高铁路运输经济效益的重要手段，这也是体现人民铁路为人民的最高宗旨。

（4）高铁事故灾难一旦发生，减少救援工作量的最大可能是及时遏止事态发展，人员伤亡和财产损失越少越好，而从及时性考虑最方便的是自救，最快速的是现场人员互救、次之则是专业救援力量到来之前开展有效的沿线救援。

因此，救援机构的工作向前延伸，不仅符合其自身的经济利益，也符合高铁运输相关当事人的最高利益，在这个方面的利益本质上是一致的。

考虑到在应急救援方面缺乏体制层面的创新设计，没有进行职能剥离的系统研究，没有进行职权向社会调整的安排，以致我们的高铁应急救援，包括其他类型的应急救援产业化进程极其缓慢，可以尝试采用市场化手段来促进应急救援产业的发展。

目前我国铁路救援主要还是以政府主导下的铁路部门救援为主的，商业救援机构发育不够，市场性救援能力差距很大。目前保险公司也主要还在从事传统的寿险、财险业务，以致涉及紧急救援目前还主要在医疗领域进行，其他救援（如高铁事故救援、道路事故救援、矿难救援等）还未完成与保险的紧密对接，救援的理论基础还是行政性、公益性、公共性为主导的，基于救援行业的特点，按照保险理念，从大数法则、概率论原理来通过精算进而形成新的业务模式还没达成广泛共识，以致当前应急救援基本上还是点对点、一对一的救援，且还没有向前延伸或延伸远远不够。

在西方发达国家，已经展现了保险、救援、医疗业务的紧密结合及救援向预测、预防等前端延伸的趋势。应急救援作为保险的扩展和延伸，已经取得了显著成效，形成了成熟的合作模式和业务流程，且在此基础上逐渐向前端，以及向预测、预防、防范事故灾难发生、自救互救、增强当事人应急能力方面转变。鉴于当前国内救援现状，有必要加快构建基于保险理念的应急救援体系，并切实地通过预防，减少突发事件、事故发生，有效遏制事故事态发展，尽可能减少人民的生命和财产损失。

第 7 章　高铁突发事件应急演练

本章介绍了高铁突发事件应急演练的内涵和开展流程，模拟出相同的高铁突发事件场景。以长大隧道发生火灾的旅客疏散应急演练、受电弓故障无法运行应急演练为例，按照制定的高铁突发事件应急预案进行实际演练，验证了预案实施效果及应急救援能力，并提出有关建议及措施，按照应急信息的上报流程通过模拟推断了应急信息的上报时间。高铁应急演练可以更好地验证应急预案的可操作性，使应急管理和应急救援人员得到实战锻炼，也有利于检验和提高相关部门和人员的协调配合能力。

7.1　高铁应急演练概述

7.1.1　高铁应急演练的内涵

1. 高铁应急演练的定义

高铁应急演练是指铁路总公司、铁路局和站段等各级单位和部门，组织相关单位及人员，依据有关高铁应急预案，模拟应对突发事件的活动。

2. 高铁应急演练的目的

高铁应急演练时加强高铁突发事件应对能力的一项重要活动，通过应急演练，可以达到检验预案、完善准备工作、锻炼队伍、磨合机制、科普宣教等多个项目。

（1）检验高铁应急预案。通过开展高铁突发事件应急演练，有利于查找现有高铁应急预案中存在的各类问题，进一步完善高铁应急预案，提高高铁应急预案的实用性和可操作性。

（2）完善高铁应急准备工作。通过开展高铁突发事件应急演练，有利于检查应对突发事件所需应急队伍、物资、装备、技术等方面的准备情况，以便发现应急处置中的不足，并及时予以调整补充，做好高铁应急准备工作。

（3）锻炼高铁应急救援队伍。通过开展高铁突发事件应急演练，有利于增强演练组织单位、参与单位和人员等对高铁应急预案的熟悉程度，提高其应急处置能力。

（4）磨合高铁应急机制。通过开展高铁突发事件应急演练，有利于进一步明确相关单位和人员的职责任务，理顺工作关系，完善应急机制。

（5）科普宣教。通过开展高铁突发事件应急演练，有利于普及应急知识，提高高铁员工风险防范意识和自救互救等突发事件应对能力。

3．高铁应急演练的原则

高铁应急演练应遵循“结合实际、合理定位，着眼实战、讲求实效，精心组织、确保安全，统筹规划、厉行节约”的工作原则。

（1）结合实际、合理定位。紧密结合高铁应急管理工作实际，明确演练目的，根据资源条件确定演练方式和规模。

（2）着眼实战、讲求实效。以提高高铁应急指挥人员的指挥协调能力、应急队伍的实战能力为着眼点，重视对演练效果及组织工作的评估、考核、总结推广好经验，及时整改存在的问题。

（3）精心组织、确保安全。围绕演练的目的，精心策划演练的内容，科学设计演练方案，周密组织演练活动，制定并严格遵守有关安全措施，确保演练参与人员及演练装备设施的安全。

（4）统筹规划，厉行节约。统筹规划应急演练活动，适当开展跨铁路局、跨部门、跨行业的综合性演练，充分利用现有资源，努力提高高铁应急演练效益。

7.1.2　高铁应急演练的流程

高铁应急演练是由多个机构和部门共同参与的一系列行为和活动，因此应急演练的组织与实施是一项非常复杂的任务，应急演练过程可以划分为演练准备、演练实施和演练总结三个阶段。高铁应急演练流程如图7—1所示。

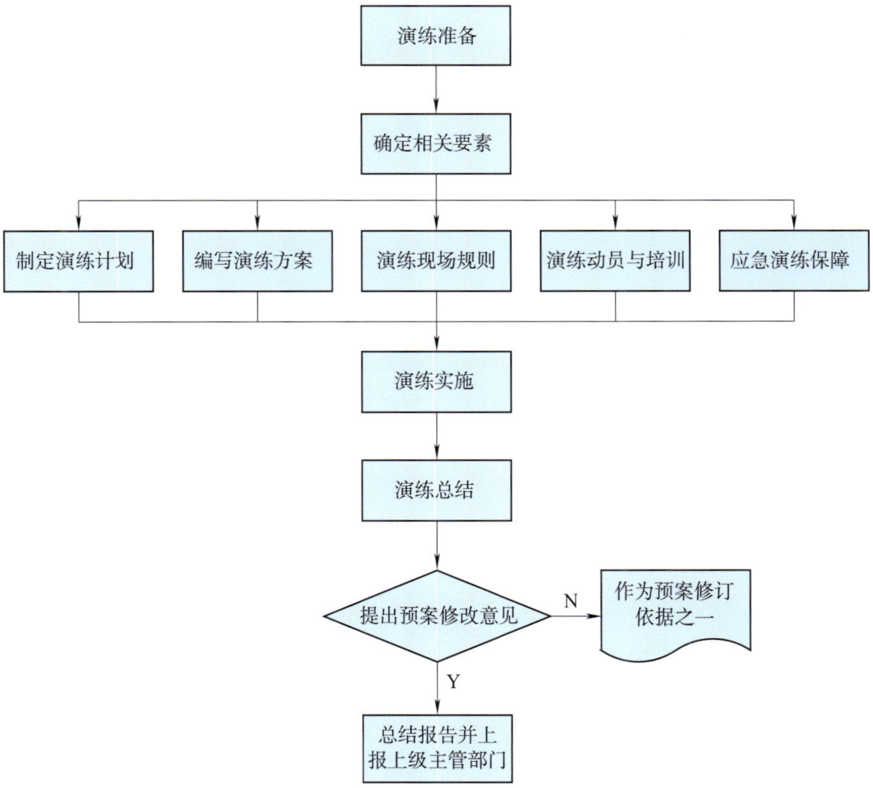

图7—1　高铁应急演练流程

7.1.3 高铁应急演练组织机构

一般情况下，铁路局各专项应急领导小组办公室（相关业务处室）及铁路局管辖内各单位组织开展应急演练时，可根据实际需要自行选择成立应急演练领导小组、指挥组、评估组、技术组、保障组等相关工作小组。根据不同类型和规模的演练活动，可以适当调整组织机构和职能。

1. 领导小组

主要是在举办全局性综合应急演练时成立，由相关的铁路局领导任组长，铁路局相关专项应急领导小组办公室（相关业务处室）及铁路局管辖内相关站段为参演单位。负责统一领导应急演练的各项准备及组织实施工作；负责审批应急演练工作方案和经费使用；负责审批应急演练评估总结报告；决定应急演练的其他重要事项。

2. 指挥组

一般按照组织开展应急演练的不同层面确定，铁路局层面由铁路局专项应急领导小组办公室（业务处室）牵头并由主要领导任组长，站段由本单位牵头并由主管领导任组长。指挥组主要负责应急演练的组织、协调和实施工作；负责制定应急演练工作方案；负责督导参演单位进行应急演练的各项准备工作，指挥组还在应急演练过程中承担指挥职责。

3. 评估组

评估组负责设计演练评估方案和演练评估报告，对演练准备、组织、实施及其安全事项进行全过程、全方位评估，及时向演练领导小组、指挥组和保障组提出意见、建议。其成员一般是应急管理专家、具有一定演练评估经验和突发事件应急处置经验的专业人员。评估组可由上级部门组织安排，也可以由演练组织单位自行组织。

4. 技术组

负责应急演练所涉及的各类技术系统的正常运转，并参与应急演练技术系统的调度工作。

5. 保障组

保障组负责调集演练所需要物资装备，购置和制作演练模型、道具、场景，准备演练场地，维持演练现场秩序，保障人员安全保卫等。成员一般是由演练组织单位及参与单位后勤、财务、办公等部门人员组成。

6. 演练参与人员

按照演练过程中扮演的角色和承担的任务，可将应急演练参与人员分为以下几类：

（1）演练人员

演练人员是指在演练过程中尽可能对演练情景或模拟事件演出其在真实情景下可能采取的响应行动的人员，也就是通常所说的演员。他们所承担的具体任务包括：救助伤员或被困人员、保护财产和公众安全健康、获取并管理各类应急资源、与其他应急响应人员协同应对重大事故或紧急事件。演练人员主要来自各类应急机构和组织。

（2）控制人员

控制人员是指根据演练情景，控制应急演练进展的人员。他们在演练过程中的任务包括：确保应急演练目标得到充分演示、确保演练活动对于演练人员具有一定的挑战性、保障演练进度、解答演练人员疑问和演练过程中出现的问题、保证演练过程的安全。

（3）模拟人员

模拟人员是指在演练过程中扮演、替代正常情况或紧急情况下与应急指挥中心、现场应急指挥所互相作用的机构或服务部门的人员。

（4）评价人员

评价人员是指负责观察演练进展情况并予以记录的人员。主要任务包括：观察参演人员的应急行动，并记录其观察结果；在不干扰参演人员工作的情况下，协助控制人员确保演练按计划进行。

7.2　长大隧道发生火灾的旅客疏散应急演练

本次演练根据具体模拟场景，采用文中所述高铁应急预案体系中《火灾事故应急处理预案》来实行演练。

1. 演练概况

（1）演练日期：201×年××月××日，10:25～10:39，G×××次列车。

（2）演练课目：动车组列车在长大隧道发生火灾的旅客疏散应急处理。

（3）使用车型：动车组列车应急演练使用CRH2型单联列车。

（4）参加人员：由列车工作人员和模拟旅客组成。列车工作人员：列车长、列车员、乘警、随车机械师、司机、随车保洁、餐饮人员。模拟旅客：由××站组织300名干部职工参加应急演练。车厢分配：1～4号车、6～8号车各40名，5号车20名。

（5）动车组列车应急备品配置：列车配置2部逃生梯，分别放在1号车和8号车司机室；配置2块过渡板，分别放在3号车和7号车。

2. 现场演练指挥小组

成立动车组列车突发情况旅客疏散组织应急演练现场指挥小组。现场指挥小组由铁路局客运处、车辆处领导和车辆段等单位人员组成，负责应急演练的现场指挥和协调。

3. 现场应急演练

动车组列车在长大隧道运行时5号车厢发生火灾。

（1）动车组列车在进入长大隧道前，列车长和一名列车员应按规定到达列车1号车。

（2）餐车服务人员在发现本车厢发生火灾后，应立即采取扑灭措施，并通知列车长。列车长在得知5号车厢发生火灾后，应立即通知随车机械师、司机和乘警，并迅速赶到5号车厢，判明火灾情况。

（3）在判明火灾无法扑灭后，列车长应立即报告司机，要求采取停车措施。

（4）列车工作人员要在列车长的指挥下迅速将5号车厢旅客分别向两端其他安全车

厢疏散。待5号车厢旅客疏散完毕后，列车长应指定列车工作人员立即关闭5号车两端防火隔断门。

（5）列车长要及时对列车工作人员进行合理分配，原则上保证一人负责一车，列车长全面负责，做好对车内旅客的宣传组织工作，并按各车厢顺序分别向1号车和8号车疏散。

（6）7号车厢列车员要加强车内广播宣传，及时将列车有关情况向旅客告之，并要求旅客遵照列车工作人员的指挥和安排有序进行疏散。

（7）列车开门工作由列车长、两名列车员和随车机械师负责，其中列车长负责3号车、两名列车员分别负责1号车和7号车，随车机械师负责8号车。打开车门一律为列车前进方向左侧的前部车门。

（8）列车打开车门前，列车长应通知司机。打开车门后，安放好逃生梯（过渡板），先行下车，与车上工作人员组织旅客有序下车，做好车上车下的防护工作，防止发生混乱。

（9）列车长和随车机械师下车后，应迅速判明隧道中的风向，并组织旅客向上风口方向疏散，避免被烟雾熏倒中毒。当隧道中的风向无法判别时，应根据隧道中的距离指示标志，向最近一侧的出口（应急逃生通道）疏散。如着火车厢火势过大，危及旅客通过安全时，应组织旅客向隧道两端疏散。下车旅客疏散工作应坚持安全、快速、有效的原则，确保旅客疏散安全。

（10）列车工作人员在隧道中组织旅客疏散时，要加强安全防护和宣传工作，防止旅客侵入异线，确保旅客安全。

4. 演练过程

10:25　动车组5号车厢发现火情，车长判明火情无法控制后通知司机停车，关闭5号车厢两端防火门。

10:27　列车工作人员按照分工安排，分别取出1、8车应急梯和3、7车过渡板，打开1、3、6、8车前进方向非临线侧车门，安放应急梯和过渡板并接应旅客下车。

10:30　全部旅客下车完毕。

10:38　旅客上车完毕，动车组按规定发车。

5. 存在问题及处理方法

由于客运部门随车人员未配备司机室钥匙、备品柜钥匙，在没有随车机械师配合的情况下，无法取出应急梯、过渡板。

处理方法：钥匙的配备问题需各相关部门协商解决。

7.3　受电弓故障无法运行应急演练

本次演练中根据突发事件类型属性，采用《CRH型动车组运行途中车辆设备故障处置办法》实施演练过程。

1. 演练概况

（1）项目名称：动车组受电弓故障无法运行，使用内燃机车救援。

（2）演练时间：××月××日 12:05～13:29。

（3）演练地点：××大桥。

（4）演练牵头部门：车辆处。

（5）演练配合部门：机务部门、客运部门、运输部门。

2. 现场演练指挥小组

成立动车组列车突发情况旅客疏散组织应急演练现场指挥小组。现场指挥小组由铁路局客运处、车辆处领导和车辆段等单位人员组成，负责应急演练的现场指挥和协调。

3. 现场应急演练

（1）司机应迅速判明故障性质，并在第一时间通知随车机械师，由随车机械师通知列车长。同时司机应按照规定向就近车站值班员报告故障情况，由车站值班员向铁路局调度所报告。

（2）列车长应加强对车内的巡视，做好对旅客的解释工作。同时，密切注意车内温度情况，当车内温度上升至 32 ℃时，在列车长的领导下，根据车上列车员、保洁员、餐车服务人员数，按 1 门 1 人的配置，做好打开车门的准备工作。

（3）随车机械师根据列车长的安排，取出防护网。各车厢工作人员要根据列车长安排及时到 7 号车厢领取安全防护网。

（4）各车厢工作人员应先在车门口设置好防护网，经确认安全牢固后，再在列车长的统一指挥下打开列车前进方向左侧车门，并做好看守工作。

（5）列车长在打开车门前要通知司机，由司机向就近车站值班员报告，车站值班员向路局调度所行调台报告。铁路局调度所应通知相邻线路的列车限速通过。

（6）故障动车组列车由救援列车牵引运行时，各车厢工作人员必须坚守打开的车门，做好防护工作，确保旅客安全。

4. 演练过程

12:05　动车组发生受电弓故障，司机控制动车组停车，向调度员报告故障情况，并要求随车机械师下车确认弓网情况。

12:06　随车机械师确认弓网情况后通知司机，司机向列车调度员汇报并请求救援。

12:07　随车机械师依次隔离动车组非运行方向左侧的 8 个车门。

12:12　司机接到调度员下达的救援命令后，通知随车机械师安装过渡车钩。

12:17　司机打开动车组头罩。随车机械师确认救援、救援旁通阀门打开，在司机配合下安装过渡车钩、BP 管。

12:23　过渡车钩、BP 管连接完毕。

12:25　车门防护网安装完毕，车长申请开门通风，随车机械师集控打开动车组前进方向左侧车门。

12:30　救援机车到达。司机将制动手柄置“快速位”，合上“救援转换装置”，将

ATP隔离。准备完成后通知救援机车司机可以开始连挂。因1号车过渡车钩与救援机车不匹配，换为使用8号车过渡车钩。

12:57 连挂完毕，救援机车司机连接BP管，打开折角塞门。

12:58 动车组司机复位紧急制动，通知救援机车司机进行制动试验。因误操作救援电气转换开关，列车发生紧急制动，复位救援电气转换开关后恢复正常。

13:05 救援机车司机动车，限速运行。

13:16 救援机车司机操纵列车停车，下车关闭塞门，随车机械师和动车组司机下车，摘除过渡车钩、BP管。

13:21 过渡车钩、BP管摘除完毕，救援机车离开。

13:25 动车组司机制动手柄置“B7”位，关闭前罩，断开“救援转换装置”，恢复ATP。

13:29 动车组恢复自主运行。

5. 演练存在主要问题

司机与随车机械师的分工存在问题如下：

（1）救援机车与随车机械师的引导工作分工要进一步明确，特别是单司机救援机车。

（2）本务司机与随车机械师的分工问题。如过渡车钩、风管的安装拆解，救援准备时各开关、按钮的开断，故障发生时处理协调等问题。

6. 有关建议及措施

（1）司机与随车机械师在救援及应置处置时的分工需进一步细化。同时根据情况制定司机与机械师的协同卡控措施。

（2）考虑到救援及应急需要，配给列车长车门、备品柜钥匙各1把，随车机械师主要做与行车有关的事宜，车上开门、挂防护网、监护等工作交由客运部门。

7.4 高铁应急信息报送流程

铁路救援部门是铁路的非生产单位，不能直接创造经济效益，但它却是铁路正常运营必不可少的重要保障环节。国外的研究表明，根据交通事故伤的特点，对于交通事故重伤者，在事发后90 min内给予急救，其生存率为10%以下；在60 min内得到救援，其生存率为40%；在30 min内获救，其生存率高达80%。上述数据表明，时效性是铁路应急救援工作需要考虑的重要因素之一。应急救援设备和队伍只有在第一时间到达事故发生地，并开展应急救援工作，才可以尽量减少事故所带来的损失，同时防止次生、衍生事故的发生。

从事件发生到救援人员赶到并开展救援工作的这段时间，可以分为信息报送的时间和救援列车行驶时间。在现有救援基地位置一定的情况下，救援列车的行驶时间由行驶距离来决定，因此可以认为是一定的。而信息报送的时间是由报送流程决定的。合理的信息报送流程可以节约信息报送的时间，进而提高救援工作的时效性。

高铁突发事件应急的信息报送流程如下：最先发现或接报突发事件信息的人员应立即通知司机和列车长。司机接到列车长通知后，应立即报告列车调度员和车站值班员。列车调度员接到报告后，应立即通知值班主任。值班主任向应急办公室、铁路局领导报告。应急办公室根据铁路局领导的指示启动相应程序。整个信息上报流程如图 7－2 所示。

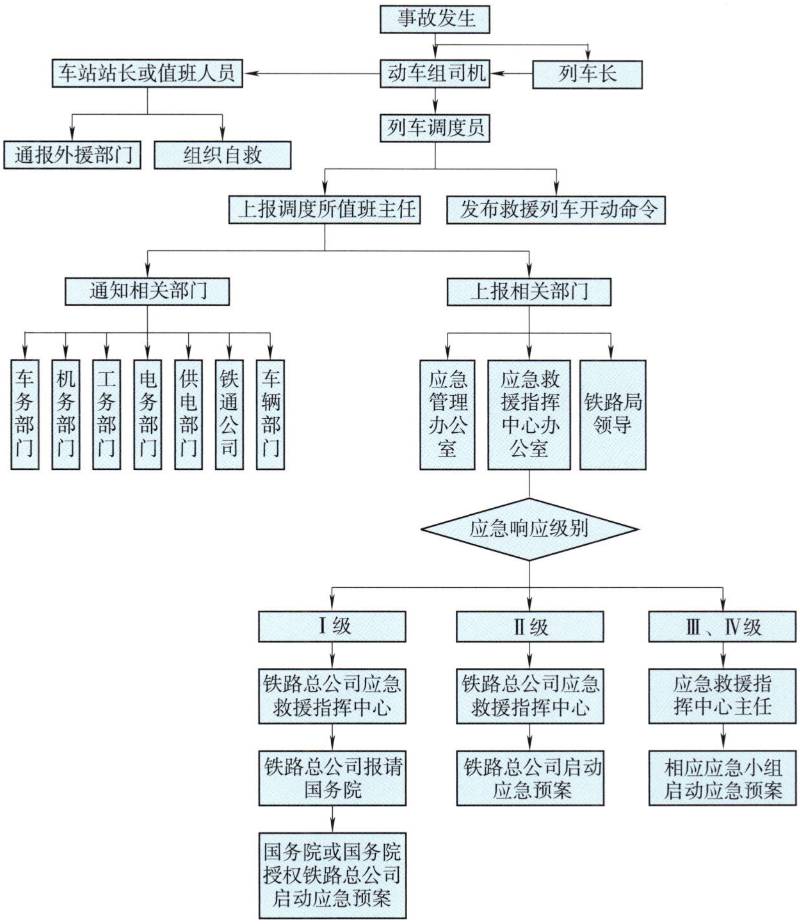

图 7－2　信息上报流程图

图 7－2 是对高铁突发事件应急信息报送总的概括，以受电弓故障无法运行应急演练为例来计算一下信息报送的时间。按照高铁应急预案应急响应级别分类，此类突发事件属于Ⅳ级响应，因此就应该按照Ⅲ、Ⅳ级信息报送的流程逐级报送。此突发事件与12:05发生的，司机向调度员报告故障，按照上述信息上报流程，司机接到调度员下达的救援命令的时间为 12:12，整个信息上报时间为 7 min。

虽然高铁突发事件应急响应级别相差很大，但其信息上报的流程大致相同，因此可以推断，高速铁路突发事件应急信息上报时间大致在 7 min 左右。

第 8 章　国内外重大高铁事故案例分析

本章分析了高铁运营事故的特征，通过分别对德国 ICE1 高铁事故、日本福知山线脱轨事故、中国“7・23”事故和 D3206 次动车组列车晚点事故发生的原因进行分析，汇总并对比了救援行动进程，总结了高铁事故应急救援经验。

8.1　高铁运营事故特征分析

高铁运营系统是一个复杂系统，其运用安全包括合理安排列车运行图和司乘人员、运营设备和线路的状态检测与维修保养、调度指挥和运行控制等多个方面。高铁运营系统具体主要涉及运营调度系统、客运服务系统、列车运行控制系统、工务工程系统、牵引供电系统、高速列车系统等六个子系统，其安全运营是各个子系统协同合作的活动过程。运营调度是其中的基础核心，通过运营调度系统指挥、控制高速列车及司乘人员、线路、通信信号、牵引供电、旅客服务等其他子系统，并接收这些子系统的运行状态及安全状态信息反馈，以保证列车运行的安全。

通过对国内外高速铁路运营事故分析，其发生的原因是多方面的，包括系统内部要素和外界环境要素两大方面。运营事故的发生是不同安全要素之间相互作用的结果，这些要素间的相互作用且彼此影响，继而联合起来产生增力的现象就是高铁事故中常见的耦合效应。高速铁路运营事故具有以下的事故特征：

1. 事故的偶然性、必然性和规律性

事故的偶然性是客观存在的，即使完全掌握了事故的原因，也不可能保证事故绝对不会发生。由于高铁运营过程客观上存在着许多不确定因素，随着时间的推移，当各种因素交织在一起、相互影响、时机成熟时，事故就会发生，这是难以预知的。

事故的必然性来自事故的因果性，事故是一系列人、物、环境、管理等因素互为因果、连续发生的结果，按照相对安全观的理念，不安全因素的存在本身也决定了事故或迟或早必然要发生。绝对不发生事故是不可能的，换句话说也就是事故是不可避免的，因此事故就一定存在着规律性。只要对事故发生的因果关系进行深层次的剖析，就能够逐步发现事故发生的机理，从而提前采取一些对应的控制措施，有效降低事故的发生概率。

2. 事故类型及后果呈现多样性

通过对国内外高铁运营事故的统计分析，常见的事故类型表现为脱轨、冲突、火灾、线路故障、通信故障、信号故障、车辆故障、恐怖袭击、异物侵限等。造成的事故后果类型表现为运营延误或中断运营、人员伤亡、设备设施毁坏等。

由此可以看出运营事故类型呈现多样性，导致事故发生结果的程度也各不相同，因此事故后果的表现形式也各式各样。

3. 事故的隐藏性、连锁性和破坏性

高铁运营事故往往是突然发生的，而事故的隐藏性是指造成事故发生的不安全因素也就是隐患早已存在，只是未被及时发现或未引起有关重视。随着时间的推移，一旦条件成熟，包括内部失控和外部激励，这些不安全因素就会显现出来，最终酿成事故。

在高铁线路成网之后，由于站与站之间、站与线之间、线与线之间的联系更加紧密，所以当某个高铁车站或线路发生突发事件，就会通过网络进行放大，进而影响整个高铁运输网络的运营，轻则造成列车停运晚点、乘客滞留无法疏散，重则造成全线路网瘫痪或者造成重大设备毁坏、经济损失和人员伤亡。

由于我国地形特征，高铁建设的车站和区间往往处于密闭空间，同时具有客流量大、起停频繁、易受外界环境干扰、出入口少、救援路线长等特点，一旦发生列车脱轨、列车碰撞、火灾或爆炸等事故，将会造成巨大的人员伤亡和财产损失。

4. 风险因子的动态性、不确定性

如前所述，高铁运营系统是多专业一体的复杂系统，在这个大的联动机中，任何一个小环节出现问题，都会影响整个系统的正常运作。各个专业的系统安全风险因子都处于动态变化中，一旦条件成熟，如人的不安全行为、物的不安全状态、不适宜的环境状态等交织在一起，演化为一定危险水平，就可能会导致事故的发生。而且这种条件下事故发生往往具有随机性，并且风险因子的多样性也容易导致事故发生结果具有不确定性。

5. 风险因子间的非线性、时空依托性

高铁运营安全的风险因子之间相互作用方式错综复杂，表现为一种非线性关系。同时事故是在一定的时间、空间中发生的，风险因子只有在具体的时空中才能转化为危险源和隐患，当各种条件时机成熟时，隐患才最终导致事故的发生，并且事故的发生具有不可逆性。

6. 事故的人为性和可预防性

据有关资料统计，现代工业企业事故中，约为85%以上的事故直接或间接源于人的因素，在某些大型的灾难事故中，人为因素导致伤亡事故约占70%～80%。

通过对历年高铁运营事故统计调查分析，发现由于人为因素导致的运营事故占总比例的一半以上。导致运营事故的人为因素主要包括员工违章操作、违章指挥、违反劳动纪律、漏检漏修、管理不到位等。考虑到由于人具有可塑性，可通过加强教育培训和强化安全管理等措施，从而实现降低人为因素引发事故的概率的目的。

8.2 德国 ICE1 高铁事故分析

1998 年 6 月 3 日，德国城际快车（Inter City Express）ICE884 次由慕尼黑开往汉堡，在汉诺威市的艾须德小镇以 200 km/h 的速度往前行驶时发生重大脱轨事故，事故造成 12 节车厢全部脱轨，损毁，铁路跨线桥坍塌，101 人死亡、100 多人受重伤。德国铁路局为此支付了 2 500 多万欧元的赔款。图 8—1 为德国 ICE1 高铁事故现场。

图 8—1　德国 ICE1 高铁事故现场

8.2.1 事故原因分析

（1）事故的直接原因就是第一节车厢后轮组中的一个双层车轮断裂。而断裂的原因主要有：

①列车的设计缺陷注定难以消除其潜在的危险。

②双层车轮在实际使用中存在着微小的形变。

③发生事故时列车正以 200 km/h 的速度向前行进，高速运动进一步加速了车轮的断裂。

④前面各种因素的逐级次生和积累最终导致车轮钢圈断裂，变直，并插入车厢，悬挂在车厢下部。

（2）一系列巧合成为了促使事故不断扩大的条件。单纯车轮断裂实际上并不会对火车安全运行造成太大的影响，破损钢圈撞击附轨、破损钢圈撞击扳道岔、列车撞击桥墩、桥梁坍塌等这一系列看似偶然的条件却成了事故不断加剧的关键。

（3）这起重大事故的酿成还有一些不可忽略的其他因素。

①没有经过严格的实验就把车轮从单层更换为双层，虽然改善了舒适性，但牺牲了安全性。

②列车运营中的例行检查仅仅是用手电观察车轮，不能及时发现车轮上面的细小裂纹。

③事故发生前两个月，列车长及其他人员曾多次反映车厢有不同寻常的噪声和振动

问题，但未引起重视，潜在的技术故障就这么被忽略了。

④事故发生前一分多钟，车长被告知火车发生严重情况，并剧烈摇摆，但车长仍然拒绝紧急制动，又一次丧失阻止事故发生的机会。

8.2.2 救援行动进程

ICE1 高铁事故救援行动进程见表 8－1。

表 8－1 德国 ICE1 高铁事故救援行动进程表

时间			事件
第一阶段 6月3日	紧急医疗服务行动	11:03	调度应急人员和设备，使用大型营救运输设施施救受困人员；伤员鉴别归类治疗和运送；协调各应急机构间的工作。 开始初步调度，派遣了 5 辆 ALS 救护车、3 辆 BLS 救护车、1 个急诊医师小组和 2 架待命于其他县的救护直升机
		11:19	县 EMS 的医务主任赶到现场，承担起作为“医务队长”进行指挥的重任，并组织所有 EMS 行动
		12:05	直升机开始运送大部分重伤人员
		13:45	除了 1 人，其他 100 多名伤员全部通过 60 辆地面救护运输车和 27 架救护直升机送往医院治疗
	指挥部门	14:00	邻县灾难管理机构援助人员及设备到达
		15:00	组建起统一的指挥体系
第二阶段 6月3日～ 6月4日	6月3日15:00～ 6月4日12:00		二期搜寻工作；后勤工作；尸体回收工作；媒体回应工作；举行首次新闻发布会；首批应急人员的接替工作；死亡、受伤及为受伤乘客的登记工作；慰问家属、开始现场纾压工作
第三阶段 6月4日～ 6月6日	6月4日12:00～ 6月6日7:00		尸体回收工作、事故调查工作、公共关系工作、政府高官接应工作、后勤工作、私人物品的收集工作、残骸的打捞工作、尸体部位的搜寻工作

此外，德国消防部门配备 108 辆消防车以及 726 名消防人员在事故当天抵达现场救援。德国军队派出 190 名士兵的德国武装部队支援，其中 56 名应急医师、28 名内科医师、19 架直升机、31 辆汽车和 3 辆救援坦克。后勤管理部门主要调配了可供 1 889 名应急人员以及接下来几天内到达的其他人员所需要的食物、饮水、住宿以及保障地面运输和通信工具运行的燃料和设备等。

8.2.3 事故总结

德国 ICE1 高铁事故，不仅给德国铁路系统带来重大启示，而且给世界上其他发展高速铁路的国家也带来重大启示。

1．德国政府及铁路部门采取的措施

德国政府及铁路部门在该事故之后，采取了如下三方面的相应措施：

（1）ICE 交通应急计划：在事故发生后，德国铁路对拥有的动车组限速，并且恢复列车段人工超声检验的程序，为了检验轮对而使 ICE1 列车队多次退出运营，作为应急措施只能用其他车队代替 ICE1 来完成远程客运的任务。

（2）整体车轮代替橡胶弹性车轮：1998 年 6 月 13 日～14 日，德国联邦铁路局发布命令，用整体车轮更换所有 59 列 ICE1 动车组的橡胶弹性车轮。

（3）恢复轮对超声检验及故障诊断机制：由于原来的 ULM 轮对诊断装置超声检验的缺陷，德国铁路公司曾经在汉堡和慕尼黑高速列车段的常规检修中放弃了超声检验。

ICE1 高铁事故的发生确实给德国铁路运输带来了不利的影响，但德国高速铁路事业却并没有因此停滞。在吸取事故的教训后，德国的铁路运输官员和铁路技术人员依然坚信高速铁路的发展前景。他们研制了新型的 ICE3 动力分散高速动车组，降低了列车轴重。科隆—法兰克福高速新线也已建成通车。事故并不能阻止高速铁路事业的发展，德国铁路在悲痛和反思的气氛中及时吸取了事故教训，对高速列车技术的运用和发展更充满了信心。

2．我国铁路部门从事故中得到的启示

我国铁路部门从该事故当中得到一些启示，具体包括：

（1）这次高速列车脱轨事故所造成的人员伤亡和财产损失是惨重的。因此我国在开展铁路建设，尤其是高速铁路建设的过程中，应特别强调可靠性和安全性的研究，尤其注意高速列车可靠性和安全性设计问题，同时从整体上提高铁路部门的应急能力。

（2）由 ICE1 高速列车橡胶弹性车轮轮箍断裂而造成的重大脱轨事故可以得知，对于高速列车关键部件（如走行部等）采用的先进技术应持审慎的科学态度，要利用可靠性和可维修性技术精心设计，并经历可靠性试验，通过长期运用考验，否则不能装车运营运用。

（3）维修工作是确保铁路运输安全可靠的重要环节。德国 ICE1 高速列车的这次重大事故原因分析表明，事故的主要责任之一在于维修工作未能严格按照维修规程执行。可以看出，维修工作对安全性、可靠性的作用是重大的，维修工作应严格执行维修规程，维修工作中每个环节的疏忽都可能会殃及安全，造成事故。因此要格外重视维修工作，确保铁路运输工作的安全可靠。

8.3　日本福知山线脱轨事故分析

2005 年 4 月 25 日，日本 JR 福知山线发生了脱轨事故。事故发生在日本兵库县尼崎市，一列由宝冢驶往同志社大学车站的快速列车，因司机欲追回误点时刻而来不及在弯道上减速造成出轨，列车与一辆车相撞后，冲入一座住宅大厦，造成第一车厢与第二车厢全毁，死亡 107 人，受伤 562 人。由于第一车厢为女性专用车厢，因此死亡者中女性占多数。图 8－2 为日本福知山线脱轨事故现场。

图 8－2 日本福知山线脱轨事故现场

8.3.1 事故原因分析

对该事故原因进行分析，发现日本高速铁路安全情况存在以下问题，也是导致该脱轨事故发生的重要原因：

（1）列车司机驾驶经验只有 11 个月，驾驶技术和工作方式不熟练，严重超速，且该段线路没有纳入监控系统，导致事故发生。

（2）事故发生现场所在的弯位（曲线半径 300 m），并未设置预防出轨的内护轨；虽然是非常繁忙的路线，但是自动列车停止装置上只使用了 ATS－SW（最旧款的形式）。

（3）在高速铁路 JR 西日本经营方针上，对于员工司机的惩罚奖赏制度不合理，使得员工对于误点等失误状况压力过大。对于列车班次安排过于密集，车与车之间没有足够的缓冲时间。在行车方面，过于注重行车时间的准确率，而忽略了行车的安全性。在电车车身的设计上，采用的是不锈钢设计，可以达到轻巧的目的，却忽略了横向防撞能力，使得事故造成了严重的损失。

（4）在路线的设计上存在着严重的缺陷。肇事电车撞上的住宅楼宇跟路轨仅有不足 6 m的距离。根据日本 2005 年 NHK 特别节目报道（CLOSE UP 现代），事故发生之原路段在国铁时期是货物列车调度站，在改为 JR 西日本之后，鉴于土地利用与重工业没落，遂将其调度站裁撤，并改建成现有路段（上下行双轨化），然而计划之初却没有考虑保持原有的直线上下线，而是现在所看到的 S 形弯位，导致了列车行驶于该路段必须减速，甚至也是造成此次事故的间接原因，有专家指出若是当初采用直线直接通往尼崎站的话，列车速度不仅大幅提升，亦可能避免此次重大意外。

8.3.2 救援行动进程

日本福知山线脱轨事故应急行动进程见表 8－2。

表 8－2 福知山线脱轨事故应急行动进程表

时间	事件
4 月 25 日	
09:18	列车脱轨
09:22	第一次呼叫消防部门，出动五辆救护车和几辆消防车，当地居民自动开始帮助救援
09:24	救护车和消防车到达事故现场
09:33	设立第一个指挥中心
09:40	成立信息和指挥中心
09:45	在现场成立国家政府管理办公室
10:00	第一支医疗小组到达现场，并开始在消防部门的帐篷中对伤员进行鉴别归类
10:30	另外四个医疗小组达到现场
10:48	第一个伤员通过直升机得以转移
11:04	兵库县请求获得日本国防部（JSDF）的援助
11:30	更多医疗小组到达现场
12:00	伤员人数开始减少，医疗小组逐渐撤离现场，开始搜寻遇难者尸体
13:00	日本国防部（JSDF）所派单位到达现场
13:56	医疗小组发现 3 名伤员
14:48	寻找生还者
16:00	救援队又发现 3 名生还者，一支医生小队开始了局限空间医疗工作
17:30	另一支医生小队被召回现场
20:29	第二支医生小队到达现场
4 月 26 日	
00:06	第一名生还者被救出
02:44	第二名生还者被救出
07:08	最后一名生还者被救出
08:33	撤销灾难模式
09:30	所有医疗小组撤离现场

在整个事故过程中，消防部指挥中心移送了 240 名伤亡人员；警务部门移送了 135 名伤亡人员；当地志愿者移送了 137 名伤亡人员。大部分伤员都是通过救护车、警车、

消防车、运货卡车和私家小汽车等进行转移，只有极少部分伤员是通过步行的方式被移送到医院的。在 4 天的营救行动中，共有 6 800 名警务人员、250 名警力援救工和 34 名日本自卫队加入到搜寻工作中来。尼崎市消防部指挥中心共命令 75 个消防小组（328 人）、65 个兵库县地方小组（249 人）和 70 个救援小组（252 人）加入到此次救援行动中。此外，来自 19 家医院的 20 个医疗小组也参加了营救行动。

8.3.3 事故总结

1. 福知山线脱轨事故应急处置

日本政府对福知山线脱轨事故的反应是非常迅速的、彻底的、有组织的。反应行动的几个方面值得借鉴：

（1）医疗小组进行了专业的现场伤员鉴别归类工作。

（2）参与救援的大部分应急人员都经过专业的应急培训。

（3）当地民众自发地加入到救援行动，为救援工作提供了很大的帮助。

2. 相关人员在福知山线脱轨事故中救援行动之后提出了 4 个重要问题：

（1）最初医疗小组的撤离决定是否恰当？

（2）指挥中心在应急救援行动中是否真正地发挥了作用？

（3）临时直升机场是否设置过晚？

（4）局限空间医疗护理服务是否还需要更多的培训？

对于第 1 个问题，相关管理人员认为在事故发生 6 h 后停止救援行动的决定是不成熟的，因为后来又找到 3 名幸存者。由于没有建立统一的指挥机构，一线救援人员不能及时地共享最新信息，从而导致部分医疗小组在救援工作还没有完成的情况下做出撤离现场的决定。这个错误决定反映出营救过程中的指挥工作相对混乱。相关管理人员认为由于通常情况下不可能预测出营救行动的结果，所以在决定医疗小组是否需要撤离及何时撤离时要十分谨慎，建议在事故后 24 h 内现场应至少保留一个医疗小组，即使看起来不可能再找到幸存者。

对于第 2 个问题，指挥中心收集到的信息对指挥中心的指挥人员如何正确地应对各种事态起了很大作用。例如，当指挥人员意识到尼崎市中央医院伤员人数过多时，就可以派两个医疗小组前去协助。由于技术原因，现场指挥人员要在信息和指挥中心系统启动后至少 1 h 后才能收集到所有医院的病床信息，因此现场消防人员、EMS（紧急医疗服务）人员和医疗小组不能将伤员移送到那些没有充分数据信息的医院，从而导致某些医院伤员人数过多。在福知山线脱轨事故中，信息和指挥中心有效地警告附近的医院，但是却不能阻止这些医院接收过多伤员。

至于第 3 个问题，指挥人员最初计划将临时直升飞机场设在距离现场 1.5 km 的广场上，但由于广场周围可能出现交通堵塞，所以不得不将地点改在大成初级中学操场上，这里离事故现场仅 150 m。由于临时机场位置的协商用了 20～30 min，导致事故发生 90 min后，指挥中心才通过直升机转移了第一名伤员。因为在事故现场 20 km 范围内，有

15 家以上高级医院，使用救护车运送伤员到任何一家医院，所需时间均不超过 20 min，而使用直升机运送需 5 min，所以直升机节约的时间也不是很多，所以在整个救援过程中，仅用直升飞机转移了 10 次伤员。

关于最后一个问题，局限空间医疗护理服务使得救援人员能够在伤员被困在局限空间的情况下对其进行医疗评估，并使用适当的医学疗法。同时，局限空间医疗护理服务还能介入到受伤者的解救行动过程中，使之尽早地被从局限空间里解救出来。局限空间医疗技术对于难以实施简单医疗程序的情况至关重要，这些技术能够有效地防止因长时间受困而出现挤压综合症。局限空间医疗的关键作用是在神户大地震中被意识到的。地震后，神户市和尼崎市的许多急诊医师都接受了局限空间医疗培训，其中一些医师也出现在了福知山线脱轨事故的现场。

3. 福知山线脱轨事故应急行动中存在的问题

福知山线脱轨事故中死亡 100 多人，现场相当混乱。各救援机构尝试着协调，但是消防、警务以医疗小组的总体营救行动并没有得到有效统一的协调。

此次事故应急行动存在两个主要问题：

（1）事故列车东西两侧及各救援机构之间的通信不良。

（2）整个事故现场的救援工作没能在统一的指挥下有序进行。

8.4 “7·23”甬温线特别重大交通事故分析

2011 年 7 月 23 日 20：30，甬温线浙江省温州市境内，由北京南站开往福州站的 D301 次列车与杭州站开往福州南站的 D3115 次列车发生动车组列车追尾事故，造成40 人死亡、172 人受伤，中断行车 32 h35 min，直接经济损失 19 371.65 万元。图 8－3 为“7·23”甬温线特别重大交通事故现场。

图 8—3　“7·23”甬温线特别重大交通事故现场

8.4.1 事故原因分析

（1）中国铁路通信信号集团公司所属北京全路通信信号研究设计院有限公司在LKD2-T1型列控中心设备研发中管理不善，中国铁路通信信号集团公司作为甬温线通信信号集成总承包商履行职责不力，致使为甬温线温州南站提供的LKD2-T1型列控中心设备存在严重设计缺陷和重大安全隐患。

（2）原铁道部在LKD2-T1型列控中心设备招投标、技术审查、上道使用等方面把关不严，致使其在温州南站上道使用。当温州南站列控中心采集驱动单元采集电路电源回路中保险管F2遭雷击熔断后，采集数据不再更新，错误地控制轨道电路发码及信号显示，使行车处于不安全状态。

（3）雷击也造成5829AG轨道电路发送器与列控中心通信故障。从永嘉站出发驶向温州南站的D3115次列车超速防护系统自动制动，在5829AG区段内停车。由于轨道电路发码异常，导致其三次转目视行车模式起车受阻，7 min 40 s后才转为目视行车模式以低于20 km/h的速度向温州南站缓慢行驶，未能及时驶出5829闭塞分区。

（4）因温州南站列控中心未能采集到前行D3115次列车在5829AG区段的占用状态信息，使温州南站列控中心管辖的5829闭塞分区及后续两个闭塞分区防护信号错误地显示绿灯，向D301次列车发送无车占用码，导致D301次列车驶向D3115次列车并发生追尾。

（5）上海铁路局有关作业人员安全意识不强，在设备故障发生后，未认真正确地履行职责，故障处置工作不得力，未能很好的起到可能避免事故发生或减轻事故损失的作用。

8.4.2 救援行动进程

“7·23”甬温线特别重大铁路交通事故发生后，在党中央、国务院的高度重视和坚强领导下，浙江省、温州市党委、政府和原铁道部等国家有关部门（单位）迅速启动应急响应，成立应急救援指挥机构，紧急开展抢险救援及应急处置工作。当地公安民警、消防和武警部队官兵、驻地解放军指战员、铁路系统干部职工、医疗卫生救护人员、广大人民群众和社会各界人士发扬了无私奉献、不畏艰难、顽强拼搏、连续作战的精神，昼夜不停、奋力救援。

浙江省温州市接到事故报告后，迅速行动、立即组织抢险救援，紧急调动市消防支队22个消防中队、51辆消防救援车和市区及周边县（市）消防部队官兵、公安民警3 000多人及温州军分区官兵200多人迅速投入抢险救援。当地1 300多名干部群众、现场的铁路职工和社会各界人士也自发地迅速开展伤员抢救、义务献血、转运疏散滞留旅客等工作。与此同时，浙江省和温州市民政、交通运输、电力、通信等部门（单位）都按照预案要求，赶赴现场参加抢险救援工作。原铁道部紧急调集了2 000多人的救援队伍和一批救援设备，投入抢险救援工作。安全监管、公安等部门也派出工作组指导抢险救援工作。

国家和浙江省卫生部门派出的70多名专家分3批紧急赶赴温州指导开展医疗救治工作，当地1400多名医务人员参加了医疗救治工作。事发动车组列车乘务人员和广大旅客也积极开展自救、互救。各新闻单位及时报道了事故情况和救援进展。

经过各方面的共同努力，整个抢险救援过程中共成功抢救出了260名被困遇险人员，疏散并妥善安置了3列列车（包括上行线因故障停车的D3212次列车）的3000多名滞留旅客。伤员救治工作也得以及时开展。

具体事故应急救援过程见表8—3。

表8—3 "7·23"甬温线特别重大交通事故救援进程

时间	应急救援行动
7月23日	
20:30:05	D3115次动车与D301次动车发生追尾脱轨坠落事故
20:30:45	温州市公安局接到报警，并立即报告上级部门
20:40	温州市委、市政府有关负责同志赶往事故现场，协调指挥抢险救援工作。温州市卫生局启动突发公共事件医疗救治应急响应，紧急调集组织医疗专家和医务人员，并布置市区11家收治医院开通生命绿色通道
20:40	上海铁路局接到事故报告，立即报告原铁道部调度指挥中心，启动应急响应
20:42	第一批公安消防救援人员赶到现场，展开救援
20:44	第二批公安消防救援人员驾乘1辆抢险救援车、3辆水罐车赶到现场，展开救援
20:50	原铁道部主要负责同志赶到原铁道部调度指挥中心，指挥抢险救援，作出相关部署
21:00左右	浙江省委、省政府启动应急响应，温州市委、市政府负责同志成立市"7·23"事故现场救援指挥部，统一指挥协调现场人员搜救工作。将事故现场分成桥下地面、竖靠车厢、高架桥面3个战斗段，以每节车厢为一个救援点，展开全面搜救。 上海铁路局调集了杭州供电段、机务段、工务段和宁波工务段、上海动车客车段、金温公司、铁路公安约1000多人赶往事故现场，并联系温州附近参与金丽温铁路、杭甬客专施工工程单位调集人员、机械向事故现场集结
22:00左右	国务院接到报告
22:00～24:00	公安消防官兵、医疗队陆续到达现场，投入事故抢险救援
7月24日	
1:40	成立省抢险救援指挥部，落实了任务分工，并提出了加紧现场搜救、全力救治伤员、尽快疏散旅客、妥善安置家属四条意见
1:50	开始调动专用机械设备

续上表

时间	应急救援行动
2:40	上海铁路局成立现场救援指挥机构
3:00 左右	浙江省、原铁道部成立省部联合救援及善后工作指挥部，并下设四个工作小组，明确了责任分工
4:00 左右	桥下人员搜救已经基本完成，用生命探测仪探测已没有生命迹象（相关媒体相继作出事故现场停止救援的报道，其实只是指桥下搜救结束，而非总体救援行动结束）
5:30	上海铁路局有关负责人在桥下组织指挥救援过程中，简单按照以往有关事故现场处置方式，组织挖坑就地掩埋受损车头和散落部件。当将受损车头和散落部件放入坑中准备掩埋时，被有关领导同志制止
14:50	中铁二十四局抢险救援人员将两台 300 t 汽车吊就位，开始对桥上车体吊移施救
15:10	桥上 D3115 次列车第 15 号车厢被吊开
16:30	桥上压在 D3115 次列车 16 号车厢上的 D301 次列车第 5 号车厢被吊开
17:00	桥上压在 D3115 次列车 16 号车厢上的 D301 次列车第 1 号车厢走行部被吊开，救援人员立即进入 16 号车厢内搜寻，小女孩项炜伊被成功救出
17:15	救援人员对桥面及其他方面进行了仔细搜寻清理，在确认已没有受伤人员、遇难者遗体和旅客物品后，开始组织损毁线路修复工作

8.4.3 事故总结

高铁事故调查报告表明："7·23"甬温线特别重大铁路交通事故是一起因列控中心设备存在严重设计缺陷、上道使用审查把关不严、雷击导致设备故障后应急处置不力等因素造成的责任事故。

1. "7·23"事故后铁路部门的应对措施

这起事故暴露出铁路运输安全基础和管理方面存在薄弱环节，对重大事故的应急管理和处置缺乏经验，教训是深刻的。铁路部门为此做出了相应的应对措施：

(1) 限制车速，降低动车组开行密度。

(2) 新设备的投入使用有一个磨合期。

(3) 加强对信号设备的检测力度。

(4) 研究部署进一步加强铁路安全工作，并决定开展高速铁路安全大检查。

(5) 科学合理地安排施工组织，加强质量安全监督管理，严格工程验收。

(6) 优化设备软件总体设计，从源头上彻底解决设备软件缺陷问题。

(7) 防范信号和列控系统出现新问题。

(8) 为着眼长远，强化铁路安全的基础建设。

2. "7·23"事故暴露出的问题

在“7·23”事故的抢险救援过程中，暴露出一些问题和难题如下：

（1）高速铁路速度快和动车组车厢的严密性为旅客的自救带来困难。从目前中国高速列车运行的速度来看，一般时速在200～350 km之间，在这种情况下行驶的列车，假如缺少可靠的安全控制措施，一旦发生重大突发性事故，乘客几乎没有生还的可能。另一方面，动车组车厢因为运行减少阻力的需要，车厢整体具有密闭性特点，中国动车组的设计自主创新成分高，整体性能更好，旅客的自救效果很难达到理论推算的良好效果。一旦事故发生，这种良好的密闭性就会成为安全更大的杀手，整车车厢的乘客安全就更令人担忧。从车体外部探测和开辟救援通道难度巨大，直接影响侦查、搜救行动的快速展开。

（2）由于我国地质条件复杂，高速铁路项目建设大多数选择高架铺设模式，穿越软土，横跨湿地，高铁事故发生地点基本都在距地面20 m以上的高架上，也有可能是公路不通，人迹罕至的山林地带，或者是农田村舍、湖泊河流地段，灾害现场基本上会形成高空与地面需同时救援的立体救援格局。可是一旦发生事故，消防救援车辆和装备特别是登高或高喷等大型特种消防车辆装备无法及时达到现场，或者到达后无法展开，救援人员也难以运用现有装备攀爬至高架开展救援。“7·23”事故中，幸好距事故现场不远就有山体隧道，救援人员借助山体攀爬而上到达高铁线路上，才得以展开救援。

（3）与传统铁路运输工具相比，高铁除了运行速度快之外，另一大特色亮点在于其舒适性。从“7·23”事故救援过程来看，事故动车组车体内部采用了大量的易燃材料（如纺织品、海绵等），即使在工艺上经过一定的阻燃处理，但一旦发生事故，因瞬间撞击产生高温热能、遇到火星等火源将发生燃烧，加之车厢内行李等可燃物大量存在，造成火灾的可能性非常大。由于高铁路轨全线是全封闭的，且没有设置消防水源，因此灭火救援时的供水主要依靠消防车的自备水。即使事故地点附近有水源，但由于高速铁路一般设置在高架上，远远高于周围地面，取水、供水将异常困难；即便使用高喷车等举高消防车进行灭火，车辆的到场和展开救援也将受到路面环境的极大影响，造成火灾事故难以得到有效处置。

（4）救援设备落后。动车组的车体集合了多种高科技材料，传统的专业救援设备无法切割车体，并且传统的音频生命探测仪只能在非常安静的环境下才有效。而视频生命探测仪需要依靠一根70 cm长的软管进去捕捉图像，可一旦碰到障碍物就失去了效用。生命探测仪还对周围环境的要求非常高，例如，雷达探测仪很容易受到手机的蓝牙功能影响，声波探测仪工作时会受到现场自然环境以及交通状况的影响。在实际救援过程中，情况往往比较复杂。此次事故现场生命迹象的探测失误，说明了我们国家在这项技术上的不足。

3. 我国高铁应急救援的相关建议

通过借鉴国外铁路应急处理的经验，针对我国高铁应急救援，提出如下一些建议：

（1）在事故救援设施建设上的建议

加强公共安全科学研究和技术开发，采用先进的预测、预警、预防和应急处置技术及设备，提高应对突发公共事件的科技水平和指挥能力。整合现有突发公共事件的监测、预测、预警等信息系统，建立网络互联、信息共享、科学有效的防范体系。整合现有突发公共事件应急指挥和组织网络，建立统一、科学、高效的指挥体系。整合现有突发公共事件应急处置资源，建立分工明确、责任落实、常备不懈的保障体系。

①配备专业救援机车。在一些重要干线上应该配备专业的救援机车，这些机车应当随时处于待命状态，并且能够应对多数不同状况的事故现场救援处理，以便于随时投入到救援中去，减少事故损失。

②加强高速铁路沿线应急演练。对于高速铁路沿线区域的消防力量，要经常进行针对高铁事故救援的培训或应急演练。在专业的救援力量无法及时到达之前，这些消防人员能够投入救援，并且针对不同的高速铁路事故采取相应的救援措施。建立和完善联动协调制度，推行城市统一接警、分级分类处置工作制度，加强部门之间、地区之间、军地之间、中央派出单位与地方政府之间的沟通协调，充分动员和发挥城乡社区、企事业单位、社会团体和志愿者队伍的作用，形成统一指挥、反应灵敏、功能齐全、协调有序、运转高效的应急管理机制。

加强以属地管理为主的应急处置队伍建设，充分动员和发挥乡镇、社区、企事业单位、社会团体和志愿者队伍的作用，依靠群众力量，建立健全快速反应机制，及时获取充分而准确的信息，跟踪研判，果断决策，迅速处置，最大限度地减少危害和影响。

（2）在事故救援过程中的建议

①尽快投入救援。要提高救援人员的敏感性，平时做到随时待命，一旦发生状况，能够及时投入救援。

②以事故处理作为第一要务。在发生高铁事故后，首先要端正态度，将事故的处理放在首位，进行仔细的搜救，切不可为了追求业绩，盲目要求快速通车。

③加强高铁沿线应急演练。对于高速铁路沿线区域的消防力量，要经常进行针对高铁事故救援的培训和应急演练。在专业的救援力量无法及时到达之前，这些消防人员能够投入救援，并且针对不同的高速铁路事故采取相应的救援措施。

④要采用正确的救援方法并保护现场的重要物证。在高铁事故中，最好的救援方法就是人找人。对于现在的救援人员来说，在高铁的事故现场，凭借着视觉、触觉、听觉等，仅仅 5 s 内就可以判定该区域内有没有生命的存在，受伤人员的轻重以及应当采取的救援措施。在人员无法到达的地方，则可以派遣专业的救援犬进行搜救。所以在类似的事故中，应该将搜救区域划成几块，分交给专门的救援人员，进行拉网式的搜救，这样才能够保证搜救工作的彻底进行，确保每一个伤员都不会被漏过。而且铁路旅客运输实行实名制，在事发之后，抢救人员能够根据车上人员名单来清点人数。

与此同时，高铁事故发生后还要尽快完成行车记录器的寻找。在发生高铁事故后，发生事故的机车或车厢都是作为重要的物证进行妥善的保管，以便于以后的调查研究。

（3）在事故救援结束后的建议

①对列车事故原因的彻查。高铁事故发生后，要进行细致而深入的事故调查分析研

究，找出导致事故发生的根本问题，从最基本的层面上避免此类事故的再次发生。与此同时，应当进行列车调度运营上的调整，将可能发生事故的列车进行降速运营甚至停运，以避免短期内此类事故的再次发生。

②做好事故通报工作。高铁事故发生后，在事故处理的过程中，应该设立相应的专门部门负责对外的联系和沟通。突发事件新闻宣传系统主要负责高铁突发事件发生后的信息发布、媒体沟通、引导公众舆论。突发事件新闻宣传系统要本着“快速反应，同步发展、口径一致、统一调度”的精神，在具体处理过程中要贯彻第一时间原则、滚动发布原则、真实性原则、口径一致原则及以我为主的处理原则。做到及时发布信息、跟踪事态发展、真实反映情况、主动沟通媒体、统一对外口径、主导公众舆论。

③妥善做好事故赔偿工作。高铁事故影响一般较大，社会影响一般都比较恶劣，所以运营部门在赔偿时应该显示出诚意及负责任的态度，应依法就高铁事故对公众所造成的损失给予适当的补偿，同时建议尽快建立巨灾保险制度，从而为有效地应对灾害、转移风险和灾后恢复重建提供了保障。

8.5 D3206 次动车组列车晚点事故分析

2013 年 5 月 29 日 17:25，由福建厦门开往上海虹桥方向的 D3206 次动车组列车在行经沿海铁路浙江台州一临海间 K463＋386 处突发故障无法运行，造成当天晚间从厦门、福州、温州开往杭州、上海方向的列车出现大面积晚点。

D3206 次动车组列车在隧道中停车长达 5 个多小时，车厢内一度停水、停电，车厢内闷热难忍，导致乘客情绪激动，并有乘客用安全锤砸窗透气。

8.5.1 事故原因分析

（1）D3206 次动车组 12 车受电弓高压交流互感器故障，造成动车组停车、全列车无法缓解、接触网跳闸停电。

（2）高铁事故应急处置不到位。上海铁路局应急处置不果断，违反有关规定，救援命令发布不及时。铁路局领导现场情况掌握不清，应急指挥处置不当，没有及时组织有关单位赶赴现场，多环节延误了救援时间。停车事故发生后，运输组织管理部门没有第一时间做出应急救援响应，加大了行车晚点事故后果的严重程度。

（3）事故发生地点环境恶劣。事故列车停车地点位于隧道之中，采光有限，环境漆黑，旅客处于这样的环境之中有很大一种压迫感，会造成心理烦躁不安。

（4）乘务人员应急处理不当。列车在突发情况下造成非正常停车后，乘务人员没有第一时间稳定旅客情绪，在旅客心中使铁路运输部门形象受挫，在社会上也造成极大的负面影响。

8.5.2 救援行动进程

2013 年 5 月 29 日，上海铁路局杭深线 D3206 次动车组列车晚点事故的应急救援过程见表 8—4。

表 8—4 D3206 次动车组列车晚点事故救援进程

时间	应急救援行动
5 月 29 日	
17:27	D3206 次动车组 12 车受电弓高压交流互感器故障，造成动车组停车、全列车无法缓解、接触网跳闸停电，司机立即向调度员报告
19:00	上海铁路局宁波车务段发布：5 月 29 日 17：25，D3206、D378 等列车运行至沿海铁路台州—临海间因故晚点，约晚点 1 h30 min
20:04	台州开 DF4B 内燃机车救援
21:06	上海铁路部门及时联络虹桥枢纽应急中心，增开夜间巴士，增派出租车等举措方便旅客搭乘
21:53	宁波车务段管内停靠站已与地方交通部门联系，增开公交，增派出租车
22:02	铁路部门安排空车底接运 D3206 次动车组列车受阻旅客，D3206 次动车组列车将返回到台州站，在台州站进行换乘
22:27	上海客运段发布因突发故障，造成 D3206 次动车组列车晚点。由于随车食品数量有限，列车已经将应急食品下发到车厢，并优先发放给老、弱、病、残、孕等重点旅客
23:07	DF4B 内燃机车将 D3206 次动车组列车拉到台州站
23:14	调用宁波东的 RD3205 次热备动车组到达台州站
5 月 30 日	
0:45	旅客换乘完毕，RD3205 次热备动车组开车

8.5.3 事故总结

本次事故由于硬件设施问题造成了列车的异常停车，但是应急救援不当产生和加剧了晚点事故的不利影响。本次事故暴露出我国高铁应急救援体系存在的如下几大问题：

（1）应急救援重视程度不够。本次高铁行车事故发生后，应急救援系统没有在第一时间响应，救援部门在救援时间上没有的紧迫感，导致多个环节出现救援延误状况。

（2）事故应急救援系统培训欠佳。列车在发出异常停车后，乘务人员没有在第一时间安抚旅客焦急、惊恐的情绪，而是选择避而不见，对铁路部门信誉和形象造成严重损害。由此可见，对应急救援人员的应急处理培训和演练有待加强。

（3）事故救援中各救援部门的责任感匮乏。在本次事故救援中，甚至出现了处置不当、违反相关规定的情况。救援中必须明确本救援主体的重要责任，思想意识必须到达一定的高度，避免在救援过程中的违规救援行为。

通过本次事故的经验和教训，铁路部门应当做出了相应的应对措施，切实强化高铁非正常情况的应急处置能力。要求各部门、各单位要进一步强化应急处置工作，完善应急处置办法或预案，加强应急处置培训和演练。建立高铁非正常情况时领导上台指挥制度，对任何可能影响高铁安全的情况，要在第一时间发现问题，迅速报告、反馈，有效处置。

8.6 国内外高铁事故救援行动对比

德国 ICE1 高铁事故、福知山线脱轨事故、“7·23”事故、D3206 动车组列车晚点事故这 4 起高铁事故发生的原因包括人为因素、设备因素、环境因素和管理因素，尤其是管理不利造成高铁运营系统中的设备存在设计缺陷。不同的是，德国 ICE1 高铁事故是由设备出现故障和工作人员违规操作共同导致的；日本福知山线脱轨事故是由于工作人员违规操作和反应迟钝共同导致的；“7·23”动车事故是由雷电天气环境因素引发设备故障和应急处置不当共同导致的；D3206 次动车组列车晚点事故是由于设备出现故障和应急救援不当而导致的。

对国内与国外高铁事故救援过程中的第一时间、搜救方式、搜救持续时间等方面进行对比，对比结果见表 8—5。

表 8—5　国内外高铁事故救援过程对比

项目	“7·23”事故	D3206 动车组列车晚点事故	德国 ICE1 高铁事故	日本福知山线脱轨事故
第一时间	约 20 min（第一批温州市公安消防支队的消防官兵）	1.5 h（发布因故晚点）	6 min	20 min
搜救方式	现场救援指挥部将事故现场分成桥下地面、竖靠车厢、高架桥面 3 个战斗段，以每节车厢为一个救援点，展开全面搜救，救援过程使用了生命探测仪	无人员伤亡不需搜救	1 900 名救援人员对事故现场进行排查式搜救	从第 3 号车开始依序将车厢切开救出受困乘客
搜救进行时间	桥下搜救：约 8 h；桥上搜救：7 月 24 日 14：50 两台 300 t 汽车吊就位，开始对桥上车体吊移施救，17：15 在 D3115 次列车第 16 车厢的小女孩项炜伊被成功救出	无人员伤亡不需搜救	72 h	72 h
是否改变运营状态	不改变运营状态	不改变运营状态	事发 20 min 后，德铁宣布停止运营	不改变运营状态
对事故机车及车厢处理	简单按照以往有关事故现场处置方式，在现场挖坑将受损车头和零散部件放入其中准备掩埋，被有关领导同志制止，最终受损车头及散落部件未被掩埋	不需处理	用于调查研究，从中得出避免此类事故的经验	用于调查研究，改进车载设备以改善安全

续上表

项目	"7·23"事故	D3206动车组列车晚点事故	德国ICE1高铁事故	日本福知山线脱轨事故
事故赔偿	每份赔偿总数额从17.2万元，到50万元，再到91.5万元，甬温线动车事故的遇难人员赔偿救助标准在几天之内完成了"三级跳"	没有进行事故赔偿	投入资金，设立捐款账户，保障赔偿工作	提供巨额赔偿，设立献花台

通过以上的对比，可分析得出国内高铁应急处置方面存在着以下问题：

1. 应急救援的时效性差

从表8—5中可以看出，在"7·23"事故中，国内第一批专业救援队伍赶赴现场的时间为20 min，远长于德国的6 min。而D3206动车组列车晚点事故中乘务人员没有在第一时间安抚旅客，19：00（1.5 h后）才由宁波车务段发布因故晚点通知，20：04（2.5 h后）台州站开DF4B内燃机车救援、23：07将动车组拉到达台州站，从事件发生到派出救援列车用时2.5 h，从救援列车出动到区间开车用时3个多小时。此次事故应急救援时效性差，这是因为从应急响应过程来看，这段时间可以分为应急响应时间和救援队伍途中的时间，只要二者有一项滞后就会带来不良后果。通过上面案例对比也说明我国高铁突发事件应急救援存在的两个问题：一是现有高铁突发事件的应急响应流程还不完善，其时效性不强；二是应急救援基地选址不合理，目前国内各条高速铁路所急需要的独立应急救援基地缺乏。

2. 救援现场混乱

从"7·23"事故救援进程可以清晰看出，现场专业应急救援指挥机构成立过晚。由于现场救援所涉及铁路部门和其他协助救援部门较多，没有统一的指挥行动，救援效率较差，甚至出现政府部门与铁路部门分别成立两套指挥机构，各行其事，不能形成统一指挥。例如，铁路部门按照以往有关事故现场处置方式，在现场挖坑将受损车头和零散部件放入其中准备掩埋，但最终被制止。又因国内高铁大多采用高架铺设模式，救援环境相对封闭。如果没有专业人士指挥和专业救援设施，其他协助救援部门的救援工作难以开展，这进一步加大了现场的混乱程度。而D3206动车组列车晚点事故中，乘务人员未做及时安抚旅客，使旅客的急躁、恐惧心理没有在第一时间得到安抚控制，导致出现旅客砸窗、弃车转移等混乱现象，现场混乱不堪，给救援工作增加了难度。

3. 救援设备落后

动车组的车体集合了多种高科技材料，传统的专业救援设备无法切割车体。而且传统的生命探测仪器对环境的要求非常高，只有在特殊的工作环境下才能发挥效用，虽然国外搜救主要靠人工，但其搜救工作彻底。由于国内高铁大多采用高架，对于桥上救援所需专业吊车等救援设备配备考虑缺乏，调用开展救援所需时间较长，以"7·23"事故救援进程来看，直到7月24日14：50，中铁二十四局抢险救援人员将两台300 t汽车吊就位，开始对桥上车体吊移施救。

高速铁路速度快和动车组车厢的严密性为旅客的自救带来困难，高速铁路的特殊环境使得外援部门救援行动不便以及应急资源得不到充分利用，特别是救援设备落后。

4. 突发事件新闻宣传工作不当

突发事件新闻宣传系统主要负责高铁突发事件发生后的信息发布、媒体沟通、引导公众舆论，保持公众理性。“7·23”事故和D3206次动车组列车晚点事故都反映了目前事故救援中，铁路新闻宣传部门不能及时对外界通报消息。信息发布不及时，对社会关切回应不准确等问题，引起社会质疑，造成了负面影响。特别是“7·23”事故被媒体曝光后除了对事故原因的追问，在事故发生后，铁路部门抢救人员、查找原因等一系列工作，也遭到了公众的诘问，对于原铁道部发言人的一些不恰当言论在社会上产生了严重的负面影响。突发事件新闻宣传系统要本着“快速反应，同步发展、口径一致、统一调度”的精神，在具体处理过程中要贯彻第一时间原则、滚动发布原则、真实性原则、口径一致原则及以我为主的处理原则。做到及时发布信息、跟踪事态发展、真实反映情况、主动沟通媒体、统一对外口径、主导公众舆论。

5. 高铁危险源管理工作不到位

“7·23”事故主要是由于高铁信号设备存在设计缺陷导致产生的。信号设备存在缺陷这一重大危险源应该在危险源辨识阶段对其进行辨识及控制。高铁事故惨痛的结果告诫我们，必须加强高铁突发事件的预防管理工作，重视高铁安全风险管理。高铁安全风险管理工作应从控制人为风险因素、规避设备风险因素、降低环境风险因素和优化管理因素入手。

6. 善后处置不合理

“7·23”事故处置中，为了快速结束赔偿进程，设立了优先签约奖励措施，对愿意优先同意赔偿的人进行奖励，以促使遇难者家属接受赔偿条件。这在一定程度上也体现出了有关部门想要快速结束事故处理工作。

每份赔偿总数额从17.2万元，到50万元，再到91.5万元，“7·23”事故的遇难人员赔偿救助标准在几天之内完成了“三级跳”，究其原因是理赔标准不一致造成的。

最初的17.2万元标准为，铁路运输企业对每名铁路旅客人身伤亡的赔偿责任限额人民币15万元，加每名铁路旅客自带行李损失的赔偿责任限额人民币2 000元，再加2万元的最高保险金。其依据是《铁路交通事故应急救援和调查处理条例》和《铁路旅客意外伤害强制保险条例》。

随后，铁路部门进行调整，将赔偿标准以17.2万元为基数加上20万元保险理赔，为37.2万元，另外加上遇难者家属交通费、埋葬费等共计50万元。

2011年7月29日，赔偿救助标准再次提升为91.5万元人民币，并以《中华人民共和国侵权责任法》作为主要依据制定赔偿标准。相关部门称，这是目前中国铁路事故中赔偿金额最高的一次。

而在D3206次动车组列车晚点事故中，对于旅客因为晚点造成的经济财产损失并未采取有效的补救措施。

8.7 经验总结

中国高速铁路技术作为一个庞大的高新技术工程，是系统科学技术的集成，在工程建设、机车建造、信号牵引、运输管理等核心技术控制上都具有以往既有铁路所不具备的高新技术综合性集成的特点，具有极强的综合性，是建国以来启动各类科研机构最多的一项高新科学技术。中国高铁技术虽然因引进技术的及时性和全面性节省了科研的时间，自主创新程度的提高亦为其赢得了一定的安全度，但由于发展时间短，作为系统工程技术，在专业技术方面还需不断完善。

事实上，高新铁路技术在世界上的发展史已表明，作为尖端科技成果，高速铁路为人类文明和福祉带来了前所未有的便利和享受，却也不免引发前所未有的运营风险。对于高速铁路的发展，我们既不可只追求“高速度”，亦不可因噎废食，止步不前。正确的态度是，客观总结经验与教训，对比自身历史和高速铁路发展史，不断学习国外发达国家的成功经验，以一种谦虚、谨慎的态度发展高速铁路。

中国高速铁路未来的发展，应重点关注以下几方面的问题。

1. 认真对待高速铁路技术发展过程中质量与安全问题

高速度是高速铁路区别于既有铁路首要特色，在追求高速度的同时，也重点考虑安全方面的问题，绝不以安全换取速度。世界高速铁路的发展历程一再表明，速度的提升必须在保障安全的前提下才是可取的。因此，作为一项系统性、综合性的技术工程活动，中国高速铁路技术的未来发展首先必须关注高速铁路技术自身的质量，注意高速铁路建设与发展过程中的安全性，在技术层面和管理层面都严把安全关，确保其严格符合相关的技术标准与管理标准等。高速铁路的发展，技术是基础，也是关键。加大前期科研投入量，反复试验，确保技术安全可靠。

2. 加强企业文化建设

企业文化是企业的灵魂，是推动企业发展的不竭动力。它包含着非常丰富的内容，其核心是企业的精神和价值观。这里的价值观不是泛指企业管理中的各种文化现象，而是企业或企业中的员工在从事生产与经营中所持有的价值观念。高铁运营部门应树立企业的价值观，根据具体情况建立适合本企业发展的文化，加强企业文化建设。

3. 增强所有高速铁路工作人员的责任意识

高速铁路的建设运营过程，是一个涉及多元责任主体的综合过程，涉及决策者的责任、设计人员的责任、工程承包者的责任、运营信号操控者的责任、列车驾驶员的责任等。在高速铁路建设过程中，决策者、设计者、工程人员是责任主体；在运营阶段，调度员、驾驶员则肩负着列车运行安全的大部分责任。中国高速铁路未来的发展，要特别注意增强高速铁路工作人员特别是调度、驾驶人员的责任意识和安全意识，树立起“生命高于一切”的意识。

4. 构建高铁设备运管修一体化模式

我国高速铁路正处在发展初期，存在的问题及不足较多。在高铁设备的运营管理维修方面，表现为人员、资产、维修计划、设备技术水平、专业结合部和协调沟通机制等方面需要进行优化和完善。应充分总结分析当前高铁设备运营、管理、维修方面存在的不足，借鉴国外的先进做法和一些铁路局的成功经验，结合我国的国情、路情提出高铁设备的运管修“一体化”优化措施。

高效率、低成本的高铁设备“运、管、修”一体化，是实现我国高铁安全运营目标的重要保障，对我国高铁的运营管理达到世界一流水平具有重要意义。构建高铁设备运管修一体化模式，将会提高高铁运营、管理、维修的效率和可靠性，加强了对高速铁路的专业化管理，促进高速铁路的发展建设，是我国未来高速铁路大发展的发展趋势。

5. 建立健全危机预警和防范机制

为了有效防范危机事件的发生，高铁运营部门必须对突发事件危机发生的全过程进行全面的系统分析和预警研究，建立健全危机预警和防范机制。具体包括：建立起高度灵敏、准确的信息监控系统，及时收集相关信息并加以分析处理，根据捕捉到的危机征兆制定对策，从根本上减少乃至消除发生危机的诱因，把危机隐患消灭在萌芽之中。

例如，采取定期或不定期开展自我诊断，找出薄弱环节以便采取措施。把危机防范纳入应急管理的重点内容，建立专门的危机预警机构，定期开展潜在危机和分类工作，分析预计危机情景，审定各种危机预防措施，根据危机应变计划进行定期的模拟训练，以检测已拟定的危机应变计划是否充实可行。

6. 做好危机公关管理

任何新事物的成长、发展都不可能一帆风顺，高铁运营部门要尽一切努力避免自身陷入危机，一旦遭遇危机，就要接受它，重视危机的存在，客观认识到危机的危害性，做好公共关系应急管理。应急管理是对铁路运输企业危机事件公关能力的重大考验，有效的应急管理是推动企业发展的助推器，通过公共关系应急管理使危机对企业的不利影响降到最低限度，应急管理的重要价值还在于发掘危机中蕴涵的“商机”，帮助铁路部门在危机事件中发现机遇，化危机事件为转机的机会。

科学的危机观不仅反应了铁路部门的业务素养，而且也是策略化、实效化、艺术化处理危机的保障，只有在思想上重视危机，才能对危机的征兆具有敏感性。

可以从以下三个方面建立全面的应急管理意识：

首先，树立一种危机理念，营造一个危机氛围，这就是高铁运营者和所有员工面对各种交通方式激烈竞争的市场，应充满危机感。

其次，用危机理念来激发员工的忧患意识和奋斗精神，不断拼搏，不断改革和创新，不断追求更高的目标。

再次，树立危机公关意识。这里所说的“危机公关意识”是特指如何创造一个能让企业克服困难、不被干扰的良好舆论环境的危机公关思维意识。没有危机意识，单纯的硬性危机防预体系是无力的，超前、无形、全面的危机意识才是高铁运营部门公共关系危机防范中最坚固的防线，其内容包括以下几个方面：

（1）声誉和形象意识。把信誉和形象视作铁路部门的无形资产、无形财富，把树立和维护良好的组织形象作为危机公关目标，这是铁路部门可持续发展的源泉。

（2）传播意识。主动利用一切传播机会和传播媒介影响公众、引导公众和争取公众，引寻新闻媒体对高铁正面宣传，形成有利于高铁健康发展的良好舆论环境。

（3）诚信意识。市场经济不是智力游戏，比谁更聪明，它需要的是信任与合作，任何的欺诈行为都会对诚信社会造成伤害。诚信是高铁运营部门拥有良好公关危机意识的重要体现。面对危机，铁路部门发言人要开诚布公地说明事情原委，采取诚恳的态度接受批评，淡化矛盾、转化危机。

7. 加强培训，积蓄人才

要战胜危机，自身过硬管理才是根本。面对危机，拥有足够的人力资源是重中之重。专业人才的培养，应结合人力资源规划来进行。

针对专业危机信息管理人员，铁路部门可以从内部选拔或者从外部招聘人员，形成结构合理的危机信息管理团队，包括赋予信息人员一定的应急管理职能，提供应急管理的信息素质，如背景知识、法律知识、专业知识、工作技巧、沟通能力，特别是在巨大压力条件下的工作能力、制定危机决策和执行危机决策能力。

具体可以采取走出去、请进来等多种途径，采用集中面授、网络教育和自学等方式进行应急管理特别是危机信息管理培训，提高他们危机信息管理能力。

8. 注重政治、经济与社会利益之间的协调

高速铁路的建设和运行是一项极为复杂的社会工程，既涉及政治层面的考量，也牵涉大量的企业，更与社会大众的切身利益息息相关。在政治层面，高速铁路的发展除国家利益的政治性考量外，也涉及不同层级政府的部门利益、甚至不同个人的自身利益；在经济利益问题上，它不仅关系铁路相关配套企业、铁路沿线企业的发展，也涉及沿线居民的经济权益的保障问题；在社会层面，也存在着社会公共利益与铁路系统的部门利益之间的协调等诸多问题。因此，处理、协调好相关的不同利益群体之间的利益，确保利益分配的公平、公正性，不仅关系高速铁路的健康发展，也关系社会的稳定。

9. 注重环境保护，人性化的发展之路

高速铁路技术的发展，除了必须要遵从客观规律外，还必须要“以人为本”，从“人”出发。人类一切活动的最终目的，是要促进人类的完善与文明的发展。无论高速铁路的未来将如何发展，始终不可忽视对“人”的关怀，不可脱离“人道”的精神。因此，高速铁路在建设过程中，要充分考虑文化传承因素，重视沿线文物的考察、挖掘和持续利用工作，重视站房设计的人文性与自然性的完美结合。在对高速铁路的相关周边产品，如车体设计与规划、售票服务、列车服务等环节的经济利益的追求中，切不可忽视人性化的准则。以人性化为指针，不仅注意高速铁路建设过程中列车本身的人性化设计，也注重强调运营过程中的人性化服务，才能真正确保高速列车的快速、安全与舒适。

高速铁路发展过程中对于环境的保护问题，主要体现在建设施工阶段，这就给铁路工程技术人员提出了伦理责任的要求。日本土木学会关于社会资本与土木技术的2000年仙台宣言的要点中，对于土木工程人员的理念要求如下：与自然协调，进行持久的发展；尊重地方个性；注重保护历史遗产，发扬传统。美国土木工程师协会的伦理章程的第一条也指出，“工程师应当把公众的安全、健康和福祉置于首位，并且在履行他们职业责任的过程中努力遵守可持续发展的原则”。就具体问题而言，高速铁路的建设过程中，不仅要关注高速铁路沿线的生态安全与生物多样性问题，也要注重对沿线历史资源的保护。同时，对于高速铁路运营所产生的噪声污染、振动污染、电磁干扰等问题，也要进行严格、科学地控制，保证最大限度地减少对高铁沿线民众正常生活的干扰。

参考文献

[1] 贾利民，秦勇，程晓卿，等. 现代铁路应急管理［M］. 北京：科学出版社，2011.

[2] 王艳辉，贾利民，秦勇，等. 铁路应急管理理论与方法［M］. 北京：中国铁道出版社，2011.

[3] 王富章. 铁路突发事件应急管理研究［M］. 北京：中国铁道出版社，2010.

[4] 国务院"7·23"甬温线特别重大铁路交通事故调查组."7·23"甬温线特别重大铁路交通事故调查报告［R］，2011.

[5] 本刊编辑部.7·23 事故引发的思考［J］. 信息技术与标准化，2011，(8)：1.

[6] 孙兴国. 做好高速铁路交通事故救援准备刻不容缓［J］. 消防技术与产品信息，2011，(6)：23－24.

[7] 张雅琴. 关于高速铁路应急预案管理的思考［J］. 物流工程与管理，2009，31 (7)：124－125.

[8] 周慧娟. 铁路应急管理中的预案管理与资源配置优化［D］. 北京交通大学博士论文，2011.

[9] 白付维. 我国铁路救援体系的现状及发展方向［J］. 太原铁道科技，2010，(3)：8－11.

[10] 郭济. 政府应急管理实务［M］. 北京：中共中央党校出版社，2004.

[11] 陈安，蒋宁. 现代应急管理理论与方法［M］. 北京：科学出版社，2009.

[12] 张海波，童星. 应急能力评估的理论框架［J］. 中国行政管理，2009，(4)：33－37.

[13] 陶应虎，顾晓燕. 国际公共关系原理与实务［M］. 北京：清华大学出版社，2006.

[14] 唐燕凌，姜国刚. 公共关系学［M］. 北京：清华大学出版社，2007.

[15] 徐建光. 我国铁路突发事件应急管理体系研究［D］. 成都：西南交通大学硕士论文，2010.

[16] 王恒.AB 城际高速铁路应急管理体系研究［D］. 北京：北京交通大学硕士论文，2011.

[17] 文超，彭其渊，文欢. 高速铁路列车运行冲突管理研究现状综述［J］. 中国安全科学学报，2010，(5)：140－149.

[18] 钱生校，刘淑芳. 铁路隧道防灾安全监控与应急救援保障信息系统研究［J］. 中国铁路，2009，(10)：44－46.

[19] 刘民伟. 铁路大型客运枢纽站突发事件应急能力评价模型与方法的研究［D］. 北

京：北京交通大学硕士论文，2008.
[20] 罗文婷．铁路应急预案综合评价方法研究 [D]．北京：北京交通大学硕士论文，2008.
[21] 江智慧．突发事件下应急预案启动时刻问题模型研究 [D]．重庆：重庆大学硕士论文，2010.
[22] 王子洋，赵忠信．铁路应急预案全生命周期管理流程及其 Petri 网建模技术研究 [J]．物流技术，2010，(5)：75—77.
[23] 李红梅．武广高速铁路接触网防灾应急预案设计 [J]．铁路技术创新，2010，(1)：71—73.
[24] 司夏萌．城轨交通突发事件应急救援系统的设计及实现 [J]．都市快轨交通，2007，20 (4)：9—12.
[25] 梁斌．对铁路事故应预案管理的调查与思考 [J]．内蒙古科技与经济，2008，(14)：341—343.
[26] 张光远．高速铁路行车安全机理及相关应用问题研究 [D]．成都：西南交通大学博士论文，2010.
[27] 张智媛．高速铁路列车运行冲突风险管理理论与方法研究 [D]．成都：西南交通大学硕士论文，2012.
[28] 张思帅．基于耗散结构的高速铁路运营事故演化机理 [D]．北京：北京交通大学硕士论文，2011.
[29] 温文杰．中国高速铁路安全运营的系统学分析 [D]．太原：太原科技大学硕士论文，2013.
[30] Homeland Security，National Incident Management System，2004，www. dhs. gov
[31] Michael FickesPrimedia. An Emergency Discussion With Richard Andrews [J] . Business Magazines & Media Inc，2003，01 (11)：234—254.
[32] Richard. T. Weber，David. A. Mc Entire. Recurrent Themes in Comprehensive Management [R] . Proceedings，The International Emergency Management Society Annual Conference，Oslo，Norway，2001.
[33] 王宏琪．浅谈铁路应急预案的重要性 [J]．理论学习与探索，2008，(4)：31.
[34] 陕西省处置铁路行车事故应急预案 [J]．陕西省人民政府公报，2007，(10)：43—48.
[35] 滕祖德．铁路安全救援无线视频指挥系统研究 [J]．铁道机车车辆工人，2008，(4)：9—13.
[36] 任海君，朱新元．铁路国防交通储备物资在应急抢险使用中的问题及其对策 [J]．国防交通工程与技术，2004，(1)：12—13.
[37] 李健．铁路救援起重机新一代可视化全自动安全监控系统研究 [D]．成都：西南交通大学硕士论文，2008.

[38] 范伟庆．铁路突发事件应急预案修正系统的研究［J］．甘肃科技纵横，2011，40（1）：123－124.

[39] 张振海，闵永智，张雁鹏．铁路应急预案管理的信息集成方法研究［J］．铁道运营技术，2011，17（3）：24－27.

[40] 王军．铁路应急预案管理系统的研究与设计［J］．科技信息（科学教研），2007，（11）：272－274.

[41] 张哲修．行车事故救援预案分析系统［J］．哈尔滨铁道科技，2006，（3）：16－17.

[42] 王利国．应急救援指挥系统在太中银铁路中的应用［J］．科学咨询（科技·管理），2011，（5）：38－39.

[43] 张新芳．高速铁路、客运专线防灾安全监控系统设计探讨［J］．铁道工程学报，2006，（2）：71－74.

[44] 邵艳明．客运专线防灾安全视频监控系统的设计［J］．铁道勘测与设计，2006，（1）：1－4.

[45] 沙玉林．铁路客运专线防灾安全监控系统方案［J］．道通信信号，2005，41（10）：33－35.

[46] 朱铁栓．铁路客运专线防灾安全监控系统浅谈［J］．铁路通信信号工程技术，2009，（2）：11－13.

[47] 孙汉武，王澜，戴贤春，等．高速铁路地震紧急自动处置系统的研究［J］．中国铁道科学，2007，28（5）：121－127.

[48] 赵明，胡凯．论铁路突发事件及处置［J］．四川警官高等专科学校学报，1995，（1）：44－46.

[49] 史先伟．山区客运专线的防灾救援及安全疏散方案［J］．铁道标准设计，2011（8）：75－79.

[50] 杨文宣．客运专线隧道应急预案的策划及演练组织［J］．铁道标准设计，2007，（4）：59－62.

[51] 李岩．铁路运输环境突发事件应急反应体系的设想［A］．2003年中国科学技术协会学术年会、“安全健康：全面建设小康社会”专题交流会、全国第三次安全科学技术学术交流大会论文集［C］，2003：298－301.

[52] 刘仍奎，程晓卿，孙全欣．铁路事故救援系统的构建研究［J］．中国安全科学学报，2004，（11）：43－47.

[53] 王卓，贾利民，秦勇．城市轨道交通应急预案分类方案评价研究［J］．学术专论，2011（7）：31－35.

[54] 高微．构建我国突发事件应急预案的评价指标体系［J］．商业经济，2008，（11）：39－40.

[55] 王艳辉，孙倩，肖雪梅，等．基于信息系统互操作的铁路应急救援指挥系统实现方法［J］．中国铁道科学，2010，31（4）：118－124.

[56] 陈序．铁路应急能力评价及对策研究［D］．北京：北京交通大学硕士论文，2008.
[57] 王英杰，罗凤霞，封博卿，等．城市轨道交通全生命周期预案管理模式探讨［J］．铁路计算机应用，2012，21（5）：20—22.
[58] 谢志刚．建立铁路事故救援点设置模型的探讨［J］．铁道货运，2007，(9)：18—19.
[59] http://blog.sina.com.cn/s/blog_6060ac8f0100t1kz.html.
[60] http://zjnews.zjol.com.cn/05zjnews/system/2013/05/30/019371248.shtml.
[61] 程学庆．铁路安全风险评价方法选择的探讨［A］．第三届铁路安全风险管理及技术装备研讨会．大会主题报告，2012，5.